발견자들 3

THE DISCOVERERS

발견자들

세계를 발견하고 인류를 발전시킨 탐구와 창조의 역사

대니얼 J. 부어스틴 지음 | 이경희 옮김

사회

3

THE
DISCOVERERS

EBS BOOKS

마치 신의 첩자라도 되는 것처럼

사물의 신비한 비밀을 책임지리라.

– 셰익스피어Shakespeare, 『리어왕King Lear』〈5막 3장〉

루스에게 헌정하며

오히려 솔로몬 왕은 재물과 웅장한 건물, 선박 건조와 항해, 헌신과 배려, 좋은 평판과 명성 등에서 영예를 얻었지만 자신은 그런 영예를 한 번도 요구한 적이 없었다. 다만 그가 요구한 것은 진리 탐구의 영예뿐이었다. 그런 의미에서 솔로몬은 "일을 숨기는 것은 하나님의 영예요, 일을 살피는 것은 왕의 영예라"라고 분명히 말했다. 아이들의 보물찾기처럼, 하나님도 창조물을 숨겨 놓았다가 결국 발견되는 것에 기쁨을 얻는데, 그렇게 하나님의 놀이 상대가 되는 것보다 더 큰 영예는 없다는 의미였다.

– 프랜시스 베이컨Francis Bacon, 『학문의 진보The Advancement of Learning』(1605년)

1권 차례

2권 차례

〈일러두기〉

- 각주는 독자의 이해를 돕기 위한 옮긴이의 주입니다. (국립국어원 표준국어대사전 참고)
- 본 도서의 원서는 1권으로 구성되었으나 한국어판은 3권으로 나누어 출간합니다.
- 이 책은 역사적인 인물과 인용문이 많이 등장하기 때문에 혼동을 일으키거나 앞뒤 맥락에서 의미를 파악할 수 없을 때만 원문과 달리 인물 정보를 구체적으로 모두 표기했고, 그 외에는 저자의 의미를 왜곡하지 않도록 주의하며 번역했습니다.
- 인용문에 쓰인 〔 〕는 저자가 인물을 구체적으로 명시한 부분입니다.
- 몇몇 도서명의 원어는 현재 잘 알려진 제목으로 표기했습니다.
- 중국의 역사 속 인물과 지명은 한자 표기도 함께 실었습니다.
- 원문의 역사적인 사건의 연도가 잘못된 부분은 사실을 확인하여 바로잡았습니다.
- 본문의 성경 구절 번역은 '개정 공동번역 성서'를 따랐습니다.

이 책의 주요 인물들은 모두 위대한 발견자들이다. 지금 우리가 서양의 지식 관점에서 바라보는 세계, 즉 시간의 전망, 육지와 바다, 천체와 인체, 식물과 동물, 과거와 현재의 인간 사회와 역사 등은 무수한 콜럼버스 같은 존재들이 우리를 위해 펼쳐 놓은 것이다. 과거의 깊숙한 곳에서 그들은 여전히 이름도 알려지지 않은 채로 남아 있다. 현대에 가까워질수록 그들은 역사의 빛으로 나타나, 인간의 본성만큼 다양한 인물로 등장한다. 새로운 발견은 위대한 발견자들이 우리에게 펼쳐 놓은 새로운 세계들처럼 예측할 수 없는 개개인의 일대기 속 이야기들이 된다.

발견을 가로막는 지식의 환상이라는 방해물들도 역사의 일부분이다. 지금은 잊힌 그 시대의 인정된 상식과 신화들을 배경으로 할 때에야 비로소 우리는 위대한 발견자들의 용기와 과단성과 투지가 넘치고 상상력이 풍부한 추진력을 알게 된다. 그들은 당시에 지식인들이 내세우던 '사실들'과 독단론에 맞서 싸워야 했다. 나는 그러한 환상들을 상기하려고 했다.

예컨대 콜럼버스와 발보아를 비롯한 마젤란과 쿡 선장 이전의 지구와 대륙과 바다, 코페르니쿠스와 갈릴레오와 케플러 이전의 천체, 파라셀수스와 베살리우스와 하비 이전의 인체, 레이와 린네를 비롯한 다윈과 파스퇴르 이전의 식물과 동물, 페트라르카와 빙켈만을 비롯한 톰센과 슐리만 이전의 과거, 애덤 스미스와 케인스 이전의 부, 뉴턴과 돌턴과 패러데이를 비롯한 클러크 맥스웰과 아인슈타인 이전의 물리 세계와 원자 등을 생각해 내려고 했다.

나는 이런 몇 가지 낯선 의문들이 생겼다. 왜 중국인들은 유럽이나 아메리카를 '발견'하지 않았을까? 왜 아랍인들은 아프리카와 세계를 일주하는 항해를 하지 않았을까? 왜 사람들은 지구가 태양 주위를 돌고 있다는 사실을 알아내는 데 그토록 오랜 기간이 걸렸을까? 왜 사람들은 식물과 동물의 '종'이 있다고 믿기 시작했을까? 왜 선사시대의 사실들과 문명 발달의 발견을 그토록 천천히 알아냈을까?

이 책에는 발견의 필수적인 도구가 된 몇 가지 중요한 발명들, 예컨대 시계, 나침반, 망원경, 현미경, 인쇄기와 주조 활자 등에 관한 이야기만 담았다. 정부의 형성, 전쟁, 제국의 흥망성쇠 등은 이야기하지 않았다. 그리고 인간 경험의 즐거움을 몇 배로 높여 주었지만 건축, 그림, 조각, 음악, 문학 등에 관한 창조자로서 인간의 이야기인 문화의 연대기도 싣지 않았다. 나는 잘 알려지지 않은 그곳에 무엇이 있는지를 인류가 알아야 할 필요성에 중점을 두었다.

이 책은 전체적으로 연대순으로 이루어져 있고, 세부적으로는 서로 겹치도록 배열되어 있다. 고대에서 현대로 이야기가 전개되면서 15부가 각각 연대순으로 앞부분과 겹친다. 맨 먼저 경험의 원초적인 차원들 중에서 가장 규정하기 힘들고 신비로운 '시간'으로 시작한다. 그 다음으로 지구와 바다에 관한 서양인의 확대되는 전망을 살펴본다. 또 다음으로는 하늘과 땅의 물리적 대상, 식물과 동물, 인체와 그 작용 등 자연을 탐구한다. 마지막으로 인간의 과거가 이전에 상상했던 것과 다르다는 사실을 알아내고, 발견자인 인간의 자아 발견과 원자 속 암흑 대륙에 관해 살펴보는 등 사회를 다루고 있다.

이 책은 끝이 없는 이야기다. 세상 전체는 여전히 아메리카와 같다. 인간 지식의 지도 위에 지금까지 쓰인 가장 기대되는 말은 '미지의 영역terra incognita'이다.

DISCOVERERS

THE

4편 사회

홀로 있는 사람은 나쁜 친구와 함께 있는 경우와 같다.

– 폴 발레리Paul Valéry (1924년)

역사는 탐험되기 이전에 발견되어야 했다. 과거의 메시지는 처음에 기억을 통해, 그 다음으로 기록을 통해, 그리고 마지막으로 책을 통해 급격하게 전해졌다. 지구의 예상치 못한 유적의 보물은 선사시대까지 다다랐다. 과거는 신화의 보물고나 익숙한 목록 그 이상이 되었다. 새로운 세계의 육지와 바다, 먼 대륙의 자원, 먼 곳에 사는 사람들의 생활 방식 등이 진보와 새로움의 전망을 열어 주었다. 공동체 속에서 살아가는 인간의 일상을 담은 사회는 새로운 발견과 변화의 풍경이 되었다.

13부

지식 공동체의 확대

… 세계 자체가 경계선이 되는 도서관을 세우다.

– 에라스뮈스Erasmus, 『격언집Adages』 (1508년)

60

잃어버린 기억술

활자본이 나오기 전에는 기억이 일상생활과 신비주의 학문을 지배했으며, 또한 '모든 기술을 보존하는 기술Ars artium omnium conservatrix'이라는 명칭에 어울리는 충분한 가치가 있었다. 개개인이나 공동체의 기억력은 시간과 공간을 넘어 지식을 전달했다. 수천 년 동안 개인의 기억은 오락과 정보, 기술의 영구 보존과 완성, 상업의 관례, 여러 직업의 수행 등을 관리하는 수단이 되었다. 사람들은 기억에 의해서, 그리고 기억 속에서 교육의 결실을 수확하고 보존하며 저장했다. 기억은 누구나 갈고 닦아야 하는 굉장한 능력이었지만 그 방법과 이유를 우리는 오래전에 잊어버렸다. 지난 500년 동안 우리는 기억의 세계와 능력의 초라한 흔적만 발견했을 뿐이나.

고대의 그리스인들은 당시의 삶을 지배했던 기억술에 신화의 의미를 부여했다. 기억의 여신 므네모시네Mnemosyne는 우라노스(하늘의 신)와 가이아(대지의 여신)의 딸이며 뮤즈의 아홉 여신들의 어머니였다. 전설에 따르면, 뮤즈의 아홉 여신들은 서사시를 담당하는 칼리오페Calliope, 역사를 관

장하는 클리오Clio, 플루트를 연주하는 에우테르페Euterpe, 비극의 여신 멜
포메네Melpomene, 춤의 여신 테르프시코레Terpischore, 리라를 연주하는 에라
토Erato, 성가를 담당하는 폴리힘니아Polyhymnia, 천문학을 관장하는 우라니
아Urania, 그리고 희극의 여신 탈리아Thalia였다. 피에루스Pierus왕의 아홉 딸
들은 뮤즈의 아홉 여신들에게 노래로 도전했다가 벌을 받고 까치로 변하
여 단조로운 목소리로만 노래를 되풀이하게 되었다고 한다.

　　누구나 기억술이 필요했고, 이 기술은 다른 기술처럼 갈고 닦을 수 있
었다. 기억술은 완벽하게 습득할 수 있었고 그 대가들은 존경을 받았다.
'기억 훈련'이 웃음거리가 되고 허풍선이의 수단이 된 것은 최근의 일이었
다. 역사가 프랜시스 예이츠Frances A. Yates의 흥미로운 기록에 따르면, 기억
의 전통 기술은 수 세기 동안 유럽에서 번창했다.

　　기억술을 만들어 낸 사람은 다재다능한 그리스의 서정시인 케오스의
시모니데스Simonides of Ceos(기원전 550-468?년)라고 전해지고 있었다. 그는 시
를 지어 최초로 대가를 받은 사람으로도 잘 알려져 있었다. 이런 이야기
는 자신의 기억술로도 유명한 키케로의 웅변술에 관한 저서에 처음으로
등장하고 있었다. 예컨대 한번은 테살리아Thessaly에 있는 스코파스Scopas의
집에서 열린 연회에 시모니데스가 집주인을 찬미하는 시를 읊도록 고용
된 일이 있었다. 그러나 시모니데스는 시의 반은 스코파스를 찬미했고 시
의 나머지 반은 쌍둥이 신 카스토르Castor와 폴룩스Pollux를 찬미했다. 이에
화가 난 스코파스는 약속한 돈의 절반만 시모니데스에게 지불하려고 했
다. 그런데 그때 시모니데스는 많은 손님이 아직도 연회석에 앉아 있는 동
안에 문밖에서 두 젊은이가 기다린다는 전갈을 받았다. 그러나 그가 밖에
나가 보니 아무도 없었다. 물론 시모니데스를 밖에서 불러낸 불가사의한

두 젊은이는 카스토르와 폴룩스였다. 그들은 시모니데스에게 자신들을 찬미한 대가를 나름대로 지불하려고 했던 것이다. 시모니데스가 연회장을 떠나자마자 지붕이 내려앉아 나머지 손님들은 모두 묻혀 버렸다. 친척들이 몰려와 장례를 치를 시신들을 꺼내려고 했지만 서로 뒤섞인 시신들을 식별할 수가 없었다. 그때 시모니데스는 놀라운 기억력을 발휘하여 어느 것이 누구의 시신인지를 비통해하는 친척들에게 알려 주었다. 그는 각각의 손님들이 어느 자리에 앉아 있었는지를 기억해 냈다. 그러고는 각각의 자리에 따라 누구의 시신인지를 구별해 낼 수 있었다.

이런 이야기로 시모니데스는 고전 방식의 기억술을 만들어 낸 사람이라고 잘 알려지게 되었다. 기억술을 수사학의 5대 구성 요소로 만든 키케로는 시모니데스가 행한 일을 다음과 같이 설명했다.

그는 이 능력을 키우려는 사람은 장소를 선택하여 기억하고 싶은 사물의 영상을 머릿속에 그려 넣고, 그 영상을 선택 장소에 각각 저장해야 한다고 추론했다. 그렇게 해서 장소의 순서가 사물의 순서를 간직하고 사물의 영상은 사물 자체를 나타낼 것이며, 우리는 이 장소와 영상을 각각 밀랍 서판과 그 위에 쓰인 문자에 활용할 것이다.

중세에 유럽 사상을 지배했던 시모니데스의 기억술은 장소loci와 영상imagines이라는 2개의 간단한 개념을 근거로 했다. 그리고 이 2가지 개념에서 유럽의 웅변가, 철학자, 과학자 등을 위한 기억법의 요소들이 계속 생겨났다.

로마의 한 수사학 교사가 저술한 『헤레니우스를 위한 수사학Rhetorica ad

Herennium』이라는 논문(기원전 86-82년경)은 제목에 헌정된 사람의 이름을 그대로 붙였지만 키케로가 저술했다고 여겨졌기 때문에 더욱 높이 평가를 받았다. 또 다른 로마의 수사학 권위자인 쿠인틸리아누스Quintilian(서기 35-95년경)는 기억에 남을 고전 법칙을 만들었다. 그는 일련의 장소를 기억에 강하게 남기는 '건축적인' 기법을 서술했다. 쿠인틸리아누스는 하나의 커다란 건물을 생각해 내고 모든 장식품과 가구들을 떠올리면서 그 건물 안의 여러 개의 방을 걸어 다니는 상상을 해 보라고 말했다. 그런 다음, 기억해야 할 각 심상에 영상을 만들고 그 건물을 다시 지나가면서 그 영상을 상상 속에서 순서대로 놓아두라고 했다. 예컨대 상상을 하여 거실에는 창을, 식당에는 닻을 놓아둔다면, 차후에 처음에는 전쟁을, 그 다음에는 해군에 대해 말해야 할 것을 상기할 수 있게 된다. 이 방법은 현재까지도 사용되고 있다.

중세에는 완전히 선천적이며 훈련 없이도 발휘할 수 있는 '타고난' 기억과 앞으로 개발할 수 있는 '인위적' 기억을 근본적으로 구별하는 전문용어가 생겨났다. 사물이나 언어를 기억할 수 있는 기술은 다양했다. 학생이 기억력 훈련을 할 때 어디에서 해야 하고, 기억의 장소와 영상을 위한 상상 속의 건물은 어떤 종류가 가장 좋은지에 관해서는 여러 견해가 있었다. 어떤 교사들은 주위의 소음과 지나가는 사람들 때문에 기억의 장소에 대한 상상 속의 인상이 약해지지 않도록 조용한 장소를 선택하기를 권했다. 그리고 물론 관찰력이 좋고 여행을 자주하는 사람은 다양한 기억 장소들을 스스로 잘 갖출 수가 있었다. 그 당시에는 수사학을 배우는 학생들이 버려진 건물 안을 조심스럽게 걸어 다니는 모습을 볼 수 있었다. 각 방의 형태와 가구를 비치할 공간에 주목하여 기억의 창고로 이용할 장소로 상상하는 데 활용하려는 것이었다.

수사학의 유명한 교사였던 대★세네카Seneca(기원전 55년-기원후 37년)는 수년 전에 단 1번 들었던 긴 연설을 외울 수 있었다고 전해진다. 그는 200명의 제자들에게 각자 시 1줄을 인용하게 한 다음, 그들이 인용한 구절을 마지막에서 처음까지 역순으로 모두 외워 학생들에게 감동을 주었다. 또한 수사학 교사로 경력을 시작한 성 아우구스티누스는 베르길리우스의 시 전체를, 그것도 거꾸로 외우는 한 친구를 찬미하는 글을 남겼다.

'인위적' 기억의 성과와 특히 그 뛰어난 기술은 높은 명성을 얻었다. 아이스킬로스Aeschylus는 "기억은 모든 지혜의 어머니다"라고 말했다. 키케로도 "기억은 모든 사물의 보물고이며 수호자다"라고 말했다. 인쇄술이 확산되기 전이었던 기억의 전성기에는 고도로 발달된 기억력이 광대, 시인, 가수, 의사, 법률가, 성직자 등의 사람들에게 필요했다.

유럽에서 최초의 위대한 서사시는 구전으로 만들어졌는데, 이를 달리 표현하면 기억술로 보존되고 실연되었다. 예컨대 『일리아드Iliad』와 『오디세이Odyssey』는 기록이 되지 않고 구전으로 계속 이어졌다. 호메로스의 표현으로 시인은 '노래하는 사람aoidos'이었다. 호메로스 시대 이전의 노래하는 사람은 1번에 한 사람의 관중 앞에서 짧고 간단한 시를 노래로 읊었던 것 같다. 미국의 뛰어난 학자이며 탐험가인 밀만 패리Milman Parry의 기록에 따르면, 세르비아의 이슬람교도에서 아직도 실천되고 있는 관례는 고대 호메로스 시대의 관습과 유사한 것으로 보인다. 그의 기록을 보면, 처음에는 청중 1명이 견딜 만하고 기억할 수 있는 공연 목록의 한계에 따라 시의 길이가 결정되었음을 알 수 있다. 그 후에는 호메로스(남자였건 여자였건, 아니면 여러 사람을 지칭했던 간에)가 1시간 정도 길이의 노래들을 모두 결합하여 더 원대한 목적과 광범위한 주제와 복잡한 구성을 갖춘 하나의 연결된 서사시로 만들어 냈다.

고대 지중해 연안에서 최초로 등장한 책은 글이 적힌 파피루스 종이를 서로 붙여 말아 놓은 필사본이었다. 이 책은 펼치기가 불편했고, 자주 펼쳐야 했기 때문에 글자가 닳아 있는 경우도 있었다. 그리고 낱장의 '페이지'라는 개념이 없었기 때문에 인용문을 확인하기가 매우 귀찮아서 사람들은 자신의 기억에 의존하는 경향이 있었다.

법률도 문서로 보존되기 이전에는 기억력으로 보존되었다. 공동체의 집단 기억이 최초의 법률 기록 보관소였다. 영국의 관습법은 '사람의 기억과 어긋나지 않는 시점'까지 거슬러 올라가는 '먼 옛날의' 관습이었다. 윌리엄 블랙스톤 경Sir William Blackstone은 1765년에 이렇게 기록했다. "이전에는 유럽 전체에서 일반적으로 문자를 매우 무시했으며, 이런 명백한 이유로 문자가 널리 퍼진 나라들도 이전의 전통에 따르며 기록한다는 생각을 거의 하지 않았다. 따라서 갈리아의 드루이드교 성직자들과 마찬가지로 영국 사람들도 지식과 함께 모든 법을 기억에 맡겼다. 그리고 원시사회의 색슨족들도 대륙의 동족들처럼 '법은 기억과 관행으로만 존속되었다leges sola memoria et usu retinebant'고 한다."

또한 의식과 예배도 기억으로 보존되었으며, 성직자들을 통해 특별히 관리되었다. 흔히 반복되는 종교의식은 젊은 신도들에게 기도와 의례를 암기시키는 방법이었다. 기억 방법으로 널리 이용되었던 시와 음악은 인쇄된 교과서가 생기기 전에는 기억이 특별히 중요하다는 사실을 입증하고 있다. 수 세기 동안 라틴어 문법을 공부하는 표준 교본은 12세기에 빌레디외의 알렉산더Alexander of Villedieu가 만든 2,000행의 서투른 시로 된 교리였다. 1501년에 알두스 마누티우스Aldus Manutius가 이 교리를 다시 인쇄하면서 그 미숙한 내용에 깜짝 놀라긴 했지만, 운문으로 된 규칙들은 쉽게 외울 수 있었다.

중세의 스콜라 철학자들은 기억을 단순히 실용적인 기술로 다루어야 한다는 사실에 만족하지 않았다. 그래서 그들은 기억을 기술에서 사려 분별Prudence이라는 하나의 덕목으로 완전히 바꿔 놓았다. 고전 논문인 『헤레니우스를 위한 수사학』의 필사본이 다시 나타난 12세기 이후, 스콜라 학자들은 기억술보다 기억의 도덕Morality of Memory에 더 관심이 있었던 듯 보였다. 그렇다면 기억이 어떻게 기독교도의 삶을 고취시킬 수 있었을까?

전기 작가들은 성 토마스 아퀴나스Saint Thomas Aquinas (1225-1274년)가 학교에 다닐 때 교사들이 말하는 모든 내용을 기억했다고 자랑했다. 쾰른에서 아퀴나스는 알베르투스 마그누스Albertus Magnus한테서 기억술을 배웠다. 아퀴나스는 많은 수도원을 다녀온 후에 수집한 교부들의 금언들을 교황 우르바노 4세Pope Urban IV에게 제출했다. 그런데 그 금언들은 아퀴나스가 베끼지 않고 눈으로 보고 와서 기록한 것이었다. 물론 그는 읽었던 글은 무엇이든 완전히 기억했다. 아퀴나스는 자신의 『신학대전Summa Theologiae』(1267-1273년)에서 기억이 4가지 기본 덕목의 하나인 사려 분별의 일부라는 키케로의 정의를 자세히 설명한 다음, 그 기억을 완성시키기 위한 자신만의 4가지 법칙을 제시했다. 활자본이 등장하기 전까지는 이 토마스의 기억 법칙이 널리 알려졌다. 이 법칙은 반복되어 전해져 여러 교과서의 개요로 자리 잡았다. 프랜시스 예이츠의 설명에 따르면, 로렌체티Lorenzetti와 조토Giotto의 그림들은 감상자들이 기억술에 대한 토마스의 법칙을 적용하는 것을 도우려고 미덕과 악덕을 묘사했다. 피렌체의 산타 마리아 노벨라Santa Maria Novella 성당에 있는 참사회 회의장Chapter House의 프레스코 벽화에는 아퀴나스의 4가지 기본 덕목과 몇 가지 요소들이 인상적으로 그려져 있다. 이탈리아 수사학자 본콤파뇨Boncompagno는 대표적인 중세 논문에서 이렇게 주장했다. "우리는 낙원의 보이지 않는 기쁨과 지옥의 영원한 고통을 끊임없이 기억해야 한다." 그에게 미덕과 악덕의 목록은 신앙심이 깊은 사람들을 '기억의 길'로 갈 수 있게 도와 주는 '기억의 주요 사항'일 뿐이었다.

지옥편, 연옥편, 그리고 천국편으로 이루어진 단테의 『신곡』은 쉽게 기억할 수 있는 순서로 (시모니데스와 아퀴나스의 개념에 따라)장소와 영상을 생생하게 표현했다. 또한 더욱 비속한 예도 있었다. 14세기에 영국 수도사들의 필사본에는 눈으로는 볼 수 없고 오히려 기억의 보이지 않는 영상으로만 볼 수 있는 그림들, 예컨대 외설에 탐닉될 수 있는 그림이 그려져 있었다.

페트라르카Petrarch(1304-1374)도 기억술의 권위자로 굉장한 명성이 있었다. 그는 기억된 영상을 저장하고 되찾을 수 있는 '장소'를 선택하는 데 도움을 주는 자신만의 법칙을 만들어 냈다. 기억의 상상 속 건물은 특정 영상에 비해 너무 크거나 너무 작지 않은 중간 크기의 저장 장소이어야 한다고 페트라르카는 주장했다.

인쇄기가 등장했을 무렵, 기억술은 무수히 많은 체계로 정교해져 있었다. 16세기 초에 가장 잘 알려진 기억술에 관한 책은 『불사조, 또는 정교한 기억Phoenix, sive Artificiosa Memoria』(베네치아, 1491년)이라는 실용적인 교본이었다. 라벤나의 피터Peter of Ravenna가 저술한 그 책은 여러 판이 나왔으며 널리 번역되었다. 피터는 그 책 속에서 최고의 기억 '장소'는 버려진 교회라고 조언했다. 피터에 따르면, 그런 교회를 발견했을 때는 서너 번 그 안을 돌아다니면서 나중에 기억 영상을 넣어 둘 장소를 모두 마음속에 새겨 두어야 한다. 그리고 장소는 모두 이전 장소보다 5피트(약 1.5미터)나 6피트(1.8미터) 떨어져 있어야 한다. 피터는 젊었을 때 이미 10만개 이상의 기억 장소를 마음속에 새겨 두었으며, 이후의 여행을 통해 수천 개를 더 추가했다고 자랑했다. 또한 그는 전체 교회법, 키케로의 200개의 연설, 그리고 2만 개의 법 조항을 글자 그대로 암기할 수 있는 사실로 자신의 체계가 매우 효과가 있다고 주장했다.

구텐베르크가 활판인쇄술을 발명한 이후로는 한때 기억으로 지배되고 도움을 받던 일상의 영역을 인쇄된 글이 지배했다. 중세 말기에 소수의 지식층에게는 필사본이 기억의 보조 역할을 했고, 때로는 기억을 대체하기도 했다. 그러나 인쇄된 책은 훨씬 휴대하기 쉽고, 더 정확하고, 참고하기에 더 편리하며, 물론 더 보편화되었다. 저자가 저술한 후 인쇄만 되면 어떤 저작물이건 인쇄업자나 교정자, 또는 인쇄물을 접하는 사람들에게 모두 알려졌다. 이제는 누구든 자신이 기억하지 않고도 문법, 키케로의 연설, 신학 교리, 교회법, 도덕 등에 관해 참조할 수 있게 되었다.

인쇄된 책은 개개인이 갖고 있는 내부의 보이지 않는 창고보다 수많은 측면에서 탁월한 새로운 기억의 창고였다. 제본된 고문서의 페이지가 두루마리 필사본을 대체하면서 기록된 출처를 참고하기가 훨씬 쉬워졌다. 12세기 이후에는 도표, 목차, 그리고 기초적인 색인까지 수록된 책이 등장해 기억이 이미 고대의 역할을 잃어가고 있음을 보여 주었다. 인쇄된 책에 속표지가 있고 그 안의 페이지에 번호가 매겨졌을 때에는 내용을 살펴보기가 더욱 쉬워졌다. 인쇄된 책에 16세기에 나타나기 시작한 색인이 갖춰지면서 기억은 알파벳 순서를 기억하는 정도의 역할만 하게 되었다. 18세기 말에는 뒤쪽에 알파벳순의 색인을 수록한 책이 표준이 되었다. 기억 회복의 기술은 결코 없어서는 안 되는 능력이었지만, 종교, 사상, 지식 등의 수준 높은 영역에서는 매우 작은 역할만 했다. 굉장한 역할을 했던 기억은 단순히 이목을 끄는 재주가 되어 버렸다.

2,000년 전에 소크라테스는 글쓰기 자체가 기억과 배우는 사람의 영혼에 미치는 나쁜 영향을 슬퍼했을 때 이미 그 몇 가지 결과를 예언한 셈이었다. 플라톤의 『파이드루스Phaedrus』에 따르면, 소크라테스는 파이드루스와 나누는 대화에서 문자를 발명한 이집트의 신 토트Thoth가 발명품의 효과를 잘못 판단했음을 설명했다. 예컨대 토트는 이집트의 왕 타무스 신God Thamus에게 다음과 같은 비난을 받았다.

그대의 이 발명은 배우는 자들의 영혼에 망각을 만들어 낼 것이다. 그들은 기억을 사용하지 않을 테고, 무엇인가를 기억하는 내적인 능력 대신 외부로 나타난 문자에만 의존할 것이기 때문이다. 그대가 발명한 특이한 것은 기억이 아닌 회상의 수단이다. 그리고 그대는 제자들에게 진리가 아닌 진리와 비슷한 허울만을 제공했다. 그들은 많은 것을 들을 뿐, 아무것도 배우지 않을 것이다. 그리고 그들은 모든 것을 아는 것처럼 보일 뿐 실제로는 아무것도 모를 것이다. 다시 말해, 진실이 아닌 지혜롭다는 자만심만 내세우는 골치 아픈 동료가 될 것이다.

소크라테스가 문자 언어에 관해 지적한 위험은 언어가 인쇄되면서

1,000배나 더 증대되었다.

그런 위험성은 빅토르 위고가 저술한 『노트르담의 꼽추Notre-Dame de Paris』(1831년)의 유명한 구절 속에 멋지게 표현되어 있었다. 이를테면 처음으로 인쇄된 책을 집어 든 학자가 책에서 눈을 돌려 성당을 바라보면서 "새로운 것이 옛 것을 사라지게 할 것이다Ceci tuera cela"라고 말한다. 인쇄는 또한 '기억이라는 보이지 않는 성당'도 파괴했다. 인쇄된 책이 사상과 사물을 생생한 영상으로 만들어 이를 기억 장소에 보관할 필요가 거의 없었기 때문이었다.

기억이 일상을 지배하던 세계를 쇠퇴시킨 그 시대는 숨겨지고 비밀스러우며 신비로운 새로운 세계인 신플라톤주의가 대두되었다. 르네상스 시대에 생겨난 플라톤 사상의 부활은 기억에 새로운 생명과 영역을 부여했다. 플라톤은 이상적 형태의 정신과 '기억'을 중시했다. 이제는 기라성 같은 재능 있는 신비주의자들이 새로운 기억술을 개발해 냈다. 기억은 더 이상 수사학이라는 측면의 웅변 도구가 아닌 신비로운 기술이며, 말로 표현할 수 없는 실체가 되었다. 그 신비로운 기술은 정신의 깊은 비밀을 공개했다. 예컨대 베네치아와 파리에서 전시된 줄리오 카밀로Giulio Camillo의 기이한 '기억 극장Memory Theater'은 편리만을 위한 것이 아니라 '영원한 장소' 안에서 '모든 사물의 영원한 속성'을 표현하는 방법으로 기억 장소를 제공했다. 피렌체의 코시모 데 메디치가 창립한 플라톤 아카데미Platonic Academy의 신플라톤주의자 마르실리오 피치노Marsilio Ficino(1433-1499년)와 피코 델라미란돌라Pico della Mirandola(1463-1494년)는 이해하기 어려운 철학 속에 신비로운 기억술을 만들어 냈다.

기억이라는 암흑 대륙을 탐험한 가장 주목할 만한 사람은 영감을 받아

방랑하는 조르다노 브루노Giordano Bruno (1548–1600년)였다. 나폴리의 젊은 수도사였던 브루노는 유명한 도미니크회의 기억술을 배웠다. 브루노가 도미니크 수도회를 떠났을 때 일반 사람들은 그가 도미니크회의 비밀을 밝혀 줄 것을 기대했다. 브루노는 그들을 실망시키지 않았다. 그는 자신의 저서 『키르케, 사상의 그림자에 관해 On the Shadows of Ideas, Circe』(1582년)에서 기억술은 자연적이거나 신비적인 능력이 아니고 특수한 과학의 산물이라고 설명했기 때문이다. 브루노는 마녀 키르케Circe의 주문으로 기억의 과학을 소개하면서 황도십이궁의 작은 별자리들이 나타내는 영상의 특별한 힘을 보여 주었다. 브루노에 따르면, 천체를 대표하는 '사상의 그림자'인 별의 영상은 이 순간적인 지상의 영상보다 영원한 실체에 더 가깝다. 천체의 영상에서 '내적 기록으로 맺어진 사상의 그림자'를 '기억하기 위한' 브루노의 체계는 제자들을 더 높은 실체로 이끌었다.

> 이것은 형태가 없는 혼란을 이룬다… 기억을 통제하려면 특정한 기억할 만한 형태(황도십이궁의 영상)를 통해서 숫자와 요소들이 적절하게 배치되어야 한다… 이것을 주의 깊게 생각한다면 표상적인 기법에 도달하여 기억뿐만 아니라 경이로운 방법으로 영혼의 모든 능력을 갖는 데 도움이 될 수 있다.

이와 같이, 기억은 모든 사물의 보이지 않는 이면의 통합, 바로 신성한 통합에 이르는 확실한 방법이다!

그러나 일상에서 필요한 기억은 종이와 인쇄된 책이 나오기 전만큼의 중요성을 찾아보기 힘들었다. 기억의 영광은 줄어들었다. 1580년에 몽테뉴는 "좋은 기억은 대체로 나약한 판단과 결합한다"라고 단언했다. 또한

"기억력이 뛰어난 바보보다 더 흔한 것은 없다"라고 전문가들은 비꼬아 말했다.

인쇄술이 등장한 이후 수 세기 동안, 기억에 관한 관심은 기법에서 병리학으로 옮겨 갔다. 20세기 후반에 이르러서는 기억에 관한 관심이 실어증, 건망증, 히스테리, 최면, 그리고 물론 정신분석으로 대체되고 있었다. 기억술의 교육학적 관심은 점점 사회 과정의 하나로 여겨지는 학습 기법으로 대체되었다.

또한 이와 더불어 망각의 기법에 관한 새로운 관심이 생겨났다. 시모니데스가 아테네의 정치가 테미스토클레스Themistocles에게 기억술을 가르치려고 했을 때 그에게 거절당했다고 키케로는 전한다. 테미스토클레스는 "내게 기억 기술을 가르쳐 주지 말고 망각 기술을 가르쳐 주시오. 나는 기억하고 싶지 않은 것들을 기억하고 있지만 잊고 싶은 것들을 잊을 수 없기 때문이오"라고 말했다고 한다.

인간이 처음으로 심리 과정을 실험하여 검사하고 측정을 하면서 망각에 관한 연구는 근대 심리학의 개척 분야가 되었다. 헤르만 에빙하우스Hermann Ebbinghaus(1850–1909년)는 "심리학은 오랜 과거를 갖고 있지만 그 진정한 역사는 짧다"라고 평했다. 윌리엄 제임스William James가 '대담한' 성과라고 칭한 에빙하우스의 멋진 단순한 실험들은 『기억: 실험심리학의 기여 Memory: A Contribution to Experimental Psychology』(1885년)라는 서서에서 자세히 설명되었으며, 또한 근대 실험심리학의 기초가 되었다.

에빙하우스는 실험을 위해 아무 의미가 없는 자료, 즉 무의미 음절Nonsense syllables을 고안했다. 어떤 2개의 자음 사이에 1개의 모음을 넣어 2,300개의 기억할 만한(그리고 잊을 만한) 철자를 만들어 낸 다음, 그 철자들을 연달아 나열했다. 그의 실험에서 음절들은 연상할 수 없다는 이점이 있었다. 에빙하우스는 2년 동안 이런 음절을 기억하고 회상시키는 능력을 자신에게 시험해 보았다. 그는 이 모든 시험에서 회상할 때 소요되는 시간과 그 노력 사이의 간격에 대해 세밀하게 기록했다. 또한 '재학습'에 관해서도 실험을 했다. 그는 통계에 대한 열정이 없었다면 노력을 해도 소용이 없었을 것이다.

에빙하우스는 이제 단순한 지각뿐만 아니라 심리 현상 자체도 '실험과 양으로 다루는 방법'을 따를 수 있으리라 기대했다. 그리고 이미 구스타프 페히너Gustav Fechner(1801-1887년)가 지각에 관한 연구를 시작하여 자신의 연구를 에빙하우스에게 헌정한 적이 있었다. 에빙하우스가 만들어 낸 '망각 곡선forgetting-curve'은 시간의 흐름에 따라 학습된 내용이 잊혀 가는 정도를 나타냈다. 지금도 중요하게 여겨지는 그 연구 결과에 따르면, 최고의 망각은 '학습' 직후에 일어난다는 사실이 밝혀졌다.

이런 뜻밖의 방법으로 사고의 내적 세계는 근대 수학이라는 도구를 이용하여 탐구되기 시작했다. 그러나 신플라톤주의 전통 방식을 추구하는 다른 연구자들은 여전히 기억의 신비에 관심을 두고 있었다. 에빙하우스는 "기억의 암흑에서 의식의 빛 속으로 나타나는 심상의 비자발적인 재현"을 연구한 적이 있다고 말했다. 소수의 다른 심리학자들은 무의식이라는 '암흑'으로 경솔하게 뛰어들었지만 그래도 완전히 새로운 '과학'을 만들어 냈다고 주장했다.

근대 심리학의 창시자들은 일상의 한 과정으로 망각에 관한 관심이 점점 늘어났다. 뛰어난 심리학자인 윌리엄 제임스(1842-1910년)는 다음과 같이 기록했다.

우리의 지적 능력을 활용할 때 망각은 기억과 마찬가지로 중요한 기능을 한다…. 만일 우리가 모든 것을 기억한다면 마치 아무것도 기억하지 못하는 것처럼 대부분은 정상의 삶을 살 수 없다. 우리가 회상할 때 필요한 시간은 흘러간 원래 시간만큼 소요되므로 우리의 사고는 앞으로 나아갈 수 없을 것이다. 모든 회상 시간은 줄어든다…. 이런 축소는 회상 시간을 채우고 있는 수많은 사실들이 생략되어 일어난다. "따라서 우리가 기억한다는 조건은 망각해야 하는 조건이라는 역설적인 결과에 도달하게 된다. 엄청난 양의 의식 상태를 완전히 망각하고 또 많은 것을 순간적으로 망각하지 않고는 우리는 전혀 기억할 수 없다…."라고 리보Ribot는 말했다.

한 세기 동안, 인간 지식과 집단 기억의 축적이 이전보다 크게 증가하고 기록되고 확산되면서 망각은 그 어느 때보다 온전한 정신의 필수 조건이 되었다.

그러나 '망각된' 기억은 어떻게 되었을까? '지난해 내린 눈들은 다 어디에 있을까?' 20세기에 이르러 기억의 영역은 또다시 변형되어 무의식이라는 거대한 영역으로 재발견되었다. 지그문트 프로이트Sigmund Freud(1856-1939년)는 『일상생활의 정신병리학Psychopathology of Everyday Life』(1904년)이라는 저서에서 고유명사와 외국어와 말의 순서를 망각하는 일 등의 단순한 사례로 시작하여 설명하고 있다. 프로이트를 유명하게 만든 새로운 기억술은 시모니데스와 그 후계자들의 과학적 주장과 신플라톤주의자들의 신비주의 매력을 모두 갖추고 있었다. 물론 사람들은 꿈의 신비에 늘 놀라워했다. 프로이트는 꿈의 세계가 기억의 방대한 비밀의 보고라는 사실을 알아냈다. 프로이트의 『꿈의 해석Interpretation of Dreams』(1900년)은 정신분석이 기억술과 기억의 과학에 정말 많은 기여를 할 수 있음을 입증했다.

프로이트에게 자극을 받은 다른 학자들은 기억의 의미에 관해 더 많은 새로운 사실들을 알아냈다. 잠재 기억Latent Memory, 즉 무의식은 치료법, 인류학, 사회학 등의 새로운 원천이 되었다. 오이디푸스Oedipus의 이야기는 모든 사람의 경험을 기록하지 않았던가? 프로이트가 독자적으로 만들어 낸 신화의 비유는 고대의 공동 경험이 만들어 낸 인간 내면의 유산을 암시했다. 신비주의 전통을 깊이 추구한 카를 융Carl Jung(1875~1961년)은 '집단 무의식'을 널리 알렸다. 이제 프로이트와 그의 제자와 후계자들은, 앞으로 살펴보겠지만, 기억의 전당을 재발견했거나 어쩌면 그들 방식대로 재구성했을 것이다.

61

지식인의 제국

고대 로마 제국은 유럽 전체에 살아 있는 유산을 남겼다. 로마법이 남긴 유물은 유럽 대륙과 나머지 세계에 소유물, 계약, 범죄 등을 규정해 주었다. 정치 통합의 기억들은 수 세기 동안 유럽의 연방주의자들에게 신념을 굳혀 주었다. 살아남은 로마의 언어는 연구의 자료가 되는 서적에 사용되어 학식의 '유럽 공동체'를 만들어 냈다. 그러나 유럽의 문화를 통합한 이 유산은 또한 유럽 공동체를 갈라놓기도 했다. 따라서 유럽 대륙 전체는 '2가지 언어'의 공동체로 이루어지게 되었다.

중세에는 교회와 대학의 지식 공동체와 독자들의 공동체가 라틴어로 결합되었다. 라틴어가 대학의 언어로 존재하는 동안은 적어도 언어적 측면에서 하나로 통합된 유럽의 대학 체계가 존재했다. 교수와 학생들은 볼로냐에서 하이델베르크로, 하이델베르크에서 프라하로, 프라하에서 파리로 마음대로 이동할 수 있었고 어느 교실에서나 편안함을 느낄 수 있었다. 베살리우스, 갈릴레오, 하비 등과 마찬가지로 셀 수 없이 많은 일반 학생들은 한 지식 공동체에서 다른 지식 공동체로 이동했다. 유럽 대륙 전체가 하나의 학문 용어를 갖춘 일은 처음이자 마지막이었다.

그러나 지식인들을 연결시켰던 라틴어는 각국의 지식인들과 민중 사이의 장벽이 되었다. 집이나 시장에서, 그리고 대중의 유흥에서 쓰는 말은 전혀 다른 언어였다. 어디에서나 대중은 라틴어가 아닌 토속어인 '지역어vernacular'를 사용했다(이 단어의 어원인 '본국의' 또는 '토착의'라는 뜻의 라틴어 '베르나쿨루스vernaculus'는 '고국에서 태어난 노예' 또는 '토착민'이라는 뜻의 '베르나verna'에서 비롯되었다). 유럽 전체에서 지식인들의 언어는 하나의 외국어였다. 지식계급의 아주 세계주의의적인 어휘들은 이웃을 이해하려는 노력의 과정에 또 다른 방해물이 되었다. 일반 대중의 의식은 지역적이면서 근시적이었다. 그들은 오직 활기 있는 언어의 소리만 들을 수 있었다. 동시에 지식인은 좁은 원시안으로 괴로움에 시달렸다. 그들은 시장의 동시대인들이 이해되지 않는 멀고도 오래된 특별한 언어와 학문으로 생각하고 있었다.

인간의 본성은 이런 식으로 공동체가 갈라지는 것을 전혀 요구하지 않았다. 이런 현상은 유럽 역사에서 하나의 우연이었으며, 수 세기 동안 유럽 대륙의 사상을 형성하고 지휘했으며 제약했다. 16세기까지도 스트라스부르에서 대표적인 중등학교를 운영했던 독일의 인본주의자 요하네스 슈투름Johannes Sturm(1507-1589년)은 고대의 젊은이들에게 있었던 독특한 이점을 동경하는 듯 설명했다. "로마인은 우리보다 우월한 2가지 이점이 있었다. 하나는 학교에 가지 않고도 라틴어를 배울 수 있었으며, 다른 하나는 흔히 라틴어로 된 희극과 비극을 보았으며, 또한 라틴어 웅변가들의 연설을 들을 수 있었던 점이다. 이러한 이점을 우리 학교에서 부활시킬 수는 없을까? 그들이 우연이나 습관으로 얻은 능력, 즉 라틴어를 완벽하게 말하는 능력을 우리도 열심히 한다면 충분히 갖출 수 있지 않겠는가? 이 시대의 사람들이 쓰기와 말하기에서 단순히 옛 대가들만을 따를 것이 아니라 아테나와 로마의 전성기에 번창한 사람들과 대등할 수 있기를 바란다."

라틴어 지식은 중세의 대학에 들어가기 위한 절대적인 필수 조건이었다. 라틴어 원문을 노력해서 읽고 쓸 수 있는 정도로는 충분하지 못했다. 모든 강의가 라틴어로 이루어졌고, 학생들은 수업 시간 이외에도 라틴어만을 사용하도록 강요되었으며, 이 규칙은 벌칙과 '늑대'라고 불리는 밀고자들의 감시로 시행되었다. 이런 시행은 아마도 불필요한 말을 하지 못하게 하는 방법이기도 했을 것이다. 파리 대학교에서는 학생이 학장에게 어떤 요구를 할 때 불어를 한마디도 사용하지 않고 의견을 제시해야 하는 학칙이 있었다. 나라를 대표하는 토착어가 생겨나기 전에는 라틴어가 그 나라의 여러 지역에서 온 학생들 사이의 대화 수단이었으며, 학생들의 유쾌한 일상생활에도 필요했다. 당시에는 파리 대학교에 입학하려는 학생들을 위한 벌리츠 문체Berlitz-style 목록이라는 구어체 관용구집도 있었다. 그 안에는 돈을 바꿀 때, 양초나 필기도구를 살 때, 그리고 포도주나 과일, 돼지고기, 닭고기, 소고기, 달걀, 치즈, 파이 등을 살 때 필요한 표현들이 들어 있어서 당시의 학생 생활의 일과를 엿볼 수 있다. 1480년의 하이델베르크 학생들을 위한 유용한 회화 지침서에는 신입생이 괴롭힘을 당할 때, 상급생에게 정찬을 대접할 때, 돈을 빌릴 때, 집에 돈을 요청할 때 등에 필요한 표현들이 들어 있었다. 많은 강의들이 라틴어로 이루어졌을 때 학생들이 얼마나 이해했는지는 알 수 없다. 그러나 라틴어라는 난관은 대학생들이 대부분 학위를 위한 시험에 응시하지 않은 이유가 되었을 수도 있다.

중세의 대학에서 쓰인 라틴어는 더 풍부하고 유연성 있는 언어가 되었다. 현대의 히브리어처럼 중세의 라틴어도 일생생활의 필요성에 맞추어졌다. 또한 이런 라틴어가 유럽 전체에 걸쳐 지식계급의 사고방식에 중요한 역할을 했다. 자유인liberi에게 가장 적합한 과목으로 '자유교육liberal education'의 기초였던 '교양과목'은 '문학 과목literary arts'으로 불렸을 수도 있다. 중세의 문학사 교육과정인 3학과trivium는 문법, 수사학, 논리학이었으며, 모두 고대 로마의 라틴어 저작물로 이루어져 있었다. 다만 상급 학위인 문학 석사 교육과정의 학생에게는 산술, 기하학, 천문학, 음악으로 구성된 광범위한 4학과quadrivium 시험이 주어졌다. 그리고 그리스어와 아랍어로 된 아리스토텔레스와 다른 여러 저자들의 일부 저작물이 라틴어 번역판으로 강의되었다. 성경 또한 성 제롬Saint Jerome이 번역한 라틴어 성경(383~405년)인 불가타 성경editio vulgata(또는 '일반 성경')이 주로 지식계급에게 알려져 있었다. 13세기에는 파리 대학교의 교수단이 성 제롬의 성경을 1번 더 라틴어로 개역 수정하여 신학 교육의 표준 성경으로 사용했다.

중세 유럽의 라틴 문화는 누르시아의 성 베네딕트Saint Benedict of Nursia(480?~543?년)의 의욕과 열정과 분별력이 없었더라면 거의 번성할 수 없었을 것이다. 유럽의 기독교 수도 생활의 창시자인 베네딕트는 또한 도서관의 창설자이기도 했다. 중세에 걸쳐 고전과 기독교의 귀중한 문헌을 보존시킨 일은 베네딕트 수도회의 업적이었다. 움브리아Umbria의 페루자Perugia에 인접한 누르시아의 좋은 집안에서 태어난 성 베네딕트는 로마에 있는 학교에 다녔다. 당시는 고대 제국의 힘이 부패하고 교황의 권력이

상승하고 있을 때였다. 도시의 무절제에 싫증을 느낀 베네딕트는 3년 동안 아브루치Abruzzi 언덕의 동굴에 은거했다. 베네딕트는 신성함이 알려지자 한 수도원의 원장으로 초빙을 받았고, 그곳에서 그를 따르는 수도사들을 교육시켰다. 그는 불만을 품은 한 수도사에게 독살을 당할 뻔했을 때 다시 동굴 속으로 은거했다. 그러나 베네딕트의 이상은 계속 이어졌다. 베네딕트는 자신의 지역에만 해도 각각 12명의 수도사가 있는 12개의 수도원을 창설했는데, 수도사들은 모두 그의 지도를 받았다. 그 후에 베네딕트는 남쪽으로 내려가 529년경에 몬테카시노Monte Cassino 수도원을 세웠다. 롬바르드Lombard와 사라센Saracen족에게 약탈을 당하고 지진에 흔들렸어도 이 수도원은 유럽에서 수도 운동의 정신적 근거지로 계속 남아 있었다. 그러나 결국에는 제2차세계대전이 일어났을 때 공중 폭격으로 무너지고 말았다.

성 베네딕트의 규칙Regula은 금욕적이며 속세를 초월한 정신과 인간 본성의 나약함 사이의 실행 가능한 절충안을 제공했다. 1년 동안의 시련 기간을 거친 젊은 수도사는 규칙에 복종하고 평생 동안 같은 수도원 안에서만 거주하도록 맹세했다. 각 수도원에는 수도사들이 종신직의 수도원장을 선출했고 그 외에는 아무런 계급제도가 없었다. 성 베네딕트가 만든 수도사의 분별 있는 일상생활 규칙은 전 유럽에 확산되었으며, 이후 여러 세기를 통하여 라틴어 문예 문화를 보존하고 영속시켰다. 예컨대 베네딕트의 규칙 48장에 따르면,

게으름은 영혼의 적이다. 그런 이유로 형제들은 일정한 계절에는 육체노동에 전념해야 하고, 또한 일정한 시간에는 성스러운 글을 읽어야 한다. 부활절에

서 10월 초하루 사이에는 4시부터 6시까지 읽어야 하고··· 10월 초하루에서 사순절이 시작되는 날까지는 2시까지 읽어야 한다. 사순절 기간에는 아침부터 3시까지 읽어야 하며, 이 사순절 기간 동안에 도서관에서 책을 하나씩 받아서 한꺼번에 끝까지 읽어야 한다. 이 책들은 사순절이 시작되는 날에 제공되어야 한다.

모든 수도원에는 도서관이 필요했다. 1170년에 노르망디의 한 수도사는 이렇게 기록했다. "도서관이 없는[sine armario] 수도원은 무기고가 없는[sine armamentario] 성과 같다. 우리의 도서관은 우리의 무기고이다. 그런 이유로 신성한 율법의 문장을 만들어 내는 일은 적을 공격하는 날카로운 화살과 같은 것이다. 따라서 우리는 정의의 갑옷을 입고 구원의 투구를 쓰고 믿음의 방패를 들고 하나님의 말씀인 성령의 검을 들어야 한다." 각 수도원에는 책이 대출되고 반납되는 일을 확인하는 책임자가 있었다. 수도원들 사이에는 서로 책을 빌려주고, 또한 적절한 보안으로 세속의 대중에게도 책을 빌려주는 일이 관례였다. 베네딕트회 수도사들은 '도서관 상호 대출'이라는 제도를 고안하여 소수의 지식인들에게 책을 빌려주는 일종의 공공 대출 도서관을 운영했다.

책을 훼손하거나 훔쳐가는 사람들에게는 특별히 저주의 말을 내렸다. 12세기의 성 아우구스티누스와 암브로시우스Ambrose의 필사본에는 이런 경고가 쓰여 있다. "로버트 브리지의 산타 마리아St. Mary of Robert's Bridge[수도원]의 책을 훔치거나 팔거나, 또는 어떤 식으로든 이 수도원에서 책을 갖고 나가거나 훼손하는 자는 누구든 영원히 저주를 받을 것이다. 아멘." 현재는 옥스퍼드 대학교의 보들리 도서관Bodleian Library에 보관된 이 필사본의 경고 아래를 보면, 14세기의 소유자를 알 수 있는 이런 글이 적혀 있다. "엑서터Exeter의 주교인 나, 존이 앞에서 말한 수도원이 어디인지 모르지만 나는 이 책을 훔치지 않고 합법적인 방법으로 획득했다."

방랑하는 성직자나 신앙심 깊은 여행자들은 직접 소장한 귀한 필사본을 수도원이나 성당의 도서관에 위탁했다. 그러면 그곳에서 최고의 신성한 책들과 대조한 후 필사본의 판권에 대한 상당한 보수가 지급되는 경우도 있었다. 예컨대 40년 동안 이집트, 페르시아, 칼데아, 인도 등지에서 과학 논문을 수집하고 라틴어로 번역한 아프리카 출신의 수도사 콘스탄틴Constantine the African(1020-1087년경)은 마지막으로 몬테카시노 수도원에 정착하여 그곳에 자신의 방대한 수집품을 맡겼다. 노발레사Novalesa에 있던 수도원의 도서관은 905년에 사라센 제국에게 파괴되었을 때 6,500권 이상이 되는 책이 있었다고 한다. 학문적인 필사본은 모두 독특했지만 다른 책과 힘들여 대조했던 책은 특별한 권위를 갖추게 되었다.

물론 수도원의 도서관에는 성서뿐만 아니라 교부들의 저작물과 그 해설서를 포함하고 있었다. 간혹 성당의 도서관에서 발견되는 방대한 수집품에는 비드Bede의 『교회사Ecclesiastical History』와 같은 연대기를 비롯해, 아우구스티누스, 알베르투스 마그누스, 아퀴나스, 로저 베이컨 등의 저서들이 포함되었다. 그리고 비종교적인 책으로는 베르길리우스, 호라티우스, 키케로 등의 작품들이 있었다. 특히 플라톤, 아리스토텔레스, 갈레노스 등의 저서는 라틴어 번역판으로 남아 있었다. 유럽의 이러한 도서관들은 십자군의 무기고였을 뿐만 아니라 유럽 문화의 보고이기도 했다. 파리나 볼로냐에서 공부했던 수도원 학생들은 그들의 수도원 도서관을 위해 최근의 신학 해설서와 고전들로 된 강의 노트를 반납했을 것이다. 타키투스Tacitus

의 『연대기Annals』 5권과 키케로의 『국가론Republic』을 비롯한 고대의 여러 기념비적인 문헌이 보존된 곳도 이러한 도서관이었다.

베네딕트 수도회는 책을 수집했을 뿐만 아니라 만들어 내기도 했다. 책을 읽기와 마찬가지로 '책을 만들기'(즉 책의 필사)도 성스러운 임무였고, 책을 필사하는 기록실은 흔히 볼 수 있는 수도원의 특징이었다. 어떤 의미에서는 이후의 인쇄 시대의 출판인들보다 수도사들이 더 자유롭게 책을 다시 만들어 냈다. 물론 수도사들의 '발간' 목록은 정통과 교리로 제한을 받았지만 저작권법이 없었으므로 저자에게 저작권 사용료를 지불할 필요가 없었다. 수도사들의 상투적인 방식은 말하자면 현대의 출판인이 칭하는 재고 서적 목록과 같았다. 당시에는 책을 동시대인이 동시대인에게 새로운 사상을 전달하는 수단으로 기대하지 않았으며, 감히 그럴 수도 없었다. 대신에 책은 신성하게 여겨지는 성경과 그 해설서, 그리스와 로마의 고전, 히브리어나 아랍어로 된 소수의 정평이 있는 문헌 등 귀중한 문예 작품을 통용시키는 자산을 보존하거나 넓히는 수단이었다.

'원저자'에 대한 중요성이 대두된 시대는 아직 이르지 않았다. 중세 학자들이 종교 서적을 읽을 때는 저자가 누구인지에 관해서는 거의 무관심했다. 책을 필사하는 사람들은 다른 저자들의 저작물을 밝히지 않고 늘 쉽게 '인용'했다. 학생들이 '권위 있는 책'을 인용하여 논증하는 법을 배울 때에도 바람직하다고 여겨졌더라도 특정 구절을 특정 저자들이 쓴 것이라고 하기가 실제로 불가능했다. 원저자는 자신의 공적이라는 사실을 내세우지 않았고, 또한 이를 개선을 하려고 책임을 지는 위험을 무릅쓰지도 않았다. 필사본이 크게 유행하던 시대에는 기술이나 정통성과 신중성 때문에 익명이 지켜졌다. 현대 최고의 학자들도 이런 필사본을 '참고 문헌'

에 올릴 수 있는 만족스러운 체계를 고안할 수 없다. 그들은 저자가 만든 목록이 아니라 말머리나 다른 방법에 의존해야 한다. 인용 부호는 15세기와 16세기에 이탈리아와 프랑스의 인쇄된 책에서 처음으로 널리 쓰였다. 그러나 독자에게 원저자를 알려 주는 이런 구두법은 17세기까지는 오늘날의 명칭으로 사용되지 못했거나 표준 용법이 되지 못했다.

중세에는 모든 수도원이 책을 필사하는 기록실을 갖추고 있었고, 책상과 잉크와 양피지를 갖춘 수도사가 필경사였다. 성 제롬은 "책은 늘 당신의 손에 놓여 있거나 눈앞에 있어야 한다"라고 충고하기도 했다. 수도원의 이런 필사실을 둘러싼 많은 이야기들은 책을 만드는 일이 상업화되기 전에는 성스러운 큰 과업이었다는 사실을 일깨워 준다.

성자 루이(루이 9세, 1214-1270년)는 원본을 사들이지 않고 필사하는 일이 기독교 복음의 확산에 도움을 주기 때문에 더 좋다고 주장했다. 책을 필사하는 업무는 밭일을 하는 노동과 마찬가지로 위엄 있는 일이었다. 6세기에 한 수도사는 동료들에게 "쟁기로 땅을 일구지 않는 사람은 손가락으로 양피지에 글을 써야 한다"라고 훈계했다. 또한 난방이 제대로 되지 않은 수도원의 홀이나 작은 방에서는 손가락이 마비되곤 했다. 화재의 우려 때문에 평소에 불을 피울 수가 없었다. 많은 수도사들은 사람들이 감탄하며 바라보게 하는 채색한 기도서를 만든다고 시력을 잃기도 했다.

책을 필사하는 성스러운 일은 속죄 행위가 되었다. 필사 업무를 모두 도맡아 하는 필경사는 일상의 임무를 면제 받았으며 밀랍을 녹이거나 양피지를 말리러 주방도 출입할 수 있었다. 예컨대 "야곱은 자신의 자유의지가 아니라 도망자처럼 족쇄를 차고 강제로 이 책의 일부를 필사했다"라는 기록도 있었다. 숙련된 필경사였던 생테브룰St.Evroul의 수도원장(1050년경)은 죄 많은 어떤 수도사가 필사실에서 열심히 일을 하여 구원을 받은 이야기를 들려주어 신도들을 격려했다. 수도원장의 이야기에 따르면, 악마가 죽음에 임박한 수도사를 지옥에 데려가려고 했다. 그러나 그 악명 높은 수도사가 심판대 앞에 서자 신은 그가 필사한 아름답고 커다란 2절판으로 된 종교 서적을 보았다. 그래서 그 책에 쓰인 글자마다 죄를 하나씩 용서해 주기로 했다. 책은 매우 컸기 때문에 천사가 수도사의 죄를 모두 세어 보았을 때 모든 죄를 용서하고도 글자 하나가 남았다. 신은 이 수도사의 영혼을 지상의 육체 속으로 다시 돌아가게 해 주어 삶을 올바르게 살도록 자비로운 판결을 내렸다. 또한 오직 하나 남은 그의 공적으로는 영생을 얻지 못하게 했다. 또 다른 신앙심 깊은 연대기 작가의 헌신적인 필경사에 관한 이야기도 있었다. 그에 따르면, 영국의 한 수도사가 죽은 지 20년이 지나 육체의 나머지는 모두 먼지가 되었지만 필사하던 오른손은 그대로 남아 수도원의 제단 아래 성스러운 유물로 남았다고 한다.

성 베네딕트가 중세에 필사본의 수호성인이었다면 샤를마뉴Charlemagne (742-814년)는 속세의 필사본 후원자였다. 매우 유능한 통치자가 또한 기록에도 헌신했다는 사실은 서구 문명의 다행스러운 우연이었다. 800년 크리스마스 날에 신성 로마 제국의 황제에 오른 샤를마뉴는 역사에서 분명하지 않은 인물이지만 도서 문화의 후원자로서, 그리고 라틴어와 로마자의 개혁자로서 업적이 뚜렷하다. 샤를마뉴는 768년에 프랑크 왕위를 물려받았다. 야망이 크고 위세가 대단한 인물이었던 그는 적수와 친척의 경쟁을 물리치고 색슨을 굴복시켰으며 롬바르디아를 정복하여, 마침내 이탈리아 북부, 프랑스, 그리고 오늘날의 독일과 동유럽에 해당하는 대부분 지역을 포함하는 제국을 건설했다. 교황의 협력자이며 열성적인 기독교도였던 샤를마뉴는 기독교 학문이 부패하는 상황에 큰 충격을 받았다. 그는 주교와 수도원장에게서 받은 편지 속에도 조악한 라틴어가 있는 사실을 보고 실망했다. 샤를마뉴가 촉발시킨 카롤링거 왕조의 르네상스는 라틴 르네상스였다.

샤를마뉴는 781년에 이탈리아에서 만난 영국의 품위 있는 수도사 앨퀸Alcuin(732~804년)에게 아헨Aachen(또는 Aix-la-Chapelle)에 와서 언어와 교육을 개혁하도록 설득했다. 앨퀸은 외따로 떨어진 요크셔에서 수준 높은 목표를 정해 수도원 학교의 명성을 유럽 전체에 떨치게 한 인물이었다. 샤를마뉴도 성서의 정확한 지식을 위해서는 라틴어의 정확한 체계가 필요하다는 앨퀸의 생각에 동의했다. 앨퀸이 작성한 유명한 789년의 칙령에서 샤를마뉴는 "주교의 관할 지역과 수도원에서는 모두 시편, 주해서, 성가, 계산법, 문법 등을 가르치고 신중하게 수정된 책을 이용하도록" 명령했다. 앨퀸은 투르Tours에 있는 새로운 서법 학교school of calligraphy에 다음과 같은 기준을 정해 놓았다.

신성한 율법과 거룩한 교부들의 말씀을 옮겨 쓰는 필경사들을 여기에 앉게 하라. 그들이 필사하는 말씀 속에 그들 자신의 경솔함이 들어가지 않도록 주의하게 하라. 또한 경솔한 사람의 손이 서두르다가 과오를 저지르지 않게 하라. 정확하게 쓰인 책들을 옮겨 적을 때 열렬히 매진하여 활기를 불어넣은 펜이 올바른 길로만 나아가게 하라. 그들에게 쌍점과 쉼표의 적절한 의미를 구별하게 하고 제대로 있어야 할 자리에 두도록 하며, 또한 읽는 사람이 잘못 읽거나 갑자기 멈추는 일이 없게 하라. 성스러운 책들을 필사하는 일은 고귀한 업무이며 필경사들이 받아야 할 보상을 잃지 않게 하라. 책을 필사하는 것은 포도

나무 심기보다 더 좋은 일이다. 포도나무 심기는 자신의 배를 채우기 위한 일이지만 책을 필사하는 일은 자신의 영혼을 만족시키기 때문이다.

아헨의 궁전에 세워진 샤를마뉴의 풍족한 도서관은 스페인의 무어인에게서, 그리고 먼 아일랜드의 섬에서 피난해 온 기독교 학자들을 받아들이면서 문화의 중심지가 되었다. 샤를마뉴는 모든 학교에 필사실을 설치하도록 명령했다.

수도사들은 종교 서적들을 아름답게 장식하여 찬양했는데, 이런 일은 대도시 중심에서만 있었던 것은 아니었다. 아이오나Iona섬(스코틀랜드 해안에서 떨어져 있는 헤브리디스 제도의 외딴 섬)에서 성 콜럼바Saint Columba가 563년에 창설한 수도원의 켈트족 수도사들은 아일랜드의 켈스 수도원Abbey of Kells에서 역사상 가장 아름다운 책을 만들어 냈다. 현재는 더블린의 트리니티 대학의 도서관에 있는 『켈스의 서Book of Kells』는 언셜체uncial(4-8세기에 쓰인 동그스름한 대문자 필사체)와 반언셜체half-uncial로 쓰인 라틴어 판 복음서이며 청색의 식물 덩굴과 잎 모양으로 화려하게 장식되어 있었다. 독일, 이탈리아, 불가리아의 수도원에서도 수도사들뿐만 아니라 필사실에 등록한 일반인들이 만든 비교할 수없이 아름다운 필사본들이 나왔다. 그 아름다운 필사본을 만든 사람들 중에는 학식 있는 베네딕트회 수녀들도 있었는데, 이들은 필사본을 섬세하게 장식하는 솜씨로 유명해졌다.

성 베네딕트의 제자들과 카롤링거 르네상스의 학자들은 오늘날 사용하고 있는 글자의 형태를 만들어 냈다. 그들은 글자를 현재 사용되고 있는 알파벳의 형태로 아름답게 바꾸었을 뿐만 아니라 그 기능도 개선했다. 그때까지 라틴어는 모든 로마인이 사용했던 대문자로만 사용되었다. 고대의 로마 비문에서는 소문자를 찾아볼 수가 없다. 돌 위에 새기는 문자의 형태는 끌에 좌우되었으며, 그 단순하고 위엄 있는 문자는 여전히 주춧돌이나 묘비에 새겨지고 있다. 로마의 문자는 파피루스나 피지에 펜으로 쓰면 형태가 달라졌다. 그 시대의 모든 글자는 여전히 대문자체로 쓰였지만, 그 대문자체는 펜의 굴곡과 비스듬한 각도에서 가는 수직 획과 굵은 획을 이루는 특징이 있었다. 이러한 이른바 '불규칙 대문자rustic capitals'가 책이나 문서에 사용되었던 표준 글씨체였다. 그리고 대문자로 쓰는 것은 '매저스큘majuscule'이라고 알려져 있었고, 소문자는 여전히 알려져 있지 않았다. 또한 글자는 모두 같은 높이였으며 한 쌍의 수평선 사이에서 쓸 수 있는 제한이 있었다.

수도사와 필경사들은 점차 여러 형태의 소문자들을 시험해 보기 시작했다. 그들은 상업 서신에 쓰는 필기체에서 구상의 실마리를 얻었다. 파피루스나 피지를 구하기가 어려웠기 때문에 글씨를 더 촘촘하게 써서 종이를 아끼는 방법으로 필기체가 생겨난 것이다. 그와 동시에 로마 권위의 쇠퇴로 다른 모든 일이 그렇듯이 서법의 기준도 모호해져 버렸다. 또한 고립된 수도원들의 독특한 표현법들이 라틴 유럽의 문화를 분열시키고 있었다.

앨퀸이 아헨에서 샤를마뉴와 만났을 때 그들은 자연스럽게 서법의 표준화와 개선에 주된 관심을 갖게 되었다. 종교 서적들의 정확성을 보장하려면 지식의 세계를 반드시 결합시켜야 했다. 다행히 앨퀸은 표준을 만들어 낼 만한 지식과 심미안을 갖추었고, 샤를마뉴는 그 표준을 실행할 행정력과 조직과 의지를 갖추고 있었다. 앨퀸은 투르에 있는 성 마틴St.Martin 수도원의 서법 학교에서 자신이 개선한 글자를 가르쳤다. 그는 고대의 기념비와 그 이후의 필사본들을 연구하여, 가장 우아하고 읽기 쉬우며 쓰기 편한 글씨를 찾아냈다. 앨퀸이 만든 대문자는 아우구스티누스 시대의 위엄 있는 로마 문자를 본받았다. 그 다음에, 앨퀸은 다른 수도사들의 실험과 요크에서 유명한 황금 복음서Golden Gospels의 필사를 오랫동안 감독했던 자신의 경험으로 소문자의 표준형을 만들어 냈다. 앨퀸의 카롤링거 미너스큘Carolingian Minuscule (또는 카롤링거 소문자)은 생각지도 못할 정도로 성공을 거두었다. 카롤링거 미너스큘은 섬세하며 매력적이고, 쓰고 읽기가 쉬워서 수도원의 필사실과 도서관으로 퍼져 나갔다. 700년이 지나 유럽에 가동 활자movable type (낱낱이 독립된 활자)가 생겼을 때에도 간단한 고딕체가 새로 생겼을 뿐, 글자는 카롤링거 미너스큘의 형태를 그대로 따랐다. 샤를마뉴 제국의 다른 기념비가 허물어진 훨씬 후에도 우리가 손에 들고 있는 이 책의 페이지에는 잘 만들어진 글씨의 위력이라는 생생한 유물이 남아 있다. 오늘날 로마자Roman alphabet라고 부르는 문자는 사실 앨퀸의 알파벳이다.

중세 후반에는 앨퀸의 간단하고 읽기 쉬운 글자가 어느 정도 경쟁을 갖추고 있었다. 11세기에 고딕 양식의 성당이 등장한 시대에는 앨퀸의 알파벳이 르네상스의 이탈리아 인문주의자들이 경멸하여 고딕이라고 불렀던 글자에 응용되었다. 지금은 더 적절하게 흑체 문자Black Letter라 불리고 있는 이 글자는 페이지의 색깔을 더 검게 하고 엄숙한 느낌을 주었다. 그런 이유로 앨퀸의 로마자로 인쇄된 법률이나 외교 문서의 도입부 'Whereas(~한 사실이 있으므로)'에는 그 흔적이 남아 있다. 구텐베르크는 42행 성서에 이 흑체 문자를 사용했다. 운 좋게도, 르네상스 시대에는 간결하고 읽기 쉬운 카롤링거 미너스큘이 부활되어 서구를 지배했다. 다만 독일과 스칸디나비아에서는 프락투어Fraktur라는 새로운 이름으로 흑체 문자가 계속 존재했다. 히틀러와 나치는 튜턴어Teutonic와 비슷한 형태의 이런 글씨가 그들의 취향에 적합하다고 여겼다.

샤를마뉴 시대 이전의 필사본이나 비문을 보면 단어 사이에 간격이 전혀 없이 글자가 모두 붙어 있으며, 또한 마침표와 쉼표나 문단 구분이 없는 사실을 보고 놀라게 된다. 그런 사실은 서구 역사에서 대부분 동안 변함이 없었다. 17세기 후반까지 '구두점'은 시편을 읽을 때 묵상을 위해 쉬는 곳을 가리키거나, 히브리어나 여러 셈 어계의 언어를 쓸 때 모음 자리에 삽입한다는 의미였다. '구두점을 찍는다'는 동사는 19세기 초까지는 등장하지 않았다. 그 이전에는 손으로 쓰거나 인쇄한 페이지에 표시를 삽입할 때 '점을 찍는다'는 말이 사용되었다.

카롤링거 왕조의 문자 개혁으로 단어 사이에 빈 공간을 두어 단어를 분리하는 새로운 관습이 생겨났다. 이런 관습으로 의미의 모호함을 방지하고 또 그에 따라 원문을 온전하게 보존할 수 있게 되었다. 단어 사이에 간격을 띄우는 일은 라틴어가 외래어라고 여긴 유럽의 학자들 사이에서도 라틴어가 사용되고 있었다는 표시이기도 했다. 아일랜드, 영국, 독일 등의 필경사들은 낱말이 분리되어 있는 것을 보면 더욱 안정감을 느끼게 되었다. 12세기에 대학 교과서에는 문장의 시작에 'C'(capitulum, 책의 장)를 사용했다. 16세기와 17세기에 이르러서도 책의 표지에는 숙련된 인쇄업자라도 낱말을 끊어서 윗줄에서 아랫줄로 써 놓은 것을 확인할 수 있다. 그런 방식은 낱말의 분리가 일상이 되기 이전의 흔적이므로 오늘날 이상하게 보인다.

샤를마뉴 시대 이후에는 구두점이 보편화되어 말하거나 문맹자에게 인쇄된 책을 큰 소리로 읽어 주는 데 도움을 주었다. 읽는 사람이 각각 다른 쉬는 간격을 나타내는 자간과 구두점과 낭독의 원리에 따르면 듣는 사람이 의미를 따라가는 데 도움을 주었다. 17세기 후반에는 인쇄물이 더욱 늘어나면서 묵독하려는 사람들이 많아졌다. 따라서 구두점은 구문에 좌우되었고 문장의 구조를 나타내게 되었다. 오늘날에도 구문에 따라 구두점을 찍는다. 그러나 영어나 다른 서유럽 언어에는 느낌표나 물음표 같은 몇몇 부호가 여전히 존재하여 어형 변화와 억양을 가리키고 있다.

62

본뜨려는 충동

'인쇄'라는 말은 그 기원에서 서양과 동양이 전혀 다른 의미를 나타냈다. 앞으로 살펴보겠지만, 유럽에서는 인쇄술의 등장이 가동 금속활자로 인쇄하는 활판인쇄술typography을 의미했다. 중국과 중국 문화의 영향을 받은 다른 아시아 국가에서는 목판인쇄가 중요한 발명이었으므로 인쇄술의 등장은 목판으로 인쇄하는 목판인쇄술xylography을 의미했다. 따라서 서양의 '인쇄'와 동양의 '인쇄'를 같은 의미로 여겨서는 안 된다.

중국에서 초기에 인쇄가 나타난 계기는 지식의 확산이 아니라 성상이나 성전을 정확하게 모사하여 종교적이거나 신비적인 이점을 확보하기 위해서였다. 나무에 새긴 형상을 직물에 반복해서 찍어 내는 방식은 고대의 민속공예의 하나였다. 적어도 3세기경에 중국인들은 먹을 만들어 내어 이러한 목판에서 선명하고 오래도록 변하지 않는 무늬를 만들었다. 그들은 기름이나 나무가 탈 때 나오는 등잔 그을음을 조합하여 작은 막대로 만들었다. 그리고 그 막대를 다시 물에 갈아서 오늘날 먹물이라고 부르는 검은 액체를 만들었다. 프랑스인들은 먹물을 더 정확하게 '중국 잉크l'encre de Chine'라고 부른다.

목판인쇄술은 당나라 시대(618-907년)에 개발되기 시작했는데, 이때 나라를 다스리는 왕가는 도교와 유교의 학자, 기독교 선교사, 조로아스터교 성직자, 그리고 물론 불교의 승려까지 여러 종교인들을 관대하게 대했다. 그 여러 종교에는 모두 고유의 성상과 성전이 있었다. 7세기 초에 당나라 황제의 서고에는 약 4만 권의 필사본 두루마리가 소장되어 있었다.

불교 사원들은 불상을 복제하는 방법에 관한 실험에 특히 적극적이었다. 역사가 토머스 프랜시스 카터Thomas Francis Carter가 주장했듯이, 불교의 핵심에는 '본뜨려는 충동'이 들어 있기 때문이었다. 부처를 그대로 본받는 일이 신앙 자체였던 것처럼, 독실한 불교도들은 불상과 불경을 본떠서 '공덕'을 얻었다. 불교의 승려들은 돌에 형상을 새긴 다음에 탁본하여 낙관을 찍은 후 종이나 비단, 또는 회벽에 등사하려고 했다. 그들은 처음에 손잡이가 달린 작은 나무 인장을 만들었고, 또 이를 기반으로 최초의 목판을 만들었다. 누군가가 목판을 탁자 위에 반듯하게 올려놓고 조각한 면이 위를 향하도록 손잡이를 없애는 발상을 했던 것이다. 그 후, 7세기나 8세기 초에 이 먹칠한 목판 위에 종이를 올려 솔로 문지르게 되었고, 또 그러다가 목판이 더 크게 발달했을 것이다. 그러나 845년에 중국은 불교를 비롯한 외래 종교를 국법으로 금지하고, 4,600개의 절을 없애 버렸다. 그리고 이때 25만 명의 승려들과 비구니들이 절에서 추방되면서 중국 초기의 인쇄 유물들도 함께 사라져 버렸다.

중국에서 목판인쇄술이 발전하고 있던 시기에, 바다 건너 일본의 문화는 중국의 영향을 받아 완전히 바뀌고 있었다. 7세기에, 쇼토쿠 태자Prince

Shotoku(593-622년)와 같은 강력한 지도자들은 제사장들이 지배하던 집단을 중국의 정부를 모방하여 중앙집권적인 정부로 바꾸었다. 고대의 영웅과 선조와 자연을 숭배하는 종교인 신도Shinto는 이 부족들의 토착 신앙이었다. 일본의 통치자들이 중국에 파견한 사신들은 인도에서 생겨난 불교를 중국 문물을 받아들이는 수단으로 사용했다. 유학생들은 귀국하면서 중국의 문학이나 예술과 함께 중국 언어의 지식도 가져왔다. 중국 황제의 흉내를 낸 쇼토쿠 태자는 "해가 뜨는 나라의 황제에게서 해가 지는 나라의 황제에게"라는 서신을 쓰기도 했다. 불교의 영향력이 절정기에 이르렀을 때 일본 제국은 중국의 수도 장안(오늘날의 시안)을 본떠 나라Nara에 화려한 수도를 세웠다. 그리고 수도에는 높이 72피트(약 22미터)에 무게 550톤에 이르며, 50파운드(약 23킬로그램)의 금을 입힌 청동 불상(735-749년)이 건립되었는데, 이 불상은 지금까지도 세계에서 가장 큰 청동상으로 알려져 있다.

749년에는 일본의 쇼무Shomu 천황이 왕위에서 물러나고 그의 딸인 고켄Koken(718-770년)이 왕위를 물려받았다. 그리고 그때 말솜씨가 능란한 불교의 고승이 설법으로 고켄을 매혹시켜 여왕의 시의와 중요 고문관이 되었다. 고켄 여왕은 정권을 그 고승의 손에 맡겼으며, 어쩌면 정절까지도 바쳤을 것이다. 고켄 여왕은 그에게 왕을 위해 두었던 관직을 주고 궁정에 살도록 했으며, 여왕 자신도 열렬한 불교 신자가 되었다.

735년부터 737년까지 궁정의 많은 사람들을 죽인 천연두의 재발을 막으려고 고켄 여왕은 질병의 재앙을 몰아내기 위해 승려 116명으로 이루어진 특별 군단을 고용했다. 그녀는 한 병든 브라만이 7일 이내에 죽을 운명이라는 예언을 듣고 치료하려고 부처에게 찾아가 제자가 되었다는 불경을 떠올렸기 때문이었다.

부처는 그에게 이렇게 말했다. "어떤 도시에 가면 탑 하나가 무너져 있을 것이다. 너는 그곳에 가서 그 탑을 수리하고 다라니dharani(주문)를 써서 그 안에 넣어라. 이 주문을 외우면 현세의 네 생명을 연장시키고 사후에는 열반에 들 것이다." 그러자 부처의 제자는 어디에 그 다라니 주문의 힘이 있는지를 물었다. 그에 부처는 이렇게 대답했다. "누구든 다라니의 힘을 얻고 싶으면 77번을 쓰고 그것을 탑 속에 넣어야 한다. 그런 다음에 그 탑에 제물을 바쳐 경배해야 한다. 또한 77개의 흙탑을 세우고 탑마다 다라니 하나씩 넣어도 좋다. 이렇게 탑을 만들고 경배하면 그 사람의 생명은 구원 받고 죄는 용서 받을 것이다. 이것이 다라니를 사용하는 방법이다⋯."

고켄 여왕은 전례 없는 깊은 신앙심으로 1장에 25행의 글이 인쇄된 1백만 개의 주문을 만들어 작은 목탑 안에 넣어 두도록 명령했다. 770년에 이 계획이 완성되고 100만 개의 탑은 여러 사원에 분배되었다. 이 소형 탑은 대부분 높이가 대략 4인치 반(약 11센티미터), 밑 부분의 직경이 3인치 반(약 9센티미터)인 3층탑이었지만, 1만 개에 하나씩은 7층탑이며 10만 개에 하나씩은 13층탑이었다. 그 안에 있는 주문들은 종이에 찍어 낸 가장 초기의 동판 인쇄를 보여 주는 본보기였다. 그러나 주문은 효과가 없었던 것으로 보인다. 그 계획이 완성된 바로 그해에 고켄 여왕은 천연두로 보이는 병에 걸려 52세의 나이로 세상을 떠났다.

중국 인쇄술의 다음 유물은 더욱 복잡한 대규모 계획이었던 868년의 금강경Diamond Sutra이었다. 금강경은 현존하는 가장 오래된 인쇄 '서적'이었다. 불교 경전에서 발췌된 이 금강경은 길이 2피트 반(약 76센티미터), 폭이 1피트(약 30센티미터) 크기로 인쇄된 낱장을 모두 붙여 거의 16피트(약 5미터) 길이의 두루마리로 만든 경전이다. '모든 것이 존재하지 않는다'는 부처의 이 설법에는 금강경을 베끼는 사람은 누구나 공덕을 얻고, 이 금강경이 있는 곳은 어디에나 부처가 존재한다고 설명하고 있었다. 목판인쇄는 '공덕'의 대량생산을 위한 새로운 기술로 환영 받게 되었다.

불교의 경전 이외의 초기 인쇄물에는 도교의 비술, 꿈의 예언에 관한 이론, 사전 등이 포함되었을 것이다. 그러나 성스러운 내용은 여전히 전통 서체로 꾸민 필사본이 선호되었고, 그런 필사본을 가질 수 없는 사람들에게는 인쇄본이 제공되었다.

대규모의 정부 인쇄 사업은 앞으로 수 세기 동안 중국 인쇄의 지배적이고 통제적인 방식이 되었다. 중국 서부의 전촉을 정복한 후당의 재상이었던 풍도馬道, Feng Tao는 932년의 공식 기념일에 다음과 같이 설명했다.

한나라 시대에는 유학자들을 존경하고 그 고전들을 돌에 새겼다…. 당나라 시대에도 나라의 교육기관에서 고전들을 석비에 새겼다. 우리의 왕조는 할 일이 너무나 많아서 돌에 고전을 새겨 기념비를 세우는 과업을 수행할 수가 없다. 그러나 오나라와 촉나라의 사람들은 목판으로 인쇄된 책을 팔고 있었다는 사실을 우리는 알고 있다. 다양하고 많은 책들은 있지만 정통 고전〔유교〕은 없다. 만일 고전이 개정되고 목판으로 인쇄된다면 학문 연구에 대단히 유용할 것이다.

이러한 유교의 고전을 편집하고 인쇄하는 일은 21년이 걸렸다. 953년에 나라의 학문 기관을 관장하는 책임자는 130여 권의 유교 경전을 황제에게 바쳤을 때 이제 "보편적인 학문 원칙이 영원해졌음"을 알 수 있다고 자랑했다.

고전의 인쇄 목적은 보급이 아니라 정확성에 있었다. '인쇄'에 해당하는 '인印'이라는 말은 '도장'이라는 의미였으므로 공식 승인이 필요하다는 뜻이기도 했다. 1064년까지 유교 경전을 비롯해 그 어떤 것도 개인적으로 인쇄할 수 없도록 법으로 정해져 있었으며, 나라의 승인을 받은 책만 간행될 수 있었다.

중국 문화는 목판인쇄술로 송나라의 문예부흥(960-1127년)을 맞았고, 인쇄된 유교 고전들로 유교 학문이 활기를 되찾았다. 10세기가 끝날 무렵에는 위대한 중국의 왕조 역사가 70년이 걸려 수백 권으로 처음 등장했다. 한편 983년에는 불교도들이 13만 페이지에 달하는 5,048권의 전체 불교 경전인 삼장Tripitaka(경장, 율장, 논장으로 분류된 불교의 경전으로 대장경이라고도 함)을 하나씩 분리된 목판으로 만들어 냈다. 이 불교 경전이 중국의 황제에서 고려의 왕으로 전해졌고, 또한 불교 승려를 통해 일본으로 전해지면서 일본에서는 인쇄된 책을 가리켜 스리혼suri-hon이라 불렀다. 그 후 다른 종교에서도 독자적으로 경전을 인쇄했다. 1019년에는 도교의 경전이 4,000권으로 인쇄되었다. 서쪽에서 들어온 종교인 마니교도 경전을 목판으로 인쇄했다. 송나라 시대에 중국에 있던 많은 이슬람교도들은 코란은 인쇄하지 않은 듯 보이지만 자신들이 특별히 사용할 연감과 달력을 목판으로 인쇄했다.

서양처럼 중국에서도 인쇄술이 나타나면서 기억술은 쇠퇴했다. 중국의 학자 섭몽득葉夢得(1077-1148년)은 1130년경에 다음과 같이 기록했다.

당나라 이전에는 모든 책이 필사본이었으며, 인쇄술은 존재하지 않았다. 사람들은 책을 수집하는 일을 영광스럽게 여겼고, 책을 많이 소유한 사람은 거의 없었다…. 그리고 학생들은 많은 노력을 기울여 책을 베꼈기 때문에 뛰어난 능력과 정확성으로 내용을 외울 수가 있었다. 오대십국 시대의 풍도馮道가 처음으로 공식적인 간행 기관을 설치하도록 군주에게 청원했다. 또한 순화淳化(송 태종 치세의 연호)〔990-994년〕라는 통치 시기에 이르러 처음으로 전한과 후한의 역사와 연대기를 인쇄하는 관리를 임명했다. 그때 이후로 인쇄된 책이 더욱 많이 생겼고…. 학생들은 책을 구하기가 쉬웠기 때문에 외우는 관습은 결과적으로 없어져 버렸다.

마르코 폴로는 쿠빌라이 칸(1216-1295년) 치세의 중국을 방문했을 때 경전이 목판인쇄로 대량 보급되는 일에 관해서는 특별히 보고할 가치가 없다고 여겼다. 그러나 쿠빌라이 칸이 일종의 '연금술'을 이용하여 인쇄된 종이를 만들어 귀금속 대신에 화폐로 사용하는 일에는 매우 놀랐다고 했다.

칸은 세상의 모든 재화를 살 수 있을 정도로 많은 돈을 만들어 냈다. 그는 이 화폐가 제국 내의 모든 왕국과 지방에서 지불금으로 사용하도록 명령했다. 이 명령을 거부하는 자는 사형에 처해졌기에 아무도 거부하지 못했다. 칸의 통치를 받는 사람들은 모두 어디를 가든 물건이나 진주, 보석, 금은 등 무엇이든 같은 화폐로 살 수 있었기 때문에 이 종이를 매우 흔쾌히 받아들였다. 이 종이 조각으로 무엇이든 살 수 있고 누구에게나 지불할 수 있다. 또한 10베잔트bezants에 해당하는 종이돈의 무게가 1베잔트의 무게만큼 나가지도 않는다….

이와 관련하여 또 다른 충분히 가치가 있는 사실이 있다. 이 종이돈이 오랫동안 유통하면서 찢어지고 닳았을 때는 화폐 주조소에 가져가서 3퍼센트 할인하여 새 화폐와 교환할 수 있다. 또한 우리가 이 책에 거론할 가치가 있는 감탄할 만한 관습이 있다. 즉 누구든 금이나 은을 사서 식기나 허리띠 장식, 또는 장신구를 만들고 싶다면 이 종이돈을 화폐 주조소에 가져가 책임자에게서 금이나 은을 살 수 있다. 그리고 칸의 모든 군대는 이 돈으로 급료를 받고 있다.

마르코 폴로가 설명한 사실은 옛 중국의 제도였다. 11세기경에 중국은 금속이 부족하고 화폐가 더 많이 필요하자 정부의 감독으로 연간 4백만 장의 지폐를 발행하는 제도가 생겨났다. 12세기에 송나라는 타타르족을 방어하려는 자금을 지폐로 마련했고, 타타르족에게 패배를 당한 후에도 조공을 바치기 위해 지폐를 계속 발행했다. 1209년에는 금이나 은으로 바꾸어 주기로 약속한 증서가 비단으로 된 종이로 인쇄되고 기분 좋은 향수까지 풍겼지만 그 향기도 통화를 안정시키지 못하고 끝없이 치솟는 통화팽창을 막을 수 없었다.

이런 최악의 통화팽창의 시기에 살았던 송나라 역사가 마단림馬端臨은 당시의 상황을 다음과 같이 기록했다.

수년 동안 이런 지폐를 지지하고 유지하려고 노력했어도 백성은 더 이상 지폐를 신뢰하지 않았고 매우 두려워하게 되었다. 정부가 구매한 물건의 대가는 지폐로 지불되었다. 그리고 소금을 만드는 공장의 자금도 종이돈이었다. 모든 관리들의 급료도 지폐로 지불되었다. 또한 군인들도 지폐로 급여를 받았다. 체불된 정부 관할 지역의 부채도 지폐로 지불되었다. 좀처럼 보기 힘든 구리 주화는 보물로 취급되었다. 예전에 수집된 자산은 더 이상 언급되지도 않았다… 따라서 종이돈의 가치가 더욱더 떨어지는 반면에 당연히 물건의 값은 올라갔다. 이런 현상은 이미 실망한 백성의 활력을 완전히 잃게 했다. 군인들은 먹을 것이 충분하지 못할까 봐 늘 걱정했고, 제국 내의 모든 분야의 하급 관리들은 일상의 필수품을 충분히 구하지 못해 불만이 높았다. 이 모든 일이 지폐의 가치 하락으로 생긴 결과였다.

타타르족은 자신들이 정복한 발전된 민족을 본보기로 삼아 독자적인 지폐를 발행하기 시작했고, 쿠빌라이 칸이 중국 정복을 완성한 1260년 이후에는, 마르코 폴로가 보고했듯이, 그 지폐 발행을 정식 제도로 만들었다. 마르코 폴로가 중국에 있었을 때는 그 지폐들이 액면 그대로의 가치를 유지하고 있었지만, 몽골의 원나라(1260~1368년) 말기에는 지폐의 범람이 다시 통화팽창의 조짐을 보였다. 명나라(1368~1644년)가 새 왕조로 건국되었을 때는 태조가 지폐의 유통을 축소하여 마침내 통화를 안정시키는 데 성공했다.

중국에서는 인쇄술이 그 시작부터 이런 부적절한 지폐의 결점과 관련되었다. 수 세기 동안 유럽의 여행자들에게는 인쇄된 지폐가 중국의 유일한 인쇄물로 알려진 듯 보였다. 유럽 가까이에서 일어난 지폐의 대실패가 중국 인쇄에 대한 나쁜 평판을 더해 주었다. 14세기 초기에 베네치아와 제노바는 몽골이 정복한 페르시아의 수도인 타브리즈Tabriz에 상업 대리인을 두었다. 1291년에서 1295년까지 몽골을 통치한 가이하투 칸Gaikhatu Khan은 심한 낭비 때문에 재정의 압박을 받자 그 문제를 지폐를 발행하여 해결하려고 했다. 1294년에 중국과 아랍에서 목판으로 인쇄된 지폐에는 이슬람 기원의 날짜와 위조에 대한 경고뿐 아니라 "이제 가난은 사라지고 식량은 값이 저렴해지며 부유한 자와 가난한 자가 평등해진다"라는 기분 좋은 예언까지 찍혀 있었다. 그러나 그런 마법은 일어나지 않았다. 겨우 며칠 동안 지폐 사용이 강요된 후, 상업은 혼란에 빠지고 시장은 폐쇄되었으며 칸의 재무 담당자는 살해되었다는 소식이 전해졌다. 타브리즈와 무역을 하던 베네치아와 제노바 사람들은 이 모든 상황을 지켜볼 수밖에 없었으며 인쇄가 그들의 재정 문제를 해결할 것이라는 희망도 거의 없었다.

마르코 폴로 이외에도 윌리엄 루브룩, 오도릭, 페골로티 등의 사람들은 위대한 칸이 귀금속의 역할을 나무껍질로 대신하는 방법을 보고 감탄한 사실을 기록한 적이 있었다. 그러나 이런 사실만으로는 인쇄술을 서양에 소개하기에 충분한 자극이 되지는 않은 듯 보였다. 또한 서양에서는 아직 동양의 종교를 연구하는 학자들이 없었는데, 만일 있었더라면 경전에 쓰인 인쇄가 학자들에게 깊은 인상을 주었을 것이다. 유럽에서는 12, 13세기에 가죽 돈이 있었다는 기록이 있지만 종이돈이 나타났다는 기록은 1648년에 스웨덴에서 처음 등장했다.

서양에 목판인쇄를 전파한 수단은 좀 더 사소한 유형이었을 수 있다. 예컨대 도미노 같은 놀이용 카드가 중국에서 유래된 듯 보인다. 송나라와 원나라 시대에는 종이로 만든 '골패'라는 복잡한 카드놀이가 중국 전체에 유행했다. 코란에 행운의 게임을 금지시킨다는 규정이 있는 사실로 보아 중세 아랍 문헌에는 왜 카드놀이에 관한 기록이 전혀 없는가를 알 수 있다. 그러나 카드놀이는 서쪽으로 이동한 몽골 군대에서 흔히 행해진 듯 보이며 사라센족을 통해 유럽으로 전해졌다고 한다. 어쨌든 인쇄된 놀이용 카드는 아랍 세계를 거쳐 이탈리아와 서유럽으로 들어왔다.

부자들은 여전히 손으로 그림을 그린 카드를 주문했지만 대중은 인쇄된 카드를 사용했다. 1377년에 독일과 스페인에 알려진 인쇄된 놀이용 카드는 너무 빨리 대중화되었기 때문에 1404년의 종교회의에서는 그 충격으로 성직자들의 카드놀이를 금지시켰다. 1423년에 성 베드로 성당의 계단에서 시에나의 성 베르나르디노Saint Bernard of Siena는 군중에게 집에 있는 카드를 모아 공공 광장에서 태워 버리도록 촉구했다. 구텐베르크가 책을 인쇄하기 전에 이미 베네치아, 아우크스부르크, 뉘른베르크 등지에서는 인쇄된 놀이용 카드가 만들어지고 있었고, 1441년에는 베네치아 의회가 국내의 카드 인쇄업자를 보호하는 법률을 통과시켜야 했다. 신비에 싸인 '놀이용 카드의 대가Master of the Playing Cards(1430-1450년경)'는 우아한 카드를 만들어 냈는데, 그중 60개가 지금까지 남아 있다. 그 안에 정교하게 새겨진 선은 이후 구텐베르크에게 영향을 미쳤다. 구텐베르크는 이후 여러 실험으로 카드를 완전하게 인쇄하려고 노력했다.

　따라서 인쇄는 지식이나 종교의 수준 높은 목적에 사용되기 훨씬 전부터 매우 다양한 일상의 목적에 먼저 사용되었다. 직물 인쇄는 고대에 사용되었다. 예컨대 아를의 주교Bishop of Arles가 묻힌 무덤에서 나온 인쇄된 직물은 6세기경에 만들어진 것이다. 그리고 일본의 나라Nara 궁전에서 8세기에 만들어진 인쇄된 비단이 지금까지 현존하고 있다. 또한 거의 비슷한 시대의 직물 인쇄가 중국과 이집트에도 남아 있다. 유럽의 직물 인쇄업자는 조각된 목판의 염료를 직물 위에 옮겨 찍어 내는 단순한 방법을 사용했다. 동시대에 아시아에서는 더 세련된 기법이 사용되었는데, 이를테면 염료가 섬유에 깊이 스며들도록 하거나, 또는 많은 무늬와 색상으로 염료를 잘 먹게 할 수 있는 '방염제resists'나 '매염제mordants'를 사용하기도 했다. 13세기에는 유럽에서 직물 인쇄법이 활기를 되찾았을 때 목판에 염료를 칠하여 직물에 찍어 내는 가장 기본적인 방법이 여전히 사용되었다.

마침내 종이에 목판인쇄하는 방법이 유럽에 등장했을 때에는 그 용도와 재료와 기법이 중국에서 오랫동안 사용되었던 인쇄술과 매우 유사하여 그곳에서 수입되었다는 사실을 의미했다. 유럽에서 만들어진 최초의 목판인쇄물의 하나는 성 크리스토포로스Saint Christopher의 형상(1423년)이었으며, 이 형상 또한 고켄 여왕의 불탑처럼 질병과 죽음을 물리치려고 만들어졌다. 그 인쇄물 안에는 "언제든 성 크리스토포로스와 꼭 닮은 형상을 바라보라. 그날은 당신에게서 죽음이 사라지며 악마도 달아날 것이다"라는 글이 적혀 있었다. 유럽에서 초기의 목판인쇄는 중국처럼 램프 그을음을 받아 기름에 녹인 먹물을 사용했으며, 종이도 중국산을 이용했다.

동양과 서양에서 인쇄술의 미래와 지식 공동체의 느린 확산은 기술과 물질적 재료뿐만 아니라 언어 자체에 따라 좌우되었다. 중국에서는 언어에 자모가 없다는 사실이 항상 문제가 되었다. 유럽인들보다 훨씬 앞서 중국인들은 활자 인쇄술을 시험했다.

중국인들은 엄청나게 많은 유교 경전 때문에 인쇄 서적의 이점을 깨닫게 되었고, 10세기에는 목판 대신에 동판을 시도했다. 예컨대 송나라 초기에 한 연대기 저자는 다음과 같이 기록했다.

풍도가 오경을 인쇄하기 시작한 이후로 모든 경서들의 인쇄가 이루어졌다.

송나라 경력經歷(북송의 인종 치세의 연호)〔1041~1048년〕 연간에 한 평민 출신인 필승畢昇이 활자 인쇄술을 발명했다. 필승의 방법은 다음과 같았다. 즉 그는 점토를 사용하여 글자 모형을 만들었으며 그 두께는 동전의 가장자리만큼 얇게 했다. 그리고 개별 형태를 이루는 글자 하나하나를 불에 구워 단단하게 만들었다. 그러고는 그 전에 준비한 철판에 송진과 밀랍과 종이 재를 혼합해서 발랐다. 인쇄를 시작할 때는 쇠틀을 이 철판 위에 놓았다. 그리고 여기에 활자를 올려놓고 서로 붙여 놓았다. 쇠틀에 글자가 꽉 차면 이 전체가 하나의 단단한 활판이 되었다. 그 다음에 이 활판을 불 가까이에 두어 따뜻하게 했다. 그리고 뒤에 있는 혼합물이 약간 녹았을 때 평평한 판으로 이 활판을 눌러 글자의 판을 숫돌처럼 편평하게 만들었다.

만약 두세 번만 반복해서 인쇄를 한다면 이 방법은 편리하지도, 빠르지도 않았다. 그러나 수백 번이나 수천 번 반복해서 인쇄를 할 때는 훌륭하게 빨랐다. 필승은 원칙적으로 2개의 활판을 갖추었다. 하나의 활판을 인쇄할 때 다른 활판에 글자를 맞추어 넣었다. 하나의 활판에 인쇄가 끝나면 다른 활판에 준비가 다 되어 있었다. 이러한 방법으로 2개의 활판을 이용하면 인쇄는 대단히 빨리 이루어졌다.

300년이 지난 후, 원나라 시대에 중국인들은 자기ceramics가 아닌 주석으로 각 글자의 주형을 만들었다. 인쇄업자들은 그 방법이 넓은 나무판에 글자를 새겨 다시 '이것을 작고 가느다란 톱으로 잘라 글자 하나씩 떼어 내는 일에 비해 더 정확하고 편리하다는 사실'을 알아냈다. 그러나 중국어에는 자모가 없었으므로, 3만 개 이상의 글자 주형이 필요했다. 그렇다면 이런 글자 주형을 쉽게 찾아 쓰려면 어떻게 보관해야 했을까? 한 방법은 글자를 중국어의 5가지 음으로 분류한 후 공식적인 음율 책Book of Rhymes에 따라 여러 음율 부문으로 세분했다. 이런 사실을 염두에 두고 인쇄업자들은 각 직경이 약 7피트(약 2미터)가 되는 회전식 활자판을 만들어 둥근 대나무 틀로 활자들을 구분했다. 이런 보조 장치를 만들었어도 1권의 책을 찍기 위한 주형의 선택은 무척 힘든 일이었고 다시 쓰려고 주형을 대체하는 일도 매우 번거로웠다.

중국의 상황과는 대조적으로, 한국은 역사적, 지리적 특징으로 특별한 필요성과 기회가 생겼다. 몽골 제국의 치세 때 한국은 반도로 고립되어 있었으므로 거의 문화적 독립을 할 수 있었고 그런 기회는 몽골 제국이 분열되면서 더욱 증대되었다. 잠시 동안 한국은 분명 세계에서 인쇄가 가장 발달한 나라였다. 중국식의 목판인쇄는 8세기에 한국에서는 이미 충분한 발달이 이루어져 있었다. 12세기 초기에 고려 시대 왕들은 국립교육기관에 인쇄 부서를 설치하고, 또한 교육용이 아니라 표준 경전을 만들려고 불경을 수집했다. 고려대장경(1235-1251년)은 14세기 초에 원나라 궁정에 보내지기도 했다.

인쇄가 번창하자 한국에서는 인쇄 모형을 만드는 나무가 부족해서 점점 곤란한 문제가 되었다. 한국은 먹을 만드는 데 유용한 소나무가 풍부했지만 목판에 적합한 단단하고 나뭇결이 고운 나무(대추나무, 배나무, 또는 자작나무)는 부족했기 때문에 중국에서 수입해야 했다. 그렇다면 금속은 사용해 보지 않았을까? 그들은 주화를 만드는 데 사용하고 있는 주형을 교묘하게 활자를 주조하는 새로운 장치로 맞추었다. 회양목재에 새겨진 글씨를 진흙이 담긴 통 위에 눌러서 활자용 모형을 만들었다. 그런 다음 녹인 청동을, 주물을 평평하게 만드는 데 쓰이는 판으로 구멍을 통해 부어 넣었다. 청동이 식자 작은 동전 크기의 두께를 가진 평평한 형태의 금속

활자가 남았는데, 이 활자가 13세기 중반의 한국 인쇄의 표준형이 되었다. 1392년에 활력이 넘치는 새로운 왕조는 서적원을 설치하고, '왕은 너무 적은 서적들이 인쇄된다는 사실을 슬퍼하여' 활자 주조소를 만들었다.

이런 한국의 주화와 비슷한 금속활자는 자체에 기술적 문제가 있었다. 그 위에 종이를 문질러서 찍어 낼 때 금속활자를 어떻게 단단하게 고정시키며 매끈하게 할 것이냐는 문제였다. 녹인 밀랍이나 대나무 조각으로는 별 효과가 없었다. 그러나 가동 금속활자의 기본적인 기술로 한국인들은 많은 서적들을 수백 권씩 인쇄할 수가 있었다.

한국인들은 가동 활자의 이점을 이용할 수 있는 새로운 중요한 기회를 한국 문자의 혁신과 함께 얻었다. 수 세기 동안 한국인은 자국어를 중국의 표의문자를 차용해서 사용해 왔다. 뛰어난 업적을 남긴 조선 왕조의 제4대 왕, 세종대왕(1419-1450년)은 '백성을 위한 글자'를 만들기 위해 학자들에게 음소문자를 창안하도록 지시했다. 그리하여 1446년에 기존의 어떤 문자도 모방하지 않은 완전히 새로운 28자의 훈민정음(한글)이 반포되었다.

한국의 학자와 인쇄인들이 새로 발명된 표음문자의 이점을 이용하려고 했다면 활판인쇄의 미래와 함께 어쩌면 그들의 과학과 문화도 전혀 달라졌을 수도 있었다. 그러나 한국은 완고하게도 한자나 중국 방식에 집착하고 있었다. 이 모순된 결과로 한국의 인쇄도 중국과 마찬가지로 수천 개의 서로 다른 문자들이 여전히 필요했다.

제작물에 새로 익숙해지는 유럽의 인쇄인들과는 달리, 한국의 인쇄인들은 아마도 한국에서 사용되고 있던 문자의 수와 복잡성 때문에 글을 잘 모르는 사람들이었을 것이다. 관료들은 인쇄의 정확성에 관심이 있었다. 그래서 인쇄를 할 때는 "1장에 글자 하나의 잘못이 생기면 감독관과 조판공은 태형 30대를 맞고, 1장에 글자 하나가 너무 검거나 너무 희미한 불량 인쇄가 생기면 인쇄인이 30대의 태형을 맞을 것이다"라는 규칙이 있었다. 이런 사실로 보면 한국의 초기 인쇄가 매우 정확하다는 명성과 함께 인쇄 인을 구하기가 어려웠음을 어느 정도 알 수 있다. 17세기에는 대중문학이 한국어로 등장했을 때에도 여전히 필사본으로 통용되고 있었다. 동합금 이 점차 부족해지면서 활판인쇄는 정부가 인정하는 공식 서적에 한정되 었다.

한국어는 서민들 사이에 두루 쓰이는 언어인 반면, 표의문자인 한자는 지식인들의 언어로 남아 있었다. 한국의 한자(한국의 라틴어)는 중국 지식 인들의 언어보다 훨씬 더 일상의 언어와 격리되어 있었다. 오늘날에도 한 국에서 쓰이는 한자는 특히 고풍스러운 분위기를 담고 있다고 한다.

정부의 필요성으로 보면, 목판인쇄는 계속 가동 활판보다 이점이 있었 다. 목판이 만들기에 비용이 적게 들고 학자들이 직접 글씨를 써서 만들 수 있는 반면, 가동 활판은 여러 기술자와 복잡한 주조 과정이 필요했다. 또한 모든 목판은 몇 부를 추가로 인쇄할 필요가 있을 때에도 즉시 이용될 수 있었다.

어떤 역사가들은 멀리 떨어져 있는 한국인들의 실험이 구텐베르크보 다 반세기나 앞서 있으므로 구텐베르크에게 중요한 실마리를 제공했을 것이라고 생각했다. 그러나 구텐베르크가 한국인의 인쇄술에 관한 정보 를 들었다는 설득력 있는 증거는 없다. 한국 자체에서도 금속활자에 대한 선구적 실험은 더 이상 발전을 하지 못했다. 한국 인쇄인들은 이미 그 내 용을 잘 알고 있는 사람들에게 책을 공급했다. 책은 대부분 겨우 200부 정 도였고, 500부를 넘는 일은 거의 없었다. 상업적인 유통이 이루어지지 않았으므로 책 종류의 범위를 넓히거나 인쇄 부수를 늘릴 동기가 없었다. 또한 자국어로 인쇄된 서적에 대해 실제로 구매력이 있는 수요도 없었다.

16세기에 가동 활판은 전혀 다른 2개의 경로로 일본으로 건너갔다. 유럽인이 아메리카에 처음 도달했던 우연처럼, 유럽인이 일본에 처음 도달한 우연은 1543년 1척의 포르투갈 선박이 규슈 해안에 표류하여 생긴 일이었다. 그러고는 1549년에 용감한 성 프란시스코 사비에르Saint Francis Xavier(1506~1552년)가 일본인을 개종시키려고 규슈로 갔다. 그리고 더 많은 예수회 선교사들이 그 뒤를 이어 파견되었다. 1582년에는 예수회 방문자 대표 알레산드로 발리냐노Alessandro Valignano가 규슈의 다이묘daimyo(일본 헤이안 시대 말기에서 중세에 걸쳐 많은 영지를 소유한 지위 높은 무사)를 설득시켜 교황 그레고리우스 13세에게 사절단을 파견시켰고, 1590년에 그 사절단이 일부 유럽 인쇄인들과 함께 인쇄기를 일본으로 가져갔다. 이 예수회 선교단 인쇄소는 20년 동안 활발하게 활동했다. 지금까지 남아 있는 그들의 인쇄물 30여 종은 당시의 문화 장벽을 뛰어넘은 예수회 선교사의 능력을 잘 나타내고 있다. 물론 인쇄물은 대부분 기독교 교리에 관한 서적이었지만, 예수회 선교사들은 일본어에 대한 자신들의 한계점을 잘 알고 있어서 성경을 번역하려고 애쓰지는 않았다. 그들은 일본인에게 인기 있는 서적들, 예컨대 일본인의 '일리아드'라고 하는 『헤이케 모노가타리Heike monogatari』 (1592년), 중국의 격언집, 이솝 우화(1593년), 라틴어와 포르투갈 문법, 라틴어-포르투갈-일본어 사전, 중국어-일본어 사전 등을 인쇄했다. 이런 서적의 독자들은 그렇게 많지는 않았을 것이다. 그 서적의 반 이상이 로마자로 된 일본어였으며, 그러 언어를 아는 사람은 소수에 불과했기 때문이었다. 예수회 선교사들은 당시에 유럽에서 최고의 활자체, 즉 프랑수아 기요François Guyot, 클로드 가라몽Claude Garamond, 로베르 그랑종Robert Granjon 등이 만든 활자체를 사용했다. 1611년에 기독교의 박해로 선교단 인쇄소는 마카오로 옮겼으나 이때부터는 금속에서 낡은 목판으로 퇴보했다.

일본의 가동 활판의 또 다른 근원은 동아시아 제국을 이루려던 최초의 일본 지도자 도요토미 히데요시Toyotomi Hideyoshi(1536-1598년)의 야심적인 모험의 결과였다. 1592년에 한국을 침략했다가 귀환하는 히데요시의 일본군 전리품 속에는 한국의 가동 활판이 포함되어 있었다. 그리고 곧 일본 천황은 히데요시에게서 받은 그 활판을 이용하여 중국 고전을 인쇄하도록 명령했다. 게다가 천황은 새로운 목판을 제작하여 중국 고전을 '왕실의 인쇄본'으로 찍어 내도록 명령했는데(1597-1603년), 이 인쇄물이 일본에서 인쇄된 가장 멋진 서적이 되었다.

그 후 반세기 동안, 일본에서는 청동과 나무를 이용한 가동 활자의 도움으로 전에 없이 인쇄가 번창했다. 중국 고전과 군사 전략이나 역사 서적이 수없이 많이 출판되었다. 에도 막부를 세운 우두머리 도쿠가와 이에야스(1542-1616년)는 이 새로운 기술의 열광자가 되어 수많은 가동 목활자를 만들도록 명령했다. 또한 인쇄 작업이 이루어진 일은 없었지만 9만 개의 동활자를 만들도록 주문했다. 활판으로 인쇄한 많은 불경과 그 해설서들이 교토의 히에이산Mt.Hiei과 고야산Mt.Koya에 있는 불교 사원에서 쏟아져 나왔다.

일본의 상업적인 인쇄는 사원 인쇄에서 시작하여 점점 발전했다. 새로운 수도 에도Edo(일본 도쿄의 옛 이름)에서는 인쇄업이 수익성이 있는 사업이었으며 특정 인쇄업자가 명성을 얻었다. 그리고 부유한 의사들이 의학서의 출간을 후원했다. 『이세 모노가타리 Ise monogatari』(980년경)같은 일본의 대중 고전은 여러 판이 인쇄되었다. 화가와 서예가들이 활자를 사용하여 여러 색상의 우아한 종이에 대단히 아름다운 작품들을 만들어 냈고, 어떤 오래된 중국과 일본 작품들은 처음으로 인쇄되기도 했다. 또한 저술가들이 출간을 하려고 글을 쓰기 시작했다.

초기의 활자본은 한자였으므로 복잡한 글자를 수용할 큰 사각형 판이 필요했다. 더 많은 책들이 일본의 히라가나와 가타카나로 인쇄되면서 초서체를 수용할 새로운 활자를 만들어 내야 했다. 오늘날 이 책들을 보면 필획을 흘려 쓴 서체가 활자로 만들어졌을 것이라는 사실에 놀라지 않을 수 없다. 1개의 활자에 2개 또는 그 이상의 연결된 글자들을 흔히 포함하고 있었다.

17세기 중반에, 일본의 책 출판은 새로운 활력을 띠었다. 정부 기관, 불교 사원, 친구나 후원자들을 위한 예술가의 활동, 상업적인 인쇄업자 등이 인쇄 서적의 고객을 폭넓게 창출했지만, 이 책들은 가독성이나 고상함과 흥미 면에서 뛰어나지는 않았다.

그런데 역사에서 기술 하나가 돌연히 중단되는 일이 생겼다. 놀랍게도 갑자기 일본에서 활판으로 인쇄하는 기술이 사라지고 19세기 중반에 유럽에서 다시 수입되었다. 미학에 대한 경제의 승리였다. 일본어를 위해 계속 활자를 조각하거나 주주하는 인요 비용이 니무 높이 늘어갔으며 그 사실을 알기까지 반세기가 소요되었다. 전통적인 목판인쇄가 더욱 값이 싸고 더욱 편리했다.

일본인들은 활자를 대량 생산할 수 있는 기술을 발명하지 못했다. 그들은 구텐베르크가 유럽에서 만들어 낸 그런 주형이 없었기 때문에 인쇄되는 책의 각 페이지마다 새로 조각된 목판을 만드는 일이 더욱 쉬웠다. 여전히 고전을 지향하는 사회에서는 이러한 목판이 지속적인 수요가 있는 책을 인쇄하는 가장 쉬운 방법이었다. 이후 수 세기 동안 일본에서는 거의 무시할 정도의 수만큼 활판본이 인쇄되었다. 1614년에 도쿠가와 이에야스가 기독교 선교를 금지한 이후 일본은 두 세기 동안 다른 나라와 교역을 금지했다. 이 기간 동안 급성장하는 도시들의 도쿠가와 문화는 독자적으로 교육 방법, 정보 전달, 대중오락 등을 발전시켜 하이쿠haiku(전통 짧은 시가), 노noh(전통 가면극), 분라쿠bunraku(전통 인형극), 가부키kabuki(전통 가무극) 등이 번창했다. 일본인들은 활자의 실험을 뒤로 미루어 중단해 버리고 목판인쇄로 책을 만들어 냈지만 유럽을 능가하지는 못했다.

63

'인위적인 기록 기술'

구텐베르크는 '인쇄술을 발명한 사람'으로 알려졌거나, 적어도 '가동 활자'를 발명한 사람으로 여겨지고 있다. 그러나 우리가 흔히 생각하듯이 구텐베르크의 첫 번째 주요 업적이며 아주 큰 도서관에 보물로 남아 있는 훌륭한 성서와 그를 동일하게 여긴다면 그의 중요한 역할은 모호해진다. 구텐베르크는 살아 있을 때 눈부신 초기 간행본 시대의 개척자만은 아니었기 때문이다. 그는 기계가 필경사의 역할을 하고 인쇄기가 필사실을 대체하며 지식이 눈에 보이지 않는 무수한 공동체로 확산되는 새로운 세계의 예언자와 같았다.

근대사의 영웅들 가운데 요하네스 구텐베르크Johann Gutenberg(1394-1468년경)보다 더 그늘에 가려진 사람도 거의 없다. 그러나 구텐베르크가 어떤 인물인지에 관해서는 잘 알려져 있지 않지만 경력은 그렇지 않다. 그의 업적은 많은 사람들이 뛰어들었던 사업에서 가장 뛰어났다. 구텐베르크는 다른 사람들이 하지 않은 일을 이루어 냈고 시도하려는 모든 일에 위험을 감수했다. 구텐베르크에 관해 알려져 있는 대부분의 사실은 그의 발명에서 생긴 이익과 인쇄 설비의 재원에 대한 오랜 소송 사건에서 비롯되었다.

인쇄가 눌러서 물체의 상을 만들어 내는 것을 의미한다면, 물론 구텐베르크의 시대 훨씬 이전에도 유럽에는 인쇄가 있었다. 영어로 'to print(인쇄)'라는 말은 처음에 동전을 찍어 내듯 도장을 찍는 것을 의미했으므로, 이런 사실로 보아 구텐베르크가 금세공인으로 경력을 시작했음을 이해할 수 있다. 그의 중대한 발명은 사실 '인쇄'의 새로운 방법이라기보다 개별 문자를 위한 금속활자를 늘리는 새로운 방법이었을 것이다. 구텐베르크 이전의 사람들도 나무나 금속 위에 형상을 반대로 새긴 다음에 그 형상을 옷감이나 피지, 또는 종이에 색깔로 찍어 내는 방식을 생각한 적이 있었다. 그러나 그들은 흔히 전체 면이나 전체 무늬를 한꺼번에 찍어 냈다. 구텐베르크는 그 과정을 여러 부분으로 구분했다. 그는 전체 1면을 다 인쇄하는 것을 자주 반복하여 쓰는 개별 글자들을 인쇄하는 축적 과정으로 보았다. 그렇다면 각 글자를 많이 만들어서 필요할 때마다 다시 사용할 수 있지 않았을까?

금세공인이며 금속 주조공의 기술을 갖춘 구텐베르크는 특별한 보석 조각을 세공하는 금세공인과 상관없는 인쇄술의 문제를 확인할 수 있었다. 예컨대 책을 인쇄할 때는 각각의 주조된 글자가 모두 높이가 정확히 같아야 했다. 각각의 활자를 적어도 '이동시킬 수 있도록' 만들었고 글자의 모든 주형은 서로 교체할 수가 있어야 했다.

구텐베르크가 한 면의 고정된 활자를 여러 개의 글자로 낱낱이 나눌 때까지는 다른 문제점은 없었다. 목판의 표면이 평평하고 균일하다면, 그 위에 반대 방향으로 양각한 글씨를 새기고 잉크를 바르면 읽을 수 있는 글로 인쇄를 할 수 있었다. 그러나 글자들이 각각 분리되어 주조된다면 이 글자들을 어떻게 한데 모아 균일하게 평평한 표면을 만들 수 있었을까? 구텐베르크의 결정적인 발명은 정확하게 같은 글자 조각들을 대량으로 신속하게 찍어 내기 위해 독특하게 설계된 주형이었다. 공작기계와 같은 이 주형은 인쇄를 하는 장치(즉 활자)를 만드는 도구였다.

로마자Roman alphabet가 적은 수효의 낱글자로 되어 있어서 서구 문명에 교체할 수 있는 활자와 인쇄기가 생겨날 수 있었다. 이와 대조적으로, 앞에서 살펴보았듯이 무수히 많은 표의문자인 한자는 교체할 수 있는 활자로 만들기가 어렵다. 표의문자를 많이 만들었다고 할지라도 이 수천 개의 문자를 어떻게 배열하여 신속하게 다시 찾아 사용할 수 있을까?

다른 면에서는 중국의 표의문자가 활자 조각사에게는 이점이 있었다. 표의문자는 매우 크고 흥미롭게 매우 다양해서 나무에 조각하기에 매력적인 대상이 되었다. 표의문자는 문자 하나가 로마자에 비해 크기가 커서 한 면 안에 배열하기가 쉬웠다. 반면에 로마자는 손가락으로 집어내기가 어렵고 놓치기 쉬웠다. 구텐베르크는 발명에 앞서 우선 로마 활자의 형태를 새롭게 바꾸어야만 했다. 그는 각각의 글자를 종이 위에 찍힌 색이 아니라 손가락으로 집을 수 있는 작은 막대로 보아야 했다. 로마자의 각 글자를 잉크가 묻은 자국이 아니라 활자의 막대로 생각해 내야 했을 것이다.

구텐베르크가 발명한 활자 주형은 오늘날 보면 간단한 구조로 보인다. 이 장치는 경첩이 달린 양끝이 개방된 사각형 상자이다. 상자 한쪽 끝은 글자가 새겨진 금속 펀치punch(눌러서 철판 따위에 새기거나 뚫는 기구)로 찍힌 평평한 금속판을 삽입하도록 되어 있다. 금속판을 삽입한 다음 그 면을 아래로 하여 상자 한쪽 끝을 세우고 개방된 위쪽으로 녹인 금속을 부어 넣는

다. 금속이 식으면 바닥에 글자의 양각된 형태가 나타나고 경첩이 달린 주형을 풀면 활자 '막대'가 나온다. 이 과정을 반복하면 동일하고 교체 가능한 활자를 얼마든지 만들어 낼 수 있다. 로마자의 서로 다른 글자들의 폭이('i'는 'w'자 폭의 3분의 1이었으므로)를 맞추고 높이를 균일하게 하려면 활자 주형 상자를 조정해야 했다. 구텐베르크는 활자 주형 상자 아래쪽에 삽입되는 서로 다른 금속판에 맞도록 상자의 폭을 확대하거나 축소시킬 수 있는 미끄러지는 장치를 만들어 조정했다. 주형은 손을 데지 않도록 나무로 에워쌌다. 녹인 금속을 부어 넣는 금속판은 정확하게 글자가 찍혀 있어야 했고 모든 지점에서 정밀하게 똑같은 깊이로 이루어져 있어야 했다. 그리고 각 활자가 종이 위에 인쇄되었을 때 균일하게 나오도록 금세공인의 기술도 있어야 했다. 구텐베르크는 쉽게 녹고 신속히 냉각되며 균일하게 흐르는 금속 합금이 필요했다.

서로 교체할 수 있는 활자가 활판인쇄에 효과적인 도구가 되려면 2가지 문제점이 더 해결되어야 했다. 많은 활자들을 한곳에 모으는 방법과 인쇄하는 표면을 일정하면서 세게 누르는 방법이 있어야 했다. 중국인이나 유럽인도 아직은 인쇄를 위해 압착기를 사용하지는 않았다. 대신에 먼저 인쇄판에 잉크를 칠하고 그 위에 종이를 놓고는 균일하게 문질러서 인쇄를 했다. 구텐베르크의 인쇄소는 이미 사용하고 있던 결속기의 나무 나사 압착기를 인쇄기에 적용했다. 이 기계는 가정에서 쓰는 포도즙 짜는 기구나 아마포를 누르거나 올리브에서 기름을 짤 때 쓰는 나사 압착기를 응용했을 것이다. 그리고 금속활자에는 잉크를 골고루 발라야 했다. 이 잉크는 필경사들이 종이나 양피지에 필사할 때 펜에 사용하는 종류와는 전혀 달랐다. 또한 목판으로 찍어 낼 때 사용하는 잉크와도 달랐다. 구텐베르크가 필요했던 잉크는 일종의 유성물감이었다. 그는 잉크를 만들기 위해 아마인유linseed-oil 유약에 색소를 섞는 플랑드르 화가들의 경험을 이용했다.

구텐베르크가 이런 모든 문제들을 해결하고 실제로 작업을 하기까지 수년이 걸린 것은 당연한 일이다. 다행히 인쇄할 종이의 문제는 실질적으로 해결되어 있었다. 종이는 책의 발달을 위해 중요한 기여를 한 중국 덕분이었다. 그 외의 필요한 문제들은 구텐베르크가 발휘할 수 있는 인내와 독창성과 재정 능력이었다. 살면서 수없이 많은 소송의 기록을 남긴 구텐베르크는 자신의 사업이 완성될 때까지 끊임없이 노력하고 경쟁자에게서 비밀을 지키려는 것이 삶의 주목적이었다. 그는 실험을 하면서 비용이 많이 들었으며, 또한 시작 단계에서 여러 번 실패도 맛보았다.

구텐베르크의 삶은 소송의 기록이 대부분이다. 구텐베르크에 관한 확실한 정보는 그를 상대로 소송이 제기된 기록에서 비롯되고 있다. 구텐베르크는 정확한 출생일이 알려져 있지 않으며 마인강이 라인강으로 흘러드는 중요한 도시인 마인츠에서 1394년에서 1399년 사이에 태어났을 것이다. 그는 원래 이름이 요하네스 겐스플라이슈Johannes Gensfleisch였으나 그의 집안과 같은 귀족과 신흥 길드 사이의 갈등으로 도시 생활이 마비되고 있었을 때 가족의 영지 이름을 따서 구텐베르크라는 이름을 갖게 되었다. 어린 요한은 아버지가 대주교의 조폐소와 관련이 있었기 때문에 금세공인의 기술에 익숙해졌다. 그의 성년기는 마인츠 생활과 라인강을 더 올라간 스트라스부르 생활로 나누어지며, 스트라스부르는 적이었던 길드들에서 도피한 곳이었다. 요한에 관한 최초의 법적 기록은 약혼을 어겨 피소된 일이었다. 버림받은 약혼녀는 소송에 졌지만 요한은 그 소송에 상당한 대가를 치러야 했다. 재판 중에 자신에게 불리한 증언을 한 스트라스부르의 구두장이를 '거짓말과 속임수로 살아가는 불쌍한 놈'이라고 경솔하게 말했기 때문이었다. 결국 명예훼손죄를 선고 받은 요한은 라인 지방의 화폐로 15길더guilder의 벌금을 물어야 했다.

또 다른 잇따른 소송 사건을 보면, 구텐베르크가 자신의 발명을 비밀로 지키려는 고집과 욕망이 얼마나 큰가를 알 수 있다. 예컨대 1439년에 하나의 큰 사건이 있었다. 금세공인 전문가였던 구텐베르크는 스트라스부르의 시민 3명과 동업을 하기로 했다. 그들은 자본을 투자하고 구텐베르크에게 손거울을 만드는 새로운 과정을 배워서 라인강에 오는 순례자들에게 팔 계획이었다. 그러나 그들이 순례의 해를 잘못 계산하여 순례자 기념품 시장은 열리지 않았다. 구텐베르크는 새로운 계약을 맺고 이번에는 알려지지 않은 특별한 새로운 비법을 가르쳐 주겠다고 약속하여 그들에게 많은 투자를 하게 했다. 5년 동안(1438-1443년)의 계약 기간 동안에 어느 한쪽이 죽으면, 당사자의 후계자가 이 계약을 승계할 수 없다는 조건이었다. 대신에 후계자는 100길더의 보상을 받고 계약 관계를 청산하도록 되어 있었다. 그런데 한 계약 당사자가 1439년에 죽자 그의 형제가 대신에 자리를 물려받아 비법을 알려 달라고 요구했다. 구텐베르크는 그 요구를 거절했다. 후계자는 소송을 제기했지만 패소했다. 계속 남아 있던 계약자들은 모두 비밀을 지키겠다고 서약했다. 그 재판 기간 동안 구텐베르크의 발명은 거의 드러나지 않았지만 계약자들은 밝혀지지 않은 실험에 거액의 돈을 계속 투자해야 했다.

나머지 사업 경력을 보면 구텐베르크는 반복해서 상당한 자본을 좀 더 구하려고 했으면서도 새로운 발명이 스스로 만족할 정도로 완성될 때까지는 자신의 제품을 판매하기를 거부했음을 알 수 있다. 그가 벌이고 있는 일은 무엇이든 값비싼 재료들이 필요했다. 그런데 소송이 일어날 때마다 구텐베르크는 계약자들에게 실험 기계를 분해하도록 지시했기 때문에 아무도 자신들이 무엇을 하고 있는지 알 수 없었다. 이 모든 일은 계속 스트라스부르에서 일어났다.

구텐베르크는 더 많은 자본을 구하려고 1448년에 마인츠로 돌아왔다. 그곳에서 그는 마침내 부유한 법률가인 요한 푸스트Johann Fust라는 사람의 후원을 받았다. 요한 푸스트는 구텐베르크의 사업에 800길더를 2번이나 투자했다. 그런데 5년이 지났는데도 푸스트는 기대했던 투자 이익을 받지 못했다. 1455년에 푸스트는 원금과 밀린 이자뿐만 아니라 구텐베르크의 모든 자산을 받아 내려고 소송을 제기했다. 그러나 구텐베르크의 목표는 단순히 돈을 벌어들이는 일이 아니었다. 그는 수없이 많은 동일한 인쇄본을 만들어 내면서도 필사본의 멋진 디자인과 아름다운 색상을 간직하는 방법을 찾으려고 마음먹고 있었다. 그리고 불완전한 결과물을 시장에 내놓을까 봐 전혀 서두르지도 않았다.

푸스트가 승소하자 구텐베르크는 그에게 2,026길더를 지불하고 오랫동안 작업해 왔던 성서의 인쇄본과 활자를 비롯한 자신의 모든 재료와 장비를 넘겨주라는 명령을 받았다. 푸스트는 사위 페터 쇠퍼Peter Schöffer의 도움을 받아 구텐베르크의 사업을 이어 나갔다. 페터 쇠퍼는 구텐베르크의 인쇄소에서 감독으로 일했기 때문에 모든 비밀을 알고 있었고, 1455년의 재판에서 구텐베르크에게 불리한 증언을 한 인물이었다. 1456년 이전의 어느 시기에 '구텐베르크'의 성서가 출간되었을 때 그 성서에는 간기colophon(책의 맨 마지막 장에 인쇄소의 이름이나 인쇄 날짜 등 간행에 관한 사항을 기록한 부분)가 없었다. 구텐베르크가 수년 동안 분투해서 만든 결과물이

푸스트와 쇠퍼의 새로운 회사 재산이 되어 버렸다.

구텐베르크의 42행 성서에 쓰인 굵은 고딕체 활자는 다른 종류의 작품에는 별로 어울리지 않았다. 그러나 구텐베르크는 2개의 활자체를 더 만들어 놓았던 것으로 보이며, 푸스트와 쇠퍼가 그 활자체를 즉시 사용하여 우아한 『라틴어 시편Latin Psalter』(1457년)과 13세기에 편집된 유명한 백과사전의 재판본이었던 『카톨리콘Catholicon』(1460년)을 간행했다. 구텐베르크가 썼거나, 아니면 푸스트와 쇠퍼의 회사에 있는 구텐베르크의 후계자가 쓴 것 같은 『카톨리콘』의 간기는 다음과 같이 새로운 기적을 선언하고 있다.

그 뜻에 따라 어린아이가 유창하게 말을 하게 되고, 현자에게서 감추고 지위가 낮은 자에게 드러내 보이는 하나님의 도움으로 이 고귀한 책 『카톨리콘』은 갈대나 철필, 또는 펜의 도움이 아니라 펀치와 활자의 경이로운 결합과 비율과 조화로 하나님의 현현 이후 1460년에 고결한 천재성과 관대한 선물을 신의 은총으로 다른 어느 나라보다 유명한 독일의 고귀한 도시 마인츠에서 더욱 훌륭하게 만들어졌다.

구텐베르크는 분명 엄청난 설득력을 지닌 사람이었을 것이다. 그의 파산이 널리 알려진 후에도 마인츠의 또 다른 관리가 그에게 완전한 인쇄 장치 1대를 만들도록 모험을 걸려고 했기 때문이다. 그 후, 마인츠를 차지한 마인츠의 자칭 대주교, 나사우의 아돌프 백작Count Adolph of Nassau은 당시에 궁핍해지고 거의 눈이 먼 구텐베르크에게 매년 옥수수, 포도주, 신사복 등의 지급이 포함되는 보통 수준의 연금을 보상해 주었다.

구텐베르크와 그의 세대에게는 인쇄가 단순한 기술이 아니라 예술이었다는 많은 증거가 남아 있다. 애서가들은 유럽에서 최초로 인쇄된 서적이 가장 아름다운 작품이라는 의견에 동의하고 있다. 구텐베르크의 기술 능력, 인쇄의 명확성, 결과물의 내구성 등은 19세기에 이르러서야 상당히 개선되었다.

　책을 재간하는 다른 방법을 찾도록 영향을 준 계기가 최고의 필경사들이 작업한 서적에 만족하지 못했기 때문은 아니었다. 처음부터 필사본을 대량으로 값싸게 만들면서도 필경사와 채색사의 최고의 서적처럼 훌륭하게 만드는 방법을 알아내려고 했다. 초기의 인쇄인들은 자신들의 기술을 '인위적인 기록 기술ars artificialiter scribendi'이라고 불렀다.

　인쇄술이 등장하고 처음 한 세기 동안에는 '자연적인' 기록 기술을 지닌 필경사와 '인위적인' 기록 기술을 지닌 인쇄업자가 같은 고객을 두고 경쟁을 했다. 그러나 인쇄업자가 즉시 필경사들의 직업을 빼앗지는 못했다. 인쇄술이 발명된 이후인 15세기 후반기의 필사본이 전반기의 필사본과 거의 비슷한 수량이 지금도 남아 있다. 필경사들이 호화스런 책을 만들어 그 책을 살 수 있는 사람들을 위한 사치스런 교역을 계속 만족시켜 주고 있었다. 특히 시장이 제한되어 있는 그리스어와 라틴어 책들은 계속 필사되고 있었다. 플리니우스의 『자연사』가 8판이나 인쇄된 후인 1481년에는 피코 델라미란돌라가 자신의 책을 필사하노록 주문한 적이 있었다. 어떤 초기의 인쇄 서적들은 헌책이었는데도 매우 값이 비싸서 직접 필사본을 주문하는 것이 값이 더 저렴했다. 15세기와 16세기에도 인쇄된 책을 필사한 많은 사례들이 지금도 남아 있다. 어떤 필사본에는 한 페이지의 행수까지 정확하게 같으며 인쇄인의 간기까지 필사해 놓은 경우도 있다.

얼마 동안은 필경사와 인쇄업자에게 모두 일이 충분했다. 그러나 인쇄 서적의 가격이 하락하자 필경사들은 일을 찾기가 점점 어려워졌다. 인쇄가 필경사들의 기술에 명백하게 위협이 되자 필경사들과 그들의 보수적인 동맹자들 조직이 자신들의 독점을 지키려는 법을 만들려고 했다. 1534년에 프랑스의 왕 프랑수아 1세Francis I는 그 조직의 요구를 받아들여 파리에서 인쇄를 억제하는 칙령을 내렸으나 결코 강요하지는 않았다. 필경사들은 인쇄 서적의 존재를 받아들이면서 협력하기 시작했다. 그들은 스스로 인쇄를 이용하기 시작했으며 필사본 속에 인쇄된 부분을 삽입하여 노동을 절약했다. 때로는 인쇄업자가 책의 일부 페이지를 다 인쇄하지 못했을 때 필경사들이 필요한 부분을 채워 주기도 했다. 또한 인쇄업자들은 필경사들의 자문을 받아 책을 디자인하여 인쇄된 책을 필사본처럼 보이도록 만들기도 했다.

인쇄술이 등장하고 초기 수십 년 동안은 이 새로운 기술로 생계를 꾸려 나가기는 위험한 일이었다. 필경사는 옛날부터 명예롭고 높은 보수를 받는 열정적인 직업이었던 반면에, 그 당시의 인쇄업자는 일을 운에 맡기고 해 보아야 했다. 이 새로운 기술은 얼마나 오래 지속될까? 15세기 유럽에서는, 혁신은 그 자체로 낯설고 의심스러운 생각이었다. 그렇다 할지라도 최고의 인쇄본들은 귀족 감식가들에게서 이미 높은 평가를 받고 있었다. 15세기가 끝나기 전에 만토바의 곤차가Gonzagas of Mantua, 피렌체의 메디치, 나폴리의 페르디난드 1세, 바티칸 도서관을 지닌 교황 등은 모두 인쇄본을 그들의 특별 소장품에 추가시키고 있었다. 또한 인쇄본은 독일과 스페인의 큰 도서관에도 즉시 나타났다. 콜럼버스의 아들이며 전기 작가인 페르난도 콜론Fernando Colón도 1522년 런던에 있었을 때 자신의 유명한 도서관을 위해 인쇄본을 찾고 있었다.

여러 면에서 인쇄본의 역사상 가장 흥미 있는 시기는 구텐베르크의 성서가 출간된 이후 한 세기이다. 그 시기에는 유럽의 지식인 독자들이 새로운 기술에 양면성의 태도를 보여 주었다고 할 수 있다. 낡은 것과 새로운 것이 여전히 직접 경쟁을 하고 있었다. 박식한 의사이자 시인이었던 우르비노의 마테오 바티페리Matteo Battiferri of Urbino는 1488년 베네치아에서 출판되어 자신의 아버지에게 헌정된 알베르투스 마그누스의 『자연과학Physica』을 편집할 정도로 인쇄기를 잘 다루었다. 그러나 그는 1494년 베네치아에서 양피지에 인쇄된 자신의 『그리스 사화집Anthologia Graeca』을 장식하는 작업에는 어려움을 겪었다. 필사본에 대단한 열정이 있었던 마테오 바티페리는 이 책이 개인적으로 '집필되고' 장식된 저작물이라는 설명을 직접 삽입했을 정도였다. 인쇄본의 간기에 그는 '인쇄impressum' 대신에 '필사scriptum'라는 말로 대체했다. 자신의 '책'이 필사본이라는 영광을 얻기를 바라는 애서가가 마테오 바티페리 1명만은 아니었다.

인쇄본은 필사본처럼 보이도록 지우개와 화필로 손질되고 있었는데, 이런 일은 여전히 '손으로 기록한' 책에 떨쳐 버릴 수 없는 집념을 쏟는 애서가들의 향수를 그대로 보여 주고 있었다. 새로운 인쇄의 시대에 번창한 책의 '장식가들', 즉 제본인, 채식사, 주서인 등은 책이 예술 작품이며 장식품이라는 인식에는 변함이 없음을 입증하고 있었다. 필사본과 인쇄본 사이의 이런 경쟁에서 결국에는 어느 쪽이 이길 것이라고 누가 예상할 수 있었을까? 비록 처음에는 인쇄가 '모든 예술을 보존하는 예술'로 보였지만, 어떤 선지자는 인쇄를 '모든 예술에 혁신을 일으키는 예술'이라고 칭하기를 더 좋아했을 것이다. 그러나 예술뿐만이 아니었으리라! 구텐베르크의 성서가 만들어진 후 300년이 조금 못 된 1836년에야 토머스 칼라일 Thomas Carlyle은 이렇게 말할 수 있었다. "가동 활자를 고안해서 필경사의 수고를 처음으로 줄인 바로 그가 고용된 군대를 해산시키고 대부분의 왕들과 원로원을 쫓아내고, 새로운 민주주의 세계를 만들어 낸 사람이었다."

64

지역어의 공동체

　인쇄된 책의 승리는 곧 대중 언어의 승리를 불러일으켰고, 이 대중 언어는 유럽 전체의 지식 언어가 되었다. 인쇄된 지역어 문헌은 전혀 다른 2가지 사고방식을 형성하게 했다. 즉 민주화를 실현하면서도 지방화도 이루었다. 과학 문헌들이 라틴어뿐만 아니라 영어, 프랑스어, 이탈리아어, 스페인어, 독일어, 네덜란드어 등으로도 나오자 완전히 새로운 공동체들이 갑자기 과학의 세계에 받아들여졌다. 과학은 그 어느 때보다 대중에게 알려졌다. 그러나 유럽 전체에서 지식 공동체의 국제 언어였던 라틴어가 국가나 지역의 언어로 대체되면서 지식은 국가적이거나 지역적인 성격을 띠게 되었다. 모든 장소와 모든 시대에서 쌓인 지식이 이제는 한 특정 지역의 사람들을 통해서만 열어 볼 수 있는 내용물로 포장되었다. 이제는 인쇄된 문자가 대중에 더욱 보급되면서 문학은 흥미와 공상과 모험의 요소들을 더 많이 갖추게 되었다. 오락 분야의 읽을거리에도 품위 있는 새로운 가치가 생겼다.

인쇄의 시대 이전에는 유럽에 얼마나 많은 언어나 방언이 있었는지를 알 수 없다. 오늘날 학자들은 여전히 사용되고 있는 소수의 방언을 제외하고 약 3,000개의 언어가 있었다는 사실을 알아냈다. 중세 말기에는 훨씬 더 많았을 것이다. 앞에서 살펴보았듯이, 12세기에는 노르망디의 학생이 파리 대학교에 가면 마르세유에서 온 학생의 말을 알아들을 수가 없었다. 아직도 표준의 프랑스어가 없었기 때문이다. 마찬가지로 하이델베르크나 볼로냐, 살라망카, 또는 옥스퍼드 대학교에 입학한 학생들도 똑같은 문제에 시달렸다. 또한 표준의 독일어, 이탈리아어, 스페인어, 영어 등이 아직 없었기 때문이다.

바스크어나 우랄어 같은 몇 가지 예외를 제외하고는 현대 유럽에서 사용되는 언어는 인도·유럽어족에 속하고, 선사시대부터 북유럽에서 사용된 언어에서 유래되어, 여기에서 7개의 서로 다른 언어가 나와 발전된 듯 보인다. 중세 말기에 서유럽에서 쓰인 언어는 대부분 2개의 언어 집단 중 하나에 속해 있었다. 영국 해협에서 남으로 지중해까지, 그리고 라인강, 알프스산맥, 아드리아해에서 서쪽으로 대서양에 이르기까지 로마 제국의 옛 영역에서 사용되었던 '로맨스어Romance'는 라틴어에서 유래되어 결국에는 프랑스어, 이탈리아어, 스페인어, 포르투갈어 등이 되었다. 대서양에서 북쪽과 동쪽으로 발트해에 이르기까지, 그리고 라인강과 알프스산맥에서 북해와 북극해에 이르기까지 게르만어가 아이슬란드어, 영어, 플라망어, 독일어, 덴마크어, 스웨덴어, 노르웨이어 등이 되었다. 이런 현대 국어들이 12세기에는 여전히 무수히 많은 지역 방언으로 세분되어 있었다.

유럽 대륙 전체에 걸친 표준 국어의 생성 과정은 프랑스어의 생성 과정으로 확인할 수 있다. 1200년에는 현재의 프랑스 지역에 5개의 주요 방언이 있었으며, 이 방언은 더 많은 소소한 방언들로 다시 세분되어 있었다. 이런 방언은 모두 자체 지역의 일상과 전통문화와 풍속에 근거를 두고 있었다. 프랑스 문학이라는 공동체가 생성되기 전에는 표준 프랑스어가 있어야 했는데, 이는 로마 제국의 흥망성쇠로 생긴 부산물이었다. 로마 제국이 절정기에 있었을 때는 소수의 지식인들만이 고전 라틴어를 알고 있었다. 프랑스에 살던 대부분의 사람들이 로마 군인과 상인들에게서 듣는 말은 조악한 구어체의 라틴어였다. 켈트어와 옛 프랑크어가 지역에서 변형되고 첨가되면서 하나의 구어가 되었는데, 이 구어는 분명 키케로나 앨퀸을 만족시킬 수 없었을 것이다. 그러다가 로마 제국의 결속력이 해체되자 언어의 결속력도 약화되었다. 이 라틴어의 남은 부분이 어휘의 지역적인 정취, 말씨, 억양 등과 연관이 되어 서로 다른 방언으로 발전했다. 제국의 통치 체제도 없고 정보 교류도 거의 없었으므로 이런 방언들은 시간이 지날수록 더욱 뚜렷해졌다.

교회와 대학은 여전히 라틴어의 통일성을 유지하고 있었지만 일상어는 제멋대로 향하고 있었다. 샤를마뉴가 설교는 '소박한 로맨스어'로 해야 한다는 명령을 내렸을 때는 이런 상황을 잘 알고 있었다. 그리고 샤를마뉴 제국이 붕괴하자 지역어는 공식적으로 두각을 나타냈다. 분명한 '프랑스어'로 쓰인 최초의 기록은 샤를마뉴의 손자 카롤루스 대머리왕Charles the Bald(카를 2세)의 군대와 그의 형인 루도비쿠스 독일왕Louis the German의 군대 사이의 동맹 서약이 이루어진 842년의 '스트라스부르의 서약'이었다. 이 서약은 한쪽은 최초의 독일어인 튜턴어와 다른 쪽은 최초의 프랑스어인 로맨스어로 적혀 있었다.

이후 500년 동안 프랑스에서 가장 널리 쓰인 2개의 방언은 북부 지역인 일드프랑스Ile de France와 파리의 오일어langue d'oïl와 남부 지역인 프로방스의 오크어langue d'oc였다. 이 방언들은 두 지역에서 서로 다르게 사용하는 '예yes'라는 단어에 따라 구분되었다. 그리고 두 방언 모두 대부분 구전이지만 풍부한 문학을 만들어 냈다. 북부의 방언, 특히 프랑시앵Francien으로 알려진 파리 방언이 널리 보급되었는데, 다시 말하면 이 파리의 언어가 프랑스어가 된다는 의미였다. 프랑수아 1세(1494-1547년)는 빌레르 코트레 칙령Edict of Villers-Cotterêts(1539년)을 선포하여 프랑시앵 방언을 유일한 공용어로 만들었다.

프랑수아 1세의 가장 강력한 자기편은 인쇄였다. 구텐베르크 이후 100년도 안 되어 책 출판은 파리뿐만 아니라 리옹, 루앙, 툴루즈, 푸아티에, 보르도, 트루아 등지에서도 번창하는 사업이 되었다. 40여 곳의 소도시에는 인쇄소가 있었다. 대학교나 고등법원, 또는 지방의회가 있는 곳은 어디든 인쇄된 서적의 확실한 시장이었다. 책이 크게 늘어나면서 읽고 쓸 줄 아는 사람이 증가하고 지역어 문학도 풍부해졌다. 성직자, 법률가, 정부 관리들뿐만 아니라 번창한 상인과 도시의 숙련공들까지도 도서 구매자들이 되고 있었다.

시골 지역에서는 구어가 여전히 우세했다. 마을의 저녁 식사 후의 모임인 '야회veillée'에서는 전통 이야기꾼이나 학교 선생 같은 유식한 사람이 유명한 이야기를 크게 읽으며 겨울철 실내에서 유쾌하게 해 주었다. 역사가 나탈리 Z. 데이비스Natalie Z. Davis가 밝혔듯이, 책 읽는 사람은 『이솝 우화Aesop's Fables』나 『장미 이야기Le Roman de la Rose』 등을 들려줄 때 인쇄된 프랑스어를 구어체 방언으로 말해 주었기 때문에 실제로는 번역자였다. 수십 년 동안 교회가 지역어로 성경을 읽는 문제에 반대를 한 사실은 완전히 불

필요한 일이었다. 어차피 프랑스어를 이해하는 사람이 거의 없었기 때문이었다.

도시에 있는 인쇄소들은 직접 새로운 독자와 저술가들을 창출해 냈다. 기능공, 약제사, 외과의, 금속 세공인 등이 인쇄된 안내 책자를 사용하게 되었다. 기능공에게는 일을 할 때 책을 읽어 주어야 했다. 여관에서 큰 소리로 읽는 서적에는 경건한 기도서나 성자의 생애부터 산술이나 야금술 지침서까지 포함되어 있었다. 이런 독서 단체가 종교개혁을 야기한 비밀 신교도 모임의 원형이 되었다.

조아생 뒤벨레Joachim du Bellay(1522-1560년)라는 명문가의 자제는 프랑스 국어를 웅변으로 옹호했다. 그는 27세 때 『프랑스어의 옹호와 선양The Defense and Illustration of the French Language』(1549년)이라는 선언문을 플레이아드 파Pléiade로 알려진 뛰어난 문학 동인을 위해 썼다. 벨레와 피에르 드 롱사르Pierre de Ronsard(1524-1585년)는 만나자마자 둘 다 프랑스어에 애착이 있다는 친근감을 느꼈고, 또한 둘 다 우연히 청각에 문제가 있다는 드문 사실을 알았다. 궁정에서는 경력을 쌓기가 힘들다고 느낀 그들은 좋은 재능을 문어 개척에 헌신했다. 이탈리아어로 된 페트라르카의 소네트에 자극을 받은 벨레는 처음으로 몇 편의 프랑스어 소네트를 만들었으며, 그가 이루어 낸 프랑스어라는 지역어의 성공이 이후의 에드먼드 스펜서Edmund Spenser와 같은 영국 시인에게 영감을 주었다.

벨레는 모든 언어가 똑같이 생겨난다고 여겼다. 그에 따르면 "언어는 모두 단 하나의 원천과 기원, 즉 사람의 변하는 생각에서 비롯되며, 또한 사람들 사이에서 정신의 개념과 이해를 나타낸다는 단 하나의 목적을 위한 하나의 판단에서 형성되었다." 로마인의 위업이 다른 민족보다 더 위대한 듯 보이는 이유는 그 언어가 뛰어나서가 아니라 뛰어난 작가들이 매우 많았기 때문이었다. '다른 많은 발명과 대포의 파괴적인 위력만큼 감탄할 만한 예술의 자매인 인쇄술'을 발명한 이 시대는 확실히 위대한 문학을 만들어 낼 수 있는 능력도 있었다.

프랑스의 과학은 왜 고대 그리스나 로마보다 번창하지 못했을까? "그 이유는 그리스어와 라틴어의 학습 때문이다. 우리가 이른바 언어를 배울 때 소비하는 시간을 과학의 연구에 활용한다면, 우리 시대에 플라톤이나 아리스토텔레스 같은 인물을 배출하지 못할 정도로 자연은 분명 그렇게 척박하지 않을 것이다…. 그러나 우리들은 요람을 떠나 어른이 된 것을 후회하는 것처럼 다시 어린 시절로 돌아가 20년이나 30년 동안에 단 하나를 하기 위해, 즉 한 사람은 그리스어로, 다른 사람은 라틴어로, 그리고 또 다른 사람은 히브리어로 말하는 것을 배우는 데 소비한다."

프랑스인도 로마인과 마찬가지로 대담하게 언어를 발명해야 했다. "로마인의 영광은 영토를 확장하는 일 못지않게 언어를 확장하는 일에도 있었다…." 16세기가 끝나기 전에 갑자기 발전하기 시작한 프랑스어는 빛나는 문학으로 번영했다. 예컨대 롱사르의 시, 라블레(1483-1553년)의 풍자 문학, 칼뱅의 신학, 몽테뉴(1533-1592년)의 수필, 그리고 지역어로 된 완전한 성경 등이 있었다.

지역어 문학은 현학에서 벗어나는 것을 약속했다. 지식인 독점의 추문을 파헤친 사람은 스스로 광범위하고 자유로운 지식인라고 여긴 프랑수아 라블레François Rabelais였다. 프란체스코회 수도원에서 수도사 수련 기간을 보낸 후 라블레는 그리스어와 라틴어뿐 아니라 법률과 과학의 학자가 되었고, 베네딕트회 수도원에 있다가 파리에서 의학을 공부했다. 그리고 그는 몽펠리에Montpellier에서 갈레노스와 히포크라테스의 이론을 강의했고, 벨레의 사촌인 추기경을 따라 로마에 가기도 했으며, 리옹의 출판업자들을 위해 의학 서적을 편집하기도 했다. 또한 프랑수아 1세의 후원을 얻기도 한 라블레는 이단자로 박해를 당하고 자신의 저서들에 대해 소르본 신학교의 규탄을 받은 적도 있었다. 라블레는 자신의 저서 『팡타그뤼엘Pantagruel』(1532년)과 『가르강튀아Gargantua』(1534년)에서 현학적인 그리스어와 라틴어, 점성술, 주술, 전통 의학, 신학 등이 환상이 넘치고 터무니없는 시사풍자극을 분명히 보여 주었다. 예컨대 가르강튀아는 위대한 궤변가 의사인 투발 홀로페르네스Tubal Holofernes에게 잘못된 교육을 받았는데, 그 의사에게서 ABC를 거꾸로 외우라는 교육을 받는 데 5년 3개월을 소비했다. 그리고 그는 라틴어 문법 공부에 13년 6개월 2주를 바쳤고, 라틴어 웅변 책을 거꾸로 외우는 데 또 34년 1개월을 보냈다. 그 교사가 천연두로 세상을 떠나자, 가르강튀아의 아버지는 이렇게 깨달았다. "이런 교사에게 이런 책으로 공부하는 것보다는 아무것도 배우지 않는 것이 더 낫다. 왜냐하면 그들의 지식은 온통 하찮은 것뿐이고, 허식이 가득한 지혜는 선하고 숭고한 정신의 가치를 떨어뜨릴 뿐이며, 꽃다운 청춘을 모두 타락시키는 일이었기 때문이다."

프랑스어는 붕괴된 제국의 흔적을 지니고 있었지만, 독일이라는 나라와 풍부한 근대 문학을 창조한 근대 독일어는 전혀 다른 조상을 갖고 있었다. 프랑스어, 스페인어, 포르투갈어, 이탈리아어 등 모든 로맨스어는 모두 로마 제국의 지역어와 풍부한 라틴 문학과 경쟁해야 했다. 독일의 지역어는 쇠퇴하는 제국의 잔재가 아니고 떠오르는 문명의 씨앗이었으며, 흔히 독자적인 활동 무대가 있었다. 독일어는 선사시대부터 깊은 뿌리를 가진 인도-유럽어족에 속하는 최초의 게르만어군에서 생겨났다. 근대 독일어와 유사한 초기 기록이 나타난 8세기에는 지역 방언들이 여전히 일반 대중 사이에서 널리 퍼졌으며, 근대 독일의 지역 전체에서는 표준어가 전혀 없었다. 이 방언들은 2개의 뚜렷한 어군, 즉 북부 저지대의 저지독일어Plattdeutsch와 남부 고지대의 고지독일어Hochdeutsch로 나뉘었다. 비교적 일정한 문어가 발달하여 공식 기록에서 라틴어를 점차 대신하게 된 계기는 14세기의 신성 로마 제국 법정에서였다. 마르틴 루터가 성경을 번역할 때 (1522~1534년) 작센Saxony 공국의 법원이 사용하던 고지독일어 방언을 선택했기 때문에 고지독일어가 근대의 독일 표준어가 되었다. 그는 국어를 확립하면서 지역어에 위엄을 부여했다. 루터의 성경에 맞서려고 또한 지역어로 가톨릭 성서가 곧 발간되었다.

다른 게르만어군은 모두 서로 다른 길을 갔다. 영국 또한 많은 언어들이 있는 나라였다. 구텐베르크가 성서를 인쇄하고 있었을 때 런던에 있는 영국 정부의 공식 문서는 여전히 법률용 프랑스어law-French가 쓰이고 있었다. 그 후 영어가 공용어가 되고 한 세기 반이 지났을 무렵에는 셰익스피어가 희곡들을 썼고, 엘리자베스 1세 시대의 문학이 기적적으로 펼쳐졌다.

윌리엄 캑스턴William Caxton (1422~1491년)은 셰익스피어가 영어를 표준화하기 이전에 그 누구보다도 영어의 표준화에 공헌한 사람이었다. 그는 켄트에서 태어나 16세가 되었을 때 나중에 런던 시장이 되는 부유한 직물 상인의 도제가 되는 행운을 얻었다. 스승이 세상을 떠나고 겨우 19세였던 캑스턴은 당시의 교역과 문화의 중심이었던 브뤼주Bruges로 옮겨 갔다. 그 후 20년 동안, 캑스턴은 직물 사업으로 부자가 되었고, 강력한 무역 협회의 하나인 북해 연안 저지대의 '영국인모험상인연합의 총재'로 선출되었다. 캑스턴은 50세가 되었을 때 에드워드 4세Edward IV의 누이동생인 부르고뉴 공작부인 마거릿Margaret의 재정 고문이 되었다. 상업 추구에 만족하지 못한 그는 문학으로 관심을 돌렸다. 1470년에 마거릿 공작부인은 캑스턴에게 트로이에 관한 유명한 프랑스 이야기 선집을 영어로 번역하도록 장려했다. 처음에는 캑스턴이 그 선집을 필사본으로 배포했으나 수요가 너무 많아져서 필경사들이 필사본을 충분히 제공할 수가 없었다. 캑스턴은 쾰른으로 가서 새로운 인쇄술을 배운 다음, 브뤼주로 돌아와 그곳에서 자신의 인쇄소를 차렸다. 그가 처음 자신의 인쇄기로 발간한 『트로이 역사집 Recuyell of the Historyes of Troy』(1475년)과 『체스의 게임과 방법 The Game and Playe of Chesse』(1476년)은 영국에서 인쇄된 최초의 서적이었다. 영국에서 더 많은 책을 인쇄하기를 열망한 캑스턴은 런던으로 돌아와 왕실의 후원을 받아 인쇄소를 차렸다. 이후 15년 동안, 그는 상당한 재산을 사용하면서 100여 권의 책을 발간했다. 이런 책들이 정치적이면서 상업적인 수도의 문어(그리고 결국에는 구어도)를 영국의 언어로 표준화하는 데 많은 기여를 했다. 영국에서 인쇄된 최초의 날짜가 기입된 책은 또 다른 프랑스의 번역판인 캑스턴의 저서 『철학자의 명언과 어록 Dictes and Sayenges of the Phylosophers』(1477년)이었다.

그런데 캑스턴은 역사적인 결정에 직면하게 되었다. 그는 '영어'로 번역하기 전에 우선 '영어'라는 말이 정확하게 무엇을 의미하는지를 결정해야 했다. 그러나 당시에 그 의문은 우리가 지금 상상할 수 있는 것보다 훨씬 복잡한 문제였다. 캑스턴이 출판을 시작했을 때, 영국에는 거의 군county의 수만큼 많은 방언이 있었다. 언어는 사람의 혀만큼이나 다양하고 변화

무쌍했고 각 방언들은 서로 이해할 수가 없었다. 캑스턴은 직접 이 문제를 템스강에서 네덜란드로 항해하는 상인들의 이야기에서 분명히 보여 주었다. 예컨대 직물 상인들이 순풍이 불기를 기다리면서 켄트 해안에 있는 노스 포어랜드North Forland에 입항했다.

그리고 그들 가운데 셰필드라는 직물 상인이 한 가게로 가서 음식을 청했다. 그는 특별히 달걀이 있느냐고 물었다. 그러자 가게 안주인이 자기는 프랑스어를 전혀 알아듣지 못한다고 대답했다. 프랑스어로 말하지 않고 영어로 'egges(달걀, 고어)'라고 말했는데도 그녀가 알아듣지 못한다고 하자 상인은 화가 났다. 그때 또 다른 사람이 나서서 'eyren(달걀)'이 있느냐고 물었다. 그제야 안주인은 무슨 말인지를 잘 알아들었다. 요즈음 사람들은 이제 'egges'와 'eyren' 중에 무엇을 사용해야 할까?

캑스턴의 시대에 살았던 켄트 지방의 한 안주인에게는 런던 상인이 내뱉은 영어가 마치 프랑스어처럼 들렸다. 한 세기가 지난 셰익스피어의 시대에는 그런 일이 일어날 수가 없었을 것이다. 캑스턴의 저서는 이런 언어 변화에 큰 역할을 했다.

캑스턴은 책을 인쇄할 때 런던과 궁정의 말을 선택했다. 그가 출간한 다양한 '목록'은 20세기의 출판인에게도 자랑할 만한 수준이었다. 캑스턴은 자신이 프랑스어나 라틴어, 또는 네덜란드어에서 번역한 책을 적어도 20권 이상을 출판했다. 그의 목록에는 유명한 종교 서적들뿐만 아니라, 당시에 알려진 거의 모든 분야의 책, 예컨대 기사의 연애담, 시, 방법 지침서, 역사, 연극, 신학, 철학, 윤리 등이 포함되어 있었다. 캑스턴이 출간한

『영어-프랑스어 용어집 English-French Vocabulary』(1480년경)은 최초의 2개 국어로 된 사전이었다. 또한 그의 백과사전『세계의 거울 Myrrour of the Worlde』(1481년) 은 최초로 삽화를 곁들인 영어책이었다.

캑스턴은 번창하는 영국 문학의 창출을 돕는 사람이었다. 그는 초서의 『캔터베리 이야기』와 시, 존 가워 John Gower와 존 리드게이트 John Lydgate의 시, 토머스 맬러리 경 Sir Thomas Malory의 아서왕 전설을 산문체 형식 등으로 출판 했을 뿐만 아니라, 키케로의 저서와 이솝 우화를 번역 출판하기도 했다.

캑스턴 이전에는 그 결과가 확실하지 않았고, 영국의 문어는 프랑스어의 어떤 유형에서 비롯되었을 것이라고 생각하고 있었다. 5세기에 영국 제도로 침입한 게르만족 침입자들은 서게르만의 프리지아어 Frisian language 도 함께 가져왔는데, 이것이 고대 영어가 되었다. 그러나 노르만 정복 이 후, 프랑스어가 궁정의 공식 언어가 되었다. 다만 영어가 프랑스어를 대체 하게 된 것은 서서히 이루어졌다. 물론 그 당시에 영어는 라틴어와 프랑스 어 어원을 지닌 말들로 가득 차 있었다. 영국에서 표준 지역어가 확립된다 는 의미는 2가지 중요성이 있었다. 즉 소수의 지식인이 사용하던 라틴어 에 대해 대중어가 승리했으며, 동시에 영국에서 귀족어(프랑스어)로 쓰이 던 언어에 대해 서민의 지역어(영어)가 승리했다는 중요성이었다. 따라서 영국 문학은 모든 대중의 특별한 소유물로 출발했다.

종교는 기독교의 복음을 전파하기 위해 언어의 표준화에 강한 동기를 부여하고 그 길을 열어 주었다. 프랑스 칼뱅의 성경과 독일 루터의 성경은 둘 다 초기의 인쇄 시대에 해당하지만 각각의 언어를 확립하는 데 크게 기 여했다. 영국에서도 성경은 대중의 지역어가 필요했다. 대중에게 성경의 가르침을 전하기를 바란 존 위클리프 John Wycliffe(1330-1384년)는 인쇄가 가능하기 전에 이미 영어 성경을 만들어 냈다. 그러나 이 성경의 필사본은 런던의 종교회의가 그를 위험한 인물로 규탄하고 옥스퍼드에서 그의 책이 금서가 될 정도로 양이 많았다. 하지만 이 필사본은 존 위클리프가 희망한 대중에게는 전달되지 못했다. 캑스턴의 시대가 되어서야 대중의 영어와 인쇄라는 경이로운 수단이 지역어 성경에 길을 열어 주었다.

흠정역 성서King James Version (또는 킹 제임스 성서)는 근대 영어를 만들어 내고 활력을 준 사실 외에도 또 다른 보기 드문 탁월함이 있었다. 이 성서는 위원회를 통해 만들어진 유일한 문학 걸작일 것이다.(이런 사실이 신에게 영감을 받았다는 또 다른 증거였을까?) 이 대규모 계획은 영국 교회 내에서 청교도와 다른 교파를 함께 통합하기 위한 차이점을 절충하는 노력이었다. 제임스 1세의 후원으로 당시의 유명한 성서 학자들을 포함한 47명의 승인받은 번역가들이 6집단으로 나뉘어 조직되었다. 그들은 각자에게 배정된 구약성서와 신약성서의 여러 부분들을 웨스트민스터와 옥스퍼드와 케임브리지에서 작업을 했다. 그리고 각자가 맡은 부분이 모두 완성되면 그들은 서로 다른 부분을 비평했다. 그런 다음, 6집단의 대표자들이 런던의 출판업조합사무소Stationers' Hall에 9개월 동안 매일 모여 결과물을 종합한 끝에, 마침내 1611년에 출판의 결실을 거두었다. 그들은 최근의 고전과 동방정교의 지식을 활용했지만 만족스럽다면 초기의 성서 번역본도 기꺼이 따랐다. 그들 가운데 대단히 뛰어난 문학 재능이 있는 사람은 1명도 없었지만 그들의 결과물은 언어에서 그 어떤 문학 천재가 만든 작품보다 월등히 뛰어났다.

65

책의 획기적인 변형

언어는 시간과 공간의 통로가 되었다. 국가는 새로운 지역어를 통해 하나로 결합되고 있었지만, 독자들은 혼자서도 멀리 떨어진 대륙을 찾고 먼 과거 속으로 항해할 수 있었다. 언어라는 마법을 전달하는 책은 키케로에서 구텐베르크에 이르기까지 알아볼 수 없을 정도로 변했다. 현대에서 도서관원이나 유네스코가 통계의 목적으로 채택한 책의 기술적인 정의는 '책'이 얼마나 많이 변했는지를 보여 준다. 그들의 정의에 따르면, 책이란 "표지를 제외하고 최소한 49페이지가 되는 비정기적 출판물"이다. 그러나 역사에 걸쳐, 책은 대부분 '페이지'조차 없었다. 오늘날 흔히 알고 있는 '권volume'(라틴어의 '두루마리를 펴다'라는 뜻의 'volvere'에서 유래됨)이라는 말은 처음에는 두루마리로 된 필사본을 지칭했다. 초기 이집트에서는 글을 쓰는 종이가 나일 삼각주에서 자라는 파피루스 갈대로 만들어졌다. 이 갈대는 처음 발견된 항구 비블로스Byblos의 이름을 따서 '비블로스byblos'라고 불리어졌으며, 성서를 말하는 '바이블Bible'도 여기서 비롯되었다. 이 갈대의 줄기를 납작하게 만든 다음, 서로 직각으로 가로질러 엮어서 돗자리처럼 만들었다. 그리고 물을 뿌려 축축하게 한 표면을 두드려 부드럽게 한 다음 말리면 글씨를 쓰기에 적합하게 되었다. 초기 이집트 사원에서는 이런 종이를 서로 연결하여 긴 조각을 만들어 의례용 깃발로 사용했다. 이런 종이는 말아서 가지고 다닐 수 있고, 보관하기 쉬우며, 비교적 오래 견디는 하나의 '권volume'이 되었다. 이 두루마리가 책의 시조였다.

물론 다른 곳에 살았던 사람들은 많은 다른 종류의 물건들을 글씨를 쓰는 재료로 사용했다. 고대 바빌로니아 사람들은 축축한 점토판에 그들의 쐐기 모양의 글씨를 썼다. 그 점토판이 서아시아의 태양 아래에서 굳어지면 수천 년 동안 전언을 간직할 수가 있었다. 중국인들은 종이를 사용하기 전에는 대나무 조각과 비단 조각을 사용했다. 인도에서는 자작나무 껍질과 종려나무 잎을 글씨 쓰는 데 사용했다. 티베트에서는 앞서 살펴보았듯이, 염소의 매끈한 어깨뼈에 신비스런 글씨를 썼다. 서아시아에서는 가죽이 널리 이용되었고, 버마인들은 얇은 동판에 글씨를 썼다.

로마 제국을 하나로 뭉치게 한 글씨의 재료는 이집트의 파피루스였다. 그들은 번거로운 점토판으로는 업적을 이룰 수 없었을 것이다. 우리의 정부가 종이로 결속되어 있듯이 로마 제국은 파피루스를 통해 결속되어 있었다. 대大플리니우스(서기 23-79년)의 『자연사』에는 파피루스를 여러 등급으로 설명해 놓았는데, 예컨대 파피루스의 중심부로 만든 '아우구스탄Augustan'이라는 최상품과 황후의 이름을 딴 '리비안Livian'이라는 2등품과 외피로 만든 하등품 등으로 구분해 놓았다. 로마인들은 때로는 얇게 밀랍을 입힌 작은 나무판을 흔히 메모용으로 사용했다. 식물 파피루스를 얻을 수 있는 서구인들은 글쓰기 도구로 보통 파피루스를 선호했다.

그런데 전설에 따르면, 소아시아에 있는 페르가몬Pergamum을 그리스 문화의 중심지로 만들기를 바랐던 에우메네스 2세Eumenes II(기원전 197-159년)가 양피지와 송아지 피지를 발명했다고 한다. 경쟁자였던 이집트의 프톨레마이오스 6세Ptolemy VI가 파피루스의 공급을 중단했을 때 에우메네스 2세는 양이나 염소의 가죽을 깨끗하게 하고 늘리고 부드럽게 하는 새로운 기술을 고안하여 양면에 글씨를 쓸 수 있게 했다. 이것을 페르가몬의 이름을 따서 파치먼트parchment라 불렀고, '벨럼vellum'은 송아지 가죽으로 만든 특별히 좋은 파치먼트의 명칭이었다(고대 프랑스어 'veel'에서 유래됨).

양피지는 인쇄술이 등장하기 이전에 책의 기술을 크게 향상시킨 제2의 진보를 가능하게 했다. 이 발상은 매우 간단해서 지금 보면 발명이라고 생각되지 않는다. 책은 더 이상 페이지들을 풀로 붙여서 '권'으로 만드는 두루마리가 아니었다. 대신에 '코덱스codex'라는 방식으로 제본되었다. 나무줄기 판자 또는 서판이라는 라틴어의 'codex' 또는 'caudex'에서 유래된 이 명칭은 밀랍을 입힌 나무판을 서로 연결하여 로마인이 사용했던 기록부의 한 형태를 지칭했을 것으로 보인다.

앞서 살펴보았듯이, 두루마리는 여러 불편한 점이 있었다. 영화 상영 후 필름을 매번 되감아야 하는 것처럼, 읽는 사람은 이 두루마리 필사본을 읽으면서 풀어야 하고 다시 사용하려면 되감아야 했다. 여전히 두루마리 필사본이 책으로 흔히 사용되고 있던 기원전 2세기에는 두루마리의 평균 길이가 40피트(약 12미터)였다. 초기 이집트에는 길이가 150피트(약 46미터)에 이르는 두루마리도 있었다고 한다. 요한 계시록the Apocalypse의 저자는 바빌론의 죄가 하늘에까지 닿는다고 상상했을 때 이러한 두루마리를 생각했을 수도 있다. 알렉산드리아의 도서관장이었던 문법 학자 칼리마코스Callimachus(기원전 305-240년)가 '큰 책은 매우 골칫거리'라고 말한 것도 당연한 일이다. 그 이후로 더욱 작은 두루마리가 표준화되었다. 그러나 당시에는 하나의 두루마리에 겨우 750행밖에 기록되지 못했고, 가장 긴 두루마리에도 겨우 200페이지 정도만 기록되었으며『일리아드』와『오디세이』의 내용을 기록하기 위해 36개의 두루마리가 필요했다. 두루마리 책은 사람들이 읽을 때마다 펴고 다시 말아야 했으므로 흔히 해지고 찢겼다.

초기 문헌에서 나온 인용문에는 서로 일치하지 않거나 정확하지 않은 내용이 많은 것도 놀랄 일이 아니다. 우리도 원하는 글을 찾아내려고 긴 두루마리를 펴 보기보다는 차라리 기억력에 의존했을 것이다. 필사본마다 독특했기 때문에 번호가 적힌 '페이지'도, 색인도, 그리고 현대의 속표지 같은 것도 없었다. 두루마리에는 '저자'의 이름도 거의 쓰여 있지 않았다. 필경사의 이름이 더 중요한 듯 했으며, 그 이름이 어딘가에 쓰여 있을 가능성이 더 컸다. 어떤 책의 기억나는 구절을 찾아 확인하는 일은 지적으로나 육체적으로나 매우 힘든 일이었다.

두루마리와 대조적으로 오늘날의 책과 비슷한 형태로 페이지를 매겨 제본된 '코덱스'는 놀라울 정도로 편리했다. 코덱스는 사용하기에 편리하고 내구성이 더 좋았으며, 내용이 더 방대해지고 보관하기에도 간편했다. 그리고 코덱스로 인해 마침내 참고 문헌뿐만 아니라 속표지, 목차, 페이지 번호, 색인 등 책의 정보를 찾아볼 수 있는 특징들이 생겨났다. 이 모든 요소들은 사람들에게 정보를 '찾아볼' 흥미를 갖게 해 주었다. 또한 인용된 말과 기억하고 있는 정보를 정확하게 확인하는 데 도움을 주었으며 의욕도 불어넣어 주었다.

양피지 코덱스는 그리스도 기원의 시작과 거의 같은 시기에 서구에서 사용되기 시작했다. 나무판으로 된 로마인의 필기장을 본떠 만든 양피지 코덱스가 처음에는 자연스럽게 필기장이나 장부로 사용되기 시작했다. 이 새로운 형태는 구약성서나 다른 유대교 성전에서 관례적으로 찾아볼 수 있는 두루마리 형태와는 대조적으로, 새로운 기독교의 설교자들이 그들의 경전으로 복음을 강조하는 데 도움을 주었다. 기독교 문헌에 이용될 때 쉽게 관리할 수 있는 코덱스 방식의 책은 복음서나 사도 서간Epistle 하나 이상의 내용을 기록할 수 있었다. 4세기경에, 이교도의 필사본들도 이런 형태로 등장하고 있었다. 그래도 두루마리는 전통의 분위기를 간직하고 있었고 엄숙하고 공식적인 문서에 오랫동안 사용되고 있었다. 유대인들은 지금도 토라Torah(유대교의 율법)를 두루마리로 보존하고 있다.

코덱스를 만들기 위해서는 몇 첩quire을 접어서 꿰매는 간단한 일만 필요했다. 접으면 갈라지는 파피루스는 이 방식에 적합하지 못했다. 더욱이 코덱스에서는 양면을 순서대로 읽기가 편했으므로 양면으로 쓰기에는 양피지가 더 적합했다. 따라서 종이가 사용되기 이전에는 양피지가 코덱스를 만들기 위한 흔한 재료였다. 보존할 가치가 있는 책은 점차 파피루스 두루마리에서 송아지 피지 코덱스로 바뀌었다. 처음으로 책의 획기적인 변형을 야기한 이런 코덱스 혁신의 완전한 의의는 종이가 발명된 후에 드러났다.

서기 105년경에 채륜蔡倫이 뽕나무, 헌 그물, 넝마 조각 등으로 종이를 처음으로 만들어 황제에게 바친 이후 중국인들은 초보적인 수준의 종이를 만들고 있었다. 사마르칸트Samarkand에서 아랍인들에게 전쟁 포로가 된 중국인들이 제지 기술을 아랍에 소개했다. 800년경에는 뛰어난 칼리프 하룬 알라시드Harun al-Rashid(764?-809년)가 바그다드에서 만든 종이를 사용하고 있었다. 그 후 아랍 종이가 비잔티움으로 전해지고 지중해를 건너 스페인에 이른 뒤, 유럽 전체로 퍼져 나갔다. 인쇄술이 발명되기 전에도 종이를 사용한 필사본은 흔했으며, 스페인, 이탈리아, 프랑스, 독일 등에는 제지 공장이 있었다. 종이는 여전히 파피루스라는 평이 좋은 오랜 명칭으로 불리고 있었다.

중세에 지식인들의 영역인 라틴 문화를 지속시켰던 '책'은 이미 오랫동안 발전이 이루어졌고 키케로 시대의 학자들이 읽은 책보다 더 많이 개선되어 있었다. 유럽에서 인쇄술이 등장한 첫 세기 동안에는 여러 기본적인 형태의 변화를 거치면서 책은 지식과 발견을 전달하는 더욱 간편한 수단이 되었다.

휴대용 책을 만들어 낸 개척자는 베네치아의 훌륭한 학자이자 인쇄인이었던 알두스 마누티우스Aldus Manutius(1450-1515년)였다. 그가 창설한 알두스 출판사는 최초의 근대적인 출판사였다. 알두스 출판사의 도서 목록은 그리스어와 라틴어와 이탈리아어로 된 시와 참고 서적 등이 포함되어 있었다. 많은 그리스어와 라틴어 고전의 인쇄본이 닻과 돌고래로 된 출판사 마크를 달고 처음으로 세상에 등장하게 되었다. 그 알두스 출판사의 마크는 라틴어의 오래된 격언 중 하나인 "급할수록 돌아가라Festina lente"라는 말을 상징했다.

제1세대 인쇄인으로 구텐베르크가 금세공인들의 기술을 응용하여 책의 인쇄를 기술적으로 가능하게 한 이후 겨우 2세대가 지나서 알두스는 노력 끝에 책의 시장을 개척했다. 알두스는 우아하고 잘 꾸며진 책을 출판하여 출판업자가 번창할 수 있음을 입증했다. 로마 근처의 평범한 가정에서 태어난 알두스는 로마에서 교육을 받았고 라틴어에 능숙했으나 일찍부터 그리스어를 매우 좋아했다. 1490년에 알두스는 베네치아에 정착했다. 그곳의 마르차나 도서관Biblioteca Marciana은 열렬한 그리스어 학자 베사리온 추기경Cardinal Bessarion이 베네치아 공화국에 기증한 그리스어 필사본이 유럽에서 가장 많이 소장된 곳이었다. 알두스는 40세에 방랑하는 학자의 삶을 중단하고 인쇄라는 새롭고도 위험한 사업을 베네치아에서 시작하는 운명적인 결정을 내렸다. 피렌체나 밀라노와 달리, 베네치아는 동양과 활발한 교역으로 그리스어 문화를 향한 관심의 중심지가 되고 있었지만 아직도 그리스어 출판사가 없었다. 알두스는 부유한 상인 안드레아 토레시아니Andrea Torresiani를 설득하여 후원을 이끌어 낸 다음, 그 동업을 확고히 하려고 토레시아니의 딸과 결혼을 했다.

고대 그리스어 문화에 대한 알두스 마누티우스의 열정은 편집증이 있는 사람처럼 보일 정도였다. 알두스는 자신의 집을 그리스어 아카데미로 만들고 그곳에 모이게 한 베네치아의 학자들에게 그리스어로만 말하게 했다. 알두스가 그리스어 글자체를 실험하기 시작한 1490년대 중반에는 그리스어로 출판된 책이 겨우 10여 종류에 불과했다. 알두스는 부자들과 인맥을 만들어 번창했다. 1508년에 에리스무스(1466-1536년)에 따르면, 알두스의 집에는 30여 명의 인쇄인 집단이 있었으며, 대표인 알두스가 그들을 먹여 살리고 있었다고 한다.

구텐베르크와 달리, 알두스는 자신이 만들어 낸 활자를 다른 사람에게 주형을 뜨도록 맡겼지만 모든 인쇄 작업은 계속 직접 감독했다. 그는 라틴어 작품의 인쇄를 점점 늘려가기 시작했고, 그 다음으로 이탈리아어로 된 단테나 페트라르카의 작품으로 확대했다. 알두스의 가장 야심만만한 결과물(1495-1497년)은 그리스어로 된 아리스토텔레스의 4권짜리 전집이었다. 알두스의 늘어나는 출판 목록을 보면, 그가 필사본으로 이미 인정받은 책만을 출판한다는 분명한 좌우명을 지녔다는 사실을 알 수 있었다.

1500년 전까지 베네치아에서는 대략 150여 개의 출판사가 4,000권 이상의 책을 출판했는데, 이는 가장 강한 경쟁자였던 파리보다 배에 이르는 양이었다. 베네치아는 그때까지 유럽에서 인쇄된 모든 책의 7분의 1을 인쇄했으며, 그 수는 베네치아의 인구 1인당 약 20권에 해당하는 정도였다. 15세기 말까지도 불만스러워 한 필경사들은 베네치아를 가리켜 "책으로 이미 꽉 차버린" 도시라고 불평했다.

그러나 인쇄술이 꼭 진보의 요인이라고는 할 수 없었다. 유명한 알두스 출판사 등이 없었다면 그리스어 철학이나 과학이 그 다음 세기에 대유행할 수는 없었을 것이다. 초기 간행본 시대에는 새로운 과학보다는 고대 과학의 인쇄본이 훨씬 많이 확산되었다. 의학에서는 갈레노스의 위력이, 식물학에서는 디오스코리데스의 위력이 새로 인쇄되어 나오는 많은 문헌들로 강화되었다. 알두스는 그리스어 사상을 부활시킨 인물이 되었다.

알두스 출판사의 찬미자였던 에라스뮈스는 어느 시대에서든 통하는 출판인의 신조를 다음과 같이 제시했다.

미덕으로 나라의 영광을 지키거나 드높인 사람들을 찬양하는 노래를 아무리 불러도 그런 행동은 좁은 한계 내에서 세속적인 번영에 영향을 줄 뿐이다. 그러나 쓰러진 학문을 일으켜 세우는(처음으로 창조하는 일보다 더욱 어렵다) 사람은 신성하고 영원한 것을 창조하고 있으며, 한 지방뿐만 아니라 모든 대중과 모든 세대에 기여하고 있다. 한때 이런 일은 대공들의 과업이었으며 프톨레마이오스의 가장 위대한 영광이었다. 하지만 프톨레마이오스의 도서관은 집 안의 좁은 벽 사이에 자리 잡고 있었으나 알두스는 세계 자체가 경계선이 되는 도서관을 세우고 있다.

알두스 출판사의 장서는 현실 세계를 초월하기도 했다. 예컨대 토머스 모어Thomas More의 『유토피아Utopia』에는 투지가 넘치는 항해가 라파엘 히슬로데이Raphael Hythloday가 휴대용 그리스 문학들을 가방 안에 넣어 그리스 문학의 경이로움을 유토피아인들에게 소개하는 내용이 등장했다.

유토피아에 관해서 뿐만 아니라 알두스의 2가지 선구적인 혁신, 즉 '이탤릭체' 활자와 '옥타보octavo(8절판)'는 새로운 독서 습관을 만들어 냈다. 구텐베르크 성서의 흑체(고딕체) 활자가 표준으로 남았더라면 책은 글씨가 꽉 채워지지 못했을 것이다. 흑체 활자는 한 페이지에 읽기 쉬운 글자를 최대한 신기에 적합하지 않았기 때문이다. 1500년경에 알두스는 볼로냐의 프란체스코 그리포Francesco Griffo에게 더 실용적인 서체를 만들어 내도록 주문했다. 프란체스코 그리포의 새로운 서체는 당시에 교황청에서 사용되었으며 인본주의자들이 서로 서신을 보낼 때 사용되고 있던 초서체를 바탕으로 만들어졌다. 낡은 고딕체의 엄숙함이 없어진 좁고 가는 이 글씨체는 로마자 대문자와 잘 어울렸다. 이 새로운 서체로 인쇄된 최초의 책은 1501년에 알두스가 발행한 8절판 베르길리우스 전집이었다. 알두스의 베르길리우스 전집이 이탈리아에 증정되었기 때문에 이 서체를 '이탤릭체'라고 칭했다. 처음에 이탤릭체는 소문자로 된 글자에만 사용되었다가 작은 로마자 대문자에도 사용되었다. 알두스는 이 새로운 이탤릭체를 고대 저자들의 유명한 책을 인쇄하는 표준 서체로 사용했다. 이탤릭체는 매력적이고 읽기 쉬우면서도 한 면에 더욱 많은 글자를 찍어낼 수도 있었다.

이탤릭체 활자의 상업 가치는 1502년에 극적인 효과가 나타났다. 그때 베네치아 의회가 알두스에게 그리스어 출판의 독점권을 인정하면서 또한 (이탤릭체 활자의 개발자인 프란체스코 그리포가 강하게 항의했음에도)라틴어 출판에 이탤릭체 활자를 사용할 독점권을 부여했다. 이 일은 인쇄인이 활자체의 독점권을 추구하는 최초의 사례가 되었다. 그러나 이탤릭체 활자는 이러한 독점권이 시행되기에는 사용에 너무 편리했다. 그리포를 비롯한 많은 인쇄인들은 이탤릭체를 이용한 인쇄를 추진해 나갔고, 마침내 이 활자는 근대 활자 유형의 본보기가 되었다.

알두스의 또 다른 큰 혁신도 자신의 독창적인 발명은 아니었다. 그는 8절판의 더 작고 더 가벼운 휴대용 책을 만들어 냈다. 하지만 알두스 시대 이전에도 필사본이나 인쇄본의 어떤 책들은 성 아우구스티누스나 성 제롬의 유명한 초상화에서 볼 수 있는 학자의 번거로운 두꺼운 책보다 작았다. 이러한 작은 책들은 일반적으로 종교 서적이나 명상록, 또는 교회 예배의 순서 안내서 등이었다. 그때는 기도를 위해 그런 책들만 교회나 수도원, 또는 학자의 서재에서 밖으로 들고 나갈 수 있었던 것으로 보였다. 학문에 심취한 학자 독서가들은 견고한 독서대 위의 2절판으로 된 무거운 책을 탐독했을 것이다.

독서에 대한 알두스의 통찰력은 전혀 달랐다. 알두스는 소형 책을 만들려고 이전의 책에서 숨 막히게 했던 장황한 해설문을 생략했다. 이런 소형 인쇄본을 가리키는 명칭이 된 '옥타보octavo'는 인쇄용 전지를 8등분하여 접어서 만든 서적 판형에서 유래되었다. 현대의 인쇄 용어로 옥타보는 한 페이지의 크기가 약 6×9인치(약 15×23센티미터)인 인쇄물 규격을 의미한다. 알두스가 이런 소형으로 출판한 많은 서적들은 이미 오래전부터 번거로운 '2절판의 책(인쇄용 전지를 반으로 접어 만든 책)'으로 출판되었던 인쇄본들이었다. 그는 학자들의 딱딱한 연구에서 책을 해방시켜 세상 밖의 대중에게 풀어 주었다.

지식 사회에서는 책을 대중화하면 지식의 품격을 떨어뜨린다고 경고했다. 1500년 이전에도 한 까다로운 베네치아의 문인은 사람들이 수로를 따라 둑을 걸어갈 때는 값싼 책을 '가방 속의 고양이'처럼 내민다고 불평했다. 그들은 "많은 것은 나쁜 것을 뜻하고, 책이 많으면 사람들은 공부를 더욱 적게 하며," 타락한 인쇄본이 믿을 만한 옛 필사본을 시장에서 쫓아내고 있다고 했다.

이제는 이탈리아어를 모르는 사람들이
그대에게 툴리어Tullian를 가르칠 것이다.

인쇄술은 법으로 베네치아에서 배척되어야 할 음탕한 행위와 같았다. 1515년에 베네치아 정부는 마르차나 도서관의 새로운 관장에게 도시 안에서 출판된 모든 책을 수정하라는 불가능한 과업을 부여했다. 출판인들의 간기에는 이제 그 책이 가장 정확하게 인쇄되었다는 항의가 제기되었다.

필사본은 종교나 법률 의식과 공동 기억에 도움을 주는 일종의 성스러운 대상물이었다. 판권이란 개념은 아직 알려져 있지 않았으며, 현대에서 의미하는 '저자'도 존재하지 않았다. 성직자가 흔히 책을 저술했거나 필사했을 때에는 저술가나 필경사의 이름을 올리는 데 특별한 문제가 있었다. 각 수도원에서 수도사들은 대대로 동일한 이름을 사용하는 것이 관례였다. 수도사로서 서약을 할 때는 속세에서 알려진 이름을 버리고 최근에 세상을 떠난 수도사들의 이름 하나를 택했다. 그 결과, 프란체스코회 수도원마다 늘 보나벤투라Bonaventura라는 이름이 있었지만 어느 때의 '보나벤투라'였는지를 확인하려면 상당한 조사로 밝혀질 수 있었을 뿐이다.

이미 알고 있듯이, 이런 모든 일 때문에 중세의 잘 알려진 필사본들의 저자 이름이 안타깝게도 모호하게 되었다. 『보나벤투라 설교Sermones Bonaventurae』로 밝혀진 설교집의 필사본은, 역사가 골드슈미트E.P.Goldschmidt가 나열했듯이, 여러 이유 가운데 하나 때문에 그렇게 불렸을 수 있다. 예컨대 유명한 피단차의 성 보나벤투라Saint Bonaventura of Fidanza가 원저자였을까, 아니면 또 다른 보나벤투라로 불리는 저자가 있었을까?, 또는 그런 이름을 가진 필경사가 있었을까, 아니면 그런 이름을 가진 수도원의 어떤 사람이 필경사였을까?, 또는 어떤 보나벤투라가 저술한 책은 아니더라도 그의 설교집이었을까, 아니면 이 책이 한때 수도사 보나벤투라가 소유했거나 보나벤투라로 불리는 수도원이 소유했던 것일까?, 또는 서로 다른 설교자들의 설교집으로 그 첫 번째가 보나벤투라의 설교였을까?, 아니면 단순히 성 보나벤투라를 기념하려고 그의 이름을 붙인 것일까? 등의 여러 의문으로 나열될 수 있었다.

책이 인쇄되자 이런 모호함은 사라지고 현대식 저자가 나타났다. 이미 살펴보았듯이, 필사본은 속표지가 없었다. 처음에는 인쇄본에도 속표지가 없었다. 책 안에 무엇이 있는지를 알려면 페이지를 넘겨보아야 했다. 그리고 책은 여전히 저자를 알리지 않았다. 하지만 곧 인쇄된 책에는 저자의 이름(단순한 '글쓴이'가 아니라), 제목과 주제, 발행인과 인쇄인의 이름, 발행 장소와 발행일 등을 나타내는 페이지가 생겼다. 그때부터 저자는 칭찬이나 비난의 대상이 되고 자신의 저서로 이익도 얻게 되었다. 속표지는 또한 출판의 새로운 상업 시대를 암시했다. 발행인이 거기에 책을 살 수 있는 장소까지 광고했기 때문이다. 최근에 출간되었다는 사실을 보여 주는 발행일은 부수적으로 새로운 상품이 원하는 대로 만들어진다는 의미에도 도움을 주었다.

속표지를 처음으로 만들어 내기 전에도 책의 끝부분에는 눈에 잘 안 띄는 '간기colophon('마지막 손질'이라는 그리스어)'가 있었다. '간기'에는 필경사나 인쇄인의 이름과 함께 책이 만들어진 날짜와 장소가 적혀 있었다. 때로는 알두스의 닻과 돌고래 같은 출판사 상표가 있거나 책의 품질에 관해 양해를 구하는 말이나 자랑이 쓰여 있었다. 이와 대조적으로 속표지는 곧 저자와 작품에 관한 전면 광고가 되었다. 그리고 여기에 삽화를 추가하기는 쉬운 일이었으며, 점점 화려하게 장식이 되면서 바로크 양식의 속표지로 뚜렷이 발전했다.

인쇄된 책의 이런 새로운 특징은 책을 시장에서 표준화하고 개인의 요구에 맞추는 데 중요한 역할을 했다. 또한 책의 대량생산으로 역설적이게도 개별 생산품들 사이에 뚜렷한 차이가 생겼다. 그 어느 때보다도 각각의 '저자'는 개성을 발휘하도록 장려를 받았고 독특한 저작물에 관해 보상을 받을 수 있었다. 독창성으로 명성과 이익을 모두 누릴 수 있게 되었다.

수백만 명의 새로운 독자들에게는 이런 변화가 새로운 다양한 경험과 그 다양성에 대한 더 뚜렷한 정의를 의미했다. 처음으로 지적인 일람표가 적절하게 정보가 붙어 구분되었다. 책은 독자의 특별한 관심에 따라 생산될 수 있었기 때문에 글이라는 상품의 표준화는 또한 독자들의 개성에도 중요한 역할을 했다.

독자들의 편의는 다른 방법으로도 제공되었다. 예컨대 필사본은 번호를 매긴 페이지가 없었다. 필경사들은 독자적인 단어의 축약형을 활용하여 값비싼 송아지 피지를 아끼려고 한 면에 가능한 많은 글자를 써 넣으려는 경쟁을 했다. 코덱스가 두루마리를 대신한 이후에도 '페이지'는 여전히 표준화되지도, 번호가 매겨지지도 못했다. 같은 작품이라도 필사본에서는 같은 구절이 각각 다른 곳에 위치하고 있어서 통일성이 없었다. 이미 살펴보았듯이, 처음에는 인쇄본이 최대한 필사본처럼 보이도록 만들어졌다. 1499년이 되어서야 알두스 출판사에서 비로소 인쇄본에 페이지마다 차례로 번호를 매겼다는 사실을 확인할 수 있다. 활판인쇄가 소개된 후 거의 한 세기가 지난 16세기가 시작되었어도 책에는 대부분 여전히 페이지가 없었고, 있더라도 흔히 번호가 잘못 매겨져 있었다.

알두스 출판사를 본받아 책의 페이지에 번호를 매기는 일은 책 디자인의 표준이 되었다. 그러자 이 사소한 혁신은 책을 대단히 편리하게 하고 넓은 시장에서 주목을 끌게 하는 다른 여러 변화를 가능하게 했다. '목차Table of Contents'라는 표현이 영어로 1481년에 인쇄된 캑스턴의 책에서 처음으로 등장하여, 첫머리나 (유럽 대륙의 독자에게는)끝머리에서 책의 전체 구성을 보여 주었다. 페이지를 매기는 것은 당연히 특정한 구절을 확인하거나 사실과 인용문을 찾는 것을 편리하게 해 주었다.

또한 번호를 매긴 페이지는 다양한 개인적 요구를 충족시킬 수 있도록 책에 색인을 처음으로 생겨나게 했다. 이 간단한 알파벳순의 찾아보기는 실질적으로 인쇄본의 근대적 부산물이며, 개인주의와 대량생산의 눈에 띄지 않는 증거라 할 수 있다. 필사본의 시대에는 이런 노력이 거의 드문 일이었지만 페이지를 매기기 전에 색인은 만들기도 어렵고 사용하기도 불편했다. 1247년에 등장한 색인의 일종인 성서의 용어 색인은 성 카로의 휴고Hugo de St.Caro(또는 성 체르의 휴고)가 500명의 수도사들의 도움으로 편집했다고 전해지고 있었다. 알파벳순의 색인이 들어간 필사본은 14세기 이전에는 없었으며, 색인이 관례적으로 사용되지도 않았다. 인쇄본이 등장하면서 색인이 보편화되었을 뿐이다. 처음에 색인은 책의 첫머리에 등장했고, 때로는 속표지에도 들어갔다. 16세기가 되어서야 인쇄본에 색인을 넣는 일이 흔해졌으며, 때로는 저자가 특별히 언급한 항목뿐만 아니라 관련 주제나 사상도 나열했다. 18세기 말에 이르러 색인의 가치는 널리 인정을 받았고 독자들은 색인을 찾게 되었다.

1878년에 런던에서 창설된 색인협회Index Society는 색인 작성자들에게 전문가 지위를 부여했다. 색인협회의 초대 명예 간사였던 헨리 휘틀리Henry Wheatley가 저술한 『색인이란 무엇인가?What is an Index?』(1878년)는 색인 작성자의 능력을 독자에게 널리 알렸다. 이를테면 "색인은 지루해서는 안 되며, 어떤 경우에는 책에서 가장 흥미로운 부분을 이루기도 한다. 프린Prynne의 『히스토리오-마스틱스Historio-mastix』(1633년)의 색인은 본문과 달리 매우 읽기 쉽다"라고 설명하고 있다. 그런데 '저자의 말이 불리해질 수도 있다'는 사실을 알고 있었던 매콜리Macaulay는 자신의 출판인들에게 "토리Tory가 내 역사에 절대 색인을 넣지 않도록 하기를…" 하고 서신을 보낸 일도 있었다.

화를 잘 내는 토머스 칼라일은 색인이 없는 책을 발행하는 출판인들은 "악마가 쐐기풀로 찌를 수도 없는 지옥에서 10마일(약 16킬로미터)이나 더 떨어진 곳에 추락해야 한다"라고 말했다. 색인의 열렬한 지지자였던 위대한 법 개혁가, 캠벨 남작Lord Campbell(1779-1861년)은 색인을 넣지 않은 책을 출판한 저자에게 벌금을 물어야 하며 저작권법의 이익을 박탈해야 한다고 반농담조의 제안을 하기도 했다. 19세기 초의 모든 독자들 중에서 벤저민 디즈레일리의 아버지, 아이작 디즈레일리Isaac Disraeli는 "나는 인체에 대한 최초의 위대한 해부학자인 히포크라테스가 더 훌륭한지, 책의 신경과 동맥을 최초로 열어 놓은 무명의 문헌 작가가 훌륭한지 모를 정도로… 색인의 발명자를 존경한다"라고 했다.

66

서적의 대중화

중세의 대학교는 크게 늘어나고 있었지만 부속 도서관은 별로 없었고 교수들은 계속 책이 필요했다. 이런 필요성은 교수들이 통제할 수도 없고 신뢰할 수도 없는 떠돌아다니는 책 장수들을 통해서 채워질 수 있었다. 평소에 종이 한 첩마다 일정한 돈을 받고 교과서를 빌려주는 일은 대학을 풍요롭게 하는 귀중한 특권이며 이단 서적의 유통을 막는 일이기도 했다. 1286년에 파리 대학교의 초기 도서 목록에는 138권의 여러 서적들을 대여용으로 지정하고 있었다. 볼로냐든 어디에든 교수들은 모두 대학의 '문구점'에 그들의 강의록을 마련해 두어 필사하거나 대여하거나, 또는 판매할 수 있도록 했다. 그리고 대학에서 그런 책들을 판매하는 사람을 떠돌아다니는 책 장수와 달리, 한자리에 고정되어 있다는 단순한 이유로 '문구점 상인stationer'이라고 불렀다. 책 장수들은 여전히 금서들을 거래했고, 판매가 금지된 영어로 번역한 존 위클리프의 성경을 크게 유통시킨 것도 그들이었다. 그러나 대학의 문구점은 교과서와 문서의 공인된 원천으로 오랫동안 유지해 왔으며, 또한 대출 도서관의 역할도 했다.

이탈리아에서 르네상스 시대의 절정기 이전인 15세기 중반에는 책을 만드는 일(즉 필사하는 일)이 대학가 중심에 위치한 번영하는 세속화된 산업이었다. 부유한 후원자를 위해 고전 필사본을 수집했던 피렌체의 서적상, 베스파시아노 다 비스티치Vespasiano da Bisticci(1421-1498년)는 메디치 가문이 피에솔레 사원Fiesole Abbey에 설립한 도서관에 200권의 책을 필사해 주려고 한꺼번에 45명의 필경사를 고용하기도 했다. 책 출판인들은 책에 삽화를 넣기 위해 이미 목판인쇄를 사용하고 있었다. 얼마 후, 대학에는 부속 도서관이 생기기 시작하더니 그 도서관들은 급속히 성장했다. 14세기 중반의 소르본 대학의 도서관은 거의 2,000권에 이르는 서적들을 소장하고 있었다.

인쇄술로 이전에는 상상할 수도 없었던 수많은 책들이 만들어졌다. 가장 정확한 자료에 따르면, 구텐베르크 이전에 유럽에 존재했던 필사본은 수천 권에 이르렀을 것으로 추측된다. 그때 유럽의 인구수는 1억 미만이었을 것이며, 또한 사람들은 대부분 문맹이었다. 1500년경에는 필사본이 계속 늘어났을 뿐만 아니라 약 1천만 권의 인쇄본이 유통되었을 것이다(이 숫자의 배가 된다고 주장하는 학자들도 있다).

유럽에서 인쇄술이 등장하고 초기 수십 년 동안에는 인쇄할 때마다 책의 발행 부수가 일정하게 늘어나고 있었다. 약 1480년까지는 일부 책의 발행 부수가 겨우 100부였지만 1490년에는 평균 부수가 500부에 이르렀다. 1501년에 시장이 더 체계화되고 책의 가격이 급격히 떨어지자 인쇄술에 관한 역사가들은 더 이상 '활자 인쇄술의 유년기incunabula(1639년에 처음 쓰인 라틴어의 '아기용 포대기' 또는 '요람'이란 말에서 유래한 명칭)'라는 말을 쓰지 않게 되었고, 또한 평균 발행 부수는 근대의 수치와 비슷하게 늘어났다. 알두스 마누티우스가 인쇄한 부수는 흔히 1,000부였다. 다음 세기에는 큰 규모의 발행 부수가 약 2,000부에 이르렀다.

그 후, 인쇄업이 인정받는 사업소가 되면서 인쇄업자들은 독자적인 길드를 조직하고 앞으로 계속 인쇄업을 유지하려고 발행 부수를 제한하려고 했다. 영국에서는 1587년에 성실청 Star Chamber에서 내린 법령으로 몇 가지 예외를 제외하고는 발행 부수를 1,250부로 제한했다. 그즈음에 서적출판업 조합Stationers' Company에서도 문법, 기도서, 법령집, 달력이나 연감 등 일부 항목만 제외하고는 발행 부수를 1,500부로 제안했다. 17세기와 18세기 유럽에서는 성경과 볼테르의 『루이 14세의 시대Age of Louis XIV』나 디드로의 『백과사전Encyclopedia』같은 매우 인기 있는 서적들만 초판이 2,000부를 넘었다.

서적을 제작할 때 중요한 새로운 요소는 출판업자가 각 서적의 구매 수요를 예측할 필요성과 기회였다. 키케로의 또 다른 인쇄본, 법률 논문, 페트라르카의 시집, 에라스뮈스의 작품, 식물지, 여행기, 해부학 교과서 등에 얼마나 많은 구매자들이 있을까? 성경의 지역어 번역본이나, 잠바티스타 델라 포르타Giambattista della Porta의 주술에 관한 책, 또는 갈릴레오의 『태양흑점에 관한 서한Letters on Sunspots』에 돈을 지불할 사람들이 적지 않다는 사실을 누가 확신할 수 있을까? 하나의 책이 인쇄되었다는 사실 자체는 어떤 인쇄업자가 수백 또는 수천 명의 독자들이 그 책의 내용을 공유하기 위해 돈을 지불할 것이라는 가능성 때문에 기꺼이 상당한 돈을 걸었다는 의미였다. 책을 인쇄한다는 행위 자체가 전례 없으면서도 보장 없는 대중 관심의 선언이 되었다. 물론 정부가 다른 방법으로 출판을 허가하거나 통제를 할 수도 있었다. 그러나 인쇄 사업은 억압적인 통치자나 종교재판소의 성직자에게 새로운 위협이었다.

중세 도서관의 전성기에는 책을 매우 소중히 여겼기 때문에 책상 위의 선반이나 수평봉에 매달아 두고 사용했다. 옛 도서관의 상징은 사슬에 매인 책이었다. 이렇게 속박된 수백 권의 책, 즉 '카테나티catenati'라고 불리는 책들은 지금도 헤리퍼드 대성당Hereford Cathedral의 도서관 책꽂이에서 깔끔하게 진열되어 있는 모습을 확인할 수 있다. 책이 사슬에서 해방된 계기는 신문의 힘보다 인쇄술의 엄청난 영향 때문이었다. 책의 수가 점점 늘어나면서 사람들은 중세에 그랬던 것처럼 책을 이제는 더 이상 옆으로 눕히지 않고 대신에 책등을 세워 제목과 저자를 보이게 하면서 책을 서로 바싹 붙여서 배열했다.

1584년에 설립된 마드리드 근처의 에스코리알Escorial 도서관은 옛 수도원의 예배당 같은 격실을 벽을 따라 세운 책장들로 대체하여 독자들에게 많은 책을 제공했다. 도서관 안에 책을 배열하는 것도 하나의 학문이 되었다. 1627년에 마자랭 추기경Cardinal Mazarin의 사서였던 가브리엘 노데Gabriel Naudé(1600~1653년)는 도서관학에 관한 선구적인 논문을 저술했다. 그는 또한 스웨덴의 리슐리외 추기경과 여왕 크리스티나를 위해 일한 적도 있는 인물이었다. 가브리엘 노데가 수집하고 체계화한 4만 권의 서적이 소장된 마자랭 도서관은 그 위대한 개인 수집가가 '그곳에 가서 공부하기를 원하는 모든 사람들'이 그의 책들을 이용할 수 있기를 바라던 대로 설계되었다. 또한 노데의 조언을 따라 지은 새뮤얼 피프스Samuel Pepys의 우아한 도서관은 여전히 케임브리지의 모들린 대학Magdalene College의 학자들에게 이용되고 있다.

서적이 여러 주제로 급속히 증가하면서 철학자들은 학문의 전 분야를 개관하려는 시도를 했다. 독일의 위대한 철학자 라이프니츠는 도서관원으로 독립생활을 했으며, 하노버의 브런즈윅 뤼네부르크 공국Brunswick-Lüneburg의 공작들이 수집한 3,000권의 서적을 배열하는 작업을 도와주었다. 그 후, 라이프니츠는 볼펜뷔텔Wolfenbüttel의 공작 도서관Ducal Library의 서적 3만 권을 체계적으로 정리했으며, 이를 계기로 처음으로 알파벳순의 종합적인 저자 목록을 만들었다. 그는 또한 도서관의 화재 방지를 위해 전시실과 책꽂이들을 방화 기둥 둘레에 설치하려는 계획을 세웠다. 그러나 공작은 그 계획을 반대하고 목조 도서관을 세웠기 때문에 너무 위험하여 화로를 설치할 수가 없어서 겨울에는 결국 학자들이 추위에 떨어야 했다. 라이프니츠는 도서관을 모든 지식의 집합 장소로 여겼으며, 도서관원은 그런 지식을 최신식으로 유지하고 자유롭게 소통시킬 수 있는 관리인이라고 생각했다. 그는 알파벳순으로 책의 정보와 초록을 찾을 수 있는 분류 체계를 확립하여 학자들에게 도움을 주는 선구자가 되었다. 도서관은 그의 백과사전이었다.

라이프니츠는 특권을 지닌 소수를 위한 왕실과 기독교의 수집품 보물고를 모두에게 도움을 주는 공공 도서관으로 변화시키는 계기를 마련했다. 라이프니츠의 이상은 다음 세기에서 이탈리아 망명자였던 앤서니 파니치 경Sir Anthony Panizzi(1797-1879년)의 놀라운 생애를 통해 실현되었다. 열정적인 이탈리아 민족주의자이면서 활력이 넘치는 행동파였던 앤서니 파니치 경은 오스트리아 점령군에 대항하여 음모를 꾸미는 비밀단체에 들어갔기 때문에 모데나 공국Duchy of Modena에 있는 고향 브레셀로Brescello로 강제 추방을 당하고 결석재판에서 사형을 선고 받은 적도 있었다. 이후, 그는 영국으로 망명하여 런던 대학교에서 최초의 이탈리아 문학 교수가 되었다. 앤서니 파니치는 수강하는 학생들이 없어서 그 명예로운 교수직을 포기하고 1831년에 대영 박물관에 자리를 얻었다. 이후 35년 동안, 그는 대영 박물관을 잘 이끌고 활기를 불어넣어 새로운 대중 독자에게 접근할 수 있는 현대 방식의 국립 도서관의 전형으로 만들었다.

토머스 칼라일은 스코틀랜드에서 런던으로 옮겨 갔을 때 이렇게 몹시 애석해했다. "사실을 수집하는 서적과 도서관이 없다니 매우 슬픈 일이다! 왜 모든 지방 도시에는 왕립도서관이 없단 말인가? 군주의 통제를 받는 감옥과 교수대는 빠짐없이 있으면서!" 칼라일이나 그보다 덜 과민한 학자에게도 열악했던 런던의 대영 박물관의 '왕립도서관'에 파니치가 나타나게 되었다. 그 도서관에는 조각상, 화석, 그림, 지도 등이 서적이나 필사본과 뒤섞여 뒤죽박죽이었다. 1823년에 조지 3세의 방대한 개인 서고가 오랜 왕립도서관에 합류되었고 파니치가 그 도서관에서 일하기 시작했을 때는 새로운 건물이 세워지고 있었다. 1837년에 파니치는 대영 박물관의 인쇄 도서 관리인으로 임명되었고, 1856년에는 도서관장이 되었다. 불같은 성질을 지닌 그는 강력한 통제권이 있는 엄격한 평의원들의 비위를 맞추지 않았다.

파니치는 1836년에 대영 박물관의 의회 특별 위원회에 다음과 같이 주장했다. "책에 관해서는 가난한 학생도 이 왕국의 부유한 사람과 마찬가지로, 지식 호기심을 충족시키고, 이성적으로 추구하며, 같은 권위자의 글을 찾아보고, 가장 복잡한 문제를 탐구할 수 있는 같은 수단을 갖기를 바랍니다… 또한 정부는 그런 학생에게 최대한 관대하게 제한 없는 지원을 할 의무가 있습니다." 1849년에도 파니치는 여전히 자신은 '어떤 독자의 외모도 결코 구별하지 않고' 그들 모두를 동등하게 대한다고 자랑했다. 전혀 민주주의 지지자가 아니었던 칼라일은 당연히 자신도 특별한 대우를 받을 자격이 있다고 여겼다. 그는 또한 거의 모든 면에서 그렇듯이, 신체적인 불편에 매우 예민했다. 칼라일은 첼시에 살고 있었기 때문에 파니치의 도서관을 이용하기 위해 블룸즈버리Bloomsbury까지 장거리 여행을 해야 하고, 모든 책은 구내에서 확인해야 하며, 오후 5시에는 문을 닫아야 하는 조건 등을 몹시 싫어했다. 따라서 칼라일은 당연히 파니치의 숙적이 되었다.

그 후, 칼라일은 파니치에 맞서는 계기로 자신만의 도서관 개혁을 이루게 되었다. 1841년에 그는 파니치의 냉정한 평등주의에 대응하여 런던 도서관을 조직했다. 칼라일은 공개 모임을 열어 부자들과 상류층 친구들의 협조를 청했다. 런던 도서관은 1841년에 개관을 하여 500명의 회원이 3,000권의 책을 볼 수 있었으며, 또한 급진적인 외국인 책임자도 없었다. 런던 도서관의 회장은 클래런던의 백작Earl of Clarendon이었고, 후원자는 여왕의 부군이었다. 또한 칼라일은 첫 도서관장으로 고분고분한 스코틀랜드 사람을 내세웠다. 칼라일은 계속 런던 도서관을 지배했고, 이 도서관은 매우 뛰어난 학자 회원 도서관으로 성장했다.

한편 파니치는 전혀 새로운 국립 도서관을 만들고 있었다. 그의 영향으로 사서는 급여가 적은 직원에서 벗어났다. 파니치는 안정된 재직과 보편적인 학문의 분위기에 마음이 끌리는 학자들을 모집했다. 그는 모든 사람이 이용할 수 있는 포괄적인 목록을 제공했고, 납본법the law of legal deposit(새로 발간한 출판물을 본보기로 해당 기관에 제출하는 법)을 시행했으며, 그 법으로 영국의 모든 새로운 출판물을 복사할 수 있는 권한을 대영 박물관에 부여했다. 파니치는 가장 존경하는 후원자들의 충고에도 '중요한' 주제에 관한 '가치 있는' 책만을 수집하여 미래를 내다보려 하지 않았다. 대영 박물관의 웅장한 원형 열람실은 파니치의 구상이었으며, 의회 도서관을 비롯한 다른 여러 도서관에서 유쾌하게 모방하는 본보기가 되었다. 파니치는 독자적인 91개의 도서 목록 규칙을 만들어 알파벳순의 명칭 목록을 완성했으며, 도서관의 모든 소장품이 다 포함되기 전에는 목록을 인쇄하지 못하게 했다. 평의원들이 파니치를 복종시키려고 왕립위원회의 회의를 소집했지만, 1850년 회의의 최종 보고에서는 오히려 파니치를 옹호했다.

칼라일이 기대했던 '모든 지방 도시의' 공립 도서관은 아직 이루어지지 않았다. 파니치는 여전히 사용자에게 열람실에 입장하기 위한 소개장의 제시를 요구했고, 책도 대출되지 않았다. 칼라일과 전혀 다른 성격의 스코틀랜드인이었던 앤드루 카네기Andrew Carnegie(1835-1919년)는 대서양을 횡단하여 미국에 공공 도서관을 널리 퍼지게 했다.

책의 세계에서 앞을 못 보는 사람을 위한 실질적인 발전이 이루어진 시기는 구텐베르크의 인쇄술 발명 이후 300년이 넘어서였다. 앞을 못 보는 사람들은 말로 읽는 인쇄물의 시대에만 살아가야 하는 처지로 보였다. 그러나 프랑스혁명 시대에 프랑스의 서법 교수인 발랑탱 아우이Valentin Haüy(1745-1822년)는 시각 장애인이 손가락으로 읽을 수 있을지 모른다는 단순한 생각을 해냈다. 그는 간단한 이탤릭체의 점자를 고안하여, 1785년에 자신이 파리에 창설한 왕립시각장애인학교의 학생들에게 소개했다. 그러나 발랑탱 아우이는 로마자에 익숙한 시력이 정상인 사람의 관점을 지니고 있었다. 그는 친숙한 로마자를 그대로 양각을 하면 되지 않을까 하고 생각했다.

　시각 장애인들이 글의 세계에서 편리하게 지내려면 읽기와 쓰기에 모두 유용한 체계가 있어야 했다. 앞을 볼 수 있는 사람들을 위한 활판 알파벳을 버릴 정도의 상상력이 있는 사람만이 궁극적인 해결책을 알아낼 수 있었다. 영국인 T. M. 루카스Lucas가 새로운 속기 방식을 모방하여 양각된 발음부호를 고안하고, 이 발음부호로 1837년에 신약성서를 번역해 냈다. 그 후, 당대에 성서의 예언에 관한 유명한 저술가인 제임스 H. 프레어James H.Frere(1779-1866년)가 적은 비용으로 발음부호를 양각하는 방법을 고안해 냈다. 또한 그는 '줄을 되돌아가는' 결정적인 방법, 즉 한 줄은 왼쪽에서 오른쪽으로, 그 다음 줄은 오른쪽에서 왼쪽으로 쓰는 방법을 발명하여 시각 장애인 독자들이 빠르고 정확하게 다음 줄을 읽을 수 있게 했다.

　점자 읽기 문제는 파리에 있는 아우이의 학교 학생이었던 16세의 소년 루이 브라유Louis Braille(1809-1852년)의 독창성으로 마침내 해결되었다. 브라유는 3세 때 아버지의 가죽 가게에서 한쪽 눈을 칼에 찔리는 우연한 사고로 실명했다. 그 영향으로 다른 쪽 눈까지 안염에 걸려 두 눈을 모두 잃고 말았다. 그럼에도 브라유는 뛰어난 첼로 연주자와 오르간 연주자가 되었고, 겨우 10세 때 아우이 학교의 장학생이 되었다. 아우이는 그때 시각 장애인 학생들에게 양각된 로마자를 읽게 하는 데 조금이나마 성공을 거두고 있었다. 브라유가 입학했을 때는 겨우 14권의 책만 아우이의 방법으로 점자화되어 있었으며 거의 사용되지도 않았다. 로마자 점자가 판독하기 어렵다는 사실을 알아낸 브라유는 시각 장애인이 읽기와 쓰기를 모두 할 수 있는 방법을 만들어 내기로 결심했다.

총명한 어린 브라유는 그 실마리를 학교 교실이 아니라 전쟁터에서 병사들이 밤에 불을 켜지 않고 서로 의사를 주고받는 방식에서 찾아내 시각 장애인의 문제를 해결하려 했다. 프랑스의 포병 대위인 샤를 바르비에Charles Barbier가 발명한 '야간 문자night writing'는 작은 요철 같은 12개의 양각된 점들을 사용했다. 바르비에는 이 점들을 다양하게 조합하고 결합시켜 글자와 말의 소리를 나타냈다. 바르비에의 방법에서 약점은 앞을 볼 수 있는 사람은 쉽게 이해할 수 있지만 시각 장애인에게는 매우 불편했으며 또한 쓰기에도 전혀 실용적이지 못한 12개의 점으로 된 '기본 구조'에 있었다. 브라유는 이런 약점을 알고 있었지만 그 가능성에 고취되었다. 그는 12개의 점으로 된 '기본 구조'를 6개로 줄인 다음, 단순한 철필과 쓰기 위한 틀을 고안해 냈다. 1825년에 16세의 브라유가 아우이 학교 교장을 놀라게 한 이 방식은 오늘날에도 시각 장애인들이 계속 사용하고 있는 중요한 체계가 되었다. 브라유의 32페이지로 된 소책자(1829년에 아우이 학교에서 양각된 로마자로 발행)에는 그가 고안한 6개의 점을 조합하는 방식이 알파벳뿐만 아니라 수학이나 음악 기호로도 사용될 수 있음을 알려 주고 있다. 또한 시각 장애인이 이용할 수 있는 브라유가 고안한 철필과 쓰기 위한 틀도 설명되어 있다.

브라유의 방식은 매우 새로웠기 때문에(또한 매우 간단했기 때문에) 바로 채택되지 않았다. 그러나 그 방식은 25년이 채 안 되어 아우이 학교에서 채택되었고, 그 후 1878년에 파리에서 열린 국제회의에서 채택되었으며, 1932년에는 영어권 국가에서 체계화되었다. 1892년에는 일리노이 시각 장애인 학교에서 브라유 타자기가 발명되었다. 그리고 관련된 여러 방식들이 경쟁으로 시도되기도 했다. 1840년에 22세의 나이에 시각 장애인이 된 윌리엄 문William Moon이 인생 후반에 시각 장애인이 된 사람들을 위한 방식을 고안했고, 그 후 윌리엄 문의 체계도 계속 이용되고 있다. 그러나 브라유는 시각 장애인을 위한 구텐베르크였다. 서양의 시각 장애인들은 여전히 이 천재 프랑스 소년이 발명한 인쇄 방법을 따르고 있다. 20세기에는 에디슨이 축음기를 발명할 때 목적으로 삼았던 '말하는 책talking book'이 소리를 기록할 수 있는 기술을 이용해 가능해졌다. 그러나 브라유의 발명을 더 만족스럽게 대체할 수 있는 방법은 발견되지 않았다. 20세기 후반에는 미국 의회 도서관이 시각 장애인과 신체 장애인을 위한 국립 도서 보급 운동으로 여러 종류의 책 3만 권 이상을 발행했으며, 매년 2,000권의 신간 도서를 번역하고 1,000권의 정기 간행물을 발행했는데, 이 모든 과정에 브라유의 방법이 사용되었다.

67

이슬람 세계라는 섬

이슬람교도들은 어떤 타당한 이유로 그들의 세계 정복이 알라신의 또 하나의 기적이라고 여겼다. 그들의 종교와 경전은 인쇄라는 도움이 거의 없어도 세계 곳곳으로 확산되었다. 거룩한 말씀sacred Word의 종교인 이슬람교는 결코 인쇄 서적의 문화가 되지는 않았다. 이슬람교 지도자들이 인쇄술을 받아들이기를 거부한 사실이 또한 현대 아랍어권의 특징을 설명하는 데 도움이 된다.

20세기 후반에는 북아프리카의 대서양 해안에서 동으로 페르시아 만에 이르는 지역까지 아랍어가 1억 2천만 명이 넘는 사람들의 일상어가 되었다. 다섯 번째로 가장 널리 쓰인 지역어인 아랍어는 또한 모든 대륙에 퍼진 4억 이슬람교도들의 성스러운 언어로 남아 있다. 영국, 프랑스, 독일, 스페인, 이탈리아 등의 문학은 말할 것도 없고, 이 나라들의 언어가 존재하기 훨씬 전에 시, 역사, 의학, 천문학, 수학 분야의 영구적인 가치가 있는 작품들과 함께 아랍의 풍부한 세속적인 문학이 있었다. 이미 살펴보았듯이, 현대 인쇄의 필수 조건이었던 종이는 아랍을 거쳐 유럽에 들어왔다. 종이는 유명한 『아라비안나이트Arabian Nights』에 등장하는 칼리프, 하룬 알라시드Harun al-Rashid가 통치하던 793년에 바그다드에서 만들어졌고, 이후 14세기에 아랍의 통치를 받던 스페인을 통해 이탈리아, 프랑스, 독일로 들어왔다.

아랍어는 음소문자(알파벳문자)이기 때문에 가동 활자의 효율성에 적합했으리라 생각되었을 것이다. 어떤 글자는 한 단어의 위치에 따라 다른 형태를 갖추긴 하지만, 아랍어의 글자는 쉽게 옮기어 베낄 수 있는 28자로만 되어 있다. 중국어와 달리, 표의문자의 어려움이 전혀 없었다. 이러한 모든 이점과 문자언어에 대한 엄청난 존경에도 아랍 세계는 인쇄의 기회를 받아들이지 않았다.

고전 아랍어라고 불리게 된 언어가 이미 6세기경에 북부 아라비아반도의 종족들에게 사용되고 있었고, 이때 벌써 매우 감동적인 긴 시들이 만들어졌다. 그때까지 아랍어의 특유의 장점인 운과 유사음의 능력, 베두인 Bedouin 언어의 능변, 독특한 운율과 박자, 시적 관례 등이 이미 나타났다. 미개한 부족 추장들은 시인의 후원자가 되어야 했고, 유명한 시인들에게는 '시를 암송하는' 제자들이 사막을 따라다녔으며, 이 제자들은 차례대로 자립하는 시인이 되었다. 코란은 전례가 없을 정도로 아랍어를 완전히 압도했다. 무함마드(570-632년)가 메카와 메디나에서 살았던 시기에 단편적으로 받은 계시가 무함마드의 서기가 수집한 내용을 바탕으로 우스만Uthman 칼리프의 통치 기간이었던 652년에 코란으로 확정되었다. 이 코란을 확립하려고 우스만은 다른 모든 경전을 없애 버렸다.

그때부터 '고전' 아랍어는 신의 언어가 되었다. 널리 쓰이고 있는 언어가 단 하나의 책으로 그렇게 큰 영향을 받은 일은 없었다. 엄격한 이슬람의 교리에 따르면, 코란이 신의 말씀으로 예언자 무함마드에게 계시되었어도 신을 통해 '창조된' 경전은 아니었다. 그 세속적인 경전은 하늘에 있는 '창조되지 않은' 영원한 원천을 재현한 것이라고 여겨졌고, 따라서 신성과 영원성에서 특별하다고 사람들은 믿고 있었다. 전설에 따르면, 알렉산드리아를 정복한 아므르 이븐 알아스Amr ibn al-As(663년 사망)는 642년에 알렉산드리아에 입성했을 때, 칼리프 우마르Omar(581-644년경)에게 알렉산드리아 도서관의 모든 책을 어떻게 해야 할지를 물었다고 한다. 그러자 칼리프는 이렇게 대답했다고 한다. "그 안에 쓰인 내용들이 신의 책과 일치한다면 그 책들은 필요가 없고, 일치하지 않는다면 바람직하지 않다. 따라서 그 책들을 없애 버려라." 이런 성스러운 충고에도 그 정복자는 도서관을 불태우지는 않았던 것으로 보인다.

아랍어는 코란에 확립되어 있었다. 무함마드는 "사람들은 3가지 이유로 아랍을 사랑한다. 내가 아랍인이고, 코란이 아랍어로 되어 있으며, 또한 낙원에 사는 사람들의 언어가 아랍어이기 때문이다"라고 말했다. 아랍어는 단순히 종교의 수단이 아니라 아담에게 전해져 처음으로 흙 위에 쓰인 인류 최초의 언어였다. 아랍어는 서서히 발전된 문자가 아니었다. 지역의 서민들이 어떤 언어를 사용하든 신에게 올리는 기도는 어디에서나 신의 언어인 아랍어를 사용해야 한다. 그래서 세계 곳곳의 이슬람교도들은 매일 5번씩 되풀이하는 기도에 아랍어를 사용한다. 아이가 태어나면 이슬람교의 신조(물론 아랍어로 "알라 이외에 어떤 신도 존재하지 않으며, 무함마드는 알라의 사도다La ilah illa allah; Muhammad rasul allah")를 귀에 속삭여 준다. 이 신조가 이슬람 세계에서 아이가 처음으로 배우는 말이면서 죽음을 앞둔 사람이 마지막으로 해야 하는 말이다.

따라서 코란의 문체를 모방하면 신성모독이 되는 것은 놀랄 일이 아니다. 코란은 번역할 수 없다는 것이 이슬람의 원칙이므로 번역을 시도하는 것이 금지되어 있다. 코란의 '번역'을 이슬람 신도가 한다면 일종의 해석이나 의역만 할 수 있다. 그래서 무함마드 마르마두크 피크탈Mohammed Marmaduke Pickthall은 자신이 번역한 코란의 영역본을 『영광스러운 코란의 의미The Meaning of the Glorious Koran』라는 제목을 붙였다.

또한 무함마드는 "내 공동체의 최고의 예배 행위는 코란을 암송하는 일이다. 너희 중에 가장 훌륭한 사람은 코란을 배우고 가르치는 자이다. 신의 백성과 신이 좋아하는 사람은 코란의 사람들이다"라고 말했다. 아랍어 문법이나 사전학은 종교 예배라는 측면으로, 즉 코란을 더 잘 이해하고 코란의 아랍어 어법을 모방하는 기술로 성장했다. 코란의 언어가 항상 적절한 아랍어의 문법과 구문, 그리고 어휘까지도 결정했다. 이슬람교도들은 일상 언어에서도 코란에서 전형적으로 보여 주는 언어 법칙을 따라야 했다. 이슬람 세계에서는 신학자들이 문헌학자들이었다.

이슬람 세계는 지금도 시대에 뒤진 기억술의 제국으로 남아 있다. 그 기억술은 인쇄가 도래하기 이전 어디에나 있었던 기억력의 유물이며 추억이다. 코란의 구절을 암송하는 일이 첫 번째의 성스러운 의무였기 때문에 착한 이슬람교도 아이라면 코란 전체를 완벽하게 암송해야 한다. 무함마드는 처음으로 코란을 말했을 때 이 의무를 다음과 같이 극적으로 표현했다. "코란의 각각의 구절은 하늘로 오르는 계단이며 너희 집 안을 밝히는 불빛과 같다." 모음은 일반적으로 글로 나타내지 않기 때문에 글로 나타내는 자음으로는 적절한 의미를 명확히 구분하기가 힘들다. 그러나 말로 할 때는 뜻이 분명할 수 있다. 따라서 기억과 암송이 순수한 코란 경전을 보존해 왔던 것이다. 어떤 학자들은 오늘날 흔히 쓰는 코란이 오히려 신약성서의 여러 번역본들보다 중요한 변화가 적다고 한다.

코란뿐만 아니라 아랍어 자체도 성스러운 수단이 되었다. 수학, 점성술, 천문학에 관한 이슬람 고전의 권위자였던 페르시아의 역사가 알비루니Al-Biruni(1050?년 사망)는 아랍어가 아닌 글자를 나라에 귀속하려는 모든 노력이 실패한 사실을 매우 기뻐했다. "예배하라는 요청이 하루에 5번씩 귀에 울리고 이맘Imam(이슬람교에서 예배를 관장하는 성직자)의 뒤에 1줄로 늘어선 숭배자들 중에서 분명한 아랍어 코란을 외우는 소리가 계속되는 한" 그러한 일은 결코 성공할 수 없을 것이다.

> 우리의 종교와 제국은 아랍이며 쌍둥이다…. 세계의 모든 나라에서 온 학문들이 아랍어로 번역되어 아름답게 꾸며지고 흥미를 갖게 되었다. 그리고 각각의 사람들은 일상에서 사용하는 말에 익숙해져 자신들의 언어가 아름답다고 생각하겠지만 아랍어의 아름다움은 아랍인들의 핏줄 속에 스며들어 있다…. 나는 페르시아어로 칭찬을 듣는 것보다 차라리 아랍어로 욕을 먹는 것이 낫다.

이슬람 사람들은 자신들의 신성한 언어를 위해 높은 대가를 치렀다. 아랍어를 사용하는 세계에서도 이슬람교도들은 2개의 언어로 된 공동체로 살아 왔다. '고전 아랍어'는 아랍 세계의 유일한 문어체로서 코란으로 엄격히 통제된 공식 문자언어가 되었다. 현대의 구어체 아랍어는 동쪽과 서쪽과 남쪽의 방언 집단으로 각각 나뉘어져 나갔다.

지금도, 하늘의 선물로 여겨진 고전 아랍어는 교리에 관한 순수성을 간직하고 있다. 현대 동방학자들은 히브리어, 그리스어, 고대 시리아어, 아람어Aramaic 등에서 비롯된 차용어(예컨대 복음, 율법, 악마, 신앙, 기도 등에 관한 단어들)가 있다는 사실을 알아내고 있지만 코란의 용어는 대부분 아랍어가 근원이다. 이슬람교의 신조에는 코란에 '외래어'가 없다고 주장한다. 9세기의 한 저명한 이슬람 철학자는 "코란 속에 아랍어 이외의 말이 있다고 주장하는 사람은 누구든 신에 대한 중죄를 범하고 있다"라고 공언했다. 이슬람교도에 따르면, 외래어와 유사한 점이 있다면 이는 순전히 우연의 일치일 뿐이라고 한다. 코란을 암송하는 아이들에게는 그 소리를 경외하고 각 단어가 일상에서 무엇을 의미하는지를 생각하지 않도록 가르친다. 메카를 향한 순례처럼 아랍어 코란은 수백 개의 서로 다른 언어를 사용하는 문맹자들 사이에서 언어를 뛰어넘는 유대의 역할을 해 왔다.

아랍어로 계시된 코란이 다른 어떤 언어로도 적절하게 '번역'될 수 없었던 것처럼, 이슬람교도들은 무함마드의 제자들이 사용했던, 손으로 쓴 원본만 자손에게 물려주어야 한다고 믿었다. 이미 살펴보았듯이, 중국인뿐만 아니라 뒤이어 한국이나 일본인들은 그들의 경전을 인쇄술의 힘을 빌려 열성적으로 다시 만들어 냈다. 서양에서도 인쇄술은 재빨리 유럽 전체에 걸쳐 문학과 학문을 전달하는 수단이 되었다. 기독교의 종교개혁에는 인쇄된 책들이 충분히 이용되었다. 그러나 이슬람 세계에는 공동체가 커지고 늘어났어도 그런 일은 일어나지 않았다. 이슬람 세계에서 가장 강력한 개혁파였던 시아파 이슬람교Shi'ism가 16세기에 확장하여 이란과 이라크의 공식적인 신앙이 되었고, 다른 지역에도 수백만 명의 지지자가 생겼지만 그들도 모두 인쇄술을 받아들이지는 않았다. 이슬람교의 정통파인 수니파Sunnite Islam에서도 코란이나 다른 이슬람 서적에 관해 이맘들은 인쇄술의 사용을 완전히 금지했다. 모든 학문이 코란의 해석에 불과했기 때문에 신성모독과 이단에 대한 두려움으로 수 세기 동안 이슬람 세계에서는 인쇄술을 도입하지 않았다.

아랍어로 된 코란이 이슬람 세계보다 유럽에서 훨씬 이전에 인쇄되었다는 사실은 놀라운 일이 아니다. 그 코란은 구텐베르크 성서 이후 한 세기도 지나지 않은 1530년에 베네치아에서 인쇄되었다. 이 일은 악마를 알아야만 그에 맞서 싸울 수 있다고 생각한 사람들의 큰 성과였다. 클뤼니Cluny의 대수도원장인 시성 피터Peter the Venerable(1092?-1156년)가 톨레도Toledo를 12세기 초에 방문했을 때 이슬람을 공격하는 지식의 무기를 준비하고 있었다. 1143년에 피터의 첫 무기인 코란의 번역판이 케튼의 로버트Robert of Ketton라는 영국인에게서 나왔다.

1541년에 바젤의 진취적인 인쇄인이었던 요하네스 오포리누스Johannes Oporinus(1507-1568년)가 케튼의 로버트가 라틴어로 옮긴 코란의 번역본을 활자로 조판하기 시작했다. 이에 바젤시 의회는 베네치아에서 인쇄된 이 번역본을 불태우라고 명령했던 교황의 지시를 따르며 반대했다. 교황에 반대한 루터는 코란을 아는 문제는 "그리스도에 영광을 돌리고 기독교에 가장 좋은 일이 되지만 이슬람은 불리하게 되고 악마에 고통을 주는" 일이 될 것이라고 주장했다. 바젤에서 인쇄된 코란의 번역본은 1542년에 루터와 멜란히톤Melanchthon의 서문과 함께 등장했다. 서양 기독교 세계에서 코란에 대한 흥미는 수 세기가 지나면서 점점 커졌다. 아랍어 코란이 아니라 프랑스어 코란에서 번역된 최초의 영역판 코란이 비교 종교학을 공부하던 스코틀랜드의 성직자 알렉산더 로스Alexander Ross(1591-1654년)를 통해 완성되었다. 이탈리아의 성직자 루도비치 마라치Ludovici Marracci는 40년 동안의 연구 끝에 1698년에 코란의 새로운 라틴어 번역서를 만들어 냈다. 1734년에는 법률가인 조지 세일George Sale (1697?-1736년)이 아랍어에서 번역한 코란의 전형적인 영역판이 유용한 서문과 함께 지금까지 널리 읽혀지고 있다. 19세기에는 유럽의 언어로 된 코란의 다른 번역서들이 등장하고 코란에 관한 많은 연구가 이루어졌다. 코란의 인쇄본은 영어권 세계의 곳곳으로 퍼져 나갔다. 조지 버나드 쇼George Bernard Shaw의 제안으로 코란의 인쇄본은 대중에 널리 보급되는 에브리맨Everyman 문고본에 포함되어 '베스트셀러'가 되었다.

한편 이슬람 세계는 다른 사람들을 위한 인쇄술의 뚜렷한 이점을 확인했으면서도, 그들 자신의 목적을 위해서는 인쇄술을 멀리했다. 몽골 제국의 지배를 받던 페르시아의 수상 라시드 아드딘Rashīd ad-Dīn (1247-1318년)은 자신이 저술한 세계사 백과사전에서 중국의 서예가들이 학자들의 감독을 받아 관청에서 보관하고 있는 중요한 서적의 수정본을 목판에 얼마나 능숙하게 새겼는지를 설명하고 있다. "누구든 이 책의 복사를 원할 때는 위원회에 가서 정부가 정한 사용료를 지불한다. 그러면 관리가 이 책의 활판을 가지고 나와 금화를 찍어낼 때 쓰는 금형처럼 그 활판을 종이에 눌러 그 종이를 준다. 따라서 책의 어느 부분도 추가되거나 빠지지 않고 확실한 신뢰를 가질 수 있으며, 그렇게 하여 역사의 전달도 잘 이루어 낼 수 있게 된다." 이런 '요구에 따른' 인쇄에 대한 예언적인 묘사는 동아시아 밖에서는 중국의 인쇄 서적에 대한 최초의 설명인 듯 보인다. 놀랍게도 라시드 아드딘은 자신의 저작물을 인쇄할 생각은 전혀 하지 않았다. 대신에, 그는 매년 자신의 전집을 아랍어와 페르시아어로 복사하도록 필경사에게 자금을 남겨 두어 그 완성된 사본을 이슬람의 큰 도시마다 사원 안에 1질씩 보관하도록 유언을 남겼다.

다른 곳의 이슬람 공동체에서도 라시드 아드딘과 마찬가지로 인쇄술을 받아들이지 않았다. 그러나 터키 제국에서는 옛날부터 이슬람교가 아닌 공동체에서 터키어나 아랍어로 출판하지 않는 한 인쇄를 허용했다. 1494년에는 이민한 세파르디 유대인들Sephardic Jews이 모세 5경을 해설과 함께 인쇄한 적이 있었다. 아르메니아인들은 1568년에 그들의 경전을 인쇄했고, 그리스인들은 1627년에 유대인을 공격하는 소책자를 인쇄한 적이 있었다. 16세기 말에는 술탄 무라트 3세Murad III(1546-1595년)가 외국인들이 해외에서 서적을 들여와 교역하는 것을 허용했다. 이러한 방법으로 도시에 사는 터키인들은 구텐베르크의 인쇄술 발명 이후 한 세기 내에 인쇄본에 익숙해졌다. 18세기 초에 이르자 터키 제국에는 여러 도서관들이 설립되었고 희귀본을 국외로 내보내는 일이 금지되었다.

최초의 터키 인쇄소가 세워진 계기는 이슬람 세계에서 최초의 인쇄가 이슬람 사람이 아닌 헝가리 출신의 이브라힘 뮈테페리카Ibrahim Müteferrika(1670-1745년경)의 선구적 역할 때문이었다. 트란실바니아Transylvania의 20세 학생이었던 뮈테페리카는 터키인들이 동유럽을 침입했을 때 포로로 잡혀 노예가 되었다. 터키에서 잔혹한 주인을 만난 그는 노예 신분을 벗어나려고 이슬람교로 개종했다. 뮈테페리카는 재빨리 터키의 문예에 익숙해졌고 외교관이 되어 동부 유럽과 우크라이나 대공들의 대사로 임명되었다. 과학에 흥미가 있었던 그는 인쇄가 진보의 길을 열어 줄 영향력을 깨닫고 1719년에 마르마라해Sea of Marmara의 지도를 인쇄하려고 목판을 만들어 냈다.

뮈테페리카는 인쇄소를 세우려고 8년 동안 술탄의 허가를 받아 내려고 노력했다. 그는 『인쇄하는 방법 The Means of Printing』(1726년)이라는 자신의 논문에서 몽골의 침략기와 스페인에서 무어인을 추방하는 시기에 코란을 비롯한 여러 이슬람교 서적이 많이 파괴된 사실을 통탄했다. 이제 값싼 인쇄 서적은 진본을 보존하면서 진정한 신앙을 전파할 수가 있었다. 이슬람 세계는 이슬람 서적의 출판을 독점한 유럽인들에게서 구원을 받았다. 터키인들이 모든 이슬람 세계를 위한 지식의 투사가 된 것이다.

마침내 1727년에 뮈테페리카는 왕의 칙령으로 책을 인쇄할 수 있는 승인을 받았다. 필경사들은 물론 항의를 했다. 그들은 잉크병, 갈대 펜, 펜 깎는 기구 등을 관에 넣고 목적지인 인쇄소로 시위 행진했다. 그러나 이슬람의 법률 해석관은 "문자와 글의 주형을 만들어 많은 사본으로 다시 만들어 내기 위해 종이에 인쇄되어질 수 있도록" 필요한 종교 허가증을 발행했을 때, 코란 자체와 코란의 주해서, 신학 서적, 예언서, 법률 서적 등의 인쇄는 분명히 금지시켰다. 1727년에 이스탄불에 세워진 이브라힘 뮈테페리카의 인쇄소는 이슬람 세계에서 최초였다. 그는 유대인을 인쇄 책임자로 고용했을 뿐만 아니라, 책을 인쇄하는 4개의 인쇄기와 지도를 인쇄하는 2개의 인쇄기를 다룰 15명의 인쇄공도 고용했다. 라틴 활자의 주형은 유럽에서 수입되었다. 그의 인쇄소는 18년의 짧은 기간 동안에 시작이 매우 좋았다. 이곳에서 역사, 지리학, 천문학, 물리학, 수학 등의 저작물, 라틴어, 프랑스어, 아랍어, 페르시아어 등의 번역본, 아랍어-터키어나 페르시아어-터키어 사전, 해양 역사, 자력에 관한 책 등 대략 17종의 책 12,500권이 만들어졌다. 터키에서 최초로 삽화가 들어간 인쇄본은 '새로 발견된' 아메리카에 관한 1583년의 필사본을 인쇄한 서적이었다. 이런 인쇄 서적들 중에는 수 세기 이후의 최고와 견줄 만한 유려한 나스히naskhi 활자의 아름다움을 보여 주는 경우도 있었다. 이브라힘의 인쇄는 뒤늦게 망원경과 현미경 발명의 소식도 이슬람 공동체에 전해 주었다. 서양 서적의 수많은 번역판을 인쇄하지 못한 채 이브라힘의 인쇄소는 1745년에 이브라힘의 죽음으로 중단되었다.

수십 년이 지난 후, 터키에서는 다시 책이 인쇄되었다. 19세기 중반에 교육을 종교에서 분리하는 것을 목표로 하는 서구화 개혁 운동(1839-1876년)이 일어나서야 비로소 인쇄된 책은 다시 터키인의 생활에 영향력을 미쳤다. 마침내 1874년에 터키 정부는 코란의 인쇄를 허가했지만 아랍어로만 인쇄하도록 허용했다.

그러나 다른 이슬람 세계에서는 계속 인쇄술에 반발하고 인쇄물을 의심하고 있었다. 이슬람교도들은 아랍문자가 이슬람 사회의 터키어를 비롯한 여러 언어를 인쇄하기에 어려움이 있는 등의 여러 설명을 제시했다. 또한 이슬람교도가 아닌 사람들에게는 대수롭지 않게 보이지만, 이슬람교도들은 인쇄판을 청소하는 솔에 돼지털을 사용하는 것이 알라의 이름에 해가 될 수 있다는 두려움에 시달렸다.

이슬람 세계에서는 이집트의 인쇄 역사도 거의 차이가 없다. 나폴레옹이 1798년에 이집트에 도착했을 때는 인쇄소도, 신문도 아직 없었다. 이집트의 도시에서는 이슬람 사원의 첨탑에서 기도 시간을 큰 소리로 알리는 무에진muezzin이 소식도 알렸다. 나일강 주변에는 나일강의 범람을 알리면서 동시에 특별한 소식도 알리는 사람들이 특별히 배치되었다. 이탈리아를 거치면서 정복 활동을 펼치던 나폴레옹은 바티칸의 인쇄기를 탈

취하여 이집트로 가져갔다. 또한 그는 프랑스 출신의 인쇄공 18명과 함께 이탈리아 출신의 조판공 3명과 인쇄공 3명도 데려갔다. 그리고 나폴레옹은 직접 '배의 인쇄소Imprimerie Navale'라 이름 붙인 인쇄소를 사령선 위에 설치하게 했다. 바다에 정박시킨 배의 인쇄소는 나폴레옹의 군사 명령뿐만 아니라 함께 데려온 몰타섬의 죄수들을 시켜 적에게 배부할 선언문의 아랍어 번역본을 인쇄했다.

나폴레옹은 알렉산드리아에 있는 베네치아 부영사의 관저에 인쇄소를 세웠다. '프랑스 동양 인쇄소Imprimerie Orientale et Française'로 다시 이름 붙인 인쇄소는 하루 만에 나폴레옹의 아랍어 선언문을 400부 이상 인쇄했다. 카이로 지역에 배부될 1,000부 이상의 인쇄된 소책자에는 이슬람 지도자들이 나폴레옹의 호의를 입증하는 진술, 이슬람에 대한 나폴레옹의 존중, 메카순례hajj에서 귀환하는 모든 이슬람교도들을 보호할 의도 등의 내용이 실려 있었다. 또한 프랑스 군인에게는 문어체 활용을 포함한 아랍어 문법책을 주었다. 나폴레옹은 직접 이 인쇄소에 세심한 주의를 기울였다. 한 옛 친구가 군대를 따라 개인의 인쇄기를 알렉산드리아로 가져왔지만 품질이 만족스럽지 못했기 때문에 나폴레옹은 인쇄기를 없애고 그 주인을 화형에 처하고는, 인쇄소를 카이로로 옮겼다. 카이로를 작전 본부로 선택한 나폴레옹은 사령선의 인쇄소를 나일강을 거슬러 올라 본부로 옮겨 오게 했다. 이 인쇄소는 맹렬한 공격 목표가 되었지만 여전히 나폴레옹은 인쇄소를 가까이 두고 개선하기 위한 세부적인 명령을 내렸다. 그는 격분한 무리들에게서 인쇄소를 지키려고 이리저리 이동시켜야 했다.

이집트를 점령한 겨우 3년 동안, 나폴레옹은 인쇄물의 도움으로 이집트 학문의 새로운 시대를 열었다. 그의 인쇄소에서는 행정 보고서와 잡다

한 정보가 물밀듯 쏟아져 나왔다. 이슬람 세계에서는 최초의 일간지였던 『이집트에서의 10일간Décade Egyptienne』은 유럽에서 온 소식, 책과 연주회의 비평, 광고와 시, 이집트의 풍습과 명절에 관한 글, 연간 나일강의 범람에 관한 글 등을 프랑스어로 발행했다. 나폴레옹은 유사한 아랍어 간행물도 만들 계획이 있었다.

나폴레옹은 자신의 일간지를 처음 발행하기 전에 유럽 아카데미의 지역판인 이집트학회Institut d'Egypte를 설립했는데, 이 학회가 놀라울 정도로 결실을 맺는 역할을 했다. 이집트의 과학자 공동체를 창설하려고 나폴레옹은 오랜 친구이자 수학자인 가스파르 몽주Gaspard Monge(1746-1818년)를 데리고 갔다. 가스파르 몽주는 떠돌아다니는 칼갈이의 아들로 태어났지만 메지에르Mézières에 있는 구체제의 귀족 군사 학교에 입학할 수 있었다. 그러나 그는 천한 출신이었던 탓에 책임 있는 지위가 주어지지 않았다. 몽주는 제도공으로 남게 되었지만 여가 시간에 도형 기하학을 발명했는데, 이것이 현대 기계 제도의 기초가 되었다. 혁명이 일어나고 천한 출신이 오히려 자산이 되자 몽주는 미터법을 고안하는 위원회의 위원으로 임명되었고, 그 후에는 해군 장관이 되었으며, 1792년에는 식민지의 장관이 되었다. 1796년에 나폴레옹은 몽주를 이탈리아로 보내어 군사 작전에 사용할 자금을 위해 예술품을 압수하여 판매하도록 지시했다. 2년 후, 이집트 정복에 착수한 나폴레옹은 어떤 찬미자가 설명했듯이, 이번에는 "불행한 사람들에게 도움의 손길을 내밀고, 수 세기 동안 신음하던 잔인한 굴레에서 해방시키며, 그들에게 지체 없이 유럽 문명의 모든 혜택을 부여하기 위해" 또다시 몽주를 끌어들였다.

1798년 8월 21일에 이집트학회가 설립되면서 몽주는 원장에, 그리고 나폴레옹은 부원장에 임명되었다. 그 학회는 프랑스와 이집트의 도량형 비교, 포도원과 대추야자에 관한 연구, 지하수의 이동과 관개에 관한 조사 등을 실시했을 뿐만 아니라, 이집트의 수로, 고대 기념비와 비문, 고대 도시의 유적 등에 관한 연구도 실시했다. 이 학회는 지중해와 홍해를 연결한 것으로 추정되는 고대 수로를 조사했으며, 이 조사가 나폴레옹에게 수에즈 운하의 가능성을 불러일으켰다.

165명의 학회 회원 중에는 흑사병의 치료를 연구하는 의사, 식물원과 자연사 박물관에 열정을 쏟는 식물 학자나 곤충 학자와 조류 학자 등이 포함되어 있었다. 이 모든 요소가 멋진 삽화를 넣은 획기적인 『이집트의 묘사Description d'Egypte』라는 책을 만들어 내는 데 도움을 주었다. 학회의 모임과 도서관은 대중에게도 공개되었다. 나폴레옹은 직접 학회에 이런 질문을 던지기도 했다. 예컨대 빵을 굽기 위해 이집트의 오븐을 어떻게 개량할 수 있을까?, 홉 이외의 원료로 이집트 맥주를 만들 수는 없을까?, 나일강의 물을 정화시킬 수는 없을까?, 이집트의 법률제도는 개혁이 필요할까?, 그리고 마지막으로, 이집트 사람들은 무엇이 가장 필요할까? 등이 있었다.

나폴레옹은 이집트를 떠날 수밖에 없었을 때 인쇄소들도 철수시켰다. 이집트에서 인쇄소가 없어지자 대중 교육에 엄청난 걸림돌이 생겼다. 19세기에 들어와서도 교과서는 필사본만 사용할 수 있었다. 나폴레옹이 철수한 후, 1811년에 이집트의 다음 통치자인 무함마드 알리Muhammad Ali(1769-1849년)가 권력을 강화했다. 그는 비록 40세가 될 때까지 읽고 쓰기를 배우지 못했지만 해외로 사절을 보내어 서양의 교육법이나 서양 서적의 번역과 인쇄술의 습득을 위해 노력했다. 1820년에 무함마드 알리는 인쇄기를 들여오고, 이탈리아에서 활자와 종이를 확보하고, 숙련된 인쇄공을 구하여 카이로 교외의 불라크Bulaq에 정부 인쇄소를 설립했다. 1822년에는 그가 만든 첫 책인 이탈리아어-아랍어 사전이 발행되었으며, 그후 군사 학교, 의과대학, 음악 학교를 위한 서적을 인쇄했다. 무함마드 알리의 많은 개혁 가운데 인쇄가 가장 강력하고 가장 지속적인 일이었다.

수십 년이 지나서야 무함마드 알리와 그의 후계자들은 인쇄에 대한 이슬람의 두려움을 극복할 수 있었다. 무함마드 알리가 1833년에 코란을 인쇄했지만 1849년에 세상을 떠나자 이슬람교 율법학자mullah(물라)들은 그의 후계자인 아바스 파샤Abbas Pasha를 설득시켜 모든 인쇄본을 한곳에 모아넣고 사용을 금지하게 했다. 이후 사이드 파샤Said Pasha(1822-1863년)의 통치 시기가 되어서야 그 인쇄본들은 유통되었다. 최초의 공식적인 코란 인쇄본은 1925년에 이집트 정부를 통해 마침내 출판되었다. 그러나 이 코란 인쇄본과 20세기 후반에 출판된 다른 이슬람 국가의 코란도 일반적으로 가동 활자로 만들어지지 않았다. 대신에 그 인쇄본들은 목판이나 석판 인쇄로 만들어졌는데, 보기에는 손으로 쓴 필사본과 같았다. 최근에 파키스탄어판 코란이 가동 활자를 사용하여 영어로 인쇄되었지만 편집자는 조심스럽게 이렇게 설명했다. 그 아랍어 경전은 "피르 압둘하미드Pir 'Abdul Hamid의 펜으로 쓴 서체를 나타내는 선명한 인쇄판에서 인쇄되었다. 나는 피르 압둘하미드를 만난 적이 있었는데, 그는 내 요구를 들어주어 대담한 필체를 보여 주었다."

68

하나의 세계 문학 공동체를 향해

때로는 창의력과 박애 정신이 있는 사람들이 하나의 세계 언어를 만들어 내려고 노력했지만 어떤 사람이나 정부도 세계는커녕 한 나라의 언어를 만들어 내는 일에 성공한 적이 없었다. 그나마 가장 성공한 언어는 1887년에 폴란드의 안과 의사인 루도비코 자멘호프 박사_{Dr. Ludwik Zamenhof}가 창안한 에스페란토_{Esperanto}이다. 자멘호프 박사는 세계 곳곳에 있는 모든 사람들을 위한 단순하고 논리적인 제2언어를 목표로 하여 에스페란토를 쉽게 배울 수 있고 문법과 발음이 규칙을 이루도록 만들려고 노력했다. 에스페란토가 발명되고 거의 한 세기가 지난 후, 이 가장 매력적인 조립식 언어를 사용하는 사람은 83개국에 걸쳐 약 10만 명에 이르렀다. 그러나 에스페란토도 어휘들이 유럽 언어, 특히 로맨스어에서 대부분 비롯되었기 때문에 완전히 창작된 언어가 아니었다. 인위적인 국제어의 이런 미미한 성공은 언어의 신비와 변덕스러움만 증명해 주고 있을 뿐이다.

세상에서 살아남거나 사라진 언어는 약 4,000개에 이른다. 구어와 문어와 인쇄된 말의 세계 공동체는 번역 기술로 달성되어야 할 일이다. 그리고 그 번역 기술이 누구든 자신의 지역어를 이용해 세계 문학을 발견할 수 있게 했다.

문자 사용 이전의 공동체나 오늘날에도 언어가 서로 다른 공동체에 속한 사람들은 몸짓, 얼굴 표정, 목소리의 억양 등으로 서로 이해한다. 또한 직접 언어를 배우는 길 외에는 살아 있는 통역인을 대신할 만족스러운 수단이 전혀 없다. 이미 살펴보았듯이, 콜럼버스는 첫 항해를 시작했을 때 아랍어를 할 줄 아는 사람을 함께 데려갔고, 따라서 중국 황제와 의사소통을 할 수 있으리라 희망했다.

수 세기 동안 필사본의 세계에서는 번역 기술이 독자들에게 언어의 장벽을 넘는 데 도움을 주었다. 성 제롬(340?-420년)이 히브리와 그리스어 성서를 라틴어의 불가타 성서로 번역한 것은 기독교 세계를 배우는 좋은 기회였다. 플라톤, 아리스토텔레스, 갈레노스, 디오스코리데스, 프톨레마이오스 사상의 번역을 비롯해, 수학, 천문학, 의학에 관한 아랍 서적의 번역이 서구 사상의 바탕이 되었다.

인쇄된 책이 나오면서 박식한 독자들은 옛 시대와 장소의 문헌을 폭넓게 이용할 수 있게 되었다. 15세기 말 이전에는 적어도 20개의 아랍어 저작물이 라틴어 번역본으로 유럽에서 인쇄되었다. 지역어의 대두가 문인 계층의 시각을 자신들의 국어로 된 저작물에 한정시키고 있었지만, 인쇄된 책은 그들에게 세계주의자가 될 새로운 기회를 부여하고 있었다. 프랑수아 1세는 파리의 프랑스어를 국가의 공식 언어로 만들었을 때, 그와 동시에 고전들을 프랑스어로 번역하는 비용을 개인적으로 지불하여 그리스어나 라틴어를 읽을 수 없는 프랑스인들에게 고전 문화를 접할 수 있게 했다. 영국에서는 16세기 중반까지 영어로 번역된 43개의 고전이 인쇄되었고 1600년 이전까지는 119개의 고전이 인쇄되었다. 정평이 있는 고전 작가는 출판인이나 서적 상인에게 가장 안전한 투자였다. 16세기 말까지 유럽에는 베르길리우스의 라틴어 판이 263개가 있었고 이탈리아어 판 72개, 프랑스어 판 27개, 영어 판 11개, 독일어 판 5개, 스페인어 판 5개, 플랑드르 판 2개 등이 있었다. 어떤 고전 작가들은 원본보다 번역본으로 더 잘 알려졌다. 예컨대 플라톤은 마르실리오 피치노가 번역한 라틴어 판(1550년 이전까지 프랑스에서 5판이 인쇄되었음)이 1578년에 프랑스에서 완전한 그리스어 판이 발행되기 전에 널리 읽혀지고 있었다.

또한 독자들의 문학 의식으로 그 당시와 동시대의 저자들 작품은 다른 지역어로 번역될 수 있었다. 초기에 유럽인들이 좋아했던 저자와 작품들로는 페트라르카Petrarch, 보카치오Boccaccio, 모어의 『유토피아』, 브란트Brant의 『바보들의 배 Ship of Fools』, 마키아벨리Machiavelli, 아리오스토Ariosto, 타소Tasso, 낭만적인 『골의 아마디스Amadis de Gaule』 등을 비롯해, 이후에는 몽테뉴Montaigne의 『수상록Essays』과 세르반테스Cervantes의 『돈키호테Don Quixote』도 포함되어 있었다. 이제는 이미 잊어버린 스페인 문학작품들은 놀랍게도 프랑스, 영국, 이탈리아, 독일, 네덜란드 등에서 인기가 있었다. 유럽 곳곳의 사람들은 라틴어를 읽지 않고도 국제적 문학 공동체에 참여할 수 있었다. 이곳에서 유럽 문학이 시작되어 번역을 통해 모든 독자들에게 이용될 수 있었다.

만일 독서가 지역 언어로 쓰인 작품에만 한정되어야 했다면 사람들이 얼마나 편협한 사고를 지녔을지 상상해 보라! 문명을 위한 번역의 큰 의미를 헤아려 볼 수밖에 없다. 영국은 엘리자베스 1세 시대의 번역으로 문

예 부흥기가 시작되었다. 영국 문학의 절정 시기에는 존 플로리오John Florio
가 번역한 몽테뉴의 『수상록』, 토머스 셸턴Thomas Shelton이 번역한 『돈키호
테』, 토머스 어커트Thomas Urquhart 경이 번역한 라블레의 작품들, 그리고 이
미 살펴보았던 제임스왕의 지시로 번역한 성서(흠정역 성서) 등이 나타났
다. 18세기의 영국인들은 아랍어와 힌디어와 페르시아어 문헌에서 비롯
된 윌리엄 존스William Jones 경의 학술 번역물들을 읽을 수 있었고, 멀리 있
는 미국인들은 이 학술 번역물을 즉시 그들의 새로운 공화국의 의회 도서
관에 포함시켰다. 셰익스피어의 작품들은 레싱Lessing, 괴테, 슐레겔Schlegel
등의 독일 문학가들의 광범위한 비판 문학의 주제가 되었으며, 체호
프Chekhov와 지드Gide에서 브레히트Brecht와 막스 프리슈Max Frisch에 이르기까
지 수많은 저자들의 주제뿐만 아니라, 베르디의 오페라를 비롯한 여러 발
레 작품과 미국 뮤지컬의 주제가 되기도 했다. 유럽의 배우들은 셰익스피
어 작품의 배역으로 자신들의 능력을 보여 줄 수 있었다. 괴테도 유럽 전
체에 비슷한 영향을 미쳤다. 리처드 프랜시스 버턴Richard Francis Burton이 번역
한 『아라비안 나이트』와 에드워드 피츠제럴드Edward Fitzgerald가 번역한 『루
바이야트Rubáiyát』가 빅토리아 시대의 독서가들에게 세계를 열어 주었다.
19세기 말에 이르러 지식이 있는 유럽인들은 유럽과 다른 대륙의 위대한
작품들에 친숙해졌고, 저자들은 세계의 독자들을 위해 작품을 썼다.

　번역가들은 자국어를 풍부하게 하는 애국자이다. 그렇지만 그들은 마
땅히 받아야 하는 대우를 좀처럼 받지 못했다. 번역가들은 "번역자는 반
역자이다Traduttore, traditore"라는 이탈리아의 격언처럼 번역의 수익자들로부
터 무시당하는 일이 매우 흔했다. 어떤 문인들은 자학적인 자만심으로, 최
고의 작품들을 번역하기란 불가능하다며 그 사실을 영광스럽게 생각하기

도 했다. 존슨 박사Dr.Johnson(새뮤얼 존슨)는 "시는 번역될 수가 없다. 따라서 언어를 보존하는 사람은 시인이다"라고 주장했다. 아일랜드의 시인 조지 무어George Moore는 "번역자가 훌륭한 시인이라면 그는 원저자의 시를 자신의 시로 바꾸어 놓는다. 내가 원하는 작품은 번역자의 시가 아니라 원저자의 시다. 번역자가 형편없는 시인이라면, 그는 우리에게 형편없는 시를 제공할 것인데, 그러면 견디기 힘든 일이 된다"라고 불평했다. 하임 비알리크Chaim Bialik는 "번역된 시를 읽는 것은 베일을 사이에 두고 여자와 입을 맞추는 행위와 같다"라고 좀 더 관대하게 표현을 했다. 번역자들은 멸시를 받지 않으면 흔히 무시되었으며, 또한 망각된 문인이 되어 버렸다. 공동 문화의 필수적인 전달자인 번역자들은 원저자 이상으로 '문자와 문학을 조정하는' 복잡한 언어학적 과업을 맡고 있다. 세계 문학의 고전이 번역에 가장 많은 영향을 준 작품이라고 정의하는 것도 틀린 말은 아닐 것이다.

지식 탐구를 위한 근대의 보조 수단인 사전은 자국어를 읽거나 말하는 사람들을 안내하기 전에는 언어 사이의 장벽을 넘는 안내서로 시작되었다. '사전'이라는 말은 원래 라틴어의 '어법이나 구절이나 말의 저장소'를 의미하는 '딕티오나리움dictionarium'이나 '딕티오나리우스dictionarius'에서 유래되었다. 유럽에서 사전은 처음에는 지식계급을 위해 등장했다. 고대의 '사전'은 반드시 알파벳 순서로 나열된 것이 아니었고, 유명한 저자들의 말과 구절을 모아 엮은 모음집이었다. 몇 개의 사전이 13세기와 14세기에 불가타 성서를 읽을 수 있도록 라틴어를 공부하는 학생들에게 도움을 주려고 등장했다. 이러한 두 언어로 된 사전은 한 언어의 의미를 다른 언어의 어휘로 설명했다. 이런 사전의 시장은 주로 고전과 종교 서적을 읽는 라틴어 학자들이 지배하고 있었다.

최초로 가장 성공을 거두고 영향력이 컸던 인쇄된 사전은 1502년 레조 디칼라브리아Reggio di Calabria에서 아우구스티누스회 수도사 암브로조 칼레피노Ambrogio Calepino(1440-1510년경)가 발행한 방대한 라틴어-이탈리아어 사전이었다. 이 사전은 판이 거듭되면서 점차 다국어 사전이 되었다. 1590년에 칼레피노의 후계자들이 바젤에서 이 사전을 출판했을 때는 폴란드어와 헝가리어를 포함한 11개의 언어로 독자에게 도움을 주었다. 칼레피노라는 말은 사전을 의미하는 이탈리아어가 되었다. 이후에 영어권 국가에서 쓰는 '웹스터Webster'라는 말처럼 '칼레핀calepin'이라는 말도 16세기에 영어에 포함되어 거의 한 세기 동안 계속 사용되었다. 칼레피노Calepino의 정신은 18세기까지 살아남아 이탈리아의 문헌 학자 야코포 파치오라티Jacopo Facciolati의 『11개의 언어 사전Dictionary of Eleven Languages』(1718년)에 그대로 재현되었다. 놀랍게도, 가장 초기에 나온 사전들은 가장 많은 언어들로 이루어져 있었다.

칼레피노의 성공으로 자극을 받은 프랑스의 진취적인 인쇄업자 로베르 에티엔Robert Estienne(1503-1559년)은 애서가인 왕의 관대한 후원으로 개정판 사전을 발행했다. 프랑수아 1세는 여러 학자와 인쇄업자를 배출하는 집안의 로베르에게 그가 인쇄한 그리스어 판의 모든 책을 1권씩 왕립도서관에 보관하게 했는데, 이것이 최초의 국립 보존 도서관이 되었다. 16세기 초에 에티엔 집안은 베네치아가 그랬던 것처럼 파리를 유럽 서적 시장의 중심지로 만들었다. 당시에는 로마와 이탈리아 활자를 써서 휴대용 8절판의 도서인 '알두스판Aldine'과 같은 책이 인기가 있었다. 로베르 에티엔은 처음에 칼레피노의 사전을 재발행하려고 했지만 나중에는 전체를 개정하기로 했다. 어떤 학자도 이 엄청난 과업을 맡으려 하지 않았을 때 로베르 에티엔은 그 일을 스스로 맡아서 해냈으며, 유용한 특징들도 첨가했다. 그는 고전 작가들에게서만 어휘를 끌어냈고, 의미들을 밝히려고 여러 권위자를 인용했으며, 어법을 보여 주려고 많은 인용문을 제공했다. 1531년에는 에티엔의 라틴어 사전 『유의어 사전Thesaurus』이 처음 발행되었고, 1538년에는 그의 라틴어-프랑스어 사전이 발행되었다. 오늘날까지도 에티엔의 사전에 필적할 만한 학술 저작물은 1894년에 5개의 독일 아카데미가 합작하여 만들어 낸 『유의어 사전』뿐이지만, 이는 그들이 80년 동안 시간을 들여 겨우 'O'자까지만 만들어 낸 사전이었다.

로베르 에티엔은 체계적인 사전 편찬 외에도 유럽의 지식 계층이 자신들의 지역어에 숨겨진 언어의 풍부함을 발견하는 데 도움을 주었다. 그는 유용한 라틴어와 프랑스어 학생 사전을 만들어 냈고, 또한 기술 용어를 포함한 프랑스어-라틴어 대사전을 처음으로 만들어 내기도 했다. 이런 식으로 로베르 에티엔은 표준 국어를 만들어 내는 일에도 기여를 했다. '프랑스의 훌륭한 작가들bon autheurs françois'의 어휘를 바탕으로 사전을 만든 에티엔의 본보기는 1694년에 프랑스 아카데미의 사전에 처음 채택되었고, 오늘날의 프랑스 사전 편찬을 무색하게 할 정도로 지금까지도 지배하고 있다.

북부와 남부 유럽의 상업이 만나는 장소인 베네치아에서는 독일 출신의 방랑자 아담 폰 로트바일Adam von Rottweil이 인쇄한 『이탈리아-튜턴어 사전Vocabolario Italiano-Teutonico』(1477년)이 상인과 일반 시민을 위한 최초의 2개 국어 사전이 되었다. 그 후 1480년에는 런던의 캑스턴이 26매의 간결한 프랑스어-영어 사전을 인쇄했다. 이런 사전들이 이후 시대에 낯선 곳을 다니는 여행자들에게 큰 도움을 주는 여행자용 외국어 관용구집의 최초의 사례들이다.

에티엔이 '훌륭한 저자들'의 어휘를 사용했던 본보기는 사전 편찬자들에게 새로운 자국어를 위한 교정의 기준을 세우는 수단을 제공했다. 단일 언어에 대한 최초의 종합 표준 사전이 아카데미아 델라 크루스카Accademia della Crusca(이탈리아 문학 아카데미)가 20년 동안 작업한 결과물로 1612년 베네치아에서 등장했고, 다른 권위 있는 단일어 유럽 사전의 귀감이 되었다. 이 기획의 지도자인 레오나르도 살비아티Leonardo Salviati(1540-1589년)는 토스카나의 방언을 표준 이탈리아어로 인정하는 법률을 제정하려고 출판의 힘을 이용했다. 그는 피렌체의 훌륭한 작가들을 선택하여 단테, 페트라르카, 보카치오 등을 성인으로 추대했고, 그리하여 그들이 사용한 어휘를 앞으로 300년이 지난 미래에 이탈리아의 국어가 되도록 만들었다. 어떤 사람들은 이탈리아어가 이탈리아라는 나라를 만들어 냈다고 한다. 살비아티의 토스카나 방언의 힘은 만초니Manzoni(1827년에 출간된 『약혼자I Promessi Sposi』라는 고전은 만초니가 원래 고향 밀라노의 방언으로 저술했던 작품이었다)가 200년 전 아카데미아 델라 크루스카가 확립한 방언으로 자신의 책을 다시 쓰는 수고를 했던 사례로도 충분히 알 수 있었다. 또한 다른 곳에서는 사전 편찬자들이 『스페인 아카데미 사전Dictionary of the Spanish Academy』(1726-1739년)과 존슨 박사의 『사전Dictionary』(1755년)에서 어휘의 본보기를 선택하여 표준 국어를 확립하는 데 기여를 했다. 물론 이러한 사전들은 타국인뿐만 아니라 자국인에게도 늘어나는 지역어의 어휘들을 찾아내는 데 도움을 주었다.

다른 곳에서는 정부가 지원하는 아카데미의 산물이었던 언어와는 대조적으로 '표준' 영어는 경험적이고 개인적으로 확립되었다. 초기의 영국 신교도들이 일반 독자들에게 영어 성경을 이해하는 데 도움을 주길 원했기 때문에, 앨런 워커 리드Allen Walker Read가 설명하듯이, 영어 사전 편찬의 주류는 독실한 신자를 위해 수집된 단어의 목록에서 시작되었다. 그런 최초의 단어 목록은 1530년에 윌리엄 틴들William Tyndale이 모세 5경을 영어로 번역했을 때 부록으로 만들어진 경우였다. 그와 동시에 교사들과 철자법 개혁가들은 영어 철자의 '무질서와 혼란'에 어느 정도 통일성을 부여하기를 원했지만, 이러한 무질서와 혼란으로 어떤 사전이나 문법도 불가능하다고 불평을 하고 있었다. 16세기 말에는 그들 중 1명이 "사전과 문법은 우리의 말을 영원히 완벽하게 사용할 수 있게 해 줄 것이다"라며 낙관적인 견해를 내세우기도 했다.

수백만 명이 함께 사용하는 언어로 읽고 쓰는 능력이 널리 퍼진다면 사람들의 일반적인 계몽 수준도 함께 높일 수 있다는 사실은 영국의 사례에서 확인되었다. 엘리자베스 여왕의 개인 교사였던 로저 애스컴Roger Ascham(1515-1568년)은 자신의 작품 『교사론Scholemaster』(1570년)에서 최초로 영어 교육을 실질적으로 비평을 했으며, 목적 없는 해외여행(특히 이탈리아)의 해악을 열거하고 젊은이들에게 자신의 영어에 통달하라고 촉구했다. 그는 고전을 가르칠 때도 영어를 사용할 것을 주장했다.

또 다른 엘리자베스 시대의 개혁가 리처드 멀캐스터Richard Mulcaster(1530?-1611년)는 인쇄된 교육 자재를 공급하는 데 기여했다. 리처드 멀캐스터는 명망 있는 머천트 테일러스 학교Merchant Taylors' School와 세인트 폴 학교에서 20년 동안 교사 생활을 했던 경험으로 법률가나 의사처럼 교사들도 그들의 직업을 위해 대학에서 특별한 교육을 받아야 한다고 확신했다. 또한 그는 여성들도 그런 학교에 갈 수 있어야 하며, 대학에도 들어갈 수 있도록 허용되어야 한다고 촉구했다. 더욱이 리처드는 교사들이 학생들 개개인의 차이점을 고려해야 하고, 각 학생들을 위한 교과과정은 연령이 아니라 준비성에 따라 결정되어야 하며, 가장 유능한 교사는 초기 교육과정에 보직되어야 한다고 주장했다. 그는 이런 모든 개혁들을 영어 교육에서 실마리를 얻었다. 리처드는 "나는 로마를 사랑하지만 런던을 더 사랑한다. 그리고 이탈리아를 좋아하지만 영국을 더 좋아한다. 또한 라틴어를 잘 알고 있지만 영어를 숭배한다"라고 기록했다. 이런 식으로 그는 자신의 저서 『초등 교육편 제1부First Part of the Elementarie』(1582년)에서 당시에 사용되고 있던 모든 영어 단어였을 약 8천 단어(단어의 정의는 없이)의 목록을 만들었다.

　머지않아 영어 사전은 교육을 확대하는 필수 도구가 되었고, 단어 목록은 독서를 가르치는 도구가 되었다. 학생들의 목록에도 벗어나 있는 영어 단어를 영어로 설명하는 책은 17세기에 이르러서야 처음으로 등장했다. 그때까지도 그 책들은 '어려운' 단어들로만 수집되었고 어원 연구를 통해 다른 언어들을 선호하는 편견이 심했다. 모두 교사였던 아버지 로버트 코드리Robert Cawdrey와 그 아들, 토머스 코드리Thomas Cawdrey가 저술한 『알파벳 순서로 된 단어 일람표A Table Alphabetically』(1604년)라는 최초의 순수 영어 사전도 마찬가지였다.

　초기에 성인 독자를 위한 종합 사전을 만들려는 노력은 성실한 교사들이 아니라 취미 생활자나 글 품팔이들을 통해 이루어졌다. 이들 중에서 가장 악명이 높았던 인물은 존 밀턴의 조카이자 제자였던 에드워드 필립스Edward Phillips(1630~1696?년)였다. 그는 '독창성이 의심스럽고 가치가 떨어졌어도 인기는 높았던' 『영어 단어의 새로운 세계The New World of English Words』
(1658년)라는 선견지명이 있는 제목의 책을 저술했다. 사전 편찬이 하나의
직업이 되는 전문 사전 편찬자들이 나타난 후에야 해당 언어의 전체 단어
를 자세히 조사한 훌륭한 사전들이 생겨났다. 인쇄가 이런 직업을 가능하
게 했다. 최초의 전문 영어 사전 편찬자였던 젊은 존 커시John Kersey the Younger
가 모든 사람들을 위한 최초의 영어 사전인 『새로운 영어 사전A New English
Dictionary』(1720년)을 만들었다.

　캑스턴이 최초의 영어 책을 출판한 이후, 영어는 그 어떤 새로운 국어
보다 번성했다. 물론 이 일은 종합적이거나 '권위 있는' 사전의 혜택 없이
일어났다. 18세기 중반까지는 영어 전체의 적절한 사전이 없었다. 그 후,
존슨 박사의 『사전』이 사전의 영향력을 놀라울 정도로 발휘했다. 그의 『사
전』은 우수성과 뜻밖의 권위뿐만 아니라, 문학의 영웅적인 자질의 기념비
로도 주목할 만했다. 런던의 유명한 5대 서적상들은 1746년에 잘 알려지
지 않은 존슨 박사와 3년 내에 완성하기로 되어 있었던 영어 사전을 만들
기로 계약을 맺었다. 존슨 박사는 6명의 임시 대필자를 고용하여 최고의
영국 작가들 중에서 자신이 지시하는 인용문을 열심히 필사하게 했다. 존
슨 박사는 직접 43,500단어의 정의를 기록했고, 그 정의 아래에 인용문이
적힌 메모를 각각 붙여 놓았다. 존슨 박사는 사전의 서문에 이렇게 설명해
놓았다. "이 영어 사전은 거의 학자의 도움 없이, 또한 훌륭한 사람의 후
원 없이 편찬되었으며, 은퇴한 후의 편안함이나 학문의 휴식처 속에서가
아닌 질병과 슬픔으로 불편과 심란 속에서 편찬되었다." 존슨 박사는 아
내를 잃은 슬픔과 병마에 시달렸어도 시작한 지 8년 반 만인 1755년 6월
14일에 사전 편찬을 2권의 책으로 완성했다. 그는 인쇄된 사전의 힘으로

표준 영어의 법률 제정을 성립시켰으며, 부수적으로 영국 문학의 모든 탐구자들에게 전례 없는 도움을 주었다.

적어도 한 세기 동안 학자들은 영어를 순화하고 단순화하고 표준화하려고 체계를 세웠다. 이미 1664년에 영국의 왕립학회는 그런 계획을 구상했다. 1711년에 겨우 23세였던 알렉산더 포프는 『비평론Essay on Criticism』에서 다음과 같이 우려했다.

우리의 아들들은 아버지들의 실패하는 언어를 볼 것이며,

초서가 그러하듯, 드라이든도 그러하리라.

존슨 박사는 11만 4,000개의 인용문을 사용하여 아주 오래된 단어에 점점 늘어나는 학문의 새로운 정신을 불어넣었다. 예컨대 그는 'take'라는 일반 동사에 관해 113가지의 여러 타동사의 의미를, 그리고 21개의 여러 자동사의 의미를 나타냈다. 또한 'genius(천재)'에 관해 5가지 의미를, 'nature(자연)'에 관해 11가지, 'wit(재치)'에 관해 8가지 의미를 제시했다. 존슨 박사의 미국 제자인 노아 웹스터Noah Webster(1758-1843년)는 "뉴턴의 발견이 수학 분야에서 효과를 거두었듯이, 존슨의 저술은 이러한 단어의 세계에서 효과를 거두었다"라고 분명히 말했다.

그러나 존슨 박사는 언어의 유기적 성장을 한탄하지도, 무시하지도 않았다. 그는 자신의 설득력 있는 서문에서 언어는 정복과 이주와 통상으로, 그리고 사상과 지식의 발전으로 불가피하게 변화한다고 설명했다. "정신이 필요성에서 자유로울 때 그 정신은 편의에 따라 다양해질 것이고, 대체로 사색의 분야에 남게 될 때는 의견을 변화시킬 것이다. 어떤 관습이 폐

지되면 그 관습을 표현하는 말들도 함께 분명히 사라질 것이다. 어떤 의견이 인기가 높아지면 실천의 변화에 따라 말에도 혁신을 일으킬 것이다. 살아 있는 말의 사전은 결코 완전할 수가 없다. 서둘러 출판을 하고 있는 동안에도 어떤 말은 생겨나고 있고 또 어떤 말은 사라지고 있기 때문이다."

존슨 박사 이전의 시대에는 훌륭한 저자들도 독자에게 전달하는 의미가 분명하다면 글의 철자를 어떻게 쓰더라도 전혀 문제가 되지 않는다고 확신했다. 하나로 통일된 영어 철자를 확립하는 기본적인 문제는 영어의 알파벳이 다른 언어에서 차용되었다는 사실에 있었다. 로마자는 결코 영어 발음에 맞추어 만들어진 것은 아니었다. 에트루리아 말을 거쳐 그리스어에서 맞추어진 알파벳은 원래 20글자뿐이었다. 이것이 현대 영어의 알파벳이 되었지만, J, K, V, W, Y, Z 등은 빠져 있었다. 그 후, 로마인들이 K(악어를 위해)와 Y와 Z(그리스어에서 차용된 말을 위해)를 추가했다. 이 알파벳이 처음 영어에 사용될 때는 23자였다. 이후, 영어의 발음 표기의 필요성에 맞도록 2개의 U를 합쳐서 W가, I와 U의 자음을 표시하려고 J와 V가 추가되어, 마침내 현대 영어의 알파벳 26개가 만들어졌다.

지역사회는 대체로 독자적인 길을 걷고 있었고, 최고의 영어 저자들도 마음 내키는 대로 철자를 쓰다가, 18세기가 되어서야 인쇄된 어휘 목록과 기초적인 사전의 인기가 늘어나면서 단어의 철자를 쓰는 방법은 하나만 있을 수 있거나 있어야 한다는 개념이 고취되었다. 겉으로는 예의 바름의 귀감이었던 체스터필드 경Lord Chesterfield(1694~1773년, 존슨 박사가 3년 전에 자신의 사전 출판 계획을 헌정한 인물)은 1750년에 자신의 아들에게 이렇게 주의를 주었다. "바른 철자법은 지식인이나 신사에게는 절대적으로 필요하며, 철자 하나라도 틀린다면 평생 조롱거리로 남게 될 것이다. 나는 신분이 높은 사람이 'wholesome'의 w를 빼고 철자를 쓴 일 때문에 여생 동안 명예를 회복하지 못한 사람을 잘 알고 있다." 대서양 건너 미국에 있는 영국인들은 표준 영어의 올바른 철자를 아는 것이 진정한 문화의 증거를 확보하는 일이라고 생각했다. 교사로 경력의 첫발을 내딛은 노아 웹스터가 『미국 철자 교본American Spelling Book』을 1783년에 출판하여 명성과 부를 얻었고, 그 책은 다음 세기에 6천만 부 이상이 팔렸다. 그러나 앤드루 잭슨Andrew Jackson 대통령은 단어의 철자를 쓰는 방법을 하나밖에 모르는 사람은 존경할 수 없다는 말을 했다고 한다. 미국의 문화적 불안감은 노아 웹스터의 철자법 교과서의 시장을 창출해 냈다. 노아 웹스터가 출판한 2권으로 된 『미국 영어 사전American Dictionary of the English Language』(1828년)은 끊임없는 수요를 만들어 냈으며, 이로 인해 그의 이름은 사전의 대명사가 되었다.

역설적이게도 20세기의 가장 박식한 영국과 미국의 사전 편찬자들은 영어를 사전의 횡포에서 벗어나게 해 주고 과거에 쓰인 단어들의 변화하는 용법에서 언어의 잃어버린 보물을 찾아내는 노력을 촉발시켰다. 또 다른 영국의 대담한 사전 편찬자 제임스 머리James A. H. Murray(1837-1915년)는 '세계에서 가장 위대한 언어의 보고'로 『옥스퍼드 영어 사전Oxford English Dictionary』을 구상했다.

런던언어학회Philological Society of London는 1857년에 역사적인 사전 편찬 계획을 시작했다. 시작 단계에서 여러 번 실패한 후, 1879년에 무명의 교사였던 제임스 머리가 이 계획을 착수하여 구체화시켰으며, 또한 이 방대한 계획의 반 이상을 완성시켰다. 이 계획의 목적은 영어에서 늘 쓰인 모든 단어의 용례를 만들고 변화하는 의미를 나타내는 데 있었다. 수천 명의 열성 지지자들이 자원하여 용례를 수집하고 기록했다. 1900년에는 이러한 용례들이 5백만 건을 넘어섰다. '자원 봉사자'들 중에는 제임스 머리의 자녀 11명도 포함되어 있었는데, 이들은 용례를 알파벳 순서로 분류하는 힘든 일에 참여했다. 제임스 머리의 아홉째 아이인 리틀 로스프리스Little Rosfrith는 (겨우 알파벳을 완전히 익혔을 때)어느 날 밀 힐Mill Hill의 집 현관을 지나면서 아버지가 자신의 앞치마를 잡고 이런 말을 한 것을 기억하고 있었다. "이 어린아이가 이제 직접 생활비를 벌기 시작한 때가 되었구나." 제임스 머리는 1915년에 세상을 떠나기 전까지 거의 계획의 반을 완성했으며 전체 15,487페이지 중 7,207페이지를 출판했다. 그는 "가족 모두 이 일로 자부심을 느낀다"라고 하면서 그 말을 집안의 좌우명으로 삼았다. 그리고 마침내 제임스 머리의 후계자들이 1925년에 이 계획을 완성했다.

그 결과는 존슨 박사와 그의 전임자들이 바랐던 일정한 표준을 확립하는 일이 아니라, 수 세기에 걸쳐 살아 있는 세계적 언어가 반응하고 변화하며 이해하기 어려운 특성을 모든 사람에게 보여 주는 일이었다. 제임스 머리는 자신의 서문에서 이렇게 설명했다.

영어를 사용하는 사람들의 어휘를 구성하는 단어와 구절의 방대한 집합체는 하나의 분명한 전체로 완전히 이해하려는 사고라는 점에서, 천문학자에게 익숙한 성운의 한 측면을 보여 주는 것과 같다. 그 성운 속에는 하나의 분명하고 틀림없는 핵이 점차 어두워지는 부분을 통해 끝없어 보이는 희미한 경계로 사방에서 흐려지고 있지만, 주위의 어둠 속으로 알아보지 못하게 사라지고 있을 뿐이다.

14부

과거를 드러내다

인간의 행동은 진정으로 목적이 분명할 수 있다. 인간만이 태어나기 전에 무슨 일이 있었는지를 알고 죽은 후에도 무슨 일이 일어날지를 예상하며 행동하기 때문이다. 따라서 인간만이 자신이 서 있는 구역 이상을 비추는 빛을 통해 자신의 길을 찾아간다.

– P. B. 메더워P. B. Medawar와 J. S.메더워J. S. Medawar의 『생명과학The Life Science』(1977년)

69

역사의 탄생

인도의 학자들은 조각과 건축뿐만 아니라 신화적이고 낭만적인 문학에서 매우 오래되고 풍부한 자신들의 문화가 왜 중요한 역사 저작물에서는 그리 부족했어야 했는지 이해할 수 없었다. 어떤 사람들은 산스크리트어로 쓰인 고대 인도의 역사 저작물이 여전히 설명되지 않은 이유로 대규모로 파괴되었다고 주장한다. 하지만 그런 역사 저작물이 존재한 적이 없었다는 설명이 더욱 타당해 보인다. 더욱이 이 설명에 관해서는 힌두교와 브라만의 견해에서 충분히 나타나 있다.

힌두교는 생성과 소멸을 반복하는 윤회 사상을 지닌 종교였다. 이후의 종교들은 창조에 관한 관념으로 가득 채워졌다. 말하자면 이 세상이 처음으로 언제, 어떻게, 왜 존재하게 되었는지에 의문을 품었고, 창조의 목적과 인간의 종말에 관해 깊이 생각해 보게 되었다. 그러나 힌두교는 재창조에 더욱 관심을 두었다. 역사의 근대적인 관점은 특별하고 신기하며 세계에 영향을 주는 신앙 행위에 관한 종교가 필요했다. 힌두교는 많은 성스러운 문헌들이 있지만 하나의 진정한 이야기를 들려주는 성전이 없다.

힌두교는 결과적으로 놀랍게도 다양하고 끊임없이 풍부해지는 진리의 이야기들로 혼란스러웠지만 단 하나의 진정한 진리를 전하는 이야기는 없었다. 윤회 사상에 관한 힌두교의 전승은 신도들을 계절의 순환이나 그 세대의 탄생과 삶과 죽음의 반복되는 변화를 훨씬 넘어 무한한 우주의 끊임없는 순환, 순환 속의 순환과 또 그 속의 순환으로 이끌었다. 그 우주의 끊임없는 순환의 기본인 겁kalpa은 힌두교의 3대 신 중 하나인 '브라마Brahmā의 하룻낮'이다. 한 겁은 세속의 해로 계산하면 43억 2천만 년에 해당한다. 그리고 '브라마의 하룻밤'도 길이가 똑같다. '브라마의 1년'은 이러한 낮과 밤이 360개로 이루어지고 브라만은 그런 100년을 산다.

각각의 겁마다 세상은 재창조된다. 겁의 밤마다 우주는 다시 브라마의 몸에 모였다가 다음 날이 되면 또 다른 창조의 가능성으로 변한다. 각 겁은 14개의 작은 주기인 만반타라들manvantaras로 이루어지고, 하나의 만반타라는 3억 672만 년에 끝나며, 이 시기에 새로운 지배 신인 마누Manu가 창조되고, 그다음으로 인간이 재창조된다. 각 만반타라 안에는 71개의 영겁, 즉 마하유가mahayugas가 있고 1,000개의 마하유가는 1겁에 해당한다. 각 마하유가는 4개의 유가yugas로 나누어지고, 각 유가는 서로 다른 세상의 시기로 각각 4,800, 3,600, 2,400, 1,200 '년'으로 이루어져 있다. 4개의 유가는 각각 그 전의 유가에서 비롯된 문명과 도덕의 쇠퇴를 보여 주고, 결국 세상은 홍수와 불로 파괴되어 또 다른 새로운 창조의 주기를 대비하게 된다. 지상에서 일어나는 변화는 인간이 파악할 수 없을 정도로 느렸다.

산스크리트 문학에 유일하게 남아 있는 중요한 역사 저작물은 12세기

카슈미르의 시인 칼하나Kalhana의 장편 『왕들의 강River of Kings』이며, 그 안에는 다른 인도 지방에 관한 이야기는 전혀 없고 인간은 초인적인 힘 앞에 체념해야 한다는 도덕을 담고 있다. 『실론 연대기The Ceylon Chronicle』는 실론의 불교에 관한 이야기이다. 힌두교 인도인들은 과거에 관해서 역사 속 제국의 흥망성쇠가 아니라 신화 속 황금시대의 통치자들에게 주로 관심이 있었다. 이런 이유로 이슬람 왕들이 출현하기 이전의 인도 역사를 쓰려는 현대 역사가들은 매우 어려움을 겪고 있다. 그들은 민간전승, 몇 개의 흩어져 있는 기념물, 외국 여행자의 기록 등으로 역사를 종합해야 한다. 전기의 일화는 거의 찾아보기 힘들다. 고대 힌두교의 왕들은 자신들의 업적이 덧없음을 굳게 믿고 있어서 대체로 기념물에 업적을 기록하지 않았다. 역사 기록이 없다는 사실은 힌두교가 초월성과 영원성에 몰두했을 뿐만 아니라 인간의 사회생활이 변하지 않고 반복된다는 널리 퍼져 있는 통념을 보여 준다. 과거와 현재 사이의 차이가 거의 없을 때 역사의 탐구는 효과가 없는 듯 보였다. 변화를 모르는 사회에서 역사가들은 무엇을 기록할 수 있었겠는가? 실제의 사건이 기록되었을 때도 대체로 보편적이고 지속적인 중요성을 부여하는 신화로 바뀌었다.

이슬람교도들이 인도에 들어온 11세기 이후, 인도의 과거에 대한 기록은 새로운 양상을 보였다. "우리는 너희들에게 사도들의 이야기를 알려 준다. 이 이야기가 너희 마음을 강하게 할 것이고, 따라서 믿는 자들에게 훈계와 기념이 되는 진리를 전해 줄 것이다"라고 코란은 언명했다. 이슬람교도에게는 사건의 의미가 인간이 이루어 낸 일이 아니라 신이 의도한 일에 있었다. 역사는 과정이 아니라 실현이었다. 인도에서도, 이슬람의 역사가 훌륭한 통치자를 찬미하려고 쓰인 공식적인 역사가 되었다. 14세기 중반에 인도의 한 유명한 이슬람 역사가는 다음과 같이 기록했다.

> 역사는 예언자, 칼리프, 술탄, 위대한 종교나 정부의 지도자 등의 연대기와 전통에 관한 지식이다. 역사는 특히 인품이 뛰어나거나 위대한 업적으로 인류에게 유명해지는 종교나 나라의 위인에 관한 연구를 추구하는 일이다. 천박한 사람, 악당, 알려지지 않은 가문이나 비천한 성품의 하찮은 사람, 혈통이 없거나 천한 혈통을 가진 사람, 빈둥거리는 사람이나 시장을 떠돌아다니는 사람, 이 사람들은 모두 역사와 전혀 관련이 없다.

당연히 이슬람의 역사는 이슬람교도뿐만 아니라 그들의 위대한 예언자, 성자, 통치자 등의 역사가 되었다. 어디를 가든 이슬람은 그런 식으로 과거를 걸러 내는 이슬람교 방식을 제공했다.

아라비아 문학의 독특한 장르인, 이른바 '전쟁 시대' 문학은 무함마드 이전으로 거슬러 올라간다. 이슬람교는 전기를 특별히 중요하게 여겼으며, 다른 위인들을 모두 무함마드의 삶에 부차적인 존재로만 만들었다. 이슬람 제도에는 새로운 것이 있을 수 없고 코란의 실천만 있었기 때문에 이슬람 전기에는 새로운 지식의 위엄을 갖출 수 없었다. 이슬람교도의 말에 따르면, 역사는 정치적 지혜와 사회적 기술에 유용한 그저 '대화의 학문'이 되었는데, 다시 말해 실증이 아니라 실례의 원천이었다. 역사가들은 적절하게도 자신들을 이슬람의 성전이나 성공에 관한 이야기를 편찬하는 사람이라고 칭했다.

무함마드 자신이 역사의 절정이었기 때문에 당연히 진보의 개념은 전혀 없었다. 종말론의 한 분야인 '역사'는 사람들이 모두 최후의 심판

일Judgment Day을 향해 어떻게 여행하는지를 알려 주었다. 전기가 강조되면서 공식적인 연대기 편찬자들은 아첨하려는 유혹이 늘어났다. 그들의 사건 기록은 아첨이 지나친 만큼 진실성이 의심스러워졌다. 이슬람 공동체의 특성을 나타내는 독창적인 창조물인 전기 사전은 개인에 중점을 두었으나 개인주의를 만들어 내지는 않았다. 이슬람의 역사 문헌은 전망을 열어 주는 역할이 아니라 신앙의 도구가 되었다.

이슬람 세계는 북아프리카 이슬람 제국의 마지막 시기에 이슬람 공동체의 여러 운명과 기회를 조사한 이븐 할둔Ibn Khaldun(1332-1406년)을 통해 전성기를 맞이했다. 아랍 이슬람 세계의 사회학에 관해 티무르의 자문관으로 활동했던 이븐 할둔은 1,000년 전에 성 아우구스티누스가 기독교에 제공한 선언문 같은 권위 있는 선언문을 이슬람을 위해 제공했다. 성 아우구스티누스와 달리, 그는 시간이 아닌 공간의 측면에서 펼쳐지는 운명을 보았다. 이 세상은 천국으로 향하는 인간의 여행 장소가 아니라 예언자 무함마드의 신앙으로 정복되어야 할 무대였다. 이븐 할둔은 이 세상의 다양한 공간이 이슬람의 균등하지 않은 기회의 원인을 어떻게 설명해야 하는가에 의문을 품었다. 그러고는 "과거는 하나의 물방울이 다른 물방울과 유사하다는 사실 이상으로 미래와 유사하다"라는 결론을 내렸다. 이븐 할둔은 이슬람 역사학에서 헤로도토스와 투키디데스 같은 존재였다. 그의 후계자들은 잘 생겨나지 않아 이슬람 세계에서는 찾을 수 없었다.

모든 근대 문화 중에서는 중국이 가장 길게 계속 이어진 과거와 가장 방대한 과거 기록을 간직하고 있다. 그런데 근대적인 역사의식이 중국에서 발달하지 않았다는 사실은 더욱 놀라운 일이다. 힌두교와 다르긴 하지만 과거를 걸러 내는 중국의 방식은 사람들에게 사회 변화를 일깨우거나 제도를 변화시키는 인류의 힘을 일깨우려는 의도는 아니었다. 조상 숭배에 근거를 둔 유교는 족보의 기록 보존을 장려했다. 유교는 제도가 어떻게 변화할 수 있는가를 알아내기 위해서가 아니라 오히려 복원해야 할 이상과 모방해야 할 미덕의 본보기를 찾아내기 위해 과거를 조사했다. 초기의 봉건시대에 수집된 일화들은 직접 공자를 통해 신성하게 만들어졌다.

그 후, 중국 한나라 초기인 기원전 2세기에 사마천(기원전 145-87?년)은 이후 2,000년 동안 중국 역사서 저술의 본보기가 되었다. 사마천의 아버지는 한나라 왕실에서 달력을 만들고 공식적인 사건들을 기록하는 임무를 맡은 왕실 점성가인 태사령이었다. 사마천이 기원전 108년에 태사령 벼슬을 물려받았을 때는 한나라가 중국 전체를 정치적으로 통일하기 시작했던 시기였다. 사마천은 모든 중국인의 기록을 단 하나의 작품으로 종합하려던 아버지의 노력을 이어받았다. 그런 편찬 작업은 야심 있는 새로운 왕조의 위대한 업적을 찬미하는 일이었고, 새로운 출발을 강조했으며, 사마천이 큰 도움을 준 역법의 '개정'으로 두드러졌다.

그런데 사마천은 부주의한 말 한마디로 생애를 망쳤다. 이릉李陵 장군이 대혈투에서 패한 후 "황제는 입맛을 잃고 나라의 정사를 돌보는 일에도 기쁨을 찾을 수 없었다." 다른 장군들이 패배를 논의하고 이릉 장군에게 책임을 묻기 위한 어전회의를 열었다. 그러나 사마천은 이릉 장군을 충성과 미덕의 귀감으로 여겼으며 전투는 이릉 장군이 용맹스러웠음에도 패하게 되었다고 믿었다. 어전회의에 소환된 사마천은 (본인의 말에 따르면) "황제의 관점을 넓게 하고 다른 관료들의 분노가 가라앉길 바라면서… 그 기회에 이릉의 장점을 말했다." 이러한 신중하지 못한 발언으로 사마천은 감옥에 갇히고 죽음의 형벌을 받을 수 있는 '황제를 모략하는' 죄로 추궁받았다. "내 가족은 가난해서 감형시킬 만한 돈이 매우 부족했다"라고 사마천은 설명했다.

사마천은 역사 편찬을 완성할 수 있도록 집행유예를 간청했다. 매우 전문적이고 열성적인 태사령을 잃고 싶지 않았던 황제는 자비를 베풀어 사마천에게 사형 대신 거세라는 처벌을 내렸다. 수치스러운 은퇴 속에 사마천은 중국의 역사서 『사기史記』를 완성하였고, 이 역사서가 1911년 제국 지배의 시기가 끝날 때까지 중국의 과거를 기록한 주요 연대기의 본보기가 되었다. 그 이전에는 중국의 여러 나라가 저마다 각기 연대기를 기록하여 각 나라에서 발생한 사건들이 동시대에 서로 어떤 관련이 있는지를 알 길이 없었다. 사마천은 이 모든 사건을 하나의 시대적 관련성으로 통합하고 주나라 통치 연대로 통일시켰다. 그는 또한 다섯 개 분야로 나누어지는 새로운 주제의 체계를 제시했다. 예컨대 광대한 지역을 통치한 사람의 기본적인 연대와 생애, 연대표, 정치와 경제와 사회와 문화 주제에 관한 문헌, 왕가의 가계도, 통치자는 아니었으나 명성과 미덕이 있었던 사람의 전기 등이었다. 사마천의 방식은 역사서 『사기』를 하나의 고전으로 만들었으나 제자들은 사마천의 정신을 본받지 않고 그의 형식만 그대로 따랐다. 사마천의 직속 후계자인 반고班固(서기 32-92년)는 사마천의 형식을 해석의 여지를 남겨 두지 않은 엄격한 유교의 틀에 얽매이게 했다.

7세기에 당나라가 중국을 통일하면서 사마천의 방식으로 정통이 된 역사 편찬은 '진정한 기록'이라는 자기만족의 완곡 표현으로 성장하는 국가 관료 체제의 영구적인 과업이 되었다. 나라의 공식적인 역사 저작물은 모두 당연히 정부의 소유물이었다. 그 역사 저작물은 얼마 동안 대중에게 알려지기도 했으나 곧 몇 사람만이 볼 수 있는 정부 기록 보관소에 비밀로 보관되어 버렸다. 이후의 각 왕조는 전 왕조의 역사를 편찬하는 일을 의무로 여겼고, 당대의 역사는 다음 왕조가 편찬하도록 남겨 두었다.

정통의 역사 편찬은 '진실한 기록' 대 '적절한 은폐', '객관성' 대 '윤리적 교훈' 등의 모순된 관념으로 계속 지배되었다. 유교의 전통 속에 포함된 중국 전체의 과거는 정부 기구의 일부분이 되었다. 역사를 편찬하는 관청이 당나라 시대에 설립되어 그 이후로 이곳에서 모든 과거 기록이 통제되었다. 수천 년 동안 중국의 역사는 관료를 통해, 그리고 관료를 위해 기록되었다.

송나라 시대에서는 사마천의 활기 넘치는 정신이 잠시 되살아났다. 그러나 명나라(1368-1644년) 시대에는 신유학neo-Confucian 정통주의의 부활로 과거는 다시 사마천의 형식적인 틀 안에 단단히 굳어 버렸다. 명나라의 멸망과 만주족의 정복으로 정통 역사 편찬의 기회가 있었으나 18세기에 비판적 역사를 기록한 몇 가지 주목할 만한 노력은 분명한 예외였다. 역사 기록의 비판적인 방법과 역사의식의 대두는 서구의 영향을 기다려야 했다.

다른 많은 측면과 마찬가지로, 역사 편찬의 문제에서도 중국 문명은 매우 오래되고 조숙하고 계속 이어진 특성 때문에 피해를 보았다. 고대 모형의 위대함, 단절되지 않고 계속 이어진 기록, 초기부터 효과가 있었던 중앙정부 등이 조상의 숭배를 강화했고, 또한 권위 없는 과거를 전망하거나 다른 가능성을 생각해 보려는 노력을 억압했다.

서구에서는 역사에 관한 이야기가 크게 달랐다. 서구에서 '발명된' 일종의 역사는 인도, 서아시아, 이슬람, 중국 등의 사람들이 이루어 낸 삶과 제도를 결국 다시 만들어 낸 일이었다. 서구의 과거 탐구는 신대륙을 발견하고 대양을 '탐험했던 일만큼 중요했다. 여기서 다시, 이야기는 정신을 탐구하는 그리스의 신비로 시작된다. 그리스인들이 생각하는 과거는 인도인이나 중국인들이 생각하는 과거와 전혀 달랐다. 그리스 문화의 가장 익숙한 유산인 그리스 신화는 과거에 관한 가장 분명한 그리스인의 표현이 아니다.

그리스인의 가장 위대한 발명 하나는 역사의 개념이었다. 유럽에서 역사라는 의미로 사용되고 있는 'history'라는 말은 '탐구하다' 또는 '탐구하여 알아내다'라는 의미의 그리스어 'historiê'에서 라틴어 'historia'를 거쳐 유래되었다. 이 말의 본뜻은 자연을 탐구한다는 '박물학natural history'이라는 표현에 남아 있다. 그리고 이 '탐구'라는 그리스식 개념의 특징은 기원전 6세기의 이오니아 계몽기Ionian Enlightenment에서 결실을 보았다. 오늘날에는 현대 과학자들을 그런 탐구 정신의 계승자로 여기고 있으며 현대 역사가들도 또한 그렇게 생각하고 있다. 어쩌면 탐구 정신은 그리스인들의 의학 연구의 부산물이었을 수도 있다. 이를테면 그리스인들은 인체의 기능이 환경, 기후, 식습관 등에 따라 어떻게 달라지는가를 관찰하고 따라서 공동체를 변화시키는 여러 방식을 궁금하게 여겼을 것이다. 그리스 역사 저술에서 가장 잘 알려진 개척자였던 밀레투스의 헤카타이오스Hecataeus of Miletus(기원전 550~489년경)는 위대한 신화 가문의 계보를 집대성하고 그 전설을 세밀하게 조사한 인물이었다. "내가 여기에 저술한 내용은 사실이라고 생각한 이야기이다. 그리스인들의 이야기는 수없이 많은데, 내 생각으로는 터무니없는 내용도 많기 때문이다"라고 그는 주장했다. 헤카타이오스는 널리 여행을 하면서 다양한 관습을 기록했고, 사람들이 사는 곳과 방법 사이에 연관성이 있다는 사실도 알아냈다. 이런 방식으로 그는 지리와 역사의 관계에 대한 그리스인의 세계적인 인식을 발전시키는 데 공헌했다.

이미 살펴보았듯이, 활판인쇄가 보급되기 전에는 편리하고 즐거운 기억의 수단이었던 시가 문법이나 도덕 규칙에서 종교의 주제나 민간 영웅의 모험담에 이르기까지 무수한 평범한 사실이나 기술과 전통을 전승시키는 관례적인 방식이었다. 산문이 아닌 시가 공동체의 기억을 축적해 주는 원초적인 유형이었다. 기원전 6세기에 이오니아 계몽기의 그리스 저자들은 과거를 산문으로 저술하기 시작했을 때 혁신을 이루었다고 유명해졌다. 그들은 '고대 그리스의 산문 역사가logographer'로 알려졌다. 서사 시인에서 비평 역사가로 전환되는 시기의 사람들도 여전히 신과 영웅과 전설 속의 도시 설립자들의 생애를 이야기하고 있었다. 그들은 그저 최초의 역사가들이었지만 공동체의 기록된 과거를 운율과 시와 노래 등의 전통에 얽매인 틀에서 벗어나게 하는 대담한 첫걸음을 내딛었다. 그리고 경험의 산문화를 통해 역사적인 정신이 탄생하게 되었다.

뮤즈는 모두 원래 노래의 여신들이었고 나중에서야 여러 종류의 시, 예술, 학문으로 구분되었다. 뮤즈의 수를 명확히 알지 못한 호메로스는 어떤 때는 하나의 뮤즈에 관해, 또 다른 때에는 많은 뮤즈에 관해 읊었다. 그는 뮤즈가 올림포스산에서 연회를 열고 있는 신들에게 아폴로의 수금에 맞춰 노래하는 모습을 묘사했다. 호메로스 이후에는 헤시오도스Hesiod가 아홉 뮤즈를 구별했지만 각 뮤즈의 구체적인 역할은 이후에 알려졌다. "우리는 거짓말을 진리처럼 말하는 법을 알고 있다. 그리고 우리가 선택할 때 진리를 말하는 법도 알고 있다"라고 뮤즈들은 헤시오도스에게 경고했다. 수 세기 이후, 아리스토텔레스는 여전히 역사보다 시에 더 높은 위엄을 부여했다. "사실적으로 표현하면, 역사는 일어난 일을 기술하고, 시는 일어날 수 있는 일을 설명한다. 따라서 시는 역사보다 더 철학적이며 더욱 중요하다. 시는 보편적인 일에 대해 말하고 역사는 특정한 일에 대해 말하기 때문이다." 보편적인 것보다 특정한 것을, 흥미로운 신화보다 냉정한 사실을 선택하려면 용기와 자제심이 필요했다.

역사의식이 높아지면서 매우 초기부터 대담한 저자들은 신들을 지상으로 끌어내리기를 원했다. 시칠리아의 그리스인 에우헤메로스Euhemerus(기원전 300년경)는 제우스가 직접 인도양의 판카이아Panchaea섬의 황금 사원 기둥에 새겼다는 오래된 비문을 토대로 『거룩한 역사Sacred History』를 저술했다. 그에 따르면, 신은 원래 인간으로서 영웅이나 정복자였는데 이후에 신격화되었다고 한다. 예컨대 에우헤메로스는 제우스와 그의 가족이 크레타의 고대 왕족이었다고 설명하면서 그 비문에서 우라노스Uranus 이후 세계의 초기 역사를 모두 기록할 것을 주장했다. 에우헤메로스설Euhemerism이라고 알려진 이 학설은 로마 황제의 신격화처럼 모든 이교도의 신화가 순전히 인간의 창작이라는 사실을 입증하려는 초기 기독교인들에게 이용되었다.

현대의 역사 징신의 요소가 뛰어난 두 그리스인의 저작물 안에서 훌륭하게 빛나고 있었다. 둘 다 기원전 5세기에 살았던 헤로도토스와 투키디데스는 현대 역사가들의 시조, 더 정확히 말하면, 역사 편찬의 창시자라 할 수 있다.

헤로도토스(기원전 480-425년경)는 물론 산문으로 역사를 편찬했으며,

고대 그리스의 산문 역사가의 새로운 전통 속에 있었다. 헤로도토스는 그리스 문화의 주변에서 왔다는 이점이 있었다. 그는 리디아인의 지배를 받았다가 이후에는 페르시아인의 지배를 받았던 소아시아 서남부 해안의 이오니아 도시인 할리카르나소스Halicarnassus에서 태어났기 때문이다. 헤로도토스는 아테네나 스파르타의 중심지에서 멀리 떨어져 있어서 매일 그리스인이 아닌 사람들과 접촉하고 있었다. 펠로폰네소스Peloponnesus 반도의 그리스인들은 조롱과 경멸의 시선으로 그들을 '야만인(외국인)'으로 보았으나 야만인의 지배를 받았을 때 태어난 헤로토도토스는 그들에게서 배우기를 바랐다.

그리스인들은 그들의 기원을 설명하는 풍부한 신화가 있었으나 리디아인과 페르시아인들에게는 그런 신화가 전혀 없었다. 헤로도토스는 그리스인이 아닌 사람들의 지리와 삶의 방식에 관한 조사를 계획했다. 그는 소아시아를 통해 에게해 제도, 이집트, 시리아, 페니키아, 트라키아, 스키타이, 그리고 동쪽으로 바빌론까지 여행하면서 도시 중심지에 중점을 두었다. 기원전 445년에 헤로도토스는 아테네에 거주하면서 페리클레스Pericles와 소포클레스Sophocles의 친구가 되었을 때 민족학 조사 내용을 페르시아 전쟁Persian Wars(기원전 500~449년)의 역사로 재구성하기로 하고 전쟁터와 군대의 진로를 다시 찾아갔다. 그는 당시의 기록이나 장군의 회고록뿐만 아니라 전쟁의 기록조차 하나도 없이 구전, 여행, 관찰 등으로 이야기를 종합해야 했다.

헤로도토스는 자신이 태어난 곳의 관습을 좋아하는 인간의 본성에 주목하면서 다양한 지역 풍습을 냉정하게 관찰했다. 예컨대 다리우스Darius가 피지배자 그리스인들에게 그들의 아버지 시신을 화장용 장작더미 위에 태우는 대신에 먹는다면 돈을 지급하겠노라고 요구했을 때 그 어떤 많은 액수도 그들을 유혹하지 못했다. 또 다리우스는 관습적으로 아버지의 시신을 먹는 원주민들에게 그 시신을 태우도록 유혹하며 요구했다. 그러나 어떤 대가를 내세워도 원주민들은 그런 신성모독의 행위를 받아들이지 않았다. 따라서 헤로도토스는 어디에서든 풍습이 가장 중요하다고 주장했다.

헤로도토스는 이후 2,000년 동안의 기독교 역사가들보다 기원에 관해 더 자유롭게 생각했고 비판 시각도 더 예리했다. 그는 천지창조에 관한 어떤 엄격한 독단에도 얽매이지 않고 역사적 시간을 과거로 거슬러 무한히 확대할 수 있었다. "오랜 시대의 흐름 속에서 불가능한 일은 없다. 만일 나일강이 역류하여 홍해로 흘러 들어간다면 기껏해야 2만 년 내에 그 흐름에 방해될 일이 무엇이 있겠는가?"라고 헤로도토스는 과감하게 말했다.

다음 세대에서 투키디데스(기원전 460-400년경)는 자신의 저서 『펠로폰네소스 전쟁사History of the Peloponnesian War』에서 정치사에 중점을 두었다. 투키디데스는 트라키아인의 이름을 가진 아버지를 두었고, 트라키아에서 금광 채굴권을 소유했으며, 20년 동안 아테네에서 추방된 일이 있었다는 사실 외에는 생애에 관해 별로 알려지지 않았다. 투키디데스도 외부인으로서 이점이 있었다. 아테네의 결정적인 전쟁(2차 펠로폰네소스 전쟁)이 시작된 기원전 431년에 젊었던 투키디데스는 이 역사를 기록할 것을 결심하고 27년 동안 이 과업에 열중했다. 애초부터 그는 이후의 역사가들이 지켜야 할 신조를 다음과 같이 제시했다.

그는 진실을 말하기보다 사람들의 귀를 즐겁게 하려는 연대기 작가의 이야기나 시인들의 과장된 공상에 잘못 이끌려서는 안 된다…. 사실들은 대부분 흘러간 세월 속 낭만적인 모험 이야기의 일부가 되었다. 그런 시간 간격을 두고 그는 가장 명백한 증거를 바탕으로 하는 결론에 만족하기로 결정을 내려야 한다…. 전쟁의 사건에 관해 나는 우연한 정보나 자신의 관념에 따라 감히 말하지 않았다. 나는 직접 보았거나 가장 신중하고 특별히 조사한 사람에게서 배운 사실만 기술했다. 이 과업은 대단히 힘든 일이었다. 같은 사건의 목격자들도 한쪽이나 다른 쪽의 행동을 기억하거나 관심이 있어서 서로 다른 진술을 했기 때문이다. 그리고 엄밀히 역사적 특징이 있는 나의 이야기는 듣는 사람에게 실망을 안겨 줄 가능성이 있다. 그러나 일어난 사건을 사실 그대로 보기를 원하거나 앞으로 인간사의 순서로 생겨날 수 있는 유사한 사건들을 알기를 바라는 사람은 내가 기록한 사실들이 유용하다고 말할 것이며, 그러면 나도 만족할 것이다. 나의 역사는 듣자마자 잊어버리는 포상prize 작품이 아니라 영원한 재산이다.

투키디데스는 펠로폰네소스 전쟁이 끝나고 더 오래 살았으나 자신의 과업은 완성하지 못했다. 투키디데스의 유작이 세상에 나오자 무수한 사람들이 이 저서를 완성하려고 노력했다.

이후의 그리스 역사가 중에는 헤로도토스와 투키디데스와 같은 뛰어난 인물은 나타나지 않았다. 현대적인 의미에서 과거를 사실 그대로 찾아내며 과거의 지식을 단순히 확대하는 역사 탐구는 그 위대한 시대의 그리스인들에게 널리 흥미를 끌지 못했다. 18세기의 유럽 계몽기와 달리, 이오니아 계몽기에는 상상력이 풍부한 문학작품뿐만 아니라 생물학, 수학,

천문학, 의학 분야에서 획기적인 저작물이 많이 등장했더라도 역사 저작물은 거의 없었다. 그 이유는 그리스인의 재능이 정서적 욕구를 충족시키는 듯 보이는 시, 서사시, 비극 등에 놀라울 정도로 뛰어났고, 또한 플라톤의 현란한 관념들과 같은 철학적 보편성이 그리스인들을 상당히 매료시켰기 때문이다. 이미 살펴보았듯이, 명확한 내용을 좋아하는 아리스토텔레스도 '알키비아데스Alcibiades가 무엇을 했거나 무엇을 했던 적이 있었는지'만 알게 되었기 때문에 그 역사에 위엄을 부여하지 않았다.

70

기독교가 방향을 정하다

인간의 전망을 한 개인이나 한 세대의 시절과 세월을 훨씬 넘어 광대하고 끝없는 순환으로 확대한 동양의 위대한 종교인 힌두교나 불교는, 개인이 전체로 융합하여 이러한 순환에서 벗어나도록 도와주었다. 힌두교의 약속은 '영원한 생명'이 아니라 불변의 이름 없는 절대자에게 흡수되어 이 끝없는 순환에서 벗어나는 윤회samsara('이주'라는 의미의 산스크리트어)였다. 불교에서도 자아를 우주에 융합시킨다는 열반nirvana('사라지다'라는 의미의 산스크리트어)으로 향하도록 '괴로움이 반복되는' 삶에서 벗어나는 길을 제시했다.

서구의 위대한 종교도 반복되는 동물의 세계에서 벗어나려고 했으나 정반대의 길을 찾아냈다. 힌두교와 불교는 역사에서 벗어나는 길을 추구한 데 반해, 기독교와 이슬람교는 역사 속으로 향하는 길을 추구했다. 경험에서 도피하는 약속 대신에 경험에서 의미를 찾았다. 기독교와 이슬람교는 둘 다 유대교에 뿌리를 두고 있었고, 이 세 종교는 모두 윤회의 세계에서 역사의 세계로 옮겨 가는 극적인 전환을 보여 주었다.

올림포스산에 영원히 사는 그리스의 신들은 사람들에게 과거를 기억하도록 권하지 않았다. 그러나 유대교는 힌두교나 불교, 또는 유교와 전혀 다른 의미에서 과거를 지향하는 역사적 종교였다. 예컨대 시편에는 "하나님을 섬기는 나라, 곧 하나님의 상속자로 선택된 백성은 복이 있도다"라고 노래했다. 유대인을 위한 신의 목적은 성서에 기록된 과거 속에 밝혀져 있었다. 유대인은 그들을 찾아온 신의 은혜와 고난을 되새기며 선택된 백성으로 자신들의 사명을 발견하고 기억했다. 유대인에게는 과거를 기억하는 일이 그들의 신을 기억하는 길이었다. 성경은 천지창조에서 시작된 세상의 이야기였고, 또한 유대인의 공휴일은 과거에 대한 기념이나 재현이었다. 매주의 안식일은 신이 6일 동안에 천지창조를 끝마치고 일곱 번째 날에는 쉬었음을 기억하는 날이었다. 유대인의 유월절은 이집트에서 탈출한 것을 기념하는 날이었고, 이 이야기를 알려 주는 하가다Haggadah(이야기식 성서 해석서)로 해마다 기념했다. 유월절 성찬식의 어리석은 아들은 하가다를 '그들'에게 일어났던 일의 이야기로 여겼지만 현명한 아들은 스스로 하나님이 불러낸 사람들에 속한다는 것을 깨달았다. 이런 의미에서 유대교는 완전히 과거지향적이면서도 반역사적인 종교였다. 성서는 유대인들이 이미 알고 있는 사실을 강조하려고 읽는 책이었다.

유대인들의 달력은 전통적인 창조일에서 시작되었고 지금도 그렇게 시작되고 있다. 선택된 백성으로서 이스라엘의 역사적 사명은 하나님이 아브라함과 맺은 약속이라는 특별한 사건으로 확립되었다. 하나님은 아브라함과 그 자손들의 신이 될 것을 합의하고 가나안의 땅을 그들에게 약속했으며, 한편 이스라엘 백성은 하나님만을 숭배하며 그의 계율을 지킬 것을 약속했다. 구약성서에서 처음의 5편인 모세 5경은 이 역사적 약속과 시나이산에서 신에게 받은 모세의 율법으로 역사를 완성하려는 연대기이다. 기독교 신학자들은 예수가 세상에 와서 신과 인류 사이에 새롭고 더 좋은 약속을 맺었다고 믿었기 때문에 그 연대기를 오래전의 약속이라고 불렀다. 이런 이유로 '구약Old Testament'과 '신약New Testament'이 성서의 두 부분을 지칭하게 되었으며, 'testament'라는 말은 히브리어 성서의 그리스어 번역판에서 'covenant(약속)'라는 말을 라틴어로 잘못 번역하여 생겨났다.

천지창조와 신이 아브라함과 맺은 약속은 역사적인 특성보다는 오히려 전통적인 특성을 띠고 있었다. 이스라엘의 신은 보편적인 신이었지만 선택된 백성인 이스라엘의 종교는 부족적인 성격으로 남아 있었다. 그들의 율법과 관습은 공통 혈통의 백성에게 주로 한정되어 있었다.

기독교는 새로운 의미에서 역사적 종교였다. 기독교의 본질과 의미는 예수의 탄생과 삶이라는 독특한 사건에서 비롯되었다. 유대인의 전통에 확고히 뿌리를 두고 있었던 예수Jesus('구세주'를 의미하는 히브리어 이름 '여호수아'의 그리스어 번역)는 유대인의 관습에 따라 할례를 받고 신앙을 굳혔으며, 방랑하는 랍비로 설교하고 가르쳤다. 기독교의 기초 경전인 마태복음, 마가복음, 누가복음, 그리고 요한복음은 삶과 죽음과 부활을 포함하는 예수의 연대기를 제공한다.

'복음Gospel'이라는 명칭(후기 라틴어의 'evangelium'에서 비롯된 '기쁜 소식'이라는 의미의 고대 영어 'godspell'에서 유래됨)은 기독교가 세계적 중요성을 띠는 전례 없는 사건의 역사에 확고히 뿌리를 두고 있다는 사실을 분명히 보여 준다. 예수의 출현은 최초이며 최대의 소식이었다. 따라서 기독교의 달력은 예수의 탄생과 생애의 사건을 기념하고 있다. 예컨대 성수태 고지 축일(3월 25일)에서부터 성탄절(12월 25일)을 거쳐 그리스도 할례 축일(1월 1일), 주현절(1월 6일, 주현절의 전야제: 예수의 세례, 현인들의 베들레헴 방문, 가나의 기적 등을 기념), 성촉절(2월 2일: 성모 마리아의 정화와 예수의 성전 봉헌을 기념), 예수의 변모 축일(8월 6일) 등이 있었다. 부활절도 예수의 부활을 둘러싼 사건을 기념하는 날이다. 이러한 사건들의 특별함을 믿는 기독교인들은 당연히 그들의 구세주가 나타난 해인 '그리스도의 기원Anno Domini'에서 연대를 계산한다.

윤회에서 벗어나는 기독교 방식인 예수 그리스도의 약속은 어떤 절대적인 세계로 도피하는 일이 아니었다. 오히려 인간의 유일성을 영원히 확대하는 일이었다. 복음은 "누구든 예수를 믿으면 소멸하지 않고 영원한 생명을 얻는다"라는 약속을 되풀이하고 있다. 기독교의 이상은 환생에서 벗어나는 일이 아니라, 거듭나서 영원히 천국의 내세에 사는 일이었다. "사람이 거듭나지 않고는 하나님의 나라를 볼 수 없다"라고 복음은 전한다.

복음에 근거를 둔 기독교의 역사 발견은 계시와 이성, 그리고 위기와 재난의 산물이었다. 에드워드 기번Edward Gibbon의 설명에 따르면, 410년 8월 24일 밤에 "용감하고 뛰어난 천재 알라리크Alaric(서고트의 초대 왕)가 이끈" 고트족Goths이 로마로 쳐들어왔다. "한밤중에 살라리아의 문이 소리 없이 열렸고 거주민들은 고트족의 요란한 나팔 소리에 놀라 깨어났다. 로마가 설립된 지 1163년 동안 매우 많은 인류를 정복하고 문명화시킨 이 제국의 도시는 게르만과 스키타이Scythia 부족들의 걷잡을 수 없는 분노에 타격을 받았다." 기번은 고트족의 로마 약탈을 가장 생생하고 설득력 있으며 좀 더 음란한 구절로 묘사하고 있다. 그 무렵, 북부 아프리카에 있는 로마의 전초기지 히포Hippo에서는 아우렐리우스 아우구스티누스Aurelius Augustinus(354-430년)가 주교로 대두되었다. 활력이 넘치고 작품을 많이 펴낸 그는 역사에 성 아우구스티누스로 알려져 있다. 아우구스티누스는 성 바울과 루터 사이에서 그 누구보다 기독교 사상에 큰 영향력을 미친 인물이었다.

아우구스티누스는 『고백록』에서 자신의 젊은 시절을 생생한 기록으로 남겼는데, 이 저서를 20세기의 심리학자 윌리엄 제임스William James는 개종 경험에 관한 고전이 될 만한 전기라고 여겼다. 아우구스티누스는 어머니의 영향으로 기독교인으로 자랐으나 16세에 인근의 카르타고에 공부하러 갔을 때 신앙을 버리고 수사학을 공부하기 시작했다. 그는 점성술에도 잠시 손을 댔으며 점성술의 간편한 예언들에 마음이 끌리기도 했다. 아우구스티누스는 20세가 되기 전에 첩이 있었고 아들도 1명 있었다. 로마 제국의 수도에 매료된 그는 아들을 데리고 로마에 가서 수사학 교사직을 찾았다. 그곳에서 실패한 아우구스티누스는 밀라노에서 강의를 맡게 되었으며, 또한 능변가 암브로시우스 주교Bishop Ambrose의 영향을 받았다. 그때부터 아우구스티누스의 개종 과정이 시작되었다. 깨달음을 얻으려는 부처가 아내와 아들을 버리고 출가했듯이, 아우구스티누스도 아들의 어머니인 첩을 버렸고, 그 첩은 깊은 슬픔에 빠져 어쩔 수 없이 그를 떠났다. 그 후, 아우구스티누스는 다시 금욕의 삶이 불가능해졌다. 또 다른 첩을 데리고 살게 된 그는 신에게 "저를 순결하고 절제하게 만드소서, 하지만 지금은 아닙니다"라는 기도를 하기도 했다.

그러던 어느 날, 아우구스티누스는 밀라노에 있는 한 정원에서 제자 알리피우스Alypius에게 내면의 분투를 설명하던 중에 갑자기 어떤 감정에 휩싸였다.

내가 몹시 괴로운 마음으로 말하고 울고 있을 때의 일이었다. 소년인지 소녀인지 알 수 없으나 이웃집에서 어린아이의 소리가 들려왔다. 마치 노래하듯이 "책을 들어서 읽어라, 책을 들어서 읽어라" 하고 여러 차례 되풀이했다. 순간 내 얼굴은 변했고, 나는 아이들이 어떤 놀이에서 이런 노래를 하는지 골똘히 생각하기 시작했다. 그런 노래는 들어 본 기억이 없었다. 그래서 나는 터질듯한 눈물을 참고, 책을 펴서 처음 시선이 가는 대목을 읽으라는 하나님의 명령이 분명하다고 생각하고 일어났다… 나는 책을 손에 들고 맨 처음 눈에 띄는 [성 바울 복음서의] 구절을 조용히 읽었다. "방탕과 술에 취하지 말고, 음란과 호색하지 말고, 쟁투와 시기하지 말며, 오직 주 예수 그리스도에게만 의지하여 정욕을 위한 육신의 일을 도모하지 말라." 나는 더 이상을 읽지 않았다. 더 읽을 필요도 없었다. 이 구절을 읽고 나자 곧 평안하고 밝은 불빛이 내 마음속에 스며든 듯 의혹의 어둠은 모두 사라져 버렸다.

아우구스티누스는 수도원으로 물러가 387년에 암브로시우스 주교에게 직접 세례를 받은 뒤에 아프리카로 돌아갔다. 그곳에서 그는 정통 기독교의 옹호자가 되었다. 아우구스티누스는 백여 권의 책과 서신과 설교로 당시의 주요 이단자들이었던 마니교도Manichaeans, 도나투스파의 신자Donatists, 펠라기우스주의자Pelagians, 아리우스파의 신자Arians 등을 공격했다. 395년에 그는 겨우 40세의 나이에 히포의 주교로 임명되었고, 교회법이 주교의 이동을 금지하고 있었기 때문에 남은 생애를 그곳에서 보냈다.

로마가 약탈당했다는 소문이 들리자 아우구스티누스는 역사를 위한 기독교의 의미와 기독교를 위한 역사의 의미를 자신의 특별한 재능과 경험을 이용해 설명할 준비를 시작했다. 그는 그리스어 지식이 완전하지 못했더라도 라틴어는 완벽했다. 기독교 신학자들에 따르면 "아우구스티누스는 가장 위대한 라틴어 저술가는 아니었어도 라틴어로 저술했던 사람들 가운데 분명 가장 위대한 인물이었다." 아우구스티누스는 410년 8월 24일 밤에 로마에서 일어났던 엄청난 사건에서 단서를 얻었다. 교회는 그의 옹호가 필요했다. 사람들은 대부분 로마의 멸망이 기독교의 발흥 때문이라고 비난하고 있었다. 당시 최근에 콘스탄티누스와 그 추종자들이 받아들인 예수 그리스도의 종교가 로마 제국의 암적인 요소라고 했다. 예컨대 만일 로마 제국이 기독교로 인해 '약해지지' 않았다면 그 영원한 도시가 무너질 수 있었을까?, 이 모든 일이 인류에 대한 무슨 전조일까? 등의 의문이 생겼다.

아우구스티누스는 『신국론The City of God』에서 그런 의문에 대한 해답을 제시했다. 그는 이 책을 로마의 멸망을 알고 난 후에 바로 쓰기 시작하여 이후 15년 동안 집필했다. 그가 뒤엎은 관념은 플라톤이 『국가론Republic』에서 주장한 순환 이론이었다. 그 순환 이론에 따르면, 세계는 7만 2,000년의 태양년 동안만 존속되었다. 세계 순환의 처음 3만 6,000년은 황금기이지만 두 번째 3만 6,000년은 창조주가 세계의 통제를 완화했던 시기로 혼란으로 끝나는 무질서의 시대였다. 그런 다음에 창조주가 다시 개입하여 이 순환을 새로 시작한다. 이와 대조적으로, 아우구스티누스가 『신국론』에서 주장하는 국가론은 사색이 아닌 역사 속에 존재했으며, 그의 출발점은 당대의 역사적 사건이었다.

아우구스티누스는 방대한 『신국론』을 로마의 멸망이라는 바로 그 사건부터 시작했다. 이를 두고 이후에 기번은 "로마의 위대함을 파괴하려는 섭리를 정당화시키는 일"이라고 주장했다. 더욱이 아우구스티누스는 침입한 야만인들의 온건한 태도에 감명을 받았다. 이전에는 피정복자의 신성한 장소가 정복자에게 공격 받지 않은 일이 없었다. 로마인들은 자신들이 정복한 신전들을 남겨 두는 일이 없었으므로 역사는 이교의 신들이 숭배자들을 보호할 수 없었다는 사실을 입증했다. 그리스인들은 트로이를 정복했을 때(아우구스티누스는 베르길리우스의 『아이네이스Aeneid』 2장, 761-767까지 인용했다) 주노Juno의 신전을 전리품을 나누어 주는 보물 창고로 사용했으며, 정복한 트로이 사람들을 노예로 팔 때까지 가두어 두는 감옥으로 사용했다. 이교도의 여신은 얼마나 무력했는가! 주노는 '보통의 저속한 신이 아니고 주피터의 누이이며 다른 모든 신의 여왕'이었는데도 아무런 피난처도 제공하지 못했다. 교회가 예수 그리스도의 사도들에 대한 성스러운 기념물로 있는 로마의 경험은 얼마나 달랐던가! "그곳〔트로이〕에서는 자유가 없어졌고, 이곳〔로마〕에서는 자유가 지켜졌으며, 그곳에서는 쇠사슬이 채워졌고, 이곳에서는 쇠사슬이 벗겨졌으며, 그곳에서는 거만한 적이 노예로 삼으려고 사람들을 데려왔고, 이곳에서는 동정심이 많은 적이 노예가 되지 않도록 사람들을 데려왔다."

알라리크가 로마의 교회들을 그대로 남겨 둔 하나의 일화는 과거에 대한 아우구스티누스의 위대한 기독교 해석의 기틀을 마련해 주었고, 이로 인해 모든 역사에 방향이 정해졌다. 아우구스티누스는 로마인들이 이전에 자신들의 오랜 이교도 신들을 버린 사실이 야만인들의 침략과 약탈에 책임이 있다는 의혹을 없애려고 다른 사례들을 수집했다. 만일 이교도 신들이 이 세상에서 안전을 보장하지 못한다면 어떻게 다음 세계에 축복을 내릴 수 있을까? 영원한 생명은 분명히 그들의 선물이 될 수 없다. 이런 결론으로 이교도 신앙의 흔적을 처리한 아우구스티누스는 두 '도시'의 커다란 차이점을 구별했다. 하나님의 도시는 하나님과 천사와 성자, 그리고 지상에 있는 모든 의로운 이들을 포함하는 정의의 절대적인 공동체로서 "여러 관습이나 법률, 또는 제도에 상관없이 모든 부족에서 주민들을 불러내어 모든 언어의 순례자 동료를 모으는 곳이다." 또 다른 도시는 이 세상의 익숙한 도시로 지상에 거주하는 모든 이들과 이곳에서 생겨나는 모든 것을 포함한다.

아우구스티누스의 『신국론』에서 나머지 부분은 두 도시의 '시작과 종말', 다시 말해 '인류가 처음부터 향하는, 육체의 인간과 약속의 인간이라는 2개의 다른 길'에 관한 아우구스티누스의 관점을 서술했으며, 최종적으로 '도시의 예정된 종말'을 설명했다. 역사의 종말은 이 세상이 아닌 하나님의 도시를 완성하고 찬양하며 실현하는 일이었다. 이런 개념이 중세전체에 걸쳐 역사에 관한 기독교의 사상을 지배하게 되었다.

그러나 아우구스티누스는 아직 현대적 의미로 진보의 학설을 설명한 것은 아니었다. 그는 새로운 것과 뜻밖의 이익이 생길 가능성을 전혀 고려하지 않았다. 그러나 그는 지상에서 더 좋은 삶을 추구할 희망, 즉 진보의 개념을 미리 암시했다. 아우구스티누스는 로마 제국이 이 세상을 하나로 만들었기 때문에 예수 그리스도가 그 안에 태어나서 교회가 전 세계를 지배할 기회를 주었다고 말했다.

아우구스티누스에게는 역사의 순환설이 생각도 할 수 없으며 혐오스럽기까지 했다. 예수 그리스도의 특별함과 그의 복음이 주는 약속을 부인하는 일이기 때문이었다. 그는 『고백론』에서 모든 사건 유형들은 천체 배치의 회귀 순환으로 결정되어 반복한다고 가르친 '점성가의 거짓된 예언과 신앙심이 없는 망령'에 맞서는 개인적인 투쟁을 기록하고 있다. 『신국론』에서 가장 설득력 있는 구절은 이교도의 윤회설(시간의 순환circuitus temporum)을 공격하는 부분이었다. 즉 "우리의 순수한 신앙을 위태롭게 하고 우리를 올바른 길에서 끌어내려 순환으로 함께 따르도록 강요하는 이단자들의 주장"을 맹비난했다.

아우구스티누스는 『전도서Ecclesiastes』에 있는 다음과 같은 솔로몬의 지혜를 잘못 해석해서는 안 된다고 경고하고 있다. "이미 있었던 것은 후에 있을 것이고, 이미 행해진 것은 후에 행해질 것이니, 하늘 아래 새로운 것은 아무것도 없다."

솔로몬의 이 말이 의미하고 있는, 우리가 믿어야 할 진정한 신앙은 그들[이교도 철학자들]이 의미하는 순환과는 전혀 다르다. 그들은 시간과 속세의 사건들이 반복된다고 추측하고 있다. 하지만 그런 생각은, 철학자 플라톤이 이 시대에도 아카데미라는 아테네의 학교에 앉아 학생을 가르치고 있으며, 과거의 무한한 세월을 거쳐 간격을 두고 반복해서 같은 도시에 같은 플라톤과 같은 학교와 학생들이 있었고, 또한 무한한 미래에도 다시 되풀이될 운명이라고 여기는 것과 같다. 그런 터무니 없는 일을 그냥 받아들이는 일이 없기를! 그리스도는 마지막으로 한 번 우리의 죄를 위해 죽었을 뿐이다.

다른 교부들도 구약성서의 예언을 순환의 관점이 아니라 예수 그리스도의 특별함을 예언한 것으로 해석했다. '여러 나라의 희망이 될' 지도자가 나타난다는 창세기의 예언은 예수만을 지칭할 수 있었다. 아우구스티누스보다 약 200년이나 앞선 알렉산드리아의 오리게네스Origen는 이렇게 기록했다. "예수 그리스도는 분명히 여러 나라의 희망이 될 뿐만 아니라 모든 선조와 후손들 가운데 유일한 존재였다." 예수 그리스도는 인류를 '시간의 순환'에서 벗어나게 했다. 아우구스티누스가 역사의 이론으로 공들여 만들어 놓은 '예수의 궁극성'은 그 후 1,000년 동안 유럽의 기독교 사상을 지배했다.

기독교가 역사에서 정당화되었으나 그 진리는 성장하지 않고 충족되었을 뿐이다. 유대인의 과거에 대한 관점에 기독교인들은 독자적인 성전을 추가시켰다. 그들은 신약성서가 구약성서의 예언을 실현했다고 주장했다. 두 성서는 선택된 백성뿐만 아니라 모든 인류를 위한 유일한 신의 계시였다. 복음은 모든 사람을 위한 좋은 소식이었지만 탐구라는 그리스어 의미의 역사가 아니고 신앙의 확인이었다. 복음은 시작이며 마지막이었다. 기독교인의 시험 기준은 유일한 존재 예수 그리스도와 그 구원의 메시지를 기꺼이 믿느냐의 문제였다. 그들은 비판이 아니라 강한 믿음이 필요했다. 교부들은 사상의 영역에서는 이단만이 역사를 갖는다고 주장했다.

기독교의 박식한 지도자들이 기록을 남긴 이유는 탐구에 관심이 있었기 때문이 아니었다. 그들은 해답을 찾을 필요가 없었고 해답을 기록하기만 하면 되었다. 유럽의 기독교 시대에 교회의 주요 인물들은 과거를 이용하기 위한 독자적인 방법을 개발했다. 조숙했던 알렉산드리아의 그리스인 오리게네스(185?-254년)는 18세에 이미 기독교 신학 아카데미의 교장이 되었고 800여 권의 저작물을 집필했다고 알려졌다. 그는 순결을 유지하려고 스스로 거세를 했기 때문에 성직자로 임명될 수는 없었으나, 그의 가르침으로 성 아우구스티누스 이전의 가장 영향력 있는 신학자가 되었다. 비유 해석에 특별한 재능이 있었던 오리게네스는 그리스어 저서에서 기독교의 주요 특징을 구별하기까지 했고, 역사적 회의론으로 신앙을 위태롭게 하지 않고도 기독교에 고대의 분위기를 부여했다. 오리게네스는 "만일 모세의 율법이 신성한 의미로 이해되는 함축성이 전혀 없었다면 예언자가 신을 향해 '당신이 제 마음의 눈을 뜨게 해 주신다면 저는 당신의 율법에서 경이로운 것들을 볼 것입니다'라고 기도하지는 않았을 것이다"라고 주장했다.

지중해 세계가 이 새로운 종교를 받아들이고 예수의 생애가 과거 속으로 사라지기 시작하자, 유대인의 경전 속에서 예수를 예측해야 할 뿐만 아니라 성경 속의 모든 사건과 초기 기독교인의 행동을 세계라는 맥락 속에서 찾아야 할 필요가 있었다. 이런 일은 오리게네스의 뛰어난 후계자 카이사레아의 에우세비우스Eusebius of Caesarea(서기 260-340년경)가 달성했다. 에우세비우스는 콘스탄티누스 황제의 오른팔 역할을 했으며 니케아 공의회 Council of Nicaea(서기 325년)에서 황제를 찬양하는 연설을 했던 인물이었다. 그의 연대기는 처음으로 칼데아, 그리스, 로마 등의 과거 사건들을 성서의 체계 안에 배치하고 포함했다.

에우세비우스는 세계 전체의 역사를 기독교의 역사로 편협하게 만들어 버렸다. 그가 만든 세계사 연대표는 비기독교의 모든 과거를 통합시키려고 했지만 결국 배제해 버렸다.

전쟁의 승리와 적에게서 빼앗은 전리품, 장군들의 기량, 병사들의 남자다운 용기 등을 기록한 다른 저자들의 역사 기록은 아이들과 나라와 소유물을 위한 피와 수없이 많은 학살로 더럽혀져 있다. 그러나 신의 정부에 관한 우리의 이야기는 지울 수 없는 글자들로 영혼의 평온을 위한 가장 평화로운 전쟁을 기록하고, 나라보다는 진리를, 그리고 가장 소중한 친구들보다 신앙심을 위한 사람들의 용감한 행동에 관해 알려 줄 것이다. 이 이야기는 종교 선두주자들의 단련과 끊임없는 불굴의 정신, 악마를 물리친 승전 기념물, 보이지 않는 적을 물리친 승리, 이런 모두에게 씌워지는 왕관 등을 불후의 기억으로 전해 줄 것이다.

이후 세기에는 몇몇 위대한 신학 저작물과 '종교 선두주자들'의 방대한 성자 언행록이 만들어졌으나 헤로도토스와 투키디데스에서 암시되었던 역사 탐구의 정신은 1,000년 동안 동면하고 있었다. 기독교 학자들은 "예수가 제자들에게 '그 시기와 계절은 너희가 알 수 있는 일이 아니며, 오직 아버지의 권한에 속한다'고 했던 반박의 여지가 없는 가르침"을 믿는 에우세비우스의 신념을 함께하고 있었다.

과거에 대한 기독교의 관점은 고대의 기록을 비유의 안개로 뒤덮었고 최근의 인물을 신성함이라는 후광으로 감쌌다. 역사는 정설에 붙은 각주 같은 의미가 되었다. 그 후 1,000년 동안 유럽에서는 과거를 기독교에 이용하려는 실험이 간간이 있었으나 역사 탐구의 전통은 전혀 만들어지지 않았다. 성 아우구스티누스는 자신의 『신국론』을 집필하는 데 과거의 자료를 사용했다. 그의 제자인 오로시우스Orosius가 저술한 『이교도에 대항하는 7권의 역사서Seven Books of Histories against the Pagans』(서기 5세기)는 그리스도 시대 이후의 악을 기독교의 책임으로 돌릴 수 없다고 논증했고, 이전의 시대에는 훨씬 나쁜 재앙들이 있었기 때문이라고 설명했다. 기독교 정통의 속박에서 가끔 벗어나는 사람들 가운데 영국인 성 비드Venerable Bede(673-735년) 같은 인물들이 있었다. 다행히 성 비드는 그 당시의 기록을 장황하게 엮어 놓았다. 한편 앵글로-색슨 연대기Anglo-Saxon Chronicle 같은 문헌의 연대기 편찬자들은 왕의 행동과 교회와 수도원의 경력을 기록했다. 그러나 역사에 관한 자료가 역사는 아니었다.

원시 국가들을 위한 '한 나라를 상징하는' 과거를 만들어 내려는 초기 노력에는 간혹 『아이네이스』의 유형을 따르는 일도 있었다. 베르길리우스가 로마의 국가 서사시 『아이네이스』에서 로마의 창설자를 읊었듯이, 다른 곳의 창설자들도 신의 힘으로 인도되었다고 쓰여 있었다. 몬머스의 제프리 Geoffrey of Monmouth가 쓴 『브리튼의 통치사 History of the Kings of Britain』(1150년경)는 영국의 왕들이 통치한 계보를 트로이 시대까지 거슬러 밝혀내고 있었다.

현대적 역사 탐구의 어렴풋한 불빛은 여러 정세 속에서 사람들이 저술한 몇 편의 저작물 속에서 찾아볼 수 있었다. 샤를마뉴의 친구이며 고문으로 일했던 아인하르트Einhard는 영웅의 생생한 묘사를 담은 전기를 집필했다. 프라이징Freising의 주교였으며 신성 로마 제국의 황제 하인리히 4세의 손자였던 오토Otto는 왕의 측근이었기 때문에 조카였던 프리드리히 바르바로사 Frederick Barbarossa (프리드리히 1세)를 친숙하게 기록으로 남길 수 있었다. 그러나 역사 기록이 비평을 초월하는 상황에서는 과거의 완전하고 자유로운 탐구는 불가능했다. 신성한 '저자들'은 '권위자'가 되었고 중세의 연대기 편찬자들은 경험보다 '권위자'를 더 선호했다. 성 비드 역시 하드리아누스의 방벽Hadrian's Wall에 관해 저술했을 때 그가 살던 곳에서 볼 수 있으며 매일 지나다니던 그 방벽을 직접 보고 저술한 것이 아니라 로마의 한 저술가의 글을 즐겨 인용했다.

71

역사 기록의 수정

기독교의 '지리'처럼 기독교의 '역사'도 교회와 국가의 진실성을 입증하는 일이었다. 통치자들은 트로이나 신들의 후손으로 정당화되는 일에 매우 만족했다. 지구에 관한 고대의 관점을 수정하면 많은 보상이 기대되었다. 유럽의 군주들은 육지와 바다에 대한 권리를 주장하려고 콜럼버스, 가마, 마젤란, 캐벗 등을 기꺼이 지원해 주거나 지원하기를 열망했다. 그러나 그들은 과거를 재구성하면 손해만 볼 수 있었다. 그 점에 관해서는 그대로 두기를 선호했다. 왜 권위를 인정받은 전설을 불확실한 사실로 대체할 것인가?

어디에나 있으면서 어디에도 없는 과거는 경쟁하는 제국들을 떼어 놓을 교황권이 없는 위험한 무인지대였다. 신중한 군주는 자신의 혈통이 신화로 안전하게 감추어지는 일이 좋았다. 두려움이 없는 학자들이 밝혀내지 못할 일은 무엇일까? 인쇄술로 위험은 점점 커졌다. 코시모 데 메디치가 역사의 저술에 특별한 검열을 행사한 일이나(1537-1574년) 엘리자베스 여왕이 선왕 리처드 2세의 폐위를 너무 자유롭게 묘사한 저자들을 괴롭힌 일도(1599년) 놀랍지가 않다. 주마등과 같은 과거는 변화가 많은 미래상을 불러일으킬 수도 있었다.

르네상스 시대의 이탈리아는 과거를 탐구하기 위한 유럽의 첫 본거지였다. 포르투갈이 지리의 모험가들을 위한 곳이었듯이, 이탈리아는 역사를 위한 곳이었다. 더욱이 이탈리아의 피렌체는 포르투갈의 사그레스와 같은 곳이었다. 성 아우구스티누스는 기독교 미래의 기준을 정했지만, 이탈리아의 시인이며 인문주의자였던 프란체스코 페트라르카Francesco Petrarch(1304-1374년)는 르네상스의 선발대에서 과거를 탐구하는 개척자였다. 400년 후 에드워드 기번에게 영감을 주었던 바로 그 로마 제국의 극적인 폐허의 모습에서 페트라르카는 현대적 의미의 역사에 대한 영감을 받았다. 중세에는 그런 기념비적인 유물이 거주민이나 학자, 또는 여행자들의 호기심을 끌지 못했다. 누가 어떻게 그런 유물들을 만들었으며, 그 고대인들은 어떻게 살았는지에 관한 의문도 거의 없었다. 그 유물들은 12세기 중반에 익명의 저자가 저술했듯이, 그저 『로마시의 경이로움Marvels of the City of Rome』이었으며, 이교도의 신화와 성스러운 전설의 유적으로 주목되었을 뿐이었다. 예컨대 『로마시의 경이로움』에는 이렇게 기록되어 있었다. "로마시에는 육체의 손Hand of Flesh이라고 불리는 성 마르코의 아치형 구조물이 하나 있다. 당시에 이 로마시에 살던 신앙심 깊은 부인 루시가 기독교 신앙 때문에 디오클레티아누스 황제의 명령으로 고문을 받고 맞아 죽었다. 그런데 어떻게 된 일인가! 그녀를 때려죽인 사람은 돌로 변했으나 그의 손만은 7일째까지 인간의 손으로 남아 있었다. 그래서 그 장소의 이름을 오늘날까지 육체의 손이라고 부른다." 고대의 건축물은 그 자체가 성전과 같았다.

1337년에 페트라르카는 처음으로 로마를 방문했을 때 프란체스코회 수도사 콜론나Colonna의 안내로 함께 로마의 폐허를 거닐면서 유쾌한 시간을 보냈다. 페트라르카에게 이 폐허는 이상한 삶의 방식에 관한 실마리가 되었다. 그는 이런 실마리를 콜론나에게 보내는 긴 서신에 재현했으며 영광의 로마 시절을 설명하는 스키피오 아프리카누스Scipio Africanus에 관한 한 편의 시로 표현했다. 페트라르카는 돌에 새겨진 비문이 과거의 명확한 메시지가 된다는 사실을 알게 되었고, 또한 다른 실마리를 찾으려고 고문서를 자세히 살펴보았다. 그리고 1345년에는 베로나에서 키케로가 동료 정치인에게 보낸 수많은 서신을 발견했다. 이를 계기로 고대 로마인 생활의 부산물을 관찰한 페트라르카는 활기 없는 지식인에서 활력 넘치는 공인으로 바뀌었다. 그는 로마의 주화를 역사의 자료로 사용하여 수에토니우스Suetonius의 저작물에 나오는 난해한 구절을 이해하는 데 도움을 받았다. 페트라르카는 활용되지 않고 묵혀진 유물이 새롭게 발견될 때마다 새로운 해석을 시도했다. 그는 대량으로 수집한 로마 주화를 로마 황제들의 초상을 보여 주는 전시실처럼 여겼고, 왕이 본보기로 삼으려는 로마 황제의 얼굴들을 골라 카를 4세에게 아낌없이 바쳤다.

신성 로마 제국의 황제 카를 4세(1316-1378년)는 자신의 영역에서 '오스트리아'를 제외한다고 알려진 고문서로 고민하고 있었을 때 페트라르카에게 부탁하여 그 고문서가 위조라는 것을 입증하게 했다. 이에 관해 페트라르카는 이렇게 결론을 내렸다. "누가 이 글을 썼는지는 모르지만 분명 그 사람은 학자가 아니라 학생이고, 무식한 작가이며, 거짓말을 하려고 했으나 거짓말을 할 능력도 없는 자가 확실하다. 그렇지 않다면 그런 어리석은 실수를 저지르지 않았을 것이다." 페트라르카는 그 위조문서에서 카이사르가 자신을 '우리'(사실 그는 늘 자신을 단수로 지칭했다)라고 말했고, 또한 자신을 '아우구스투스'(이 용어는 처음에 그의 후계자들만 사용했다)로 칭했으며, 그리고 문서에는 날짜가 "우리가 통치한 첫해의 금요일"(월이나 일에 관한 아무런 언급 없이)이라고 작성되어 있다는 사실을 지적했다.

문서의 위조는 중세에 널리 행해지던 기술이었다. 봉건 영주와 거만한 왕들은 고대의 관례를 입증하기를 열망하며 명백한 문서의 권위를 얻으려고 서로 싸웠다. 기록 문서의 사용이 증가하면서 '진본의' 인정에 대한 요구가 증대되었고, 또한 로마법에 따른 위조죄는 재산이나 상속의 사례에 제한되어 있었다. 인정된 권위자를 입증하려고 문서를 위조하는 일은 일반적으로 깊은 신앙심이나 애국심의 행동으로 여겨졌다. 잘못된 역사 문서가 위조라는 불명예로 밝혀지려면 먼저 역사적 과거가 신화나 전설의 설득력 없는 허구가 아니고 확고하게 정의할 수 있는 사실이라는 믿음이 있어야 했다. 허구의 과거를 불신하는 용기가 바로 새롭게 나타나는 역사의식의 징표였다.

근대적 역사 비평의 개척자는 격려가 되는 해답을 제공하기보다 당혹스러운 질문을 많이 던지는 성마른 인물이었다. 지식 세계의 '무서운 아이enfant terrible'였던 로렌초 발라Lorenzo Valla(1407-1457년)는 역사에서 진리의 사도와 같았다. 그는 문학계의 파라셀수스Paracelsus 같은 존재로 더 잘 설명될 수 있고, 전문적인 비전문가였으며, 현학과 연역적 추론과 궤변의 적이었다. 교황청 법률가의 아들로 로마에서 태어난 발라는 서른이 되기 전에 이미 학계의 격분을 불러일으켰다. 그는 스토아주의를 맹비난하고 에피쿠로스파를 옹호했으며 로마법의 존경 받는 권위자 바르톨루스Bartolus(1314-1357년)가 사용하는 조악한 라틴어를 조롱했다. 파비아 대학교University of Pavia에서 추방당한 발라는 밀라노와 제노바에서 각각 잠시 피난을 했다가 아라곤의 왕 알폰소 5세의 서기관과 역사학자로 남부에 정착했다. 그때 알폰소왕은 나폴리 왕국의 소유권을 주장하는 데 몰두하고 있었다.

알폰소왕의 정치적 필요성으로 발라는 가장 유명한 역사 비평의 공훈을 세울 기회가 생겼다. 알폰소왕을 상대로 교황 에우제니오 4세Eugenius IV는 이탈리아 전체에 대한 세속적 권위를 주장하고 있었다. 교황의 주장은 콘스탄티누스 대제(280?-337년)가 교황 실베스테르 1세Pope Sylvester I(314-335년)와 그 후계자들에게 로마 도시와 서로마 제국의 일시적 지배권을 약속한 이른바 '콘스탄티누스의 기증Donation of Constantine'이라는 고문서에 근거를 두고 있었다. 이 기증은 콘스탄티누스 대제의 나병을 기적적으로 치료해 준 실베스테르 1세에 대한 보상과 콘스탄티누스를 기독교로 개종시킨 대가로 이루어졌다고 전해진다. 중세에는 이의 없이 받아들여진 이 문서가 왕과 황제들에 맞서는 교황들이 대대로 이어 온 가장 강력한 무기가 되어 왔었다. 이제 발라는 한 세기 전에 페트라르카가 이용한 비슷한 기회를 포착하여 자신의 후원자와 역사의 목적에 헌신할 수 있게 되었다. 이 일은 그의 우상 파괴주의 기질에 딱 맞는 기회가 되었다. 1440년에 발라가 쓴 '콘스탄티누스의 기증'에 관한 논문은 이 문서가 위조라는 사실을 결정적으로 입증했기 때문에 그 이후로 교황청의 우위를 옹호하는 사람들이 이의를 제기할 엄두를 내지 못했다. 발라는 라틴어 용법의 변화에 관한 깊은 지식을 이용하여 그 문서가 결코 진실일 수 없음을 분명히 보여 주었다. 위조자가 너무 무식해서 콘스탄티누스의 시대에는 '왕관diadem'이 사실은 금관이 아니라 굵고 거친 천이었고, '삼중관tiara'은 당시에 아직 사용되지 않은 용어라는 사실을 모르고 있었다. 발라는 콘스탄티누스의 서기들이 알았을 리가 없는 히브리어에서 차용된 말들과 함께 '자줏빛purple', '왕홀scepter', '표준standard', '깃발banners' 등의 단어와 '혹은or'의 뜻으로 쓰인 단어까지 노골적인 시대착오의 어구를 구절마다 찾아냈다.

이 일은 발라가 정통의 요새를 공격한 시작에 불과했다. 발라는 스콜라 철학자 보에티우스Boethius를 반박했으며, 또한 아리스토텔레스의 9개 범주를 3개로 단순화시켜 스콜라 철학자들의 해석을 수정했다. 그리고 발라는 키케로의 문체를 비판했으며 흔히 키케로가 저술했다고 하는 수사학과 기억술의 유명한 설명서인 『헤레니우스를 위한 수사학Ad Herrenium』이 키케로의 저서가 전혀 아니라는 사실도 보여 주었다. 또 특유의 성격대로 발라는 '사도신경'이 그리스도의 열두 제자가 작성한 신조가 아니라는 주장을 펴기도 했다. 종교재판에서 아리스토텔레스의 이론을 수정하려는 시도를 포함한 8가지 명목으로 발라를 이단으로 판결을 내렸을 때, 발라는 후원자 알폰소왕이 구원해 주지 않았더라면 화형을 당했을 것이다.

발라는 자신의 새로운 역사 비판의 방법을 성서 자체에 적용하여 극도의 위기에 처하기도 했다. 그는 성 제롬의 4세기 불가타 성서를 비판했다. 불가타 성서는 중세에 걸쳐 가장 권위 있는 라틴어역 성서였다. 발라는 많은 도서를 베네치아에 기증한 베사리온Bessarion 추기경의 강요로 『신약성서에 관한 주해Annotations on the New Testament』도 집필했는데, 이 책은 교회의 금서 목록 명부에 들어갈 정도로 위험한 저서가 되었다.

교황 지배권의 기록물 기반을 향한 발라의 공격이 아직은 거부감의 영향을 미치지 않았다. 예술과 문학의 관대한 후원자였던 새로운 교황 니콜라오 5세 Nicholas V(1397?-1455년)가 발라를 교황의 비서로 임명할 정도였기 때문이었다. 교황은 발라에게 역사 저술을 지원했으며 헤로도토스와 투키디데스의 저서를 번역하도록 의뢰했다. 1457년에 발라는 로마의 산타 마리아 소프라 미네르바 교회 Santa Maria sopra Minerva에서 도미니크회의 성 토마스 아퀴나스의 기념식 연설을 하라는 요청을 받았을 때 최종적인 비판의 공격을 날렸다. 그는 놀란 관중들 앞에서 토마스 아퀴나스의 사상을 궤변과 '믿을 수 없는' 방식이라고 맹비난하고 교부들의 단순한 신학에 항변했다.

발라는 학문을 추구한 방식만큼 비정통적인 삶을 살았다. 그는 교회의 여러 직위를 역임했으나 성직자로 임명되었는지는 의문스럽다. 발라는 결혼을 했다는 기록이 없지만 한 로마인 정부를 두었으며 세 아이의 아버지였다. 그런 제멋대로인 성격이 역사의 판도라 상자를 열었다는 사실은 놀라운 일이 아니었다. 발라의 저서들은 인쇄 출판으로 하나의 시한폭탄이 되었다. 『신약성서에 관한 주해』(1505년)와 『콘스탄티누스의 기증'에 대한 비판』(1517년, 루터가 비텐베르크 대학의 교회당 정문에 '95개조 반박문'을 게재한 해)이 마침내 출판되었을 때 발라의 폭발적인 메시지는 광범위한 독자를 생기게 했다. 발라의 전례를 따른 에라스뮈스 등의 사람들은 역사를 종교개혁을 위한 무기로 만들어 놓았다.

비판 정신은 또한 이슬람 세력에 맞서 싸우는 모든 기독교인에게 도움이 되었다. 세고비아의 존 John of Segovia이 번역한 코란은 최초의 판본과 이후 서구에서 출간된 인쇄본을 갈라놓았다. 다재다능한 니콜라우스 쿠자누스 Nicholas of Cusa(1401-1464년)가 집필한 『코란을 걸러 내다 The Sieving of the Koran』(1460년)는 성전 속에 들어 있는 여러 역사적 요소들을 분석하여 남아 있는 성전이 신의 영감이 아니라 인간사의 산물이라는 사실을 보여 주었다.

삼십년 전쟁 Thirty Years War (1618-1648년)이 일어난 시기에는 유럽 전체에 걸쳐 가톨릭과 신교도 대공들 사이에서 고문서에 근거한 지배권 주장의 논쟁이 끊이질 않았다. 프랑스에서는 귀족들이 절대왕권의 위협에 맞서 지역의 권력을 위해 법적 소송을 내며 '외교 전쟁 Diplomatic Wars'이라고 부르게 되는 싸움을 하고 있었다. 현대에서 역사 추적에 꼭 필요한 '고문서학 diplomatics'이라는 학문이 이런 필요성에 대응하여 생겨났다. '고문서학'은 외교와 거의 관련이 없었으나 흔히 접힌 문서를 지칭할 때 쓰인 그리스어 'diploma'('이중의' 또는 '접힌'이라는 뜻)에서 유래되었다. 고대 로마 시대에는 그런 중요한 문서들을 둘로 접을 수 있는 동판에 글로 새겨, 보관의 편리뿐만 아니라 내용의 비밀 유지를 위해 접어서 봉해 두었다. 'diploma(공문서)'라는 말은 중세에 별로 사용되지 않았으나 르네상스 시대의 작가들에게 특히 재산권이나 정치적 권위를 확립하기 위한 고문서를 가리키는 말로 널리 사용되었다. 18세기에 이르러서도 영어의 이 말이 졸업장을 의미하지는 않았다.

1607년에 진취적인 네덜란드의 예수회 일원인 위트레흐트의 헤리베르트 로즈웨이드 Heribert Rosweyde of Utrecht (1569-1629년)는 기독교 성자들의 삶에 관한 확실한 이야기를 수집하여 출판하려는 야심 있는 계획을 세웠다. 당시에 최신의 방법이었던 문헌학과 원문 비평이 사실과 전설을 구별하고, 종교 전통을 정화하고, 성인 전기를 하나의 학문으로 만드는 데 이용되었다. 자신들의 임무를 진지하게 맡은 예수회 신부들은 연구를 통해 성 조지 Saint George의 전설을 해체하기에 이르자 영국에 있는 독실한 신도들을 충격에 휩싸이게 했다. 이런 역사 비판의 개척자 중 한 사람인 열정적인 다니엘 파페브로치Daniel Papebroch(1628-1714년)는 이 분야의 저서를 18권이나 집필했다. 또 그는 위조문서를 찾아내는 규칙을 고안한 다음, 그 규칙을 베네딕트회의 여러 문서에 적용하여 가짜라는 사실을 밝혀냈다. 파페브로치는 서기 700년 이전의 현존하는 기록은 모두 가짜라고 주장했다. 프랑스의 생드니와 코르비St.Denis and Corbie 수도원이 베네딕트회의 소유가 아니라는 사실이 입증되면 이 재산은 예수회에 속할 가능성이 있었다.

이후에 베네딕트회의 회원이 된 총명한 장 마비용Jean Mabillon(1632-1707년)은 자신의 교단을 옹호하는 데 천부적인 자질이 있었으며, 또한 근대적인 원문 비평의 방법을 정교하게 만들어 낸 인물이었다. 샹파뉴Champagne의 농가에서 태어난 마비용은 19세에 출가하여 여러 수도원을 여행하며 젊은 시절을 보냈다. 그는 수 세기 동안 프랑스 왕들이 신성화 의식을 받은 성 레미St.Rémy의 교회를 방문하여 초기의 갈리아 기독교인들이 묻힌 묘지를 걸어가다가 묘비에 적힌 내용에 흥미를 갖기 시작했다. 어떤 경우에는 마비용이 너무 열성적으로 조사를 하여 '거의 교회 전체를 파헤치는' 죄를 범한 일도 있었다고 한다.

파페브로치에 대응하여 마비용은 『고문서론De Re Diplomatica』('중세 기록의 연구에 관하여' 1681, 1704)을 저술했는데, 이 저서를 이용해 고문서를 검증하는 세부적이고 종합적인 방법인 고문서학을 확립했다. 예수회 일원인 파페브로치는 메로빙 왕조Merovingian의 문서에 있는 독특한 글자체를 의심하고 있었다. 여기에 대응하여 베네딕트회 회원인 마비용은 수 세기가 지나면서 기록되는 사건만큼이나 많은 변화가 글자체에도 있었다고 설명했다. 그는 라틴 글자가 고대 로마자의 대문자에서 17세기의 필체로 변화하는 실례를 분명히 보여 주었다. 모든 범위의 단서를 조사한 마비용은 필사(고문서학), 필기 재료, 도장(인장학), 날짜(연대학), 용어(문헌학) 등의 '보조학문'을 개척했다. 역사적 증거를 세심하게 조사하는 원칙에 따라 그는 문서 하나의 진본을 입증하려면 모든 단서가 일치해야 한다는 꽤 합리적인 주장을 내세웠다. 마침내 파페브로치도 마비용의 원칙을 인정해야 했고, 마비용의 저서는 미래의 역사학자들에게 하나의 고전이 되었다. 마비용은 유명한 성자들의 전설에 비평을 집중시키면서 고발을 당할 위험에 처했다. 거의 인생 말년에 그는 로마에 있는 성자들로 추정되는 유해의 진위를 조사하기 시작한 후, 교황 클레멘스 11세 Clement XI의 보호를 받아야 했다. 금서의 오명을 씌우겠다는 위협을 받았어도 마비용은 '대단히 견실하고 믿을 수 있는 역사가 액턴 경 Lord Acton만큼 세계에서 가장 뛰어난 비평가로' 명성을 얻을 기회를 버리고 근본적인 철회를 받아들이기를 거부했다.

근대 역사는 부정적인 분위기뿐만 아니라 긍정적인 열기에서도 성장을 했다. 이탈리아 도시의 떠오르는 영광과 이탈리아의 번창하는 토착어 문학은 웅장한 이야기체를 위한 세속의 주제를 제공했다. 처음으로 근대에 등장한, 나라를 상징하는 노래인 국가도 역사로 쓰여 있었다.

피렌체와 이탈리아에 관한 저서들은 역사에 관한 역사에 새로운 장을 열었다. 급성장하는 도시국가들은 전문 사학자들을 고용하여 자신들의 위대한 투쟁을 극화하고, 공적을 쌓은 남녀를 기념하고, 또한 미래의 방향을 정해 줄 것을 의뢰했다. 레오나르도 브루니 Leonardo Bruni(1368~1444년)는 전설적인 과거에서 도시의 이야기를 풀어낸 『피렌체 시민사 History of the Florentine People』(베네치아, 1476년)를 집필했다. 그는 피렌체의 위대함이 피렌체 공화국과 그곳의 자유정신에서 유래되었다고 주장했다. 로마도 하나의 공화국으로 번창했으나 "로마의 절대 통치권은 로마 도시에 재난이 닥치듯이 카이사르 이름이 처음으로 추락했을 때 파멸되기 시작했다." 샤를마뉴 제국이 겉으로만 그럴듯했기 때문에 서로마 제국은 야만인의 침입으로 결국 끝을 맺고 말았다. 그리고 이탈리아의 도시들은 자유로운 공화국으로 모습을 드러내면서 다시 행운을 누렸다. 포를리Forlì의 플라비오 비온도Flavio Biondo(1392-1463년)는 피렌체와 이탈리아를 찬미하면서 앞으로 수세기 동안 유럽의 역사 사상을 지배하고 속박할 하나의 체계를 제공했다. 비온도는 고대 이탈리아의 위엄과 근대 이탈리아의 전망을 구분하면서 로마가 알라리크에게 점령당한 이후의 1,000년을 하나의 '중세'로 구분했다. 때로는 최초의 중세 역사가로 불리는 플라비오 비온도는 자의식이 강한 최초의 근대 역사가로 불리는 편이 나을 것이다. 그가 역사를 고대와 중세와 근대로 구분하는 3단계 체계의 창안자인 듯 보이기 때문이다. 비온도 자신은 '중세medium aevum'라는 말을 사용하지 않았으나 로마의 멸망 이후 1,000년의 기간에 새로운 역사적 의미를 부여한 인물이었다. 유럽 전체의 과거를 고대 영광의 시대, 분열과 쇠퇴의 중세, 근대 부흥의 시대 등으로 구분한 비온도의 방법은 서구의 사상 속에서 절대 사라지지 않을 것이다. 이러한 제한적인 구분은 유럽의 역사가들에게 계속 사용되었으며, 아시아의 역사가들에게도 수출되어 인도나 중국의 '중세'에 무모하게 적용되기도 했다.

니콜로 마키아벨리Nicolò Machiavelli(1469-1527년)가 저술한 『피렌체의 역사와 이탈리아의 여러 사건The History of Florence and the Affairs of Italy』은 오늘날에도 흥미를 끌고 감동을 주는 피렌체 역사서로 초기 근대사라고 할 수 있다.

1520년에 피렌체의 역사를 저술하라는 추기경 줄리오 데 메디치Giulio de'
Medici의 지시로 마키아벨리는 브루니와 플라비오 비온도를 비롯한 여러 학
자의 문헌 자료를 채택하여 교황 클레멘스 7세가 된 후원자 줄리오 데 메
디치에게 1525년에 저서를 바쳤다. 마키아벨리가 이미 수년 전에 저술하
기 시작했던 『군주론The Prince』은 새로운 유형의 근대사 인물을 인상적으로
묘사해 놓았다. 브루니의 본보기를 따른 마키아벨리의 『역사History』는 야
만인의 침입부터 1434년의 메디치 가문의 계승에 이르기까지 그 기간에
해당하는 내용이 책의 반을 차지했다. 책의 나머지 내용은 1492년에 위대
한 로렌초가 세상을 떠나기 전까지 일어났던 피렌체의 음모와 전쟁을 다
루고 있었다. 투키디데스와 리비우스Livy의 뒤를 잇는 마키아벨리는 자신
이 이야기하는 인물과 사건에 적합하다고 생각되는 이야기을 적었고, 또
한 피렌체 공화국의 성쇠와 보르자 가문the Borgias의 부패와 무자비함이 마
키아벨리 시대에서 절정에 달했던 정치적 비극이 되었다. 마키아벨리의
비평 정신과 서사체의 결합은 근대사의 위대한 작품들의 전조가 되었다.

72

폐허의 탐구자들

고대 로마에서 비롯된 이익은 많지만 존중 받지 못한 장엄한 부산물은 중세의 건축자재 분야의 상업이었다. 적어도 1,000년 동안에 로마의 대리석 석공들은 새로운 건축을 위한 본보기와 자재를 찾으려고 폐허를 발굴하고, 고대 건축물을 해체하고, 옛 포장도로들을 파내는 일을 했다. 약 1150년경에 대리석 석공들의 한 집단을 가리키는 코스마티파the School of Cosmati는 부서진 조각들을 이용하여 새로운 모자이크 형태를 만들어 내기도 했다. 대리석 석공들은 난폭하고 악명이 높은 독자적인 방식으로 로마를 계속 약탈했는데, 그 방식은 410년의 고트족, 455년의 반달족, 846년의 사라센족, 1084년의 노르만족 등의 약탈보다 더욱 심했다. 대리석 석공들의 약탈은 지속적이고 은밀했으나 완전히 인정받은 일이었다.

고대 비석에서 나온 얇은 조각들은 길의 가장자리나 사각형 문판, 또는 도로포장에 쉽게 활용될 수 있었다. 이런 이유로 로마 교회의 바닥에는 전혀 관련이 없는 비문들이 매우 많다. 카라라Carrara의 언덕에서 새로운 돌을 채석하는 것보다는 폐허에서 건축물 조각을 지렛대로 들어 올리거나 고대 로마의 흙더미 속에서 발굴하는 작업이 훨씬 더 쉬웠다. 이탈리아 곳곳에서 중세 도시들이 경쟁적으로 생겨나면서 새로운 교회들도 함께 늘어나 끝이 보이지 않는 듯했다. 대성당이나 종탑들은 무거운 초석, 두꺼운 벽, 아치형 기념물 등이 필요했다.

산업이 점점 번성하고 로마의 대리석 석공들의 전리품이 지역 시장의 수요를 능가하면서, 대리석 석공들은 피사, 루카, 살레르노, 오르비에토, 아말피 등 여러 곳의 새로운 대성당 건축을 위해 연안의 등대선을 이용하여 물품을 계속 실어 날랐다. 로마의 대리석 조각들은 엑스라샤펠Aix-la-Chapelle의 샤를마뉴 대성당, 웨스트민스터 사원, 콘스탄티노플 교회 등에서도 확인할 수 있다.

중세 로마의 석회 제조자들은 해체한 사원이나 대중목욕탕, 극장, 궁전 등의 조각뿐만 아니라 대리석 장식품이나 조각상들을 부숴 시멘트를 만들어 번창했다. 산타드리아노Sant'Adriano 교회의 가마는 근처에 있는 황제의 대광장에서 나온 대리석을 굽는 데 사용되었고, 아고스타Agosta의 가마는 아우구스투스 영묘의 조각들을 태워 버렸으며, 라 피냐La Pigna의 가마는 아그리파 욕장Baths of Agrippa과 이시스 신전Temple of Isis에서 뜯어낸 조각들을 삼켰다. 임시 가마들이 리비아 별장Villa of Livia 근처의 디오클레티아누스 욕장Baths of Diocletian, 바실리카 줄리아Basilica Julia, 비너스와 로마 신전Temple of Venus and Rome 등에 세워졌고, 주위에 있는 자재들이 다 없어질 때까지 그곳에 계속 남아 있었다. 키르쿠스 플라미니우스Circus Flaminius 원형 광장의 전 구역이 석회 채굴장이었다. 1426년 7월 1일의 바티칸 문서에는 생산물의 절반을 교황청이 차지한다는 조건만으로 한 석회 제조 회사가 비아 사크라Via

Sacra(성스러운 길)에 있는 바실리카 줄리아를 허물어 석회질 침전물 덩어리와 함께 가마에 넣어도 좋다고 정식으로 인정한 기록이 있었다.

고대 문화에 열정이 있다고 공언한 르네상스 시대의 교황들도 고대 유적을 거의 보존하지는 않았다. 사실 이교도의 사원이나 우상들을 파괴하는 일은 오히려 깊은 신앙심의 의무로 보였다. 주피터 신전Capitol 주변, 아벤티노의 언덕Aventine, 대광장, 콜로세움 등에 있는 가장 중요한 건축물 유적들이 대부분 파헤쳐진 것도, 발라를 비롯한 인문주의자들의 후원자였던 교황 니콜라오 5세Pope Nicholas V(1397?-1455년)의 통치 기간에 있었다. 로마의 유적을 보호하는 칙령(1462년 4월 28일)을 선포하고, 그 유적에 대한 애도가까지 지었던 교황 비오 2세Pope Pius II 통치 기간에도 몇 개의 아름다운 기념물이 바티칸의 새로운 건축물의 재료로 변하고 말았다. 마침내 교황 바오로 3세Pope Paul III(1468-1549년)가 새로운 길을 닦기 위해 고대 조각상들이 가마 속에 대량으로 들어가는 사실을 알고는 그런 기념물을 파괴하는 자는 누구든 사형에 처한다는 고대 로마법을 부활시켰다. 이 일은 개인 소장품을 늘이려는 조치라는 말도 있었으나 실질적으로 대규모 파괴를 저지하지는 못했다.

왜 소멸한 과거의 잡동사니를 보존해야 하는가? 당시에는 사람들이 이교도의 일생생활에 거의 관심이 없었으며 그 모든 것이 얼마나 다를 수 있었는가를 생각해 본 일도 거의 없었다. 중세의 화가들은 고대 로마 군인들이 중세의 갑옷을 입고 있는 모습을 그렸다. 점차 화가들은 그 의상이 수 세기를 지나면서 변모해 온 사실에 주목하기 시작했다. 이미 살펴보았듯이, 페트라르카가 이런 변화에 관심을 두었으며, 실제로 그리스의 독특한 의상을 이용하여 『일리아드』의 난해한 구절을 해석하기도 했다. 만테

냐Mantegna(1431-1506년)가 확실한 고대의 배경 지식으로 키벨레Cybele의 숭배 의식을 그리려고 했던 시도는 매우 근대적인 일이었다. 질리오 다파브리아노Gilio da Fabriano는 자신의 저서 『화가들의 잘못The Errors of Painters』(1564년)에서 이렇게 충고했다. "신중한 화가는 개인과 시대와 장소에 적합한 그림을 그릴 줄 알아야 한다… 성 제롬을 현재의 추기경이 쓰고 있는 모자와 같은 붉은 모자를 쓰고 있는 모습으로 그린다면 잘못이 아닌가? 성 제롬도 사실은 추기경이었지만 추기경에게 붉은 모자와 붉은 옷을 입게 한 사람은 700년 후의 교황 인노첸시오 4세였으므로 성 제롬은 그런 의상을 입지 않았다… 이 모든 잘못은 화가들의 무지에서 비롯되었다."

대리석 유물, 조각상, 공공건물의 유적 등은 여전히 눈으로 보고 손을 만질 수 있는 곳에 그대로 있었다. 알베르티Alberti는 '라틴어에 능숙하지 못한 도시 대중non litteratissimi cittadini'을 위해 이탈리아 지역어로 저술해야 했던 저서에서, 그런 유적이 '글을 읽고 쓸 줄 모르는' 대중에게 역사를 볼 수 있게 한다고 말했다. 수 세기 전에는 아크로폴리스와 파르테논 신전, 고대 로마의 대광장과 콜로세움, 피라미드와 카르나크 신전 등은 그저 지형의 특징들에 불과하며 과거의 살아 있는 연극 무대가 되지 못했다. 하지만 그 뒤 역사를 읽지 못하거나 읽지 않는 수백만 명의 사람들은 실제로 역사를 볼 수 있게 되었다.

로마 고고학의 개척자들은 여러 길을 통해 나타났다. 14세기에 페트라르카는 고대의 웅장함을 해체한 사람들은 모두 고트족과 반달족의 후손들이라고 비난했다. 고고학의 매력에 최초로 마음을 빼앗긴 사람은 여행하는 상인이었던 안코나의 시리아쿠스Cyriacus of Ancona(1391-1452년)였다. 그는 이탈리아 남부, 그리스, 지중해 동부 지역 등의 여러 기념물을 스케치했고 수백 개의 비문을 베꼈다. 포지오 브라치올리니Poggio Bracciolini(1380-1459년)는 로마의 폐허를 조사한 후 집필한 저서 『변화하는 운명에 관하여On Changing Fortunes』(1431-1448년)의 서문에서 이렇게 주장했다. "우리는 기술로 깊은 곳에서 파괴된 기념물을 끌어올릴 뿐만 아니라 도시의 이름도 다시 살려낼 수 있다. 아, 우리의 기술은 얼마나 위대하며 신성한 힘이 있는가!" 로마의 연이은 문들은 그 도시의 성장을 분명히 기록하고 있었으며, 플라비오 비온도의 『복원된 로마Rome Restored』(1440-1446년)에 삽화로 실려 있어 로마는 늘 변화하는 도시였다는 사실을 보여 주었다.

르네상스 시대의 가장 재능이 뛰어난 일부 사람들은 고대의 유물을 연구하는 데 몰두했다. 야코프 부르크하르트Jacob Burckhardt가 표현한 '르네상스 시대의 보편적인 인간'의 전형인 레온 바티스타 알베르티Leon Battista Alberti(1404-1472년)는 자신이 만들어 낸 원근법이라는 새로운 분야를 도시를 측량하고 지도를 만드는 일에 적용했다. 알베르티는 또 다른 피렌체 사람인 토스카넬리Toscanelli(1397-1482년)와 공동으로 기하학 원리를 도입한 원근법을 사용하여 최초로 근대적인 로마 지도를 만들어 냈다. 토스카넬리는 콜럼버스의 첫 항해를 자극했던 세계 지도를 만든 인물이었다. 알베르트의 업적으로 다음 세기에 유럽의 도시 지도는 현저하게 개선될 수 있었다. 라파엘로Raphael(1483-1520년)는 자신의 재능을 이용하여 고대의 영광을 찾아내려고 했다. 그는 1509년에 로마에 살면서 폐허에 매료되었고 석회 제조자들이 매일 감행하는 약탈에 격노했다. 라파엘로는 교황 레오 10세Pope Leo X의 의뢰를 받아 고대 로마의 이상적인 모습을 그리기 시작했지만 37세라는 너무 이른 죽음으로 그 계획은 무산되었다.

르네상스 시대의 교황들은 '도시 재개발'이라는 지나친 과시 속에 예술가, 건축가, 용병대장, 대리석 석공, 석회 제조자 등의 도움으로 우아한 새로운 교회와 호화로운 궁전을 세웠다. 고전 애호가로 유명했던 교황 니콜라오 5세 Pope Nicholas V가 옛길을 넓히고 새로운 큰길을 건설하여 도시를 근대화하기 시작했을 때, 길가에 서 있는 모든 것을 파괴해 버린 일은 무의식적인 모순이었다.

역사의식이 높아지면서 로마의 대리석 채석장은 배우지 못한 여행객들이 과거를 발견할 수 있는 거대한 야외 박물관으로 점점 바뀌었다. 18세기 영국에서는 원래는 단순히 '최고 수준'이나 고급을 의미했던 'classical'이라는 말이 구체적으로 고대의 그리스나 로마의 산물을 의미하게 되었다. 고대 로마의 기둥은 우아한 건축의 상징이 되었고 '고대 그리스 로마의' 유물은 유럽 전체에서 아름다움의 표준이 되었다.

근대 고고학의 선지자이며 창설자로, 이 분야의 점점 커지는 사회적 중요성을 알리는 인물은 요한 요아힘 빙켈만 Johann Joachim Winckelmann (1717-1768년)이었다. 프로이센의 슈텐달 Stendal에 사는 가난한 제화공의 아들이었던 빙켈만은 아버지의 기술을 잇기를 거부했다. 대신에 그는 근처의 학교에 들어가 점차 시력을 잃어 가고 있는 교사의 눈 역할을 했다. 빙켈만은 책에 흥미를 일깨워 준 그 교사를 절대 잊지 않았다. 매우 빨리, 거의 기이할 정도로 그는 그리스어 분야에 열정을 키웠다. 당시에 독일 학자들은 그리스어 지식을 주로 신약성서의 연구에 이용하고 있었다. 17세에 빙켈만은 그리스 문학에 열성을 쏟기로 유명한 독일 학자 1명과 함께 공부하려고 베를린으로 갔다. 그리고 21세에는 곧 분산될 처지에 있는 도서를 소장하고 있던 유명한 도서관에서 고전 도서를 확보하려고 함부르크까지 구걸

하며 갔다. 방랑하는 학생으로서 빙켈만은 학교를 떠나 할레Halle에서 신학을 공부하고, 또 예나Jena에서 의학을 공부했다. 그는 지루한 강의를 듣는 척하면서 아주 좋아하는 그리스어 원서를 몰래 읽었다.

매우 가난한 환경에서 자랐던 빙켈만은 부유하고 권력 있는 사람의 후원으로 삶의 대부분을 보냈다. 그는 부유한 람프레히트Lamprecht 집안의 개인교수로 일했을 때 잘생긴 람프레히트 소년에게서 '영혼의 평온을 깨트려 놓은 열정'을 느꼈다. 그러나 그 느낌은 오래도록 이어지는 일방적인 열정의 하나일 뿐이었다. 빙켈만은 꾸밈이 없는 남성의 모습에 대한 감수성으로 그리스 조각을 더욱 예찬했다.

그 당시에 가난한 학자에게 이상적인 세속의 직장은 예술 애호가 귀족의 사서직이었다. 이 사서직은 시골의 저택에서 책, 필사본, 예술 작품 등을 수집하고 정리하는 기분 좋은 일상을 즐길 수 있는 직업이었다. 1748년에 30세였던 빙켈만은 작센 지방의 드레스덴Dresden 근처에 있는 뷔나우 백작Count von Bünau의 성에서 사서로 일할 기회를 얻었다. 그곳에서 빙켈만은 백작이 독일 제국의 역사를 엮는 일을 도우며 7년을 보냈다. 당시에 엘베강Elbe의 피렌체로 알려져 있었던 드레스덴 근처에는 로마나 파리 근교에서 볼 수 있는 작품만큼 훌륭한 고대와 근대의 조각과 그림들이 진열된 박물관과 궁전이 있었다. 드레스덴 자체는 바로크와 로코코 양식의 악명 높은 장관이 펼쳐져 있었다. 야외극과 대중오락을 위해 만들어진 금은 세공의 츠빙거 파빌리온Zwinger Pavilion, 베르니니Bernini 작품의 모방자들이 대리석 조각을 조밀하게 붙여 놓은 수십 개의 작품이 있는 그로서 가르텐Grosser Garten(대정원), 그리고 수많은 개인 수집품들은 사치스러운 근대 예술가들이 고대의 주제에 무슨 짓을 했는가를 보여 주고 있었다. 빙켈만은 고대의 원작품들의 순수한 단순성을 동경했다.

　드레스덴에 있는 색슨 왕가의 궁전은 당시에 로마 가톨릭 부흥의 중심지였다. 빙켈만도 이런 부흥의 영향을 받았지만 그런 자신에게 뼈아픈 후회를 했다. 그에게 로마는 그리스로 돌아가는 중간역에 불과했다. 빙켈만은 저서 『그리스의 회화와 조각 예술품의 모방에 관한 고찰Thoughts on the Imitation of Greek Works of Art in Painting and Sculpture』(1755년)에서 베르니니 양식 Berniniesque 을 풍기는 드레스덴의 모방 고전주의에서 그리스 작품으로 돌아가야 한다고 호소했다. 그는 작센 지방의 선제후Elector of Saxony가 주는 빈약한 보조금으로 로마에 공부하러 갔다. 로마에서 빙켈만은 한 부유한 화가를 만난 인연으로 숙식을 해결하게 되었으며, 또한 추기경의 후원을 가까스로 얻었다. 추기경 알바니Albani의 비서를 시작으로 빙켈만은 바티칸의 도서관 서기로 일했다가 이후 바티칸의 고미술 보존 감독관이 되었다. 이 시기의 삶에 관해 빙켈만은 이렇게 자랑했다. "78세의 아주 쾌활한 노인인 추기경 파시오네이Passionei가 나를 마차로 구경을 시켜주었고… 또 항상 집까지 태워 주었다. 내가 그를 따라 프라스카티Frascati에 갔을 때 우리는 슬리퍼를 신고 취침용 모자를 쓰고 탁자에 함께 앉아 있었다. 그리고 내가 그에게 농담하며 기분 좋게 해 줄 때는 잠옷을 입기도 했다. 이런 일이 믿기 힘들겠지만 모두 사실 그대로이다."

　이런 주의 산만한 일이 있음에도 그리스 예술에 대한 빙켈만의 열정은 전혀 시들지 않았으며, '지금까지 한 번도 세상에 나온 적이 없는 저서를 독일어로 집필하려는' 야심을 품고 있었다. "내가 쓰려고 하는 고대 예술사는 새로운 기원과 그 속에서 일어난 변화의 단순한 연대기가 아니다. 나는 역사라는 말을 그리스어에 있었던 더 넓은 중요성으로 사용하고 있으며, 하나의 방식을 제시하려고 한다…. 지금까지 현존하는 고대의 기념물에서 예술의 기원, 과정, 변화, 쇠퇴뿐만 아니라 국가, 시대, 예술가 등의 여러 방식을 보여 주고 가능한 전체를 입증하는 일이다"라고 빙켈만은 설명했다. 헤르더Herder의 말에 따르면 '고대 예술 속의 미의 기원'을 추적할 목적으로 빙켈만은 이집트인, 페니키아인, 페르시아인, 에트루리아인 등 거의 알려지지 않은 고대인들의 예술도 역사가 있다는 사실을 보여 주었다. 그러나 그가 위대한 시대의 그리스 예술을 설득력 있는 예를 통해 매우 생생하게 극찬했기 때문에 그리스 예술은 '고전classic'이 되었다. 얄궂게도 그가 '진품'이라고 제시한 예술은 모사품에 불과했다. 페이디아스Phidias의 시대로부터 진짜 조각품은 아직 발견되지 않았으며, 빙켈만의 앞에 놓여 있었던 모사품은 아직 전문가들에게 지탄 받지 않았다. 이 '체계적인 고고학의 창시자'는 최초는 아니지만 '학문'을 직관에 바탕을 두고 있었다.

빙켈만은 "그리스인들만큼 미를 높이 찬미하는 민족은 없었다"라고 주장했다. 그에 따르면, 머큐리 신Mercury(헤르메스)의 행렬에 양을 데려오는 성직자들은 미의 상을 받은 사람들이었다. "모든 아름다운 사람은 그 탁월함이 전체 사람들에게 알려지도록 노력했고 무엇보다 예술가들에게 인정되기를 원했다. 그 이유는 그들이 미의 상을 수여했기 때문이다…. 아름다움은 명성을 얻을 권리도 부여했고, 또한 우리가 그리스 역사에서 가장 아름다웠던 사람을 구별할 수도 있다. 어떤 사람들은 신체의 한 부분의 아름다움으로도 유명해졌다. 예컨대 데메트리우스 팔레레우스Demetrius Phalereus는 아름다운 눈썹으로 유명했다." "예술은 훨씬 더 멀리 나아가 양성의 미와 속성을 자웅동체 속에서 결합했다. 크기와 자세가 다양한 수많은 자웅동체 조각이 양성을 더 높은 아름다움 속에 표현하려는 예술가들의 노력을 보여 준다. 이런 조각이 이상적인 모습이었다." "아름다움은 자연의 위대한 신비 중의 하나이며, 그 영향을 우리는 모두 보고 느낄 수 있다. 그러나 일반적으로 아름다움의 본질에 대한 명확한 관념은 아직 발견되지 않은 진리에 분명 속한다." 빙켈만은 자신이 관찰한 모든 별개의 아름다움을 상상 속에서 "하나의 형체… 즉 시적 아름다움으로 통합했다."

빙켈만은 위대한 조각 예술로 형태를 이룬 그리스인의 인체 찬미에 공감했다. 그는 드레스덴에서 자신의 주위에 있는 화려하게 장식된 조각을 비웃는 한편 큰바다뱀에게 질식된 라오콘Laocoön과 그의 두 아들의 조각을 찬양했다. 그리고 그 찬양은 신고전주의의 신조가 되었다. "그리스 걸작품의 보편적이고 지배적인 성격은 결국 표현뿐만 아니라 자세에서 나타나는 고귀한 단순성과 평온한 위대성이다. 깊은 바닷속은 늘 고요하나 표면은 거칠고 물결이 거세다. 마찬가지로, 그리스 조각의 표현은 라오콘이 괴로워하는…. 열정의 진통 속에 있는 영혼의 위대성과 침착성을 드러낸다. 그러나 라오콘은 소포클레스의 필록테테스Sophocles' Philoctetes처럼 고통을 겪는다. 그의 비참함은 우리의 영혼에 스며든다. 그러나 우리는 이 위대한 사람처럼 괴로움을 견딜 수 있고 싶다"라고 빙켈만은 찬양했다.

서기 79년 8월 중순에 베수비오 화산에서 나온 화산재와 용암으로 갑자기 사라져 버린 도시 폼페이Pompeii와 헤르쿨라네움Herculaneum의 생생한 유적이 나폴리 근교에서 발굴된 것은 최근의 일이었다. 그 유적은 신의 섭리인 듯 고대 로마의 삶을 드러냈으나 양시칠리아 왕국Two Sicilies(이탈리아 남부와 시칠리아섬에 있던 왕국)의 부르봉 왕가the Bourbon King의 자금 지원으로 이루어진 그 발굴은 비밀리에 이루어졌고 발견물의 묘사는 엄격히 금지되었다. 로마 고대 유물의 관리자였던 빙켈만은 이 발견물을 소장했던 박물관에 출입할 수 있었다. 그는 발견물을 기술하고 그곳에서 전해지는 과거의 모든 메시지를 학계가 받을 권리가 있음을 주장하는 공개서한을 썼다.

　빙켈만은 이런 발견물들을 조사하여 구체화한 저서『고대 예술사History of Ancient Art』를 1764년에 출간하여 유럽 전체에 명성을 떨친 뛰어난 저술가가 되었다. 이 저서는 최초로 독일어로 쓰인 유럽 문헌의 고전이 되었다. 다음 해에 프리드리히 대왕은 빙켈만에게 왕립도서관에 자리를 제공했다. 한편으로 빙켈만은 그리스의 초대에 마음이 끌리고 있었다. 1768년 4월에 마침내 빙켈만은 독일로 돌아가기로 하고 도중에 빈에서 오스트리아 여왕의 영접을 받았다. 그러나 아직도 로마를 포기할 수 없었던 빙켈만은 충동적으로 트리에스테Trieste를 통해 서둘러 되돌아가기로 했다. 1768년 6월 1일 밤에 빙켈만이 숙박했던 여관에는 그의 바로 옆방에 프란체스코 아르칸젤리Francesco Arcangeli가 묵고 있었다. 아르칸젤리는 오스트리아에서 절도로 사형을 선고 받았으나 국외 추방이라는 조건으로 사면을 받은 '무기력한 음탕한 종복' 같은 사람이었다. 빙켈만은 아르칸젤리와 함께 저녁을 먹으면서 여왕에게 받은 금메달을 자랑삼아 보여 주었다. 그날 밤늦게 아르칸젤리는『고대 예술사』제2판의 교정을 보고 있던 빙켈만의 방으로 다시 들어왔다. 아르칸젤리는 줄로 빙켈만의 목을 조르고는 칼로 찔러 살해했다. 그 죄를 선고 받은 아르칸젤리는 수레 위에서 몸이 찢기는 사형을 받으면서도 빙켈만이 금으로 자신을 꾀었다고 비난했다.

　괴테는 빙켈만을 존경하며 이렇게 칭송했다. "새로운 세계를 발견한 것은 아니지만 앞으로 다가오는 전조에 영감을 받은 빙켈만은 콜럼버스와 같은 존재이다. 그의 저서를 읽으면 새로운 것을 습득하지는 않지만 그

야말로 새로운 사람이 된다!" 빙켈만이 남긴 업적은 예술사를 예술 생활로 통합시킨 하나의 민중운동이었다. 그 어떤 사람보다도 빙켈만은 그리스와 로마의 고대 유물들을 '고전'과 동의어로 고상하게 만든 인물이었다.

위대한 영국의 건축가 로버트 애덤Robert Adam(1728-1792년)이 로마를 방문했을 때 빙켈만을 알게 되었으나 그리스로 그를 데려가려는 설득에는 실패했다. '신고전주의'는 고전에 대한 적절한 문헌이 제시되기도 전에 유행하게 되었다. 애덤은 벽난로 선반 장식, 유리창 틀, 문의 손잡이 등에 신고전주의 특징을 적용한 영국 시골집을 설계함으로써 신고전주의 이상을 구현하여 유명해졌다. 진취력이 있는 조사이아 웨지우드Josiah Wedgwood(1730-1795년)는 에트루리아Etruria라는 공장을 1782년에 세웠고, 덧붙여 말하면 이 시설은 영국에서 증기력을 사용한 최초의 공장으로 알려져 있었다. 이곳에서 웨지우드는 수많은 중산층의 식탁에 빙켈만의 이상을 살리는 접시와 컵과 꽃병을 만들어 냈다. 빙켈만은 사후에 레싱Lessing, 헤르더, 괴테, 실러Schiller, 횔덜린Hölderlin, 하이네, 니체, 게오르게George 등을 매료시켰고, 슈펭글러Spengler는 빙켈만을 '독일에 대한 그리스 독재가'라고 칭했다.

과거를 드러내는 관점에서 빙켈만은 탐구자라기보다 발견자라 할 수 있었다. 그는 유럽에 고대 문명의 매력에 눈을 뜨게 해 주었으나 자신은 그저 희미하게 보았을 뿐이다. 빙켈만은 다른 사람들을 탐구할 수 있도록 이렇게 유도했다. "내가 고고학을 위해 발견한 것은 완전히 새로우며 예상하지 못한 세계이다!"

73

'죽은 자를 깨우다'

빙켈만이 자신의 신대륙을 찾은 이후 진정으로 발견된 것이 세상에 드러나고 알려지기까지는 한 세기가 걸렸다. 하인리히 슐리만Heinrich Schliemann(1822~1890년)도 가난한 환경에서 자라 유명인이 되었지만, 그 외의 거의 모든 측면에서는 빙켈만과 반대였다. 슐리만은 자신의 모든 위업에 스스로 자금을 마련했다. 말하자면 그는 자신의 후원자였다. 슐리만은 무역으로 돈을 벌 수 있었던 사업과 행동의 애착을 고고학에 쏟아부었다. 그에게 과거를 탐험하는 일은 새로운 소식을 갈망하는 세대를 위한 활발한 위업이면서 외교적인 모험이었다. 더욱이 슐리만의 아름다운 여인에 대한 사랑으로 대중은 그의 발굴에 더욱 높은 관심을 보였다.

독일 북부의 한 마을에서 가난한 신교도 목사의 아들로 태어난 하인리히 슐리만의 '신비롭고 경이로운 것에 끌리는 타고난 기질'은 아버지의 고대사에 대한 열정에 더욱 자극을 받았다.

아버지는 내게 헤르쿨라네움과 폼페이의 비극적 운명에 대해 열렬한 마음으로 이야기해 주곤 했으며, 또한 자신을 그곳에서 이루어지고 있는 발굴 현장을 방문할 수 있는 수단과 시간을 갖춘 가장 행운의 사람이라고 여기는 것 같았다. 아버지는 또한 호메로스의 영웅들이 이루어 낸 위대한 행동과 트로이 전쟁의 사건들을 예찬하며 들려주었기 때문에 나는 늘 열렬한 트로이 편이 되었다. 나는 트로이가 완전히 파괴되어 버렸기 때문에 그 존재의 흔적 하나 없이 사라져 버렸다는 이야기를 듣고 무척 슬퍼했다. 그러므로 내가 거의 18세가 되던 1829년에 크리스마스 선물로 게오르크 루트비히 예러Georg Ludwig Jerrer의 『세계사Universal History』를 아버지에게서 받았을 때의 기쁨은 이루 말할 수가 없다. 이 책에는 거대한 벽과 스카이아 성문Scaean gate이 불타는 트로이가 있고 아이네이아스Aeneas가 그의 아버지 안키세스Anchises를 등에 업고 아들 아스카니우스Ascanius의 손을 끌며 그 성문을 빠져나가는 장면이 판화로 새겨져 있었다. 그때 나는 소리쳤다. "아버지가 틀렸어요. 예러는 틀림없이 트로이를 보았을 거예요. 그렇지 않다면 여기에 이렇게 표현할 수가 없잖아요?" "아들아, 그 그림은 그저 상상에 불과한 거란다"라고 아버지는 대답했다. 그러나 고대 트로이가 이 책에 그려진 모습처럼 그렇게 거대한 벽이 있었느냐는 내 질문에 아버지는 그렇다고 대답했다. "아버지, 만일 그런 벽이 있었다면 완전히 파괴되었을 리가 없어요. 방대한 유물이 지금도 남아 있어야 하는데, 세월의 먼지 속에 파묻혀 숨어 버린 거예요." 아버지는 그 말에 반대했으나 나는 계속 주장을 내세워 마침내 우리는 내가 언젠가 트로이를 발굴하겠다는 다짐에 의견이 일치했다.

슐리만은 9세 때 어머니를 여의었다. 그는 아버지가 가난했기 때문에 대학에 다닐 희망이 거의 없었으므로 고전의 흥미를 추구할 수 있었던 김나지움Gymnasium을 중퇴하고, 대신에 직업 실업학교Realschule에 들어갔다. 슐리만은 14세에 식료품 잡화상의 도제가 되어 5년 동안을 아침 5시에서 밤 11시까지 위스키 증류를 위해 감자 가는 일뿐만 아니라, 청어, 설탕, 기름, 양초 등을 포장하는 일을 했다. 그러다가 그는 일하던 곳에서 달아나 베네수엘라로 향하는 배의 심부름꾼이 되었다. 그 배가 북해에서 난파하자, 슐리만은 암스테르담에 있는 무역 회사의 심부름꾼으로 일하다가 이후에는 장부 기록 담당자가 되었다.

하인리히 슐리만은 이러한 우울한 시절에도 자신의 멋진 야심을 포기하지 않았다. 그는 언젠가는 진짜 트로이를 발굴한다는 결심을 하면서 틈이 날 때마다, 심지어 심부름으로 뛰어다니거나 우체국에서 줄을 설 때도 책을 읽으며 지식을 쌓았다. 슐리만은 독자적인 방법으로 자신이 알게 된 지식을 배우거나 실천할 기회를 절대 놓치지 않고 20개의 언어를 습득했다. "그 방법은 번역하지 않고 소리 내어 많이 읽고, 매일 한 시간씩 흥미로운 주제에 관한 작문을 하고, 그 작문을 교사의 지도로 교정하고 암기하여 전날에 수정한 내용을 다음 학습 시간에 반복하는 일이었다." 슐리만에 따르면, 그는 6개월 이내에 '영어에 관한 철저한 지식'을 습득하였고 그 과정의 일부로 골드스미스Goldsmith의 『웨이크필드의 목사Vicar of Wakefield』와 월터 스콧 경Sir Walter Scott의 『아이반호Ivanhoe』 전체를 암기할 수 있었다. 슐리만은 한 언어를 6주씩 몰두하여 프랑스어, 네덜란드어, 스페인어, 이탈리아어, 포르투갈어 등을 비롯한 여러 언어를 '유창하게 말하고' 쓸 수 있었다. 또 그는 서아시아 지역을 여행했을 때 아랍어에 관한 실용적인 지식을 습득하기도 했다.

슐리만은 구어에 가장 관심이 있었다. 그는 일하고 있던 식료품 잡화점에 김나지움을 중퇴한 술에 취한 방앗간 주인이 들어와 아름다운 소리로 호메로스의 시를 암송한 그리스어의 운율을 잊을 수가 없었다. 그러나 슐리만은 중년이 되어서야 정말 좋아하는 그리스어에 뛰어들기 시작했다. "그리스어를 배우고 싶은 바람이 매우 컸기 때문에 적당한 기회가 올 때까지 그리스어 공부에 모험할 수가 없었다. 그리스어가 내게 무척 매력이 있어서 내 상업에 방해가 되지 않을까 두려웠기 때문이었다"라고 그는 말했다.

슐리만은 행운을 잡으려고 힘들고 먼 길을 좇았다. 그가 젊은 시절에 있었던 암스테르담은 러시아의 상인들이 남색 염료를 경매하려고 자주 들르는 곳이었다. 슐리만은 러시아 부영사 외에는 암스테르담에 아는 사람이 없었으며, 더욱이 그 부영사가 러시아를 가르쳐 주지 않았기 때문에 단기 속성으로 러시아어를 배울 보통의 방법을 사용했다. 그는 네덜란드 노인을 고용하여 매일 저녁에 2시간씩 러시아어를 낭독하게 하여 그 소리를 들었다. 하숙집에 살던 다른 사람들이 이에 불평을 하자, 슐리만은 자신의 방법을 바꾸지 않고 2번이나 하숙집을 옮겼고 마침내 러시아어를 유창하게 할 수 있게 되었다.

슐리만은 일하고 있던 교역 회사의 거래처가 상트페테르부르크 St. Petersburg에 있었기 때문에 그곳에 대리인으로 파견되었다. 그는 상트페테르부르크에서 인디고 염료, 염료 나무, 초석, 유황, 납 등의 전쟁 물자를 거래하여 곧 스스로 놀랄 정도로 많은 돈을 벌어들였다. 그 후로 그는 이제 고전 언어에 대한 큰 혼란스러움을 두려워하지 않았다. 슐리만은 6주 동안 근대 그리스어를 공부한 다음, 3개월 동안 고대의 저서에 빠져들었다. 크림 전쟁Crimean War이 끝난 후, 그는 역사의 관심을 추구하면서 세계를 여행했다. 슐리만이 어릴 때부터 좋아한 사람은 트로이를 탐구하려는 환상을 나누던 어릴 적 친구 민나 마인케Minna Meincke였다. 슐리만은 사업에 자리를 잡았을 때 그녀를 찾아 나섰다. 마침내 민나 마인케를 찾았으나 안타깝게도 그녀는 이미 결혼한 뒤였다. 1852년에 슐리만은 오직 자신의 돈만 원했던 한 러시아 미인과 결혼하는 실수를 하고 말았다. 그녀는 슐리만과 함께 사는 것도 거부했으며, 더구나 그의 고고학 연구에는 전혀 관심도 없었다. 한편 슐리만은 미국연방의 주로 편입될 무렵의 캘리포니아를 여행하다가 우연히 미국 시민권을 얻었다. 그러고는 인디애나로 가서 그 주의 자유로운 이혼법으로 러시아인 아내와 이혼을 했다.

다시는 같은 실수를 반복하지 않기로 마음을 먹은 슐리만은 그리스어 선생이었던 옛 친구에게 적당한 그리스 아내를 구해달라는 부탁을 했다. 이제는 아테네의 대주교가 된 그 친구는 자신의 친척인 총명하고 아름다운 17세의 학생이었던 소피아 엥가스트로메누Sophia Engastromenos를 소개해 주었다. 소피아와 결혼하기로 결정을 내리기 전에, 아테네에서 슐리만은 소피아의 교실로 미행하여 들어가 그녀가 호메로스의 시를 암송하는 소리를 들었다. 소피아의 감미로운 그리스어를 듣고 눈물을 흘린 슐리만은 그녀와 결혼할 결심을 했다. 여러 언어를 사용할 줄 아는 슐리만은 그때 나이 47세였으며, 소피아를 평생 제자로 삼았다. 두 사람이 결혼할 무렵에 소피아는 고대와 근대 그리스어만 할 줄 알았으나 슐리만은 2년 안에 4개 이상의 언어를 가르쳐 주겠다고 약속했다. 슐리만은 소피아와 함께 유럽과 근동의 주요 도시를 돌아다니며 그녀에게 역사와 고고학을 상세히 설명해 주고 지식을 시험하여 뒤처지지 않게 했다. 1871년에 슐리만이 마침내 히살리크Hissarlik를 발굴하기 시작했을 때, 소피아는 얼마 동안 두통과 구토와 발열을 겪은 후에 그의 발굴 작업의 동료가 되었다. 당시에 소피아는 여자로서 놀랍게도 발굴 작업장 안으로 들어가 터키 일꾼들을 지휘하기도 했다.

빙켈만과 달리, 슐리만은 발굴이 자신의 천직이라고 확신했다. 그의 본령은 언어가 아니라 사물에서 드러나고 있었다. 그러나 슐리만이 좋아하는 일에는 낯선 언어로 말하는 일꾼들을 감독할 필요가 있었다. 더욱이 발굴에 도움을 주는 그의 언어 재능은 의혹을 품는 사람들을 확신시키고 발견물을 알릴 수 있게 했다.

이국적인 터키 지역에서 아름다운 아내와 함께 150여 명의 반항적인 일꾼들을 지휘하고 있는 돈키호테 같은 고고학자는 선정적인 언론의 초창기에도 대중의 관심을 받지 않을 수 없었다. 그 야외의 고고학자는 신문 독자들의 누구나 알 권리가 있는 정보가 되었다. 이제는 과거를 탐구하는 사람은 도서관과 박물관을 벗어나 멀리 떨어진 곳으로 가서 무거운 물건들을 올려 대중의 눈앞에 옮겨 놓아야 했다. 슐리만의 성공은 학자들뿐만 아니라, 성급한 수백만의 사람들을 통해 판단되었다.

슐리만은 호메로스가 이야기한 트로이가 잘 알려지지 않은 히살리크라는 근대식 마을이라는 신념을 버릴 수 없었다. 히살리크는 다르다넬스 해협Dardanelles의 입구에서 겨우 4마일(약 6.4킬로미터) 떨어진 아시아 쪽의 터키 북서부에 있었다. 이 장소와 다른 학자들이 의견을 제기한 수 마일 남쪽 지점인 부나르바시Bunarbashi를 비교해 보았을 때 슐리만은 더 큰 확신을 할 수 있었다. 그러나 슐리만이 선택한 장소는 개인 소유지였다. 관료적이고 독재적이며 부패한 터키 관리들은 처음에는 슐리만을 막으려고 했고, 그 뒤에는 발굴 허가를 내주기 전에 위협하여 돈을 뜯어냈다. 슐리만은 트로이의 발굴을 완전히 자신의 돈으로 진행했으며, 또한 자신의 재산을 그런 식으로 사용하는 것을 특권이라고 여겼다. 슐리만은 발굴 경비에 관해서는 불평을 하지 않았지만 신중하고 일에 충실했다.

1871년 9월에 80명의 일꾼을 고용한 슐리만은 히살리크의 언덕을 발굴하기 시작했다. 계획에 따라 정확히 도시와 요새가 층층으로 아래에서 발견되었다. 슐리만은 발굴하면서 더욱 최근 시대의 기념물들이 파괴되고 있다는 사실을 알고 있었으나 그의 목표는 트로이였다! 지면에서 23피트(약 7미터) 아래와 33피트(약 10미터)까지 걸쳐 발굴했을 때 슐리만은 트로이라고 확신한 도시의 폐허를 발견했다. 그는 충동적으로 자신이 찾고 싶었던 모든 것을 구별했다. 예컨대 아테나 신전의 유물, 제물을 바치던 주요 제단, 거대한 탑, 집, 길거리 등 그 모든 것이 『일리아드』에 기록된 것과 같았다.

1873년 5월 초에, 일꾼들이 고대 벽의 윗부분을 발굴하고 있었을 때 슐리만은 번쩍이는 금제품을 발견했다. 7년이 지난 후 그는 자신이 쓴 감상적이고 과장된 기록에서 다음과 같이 회상했다.

보물을 일꾼들에게서 지켜 내고 고고학을 위해 아끼려면 잠시도 시간을 소홀히 하지 말아야 한다. 그래서 아직 아침 식사 시간이 아니었지만 나는 즉시 파이도스païdos(휴식 시간)를 지시했다…. 일꾼들이 먹고 쉬는 동안, 나는 큰 칼로 보물을 깎아 냈다. 이 일은 엄청난 노력이 필요했고 또 매우 위험했다. 바로 밑을 파야 했던 성채의 벽이 어느 순간 내 위로 무너져내릴 위험이 있었기 때문이다. 그러나 고고학적으로 헤아릴 수 없는 가치가 있는 수많은 물건을 본 나는 무모했으며 어떤 위험도 생각할 수 없었다. 그러나 내 옆에 서서 내가 파낸 보물을 숄에 싸서 갖고 갈 준비를 하는 사랑하는 아내가 없었다면 나는 그 보물들을 옮겨 갈 수 없었을 것이다.

당분간 비밀을 유지한 슐리만은 금으로 된 보물(9천 점에 이르는 보물)을 터키 밖으로 성공적으로 밀반출했다. 그의 신중함이 옳았다는 사실이 입증되었다. 나중에 일꾼들이 발굴 작업에서 발견한 금으로 된 보물들을 재빨리 지역의 금세공인을 찾아가 녹여 버렸기 때문이었다. 터키 관리들은 호메로스의 트로이가 아닌 금으로 된 보물에 관심이 있었다. 그들은 더 이상의 발굴을 금지하고 보물의 반환을 요구하는 소송을 제기했다.

슐리만의 발굴 이야기가 대체로 정확하더라도 최근의 사학자들은 때로는 사실을 가리는 드라마 같은 슐리만의 감정에 관한 이런 사례를 보고 눈살을 찌푸린다. 슐리만의 이야기에 따르면, 보물을 숄에 쌌다고 하는 그의 '사랑하는 아내'는 그때 히살리크가 아닌 아테네에 있었던 것으로 보인다. 그러나 이런 이야기의 사소한 미화는 고고학의 새로운 낭만에 대중의 흥미를 더욱 높여 주었다.

그리스로 돌아온 슐리만은 영국의 수상 글래드스턴Gladstone과 영국 대사의 개입으로 발굴 허가를 확보하여 또 하나의 세상을 놀라게 하는 모험에 뛰어들었다. 이번에 슐리만은 고대 미케네의 전설 속에 나오는 장소에서 보물이 발견되리라는 직감을 쫓아가고 있었다. 그는 그곳에 아가멤논Agamemnon의 보물이 묻혀 있다고 주장했다. 그곳에서도 슐리만은 널리 인정받은 학자들의 견해와 달리 자신이 읽은 책의 내용을 따랐다. 학자들은 아가멤논과 클리템네스트라Clytemnestra의 무덤이 분명히 성채 밖에 존재할 것이라는 의견에 일반적으로 동의했다. 그러나 고대인들의 기록을 신뢰했던 슐리만은 '영웅들의 무덤은… 집회 장소의 한가운데'라고 기록한 2세기의 유명한 여행가 파우사니아스Pausanias를 믿고 있었다. 슐리만에게 이 기록은 성벽 안을 의미했다. 미케네에서 돌기둥이 원형으로 배치되어 있어서 고대 집회 장소를 의미한다고 여긴 슐리만은 발굴을 시작했다. 1876년 12월에 그는 수직 갱도식 무덤 5개 가운데 첫 번째를 발견했다. 슐리만과 소피아는 추위에 무감각해진 손과 주머니칼과 조그만 삽을 사용하여 45일 동안 무덤 영역 안쪽을 팠다.

　슐리만과 소피아가 얻은 보상은 과거로부터 발굴된 가장 풍부한 보물이었으며 "말 그대로 금과 보석으로 덮인" 시신들의 발견이었다. 금방 발굴되었을 때는 구분할 수 있었던 시신의 얼굴들이 공기에 노출되자 급속히 분해되어 버렸으나 황금 가면들은 여전히 각 인물의 특성이 남아 있었다. 직관, 학문, 전문 지식, 행운 등을 갖춘 슐리만은 이 엄청난 보물들, 예컨대 '아가멤논의 황금 가면', 금관, 금은으로 된 작은 조각상, 황금 칼자루, 귀중한 목걸이와 팔찌, 돌과 금과 설화 석고로 된 꽃병, 금은으로 된 술잔, 수없이 많은 눈부신 보석 등을 발견했다. 극적인 순간에 주저할 사람이 아니었던 슐리만은 그리스의 왕, 게오르기오스King George에게 이렇게 전보를 보냈다. "저는 전설대로 클리템네스트라와 그녀의 연인 아이기스토스Aegisthus에게 연회 중에 살해당한 아가멤논, 카산드라Cassandra, 에우리메돈Eurymedon를 비롯한 그 일행 무덤을 발견한 사실을 폐하에게 보고하게 되어 큰 기쁨으로 생각합니다." 슐리만은 이에 비교될 만한 보물이 발굴된 일은 지금까지 없었다고 단언했다. 그리고 "세계의 박물관을 모두 합쳐도 이 보물의 5분의 1도 미치지 못한다"라고 자랑했다.

하인리히 슐리만은 열정과 믿음과 학식이 있었음에도 자신이 생각했던 발견과 전혀 다른 결과를 이루었다. 그는 일본을 목표로 향하다가 중국에 도달했다고 생각했으나 실제로는 아메리카를 발견했을 뿐이었던 초기 탐험가의 수준만큼 정확하지 않았다. 오늘날에는 '선사시대의 5개 도시'의 겹쳐진 지층에서 슐리만이 호메로스의 트로이로 판단한 도시가 다른 도시였음이 밝혀져 있다. 슐리만이 기반암 위의 제2층과 제3층에서 발굴하여 프리아모스Priam(트로이 최후의 왕)의 보물이라고 칭한 굉장한 발견물이 실제로는 프리아모스 시대보다 1,000년 전의 유물이었다. 슐리만의 유언으로 제공된 자금을 사용한 후계자 빌헬름 되르펠트Wilhelm Dörpfeld(1853~1940년)는 호메로스의 트로이가 슐리만이 서둘러 깎아 지나간 기층 위의 제6층이었던 사실을 입증했다. 미케네에 관한 슐리만의 결론도 정확하지 않았다. 슐리만은 자신의 주장과 달리 아가멤논의 무덤을 발견하지 못했다. 그가 발견한 무덤은 그보다 수 세기 전의 유적이었다.

　　슐리만은 자신이 트로이와 프리아모스 왕의 유물이라고 확인한 사실을 고전 학자들이 조롱했을 때에도 여전히 '프리아모스의 유물'이라고 고집하며 이렇게 말했다. "그 이유는 호메로스가 그대로 전하는 구전이 그렇게 일컬어지고 있기 때문이다. 그러나 호메로스와 그 구전이 잘못되었다고 입증된다면, 그리고 트로이의 마지막 왕이 스미스라고 한다면 나도 즉시 그렇게 부를 것이다." 슐리만은 고대 영웅들에 대한 극적인 호소라는 대담한 직관으로 수백만 명의 사람들에게 역사의 호기심을 일깨워 주었다. 실수가 있었음에도 하인리히와 소피아는 대중의 지식을 크게 발전시켰다. 모든 곳의 사람들이 슐리만의 용기와 결단에 마음을 빼앗겼다. 슐리만이 발굴한 유적을 지켜보는 수많은 대중은 먼 과거에 실제로 살았던 사람들의 유적과 메시지들이 땅속에 간직되어 있다고 믿게 되었다.

　슐리만이 발굴 현장에서 고고학 기술에 영향을 준 공헌은 상당했다. 20세기의 고고학자들이 슐리만이 발견할 계획에 없었던 유물들이 도중에 파괴되었다고 그를 맹비난한다면 그들은 당시의 고고학이 원시 단계라는 사실을 잊고 있기 때문이다. 슐리만은 다른 사람들이 이미 지질학에 적용했던 층서학stratigraphy의 원리를 인류의 유적에 적용한 선구자였다. 호메로스의 『일리아드』는 당시에 너무 미묘하게 독일 학자들이 주장했던 것처럼 그저 '인간화된 태양의 신화'는 아니었다. 실수이긴 했으나 슐리만은 호메로스 이전의 문명을 발굴하여 그 문명에서 자라난 호메로스의 문명이 존재했음을 입증했다. 그는 바빌로니아, 이집트, 그리스, 로마 등 고전으로 여겨지는 4개의 문명에 '선사시대'의 문명 2개를 추가시켰다. 그 문명 2개가 있다면 더 많은 것은 아닐까?

　1900년에 슐리만의 후임자, 아서 에번스 경Sir Arthur Evans은 슐리만이 남긴 단서로 크레타섬의 고대 도시 크노소스Knossos의 또 다른 찬란한 문명을 발굴했다. 그는 슐리만의 업적을 이렇게 인정했다.

　한 세대 전만 해도 그리스 문명과 함께 모든 위대한 문명의 원천은 꿰뚫을 수 없는 안개 속에 싸여 있었다. 고대의 세계는 주위를 맴도는 '대양의 조류' 때문에 좁은 한계 속에 갇혀 있었다. 그 너머에 무엇이 있었을까? 호메로스 시대의 전설 속 왕과 영웅들은 그들의 궁전과 성채들을 포함하여, 결국에는 거의 인간화된 태양의 신화가 아니었을까?

　신념을 갖고 행동으로 옮긴 한 사람, 슐리만 박사에게 고대 그리스 로마의 학문은 그 분야의 콜럼버스를 발견했다. 삽으로 무장한 그는 세월의 언덕 밑에서 실제의 트로이를 밖으로 드러냈고, 티린스Tiryns와 미케네에서는 호메로스 이야기 속 왕들의 궁전과 무덤과 보물을 밝혀냈다. 새로운 세계는 탐사의 길이 열렸으며, 최초의 탐구자가 찾아낸 발견들은 츠운타스Tsountas 박사 등을 통해 그리스 땅에서 성공적으로 계승되었다. 관찰자들은 주의를 기울이기 시작했고, 이 선사시대의 문명을 찾아내는 일은 그리스라는 한계를 훨씬 넘어서서 나타나기 시작했다.

그러나 학계 경쟁자들의 질투와 선동적인 언론의 요구로 트로이와 미케네의 찬란한 금은 폐단의 흔적처럼 보이게 되었다. 슐리만은 잘 알려지지 않은 다른 이들처럼 돈이 목적인 도굴꾼에 불과했던 걸까? 그는 지식을 풍요롭게 하기보다 자신의 금고를 채우기에 더 관심이 있었던 걸까? 이런 비난에도 고고학이라는 새로운 세계에 대중의 관심을 집중시키는 이점이 있었다. 그러나 그 비난들은 근거가 없었다. 슐리만이 트로이의 보물을 터키에서 신속히 옮겨 놓지 않았더라면 역사학자들이 연구할 유물은 거의 남아 있지 않았을 것이다. 슐리만은 미케네와 다른 곳에서 발굴한 보물들을 모두 그리스 정부에 기증했고, 그 보물들은 지금도 아테네의 박물관에 멋지게 전시되어 있다. 스스로 자금을 조달하며 노력과 위험 부담을 감수했더라도 그는 매우 좋아하는 그리스에 대한 열정에 불붙인 만족외에는 아무런 보상도 받지 못했다.

메스컴이라는 새로운 세계에서는 다른 사람들이 슐리만의 일을 대신해 주었다. 빙켈만의 시대에는 고대 그리스에 대한 열정에 자극을 받으려면 빙켈만의 저서를 읽어야 했다. 그러나 이제는 슐리만 자신의 재빠른 도움으로 이 고고학자의 삽질마다 뉴스거리가 되었다. 대중 독자들은 두꺼운 책이 나올 때까지 기다리지 않고도 발굴의 모험을 즐길 수 있었다. 신문 독자들은 슐리만의 소식이 담긴 『런던 타임스The Times of London』, 『데일리 텔레그래프Daily Telegraph』, 『뉴욕 타임스New York Times』 등의 기사를 매일 숨을 죽이며 지켜보았다. 터키 정부의 허가 거부나 하급 관리들의 불손함은 국제적으로 유명한 사건이 되었다. 이런 일은 슐리만의 편지나 나중에 그의 글로 드러난 다른 필명으로 된 긴 보고서로 알려지게 되었다. 물론 슐리만은 영예로운 지식 협회의 특별 회원이 되었으며, 런던식료품협회London Grocers Association에서도 강연 초청을 받고 회원으로도 선정되었다. 정기간행물인 『일러스트레이티드 런던 뉴스Illustrated London News』의 한 화가가 그린 슐리만의 초상화는 전 세계적으로 복사가 되어 슐리만의 넓은 이마와 두꺼운 콧수염이 하나의 상표가 되었다. 그리고 기자들은 슐리만이 소유한 멋진 신사 정장 50벌을 보관한 옷장, 모자 20개, 구두 42켤레, 지팡이 30개, 승마용 채찍 15개 등을 목록으로 기사를 쓰기도 했다.

고전의 애호가인 브라질의 황제 페드루 2세Dom Pedro II가 왕비와 함께 터키를 방문했을 때, 슐리만은 유창한 포르투갈어를 사용하여 그들을 히살리크의 발굴 현장으로 안내했다. 그 후 페드루 2세는 그곳이 정말 호메로스의 트로이라는 사실을 굳게 믿는다고 선언했다. 미케네에서 황제의 일행은 열렬한 기자단의 환영 속에 유명한 아트레우스Atreus의 보물이 있는 땅속에서 환상적인 오찬을 대접 받았다. 물론 소피아는 선사시대의 발굴 장소에서는 흔히 볼 수 없는 활기 있는 낭만의 분위기를 더해 주었다. 하인리히와 소피아는 고고학의 왕실 가족이 되었다. 이 젊은 그리스 미인은 빅토리아 시대의 전형인 연약한 여성의 모습과 다른 면에서 환영 받았다. 하지만 소피아는 겸손하게 이렇게 고백했다. "미케네뿐만 아니라 트로이의 발견에서 내가 맡은 부분은 조그만 일에 불과하다. 나는 겨우 30명의 일꾼을 감독했을 뿐이다." 미케네의 무덤에서 상층부의 자갈이 제거된 후 "그 이후로는 대단히 어려운 작업이 계속되었다. 나와 내 남편은 무릎까지 빠지는 진흙 속에서 자갈을 깎아 내고 점토층을 걷어 내어 귀중한 보물들을 하나씩 꺼내야 했기 때문이다."

런던에 있는 왕립고고학연구소Royal Archaeological Institute가 1877년 6월 8일에 하인리히와 소피아를 위한 특별 회의를 열었다. 회장 탤벗 경Lord Talbot과 함께 나서기를 청한 윌리엄 E. 글래드스턴William E.Gladstone 이 두 사람의 호위를 받은 소피아가 얼굴이 상기되어 장내로 입장하면서 사람들의 주목을 받았다. 소피아는 인사말을 했다. 탤벗 경은 "지금까지 알려진 가장 힘들고 놀랄 만한 일을 해낸 최초의 부인이고, 많은 이들이 부러워할 명성을 얻었으며 어떤 이는 모방할 수도 있지만 아무도 능가할 수 없는 사람"이라고 소피아를 칭송했다. 25세의 소피아가 한 인사말은 박식함과 유창함으로 사람들을 매우 놀라게 했다. 소피아는 영국을 찬양하면서 고대 그리스인의 죄는 '질투'였다고 장난스럽게 고백했다. 그러고는 그리스의 하늘과 그리스의 정신에 바치는 찬가를 읽고, 그리스어가 매우 아름다워서 '그리스어를 한마디도 몰랐던 남편에게 그리스에 대한 강한 열정을 채워 주었던 사실'을 상기했다. 소피아는 "영국 부인들이 아이들에게 내 조상의 격조 높은 언어를 가르쳐 주어 그들이 '호메로스'를 비롯한 다른 영원한 고전을 원어로 읽을 수 있게 해 줄 것"을 호소하며 결론을 지었다. 그녀의 인사말이 끝나자 관중은 열렬한 기립 박수를 보냈다. "그러한 유명 인사들이 나의 소피아에게 보내는 기립 박수를 듣고 보면서 왜 위대한 올림포스의 신들이 이 여인을 나의 아내이며 친구이고, 동료이며 애인으로 보내 주었을까 하고 궁금할 뿐이었다. 나는 눈물이 흘러내려 앞을 볼 수가 없었다"라고 하인리히는 기록했다.

슐리만을 따라다니던 기자단은 나름대로 요구 사항이 있었다. 티린스에서 발굴이 지체되자 뉴욕 타임스 특파원은 즉시 하인리히의 행운은 끝났다고 보도했다. 이런 보도는 하인리히 슐리만이 트로나 미케네의 유적에 필적할 만한 가장 화려한 궁전의 유적을 발견하기 며칠 전의 일이었다. 당시에는 일간신문의 초창기였으므로 카메라가 아직은 크고 무거우며 휴대하기에 매우 불편했다. 슐리만은 미케네의 무덤에서 놀랍게 보존되어 있던 시신들을 발굴했을 때 그곳에 사진사가 없었기 때문에 시신이 분해되기 전에 거의 똑같이 그리도록 화가를 급히 불러오게 했다. 발굴에 관한 슐리만의 저서에는 사진에서 복사한 그림들이 일부 들어가 있어도 사진은 전혀 포함되어 있지 않았다. 사진이 들어간 최초의 고고학 발굴에 관한 보고서를 쓴 사람은 슐리만이 아니라 사모트라케Samothrace(1873년)의 발굴을 보고한 독일의 고고학자 알렉산더 콘체Alexander Conze였다. 이 사진들과 초창기 보고서의 거친 그림을 비교해 보면, 카메라가 얼마나 역사의 생생함을 높여 주었으며, 수백만 명에게 보고 싶은 욕구를 불러일으켰는지 충분히 알 수 있다.

74

시간의 위도

역사의 근대적 의미를 위해 라오콘의 '고요한 위대함'이나 황금빛 찬란한 아가멤논의 가면을 생생하게 엿볼 수 있는 정도로는 충분하지 않았다. 또 다른 차원, 말하자면 내가 '시간의 위도Latitudes of time'라고 부르는 동시대성의 전망, 즉 전 세계에 동시에 일어나고 있었던 일들에 대한 인식이 필요했다. 이런 인식은 멀리 돌아가며 놀라운 길을 통해서만 도달할 수 있는 훨씬 더 복잡한 발견이었다.

수천 년 동안 사람들은 왕의 통치 기간이나 지역의 중요한 여러 사실을 기준으로 그들이 사는 장소에서 일어나는 사건들의 연대를 매겼다. 서기 1900년은 중국인의 연호로는 훌륭한 계승자 광서光緒 26년이었고 일본은 현명한 통치자 메이지Meiji 33년이었다. 인도의 힌두교도들은 왕조 시대에 따라 연대를 매겼으나 불교도들은 기원전 544년에 부처의 죽음과 열반으로부터 계산하고 있었다. 힌두교도는 또한 432만 항성년의 마하유가mahayuga 경전과 432만 유가yuga를 세분한 '칼리Kali' 연대를 사용하고 있었다. 다른 인도인들은 전쟁이나 역법 개정을 기준으로 연대를 매길 때도 간혹 있었다. 모두가 태음력과 태양력 중 하나를 사용하면서 지역마다 차이를 보일 정도로 복잡했다. 로마, 그리스, 이집트, 바빌로니아, 시리아 등 고대 문명은 모두 각 고유의 연대 기록 체계가 있었다. 로마시의 창설을 기원으로 하는 로마인의 연대 기록 방식은 다른 곳에서도 유행하고 있었다. 622년 7월 16일의 헤지라Hegira(무함마드가 메카에서 메디나로 이주한 일)로 시작하는 이슬람력Muslim calendar은 이미 살펴보았듯이, 헤지라 후 17년이 지난 뒤에야 개시되었으며 지금도 태음력을 사용하고 있다.

기독교 유럽에서는 기원전B.C.이나 기원후A.D.라는 방법을 현재에도 사용하고 있다. 이 연대 표기의 기준은 모든 역사에 의미와 방향을 부여한 그리스도의 탄생이라는 유일한 사건을 믿는 기독교의 고유 신앙을 표현했다. 그러나 이 체계는 서서히 발전했다. 유대인들은 천지창조에 유일한 사건을 두고 있었으며, 기독교의 1900년은 유대의 '세계 기원Anno Mundi' 5661년이다.

예수가 탄생하고 수 세기가 지나서야 현재의 연대 표기 방식을 사용하게 되었다. 1세기에 어떤 기독교인들은 312년에 콘스탄티누스 대제의 즉위로 시작된 로마 제국의 세금 징수 주기인 15년을 1기로 하는 '인딕티오Indiction'로 연대를 계산했고, 또 다른 기독교도들은 스페인 기원(기원전 38년에 로마의 스페인 정복으로 시작하는 부활절 주기)이나 그리스도 수난의 기원(예수의 탄생 후 33년)부터 연대를 계산했다. '그리스도 기원 후Anno Domini(서기)'의 창안자는 수학자이며 천문학자였던 수도사 디오니시우스 엑시구스Dionysus Exiguus(500-560년경)였다. 그는 춘분인 3월 21일 이후, 또는 보름달이 지난 후 첫째 일요일이라고 일반적으로 여겨지는 부활절의 정확한 날짜를 알아내려고 했다. 서구 기독교 세계에서는 부활절이 언제나 3월 21일과 4월 25일 사이에 해당한다고 여겼다. 부활절을 기준으로 모든 이동 축제일이 계산되고 교회력이 시작되기 때문에 부활절은 늘 기독교 역년Christian Year을 지배해 왔다.

그러나 수십 년 뒤에 부활절을 예측하는 방법은 복잡했으며 끝없는 논란의 문제가 되었다. 유럽 기독교인들은 대부분 교황 힐라리오Hilarius(461~468년)가 새로운 방법을 만들기까지는 95년 주기의 연표를 사용하고 있었다. 교황 힐라리오는 새로운 달들New Moons이 나타나는 19년 주기를 요일과 월이 같은 순서로 반복되는 28년 주기의 같은 날짜에 맞추어 532년의 기간을 알아냈다. 디오니시우스 엑시구스는 이 교황의 수치를 개선하기 시작했다. 그렇게 하여 그는 284년의 디오클레티아누스Diocletian 황제의 즉위를 기준으로 연대를 매기던 관습에 반대했다. 디오니시우스 엑시구스는 '위대한 박해자의 이름을 존속시키는 대신에, 주 예수 그리스도가 탄생한 해로부터' 연대를 매기려고 했다.

절충하려는 모든 노력이 있었음에도 부활절의 날짜는 서방과 동방 기독교 사이에서 계속 일치할 수 없었다. 그러나 추정되는 예수의 탄생일로부터 연대를 계산하는 디오니시우스 엑시구스의 기독교 역법이 이슬람을 제외한 대부분의 비기독교 세계를 지배하게 되었다. 디오니시우스 엑시구스의 착오는 세부적인 사실 하나뿐이었다. 그는 예수의 탄생이 로마시가 창설된 후 753년에 해당한다고 계산했다. 최근의 성경학자들은 성경의 기록에 따라, 예수의 탄생은 분명 헤롯왕이 죽기 전에 일어났으며, 다시 말해 이 시기는 '기원전' 4년 이후가 아니라는 사실에 일반적으로 동의하고 있다.

기원후 525년에 디오니시우스 엑시구스는 'A.D.Anno Domini'(그리스도의 해)를 연대를 매기는 기준으로 사용하도록 교황에게 제안했다. 디오니시우스는 자신의 발명을 그리 대단하게 생각하지 않았기 때문에 자신의 편지에는 '인딕티오'의 날짜를 계속 사용했다. 디오니시우스 엑시구스의 부활절 계산표가 유럽의 기독교에서 사용되면서 예수가 탄생한 해를 시작으로 하는 'A.D.'가 점차로 다른 모든 연대 기록 방식을 대체해 나갔다. 이 방식은 학계에서 확립되기 시작했고, 성 비드가 『교회사Ecclesiastical History』(731년)에 'A.D.'를 사용하기도 했지만, 몇 세기가 지나서야 'A.D.'는 유럽에서 일반적으로 채택되었다. 그리고 17세기가 지나서야 학자들은 예수 탄생 이전의 연대를 계산하는데 'B.C.'를 사용하기 시작했다.

역사가들은 많은 모호한 문제들 때문에 계속 시달려야 했다. 예컨대 '신년'은 언제 시작되는 것일까? 성탄절, 성모 수태고지 축제일Annunciation Day(3월 25일), 부활절(해마다 날짜가 바뀌는 축제일), 1월 1일 등을 비롯한 수많은 경쟁을 이루는 날짜들이 있었다. 오늘날 교과서에는 여전히 이런 혼란의 흔적이 남아 있다. 예컨대 때로는 1688년의 혁명으로 불리는 영국의 명예혁명Glorious Revolution은 오늘날의 계산에 따르면 1689년의 혁명이라고 불러야 한다. 이 혁명이 일어난 날은 그해의 2월 13일이었지만 그때의 영국인들은 3월 25일에야 '신년'을 시작했기 때문이다. 신년이 시작되는 날은 수 세기가 지나면서 바뀌었다. 8세기에는 성탄절이었고, 그다음 세기에는 수태고지 축제일, 또는 부활절이었으며, 그 후에는 현대의 1월 1일로 바뀌었다.

중세 유럽에서는 법적이거나 공식적인 문서의 날짜가 'A.D.'가 아니라 통치자인 왕, 교황, 주교 등의 통치기원을 주로 사용했기 때문에 상황이 더욱 복잡했다. 존왕은 우연히 날짜가 변동하는 그리스도 승천일(부활절이 지나 40일째 되는 날)에 왕위에 올랐기 때문에 통치 기원을 기념일로 정했는데, 이 기념일은 해마다 달랐다. 따라서 존왕의 통치 기원 중 어떤 해는 오늘날의 역년보다 짧기도 하고 또 길기도 했다. 헨리 5세 Henry V는 1413년 3월 21일 왕위에 올랐는데, 그때의 신년은 3월 25일에 시작되었기 때문에 그의 통치 기원에는 그리스도 기원의 두 해가 일부씩 들어갔다.

1월 1일을 새해로 시작하는 현대의 관행은 로마의 방식을 따르는 이교도의 관행으로 되돌아가는 일이었기 때문에 기독교가 이 날짜를 따르기를 거부한 이유를 알 수 있다. 그러나 1월 1일을 시작으로 계산하는 연감을 널리 사용하게 되고 또한 로마법의 연구가 널리 퍼지면서 1월 1일은 16세기 말경에 유럽의 일반적인 기준일이 되었다. 교황 그레고리우스 13세는 1582년에 역법의 개혁을 이루어 내면서 또한 이교도의 관습도 받아들였다. 그의 새로운 역법인 그레고리력의 계산법은 근대 사학자에게 새로운 문제를 불러일으켰다. 로마 가톨릭은 분별 있는 그레고리우스 개혁을 곧 받아들였으나 신교와 동방정교 기독교인들은 어떤 교황의 방식도 따르지 않았다. 거의 두 세기 동안 영국인들은 기존의 역법에 근거한 달들이 계절과 오래전부터 맞지 않았기 때문에 가톨릭 역법으로 사는 것보다 오히려 불편을 겪었다.

마침내 1751년에 체스터필드 Chesterfield의 4대 백작 필립 도머 스탠호프 Philip Dormer Stanhope (1694-1773년)는 새로운 역법(이제는 '그레고리력'이 아니었다!)을 사용하기 위한 법안을 의회에 제출했다. 자유로운 사고를 품은 그는 아들에게 보낸 편지로 유명해진 인물이었다. 그 법령으로 신년의 첫째 날이 3월 25일에서 1월 1일로 되돌아갔고, 1751년 12월 31일(1751년 1월 1

일 대신) 다음 날이 1752년 1월 1일이 되었다. 낡은 율리우스력으로 축적되었던 잘못을 바로잡으려고 1752년 9월 2일 다음 날을 9월 14일로 정했다. 사학자들에게는 이 모든 일이 혼란을 초래하는 흔적이 되었다. 구력이 양력과 경쟁을 하게 된 1582년 이후, 아메리카에 있는 영국 식민지는 영국의 개혁되지 않은 날짜 매기는 관행을 모호성을 그대로 지닌 채 일반적으로 따랐다.

러시아는 공산주의 혁명으로 1919년에 율리우스력이 중단되었다. 일본은 메이지 천황이 서구화 계획의 일부로 1873년 1월 1일에 그레고리력을 채택하여 통치 기원의 오랜 방식과 함께 사용하기 시작했다. 중국은 1911년에 공화국이 수립될 때까지 태음력과 함께 연호를 결합하여 복잡한 방식이 사용되고 있었다. 오랜 세월이 흐른 후 태양력이 채택되었으나 중국의 연대는 여전히 공화국이 수립된 해부터 계산되고 있었다. 1949년이 되어서야 중국 정부는 그레고리력의 새로운 역법을 사용했다.

세계에서 일어난 사건들에 대한 공통의 시간 표기법은 역사의 범위를 정의하기 쉽게 했고, 따라서 서로 다른 장소에서 동시에 일어난 사건들을 찾아내고, 그런 다음 또한 세계에서 일어난 사건들의 전후 관계를 파악하게 했다. 이미 살펴보았듯이, 대부분의 인류 역사에서 서방 기독교 세계에도 똑같은 체계가 전혀 없어서 다른 장소에서 일어난 사건과 관련이 있는 사건들의 날짜를 매길 수가 없었다.

세계의 학자들이 세계적인 동시대의 기준을 확립하기 이전에는 과거가 얼마나 서로 고립되고 단편화되어 있었는가를 오늘날에는 상상하기가 어렵다. 성경의 사건에만 관심을 돌린 정통파 기독교는 나머지 세계의 일은 모두 외부의 암흑 속에 남겨 두었다. 유대인, 페르시아인, 바빌로니아인, 이집트인, 그리스인, 로마인 등의 사건들을 하나의 연대기로 통합하는 일은 초인적인 학식과 당혹스러운 문제를 제기하는 의욕이 필요했다. 이러한 시도를 한 최초의 사람은 헤라르뒤스 메르카토르Gerardus Mercator(1512-1594년)였다. 그는 세계의 바다를 여행하는 사람들의 편리를 위해 구면의 지구를 평면에 표시하는 방법을 알아낸 바로 그 야심 있는 지도 제작자였다. 메르카토르는 사람들이 모든 과거를 탐색할 때 자신들의 위치를 알려 주기 위한 보편적인 연대기가 필요하다고 생각했다. 그는 450페이지에 이르는 2절판의 독창적인 저서 『일식이나 월식과 천문학 관찰을 통해 맞추어진 창세부터 1568년까지의 연대기Chronology…from the beginning of the world up to the year 1568,done from eclipses and astronomical observations』를 펴냈다. 아시리아, 페르시아, 그리스, 로마 등에서 일어난 사건들이 동시대의 일식과 월식을 기준으로 시간이 맞추어졌다. 이 일은 전체 세계를 천지창조 이후로 시간적, 공간적 차원으로 기술하려는 메르카토르의 완성되지 못한 거대한 계획의 첫 부분에 불과했다.

코페르니쿠스의 시대에 새로운 천문학을 활용하여 역사를 밝히려는 사람들이 있었다는 사실은 놀랄 일이 아니다. 그들 중 가장 유명하고 성공한 사람은 비범한 프랑스 학자 조제프 쥐스튀스 스칼리제르Joseph Justus Scaliger(1540-1609년)였다. 그는 아리스토텔레스 다음으로 가장 박식한 사람이라고 알려진 존경 받는 인물이었다. 그를 찬미하는 사람들에 따르면, 스칼리제르는 "21일 동안 호메로스를 완전히 배웠다"라고 한다. 그리고 동료 학자들에 따르면, 성 바돌로매 축일St.Bartholomew's Day(1572년)에 신교도들이 무서운 학살을 당했을 무렵에 파리에서 공부한 "스칼리제르는 히브리어에 열중하고 있어서 어떤 때는 무기가 부딪치는 소리나 아이들이 외치는 소리가 들려도 듣지 못했고, 또 어떤 때는 여자들이 울부짖는 소리나, 남자들이 고함치는 소리가 들려도 듣지 못했다. 그는 언어들의 경이로운 매력에 끌려 학문의 열정이 더욱 불타올라 계속 칼데아어, 아랍어, 페니키아어, 에티오피아어, 페르시아어 등을 비롯해 특히 시리아어까지 습득했다"라고 한다.

'유럽의 불사조', '끝이 보이지 않는 박식의 심연', '세계의 불빛'으로 알려지는 스칼리제르는 문헌학, 수학, 천문학, 화폐학numismatics 등을 이용하여 올바른 연대기 체계를 만들었다. 그리고 이를 이용해 마침내 모든 알려진 고대 사건들이 하나의 연계로 합쳐질 수 있게 되었다. 교황 그레고리우스 13세가 그 당시의 역법을 개혁했을 때 스칼리제르도 코페르니쿠스 천문학을 이용하여 수많은 고대 역법을 조정했다. 물론 스칼리제르는 '신성한 역사'가 심오해야 한다고 믿고 있는 신도들에게 비난을 받았다. 이 새로운 연대학이라는 학문으로 유럽 전체의 과거는 일관성 있는 서술 기법으로 처음 통합될 수 있었다.

신앙심이 깊은 아이작 뉴턴(1642-1727년) 경은 성경의 역사를 확인하려고 천문학을 사용하는 방법을 알아내는 데 말년을 쏟아부었다. 뉴턴은 유명해지면서 더욱 신앙심이 깊어졌고, 이미 살펴보았듯이, 그가 세상을 떠날 때는 수천 페이지에 이르는 신학과 연대기에 관한 저작물을 남겼다. 뉴턴의 몇 가지 이론들은 이후 뷔퐁Buffon이 지구의 나이를 늘이는 데 활용되었더라도 뉴턴 자신은 지구의 나이가 대주교 어셔Ussher가 정해 놓은 성경 속의 연대(기원전 4004년)보다 훨씬 더 오래되었을 가능성을 진지하게 받아들이지 않았다. 단순히 뉴턴은 성경 속의 사건들을 이집트, 아시리아, 바빌로니아, 페르시아, 그리스, 로마 등의 연대기에 기록된 사건들과 시대를 맞추어 보며 성경 속의 이야기를 확인하려 했다. 예수회 선교사들을 통해 당시 최근에 연대기가 서구에 소개된 중국과 같은 매우 이국적인 나라들은 뉴턴이 생각하는 전반적인 범위에는 아직 포함되지 않았다.

인류의 과거에 대한 뉴턴의 미숙한 자료가 의심스러운 원천에서 나온 임의의 단편들이었던 반면에, 그의 천문학은 뛰어난 전문성을 띠고 있었다. 더욱이 뉴턴이 역사적인 연대를 매기려고 천문학을 사용한 방법은 연대기의 '범위'를 더욱 선명하게 설정하려는 진보성을 갖추고 있어서 궁극적으로 모든 곳에서 일어난 사건들을 하나의 연대순으로 배열할 수 있었다. 그러나 뉴턴은 이 일이 가능하다는 사실을 알아낸 최초의 사람은 아니었다. 이미 살펴보았듯이, 그보다 대략 150년 전에 메르카토르와 스칼리제르도 천문학 자료를 사용하여 하나의 세계적 연대기를 만들기 시작했다. 유명한 폴란드 천문학자 요하네스 헤벨리우스Johannes Hevelius는 천지창조의 시간을 에덴동산에 뜬 태양의 정확한 위치를 계산하여 기원전 3963년 10월 24일 오후 6시라고 주장했다. 뉴턴과 동시대 사람인 윌리엄 휘스턴William Whiston은 대홍수를 일으킨 혜성이 출현한 시기를 계산하려고 했다.

뉴턴은 이상하게도 연대기의 기준 사건으로 전설 속의 아르고호 선원들Argonauts의 항해를 선택했다. 이 위대한 과학자는 가능성이 가장 희박한 근거 위에 세계 연대기의 거대한 구조를 세웠다. 다시 말해 그 근거는, 이아손이 황금 양모를 찾아 콜키스Colchis로 모험을 떠나는 신화 속 이야기의 날짜였다. 이아손의 배 아르고Argo는 앞일을 예언할 수 있는 도도나Dodona의 신성한 나무에서 베어온 목재가 뱃머리에 장식되어 있다고 전해졌다. 황금 양모는 그 유명한 잠들지 않는 용이 지키고 있었고, 용의 이빨이 뿌려지면 무기를 가진 병사들로 변했다. 유명한 아르고호 항해에서 이아손과 50인의 선원들에게는 수많은 경이로운 일들이 있었지만, 뉴턴이 그 이야기를 잘 활용했다는 사실도 놀라운 일이었다.

뉴턴은 과학적인 연대기의 기준으로 신화를 선택하면서 전혀 모순이라 생각하지 않았다. 그는 고대에 처음으로 흑해 항로를 개척하여 그리스의 무역을 가능하게 만든 아르고호의 항해를 역사적 사실로 단정했다. 에우헤메로스Euhemerus의 설을 따르는 다른 선량한 기독교인들처럼, 뉴턴도 고대 신화에 나오는 신들이 신격화된 실제의 영웅들이라고 믿고 있었다. 고대 신화가 낭만적으로 묘사된 사실이라면 아르고호의 항해는 분명 실제 있었던 일이었을 것이다. 따라서 뉴턴은 이 일을 천문학 현상과 관련지어 시간으로 정할 수 있다고 여겼다.

아르고호 항해의 날짜가 특별한 가치가 있는 이유는 이를 계기로 트로이의 멸망 연대를 정할 수 있으며, 또한 트로이에서 망명한 아이네이아스가 로마를 창설했다고 전해지기 때문에 로마의 설립 연대도 정할 수 있기 때문이었다. 뉴턴은 경외하는 헤로도토스가 아르고호의 항해와 트로이의 멸망 사이에는 한 세대의 시기만 있었다고 기록한 사실을 중요시했다. 이아손의 항해 날짜를 알 수 있다면 그리스 · 로마의 전체 연대기의 정확한 기준선을 제시하기 위해서는 한 '세대'의 햇수만 정하면 된다고 뉴턴은 주장했다. 그리고 많은 이들이 이후의 신화와 역사 속에 등장하는 인물들을 아르고호로 항해한 사람들의 자손일 것이라고 추적했다.

뉴턴은 "과거사의 날짜를 결정지을 수 있는 가장 확실한 논거는 천문학으로 받아들여진 주장이다"라고 기록했다. 그는 펠로폰네소스 전쟁과 같은 몇 가지 역사적 사건들이 그 당시에 기록된 일식으로 쉽게 날짜를 정할 수 있다고 주장했다. 그러나 일식은 그렇게 흔한 일이 아니며, 아르고 호의 항해에서 기록된 일식은 하나도 없었다. 따라서 뉴턴은 더 세련된 천문학 기법을 개발하여 이를 고집스럽게 신학 이론에 적용했다. 그는 저서 『프린키피아』에서 '약 50년'으로 계산한 분점(춘분·추분점)의 세차운동의 자료를 이용하면 현재보다 수년 전에 있었던 하늘의 특정 모습을 정확히 그려 낼 수 있다고 말했다.

뉴턴은 고대 천문학 자료를 폭넓게 읽었고 분점의 세차운동을 처음 기록한(기원전 130년경) 그리스의 천문학자 히파르코스Hipparchus를 깊이 존경했다. 그러나 뉴턴은 히파르코스가 세차율을 잘못 계산했다고 설명했다. 그에 따르면, 히파르코스의 하늘 관측을 재검토한다면 아르고호 원정의 정확한 날짜를 정할 수 있었다.

이전의 천문학자들이 시행한 관측들을 자신의 관측과 비교한 위대한 천문학자 히파르코스는 항성에 비교하여 분점의 세차가 뒤로 움직인다고 결론을 내린 최초의 사람이었다. 그의 견해는 분점의 세차가 약 100년에 1도씩 뒤로 돌아간다는 점이었다. 그는 노보나사르Nobonassar 589년과 618년 사이에 일어난 분점의 세차운동을 관측했다. 그 중간의 해는 메톤Meton과 에우크테몬Euctemon 이 앞서 관찰했던 해의 286년 후인 602년이었다… 그러나 사실 분점의 세차는 72년에 1도씩 뒤로 돌아가며 792년에는 11도였다… 따라서 계산을 하면 아르고호 원정은 솔로몬왕이 죽은 후 43년경에 해당할 것이다. 그러므로 그리스인들은 아르고호의 원정을 사실보다 약 300년 더 오래된 시기로 여겼고, 그래서 분점의 세차가 100년에 1도씩 뒤로 돌아간다는 위대한 히파르코스의 의견이 나오게 되었다.

이런 식으로 뉴턴은 연대기의 새로운 체계를 구성했고, 이 체계를 적용하여 그리스, 페르시아, 이집트 등의 주요 사건들을 성경의 다윗과 솔로몬의 시기와 관련하여 날짜를 정했다. 뉴턴의 연대기는 국제적으로 열띤 논쟁이 되었다. "고대의 위대한 사건들은 바로잡으려는 많은 시도에도 불구하고 시간의 상처로 파괴되어 쓰레기 속에 감춰져 있던 거대한 건축물의 유적처럼 누워 있었다. 그러나 마침내 우리는 숭고한 구조물이 원래의 균형과 힘과 아름다움으로 살아나고 있는 것을 보게 된다. 모든 재료가 아이작 뉴턴 경의 훌륭한 손으로 고대의 적절한 장소에 복구되고 있도다!"라고 한 옹호자가 외쳤다. 또 다른 사람들은 뉴턴의 체계를 "하나의 빈틈 없는 모험 소설과 다르지 않다"라고 말하기도 했다. 그러나 젊은 에드워드 기번은 뉴턴의 연대기에 경의를 표했다. 그는 1758년에 자신의 비망록에 이렇게 기록했다. "뉴턴의 이름은 심오하고 빛나며 독창적인 천재의 모습을 불러일으킨다. 그의 연대기 체계만으로도 그를 불멸의 존재로 만들기에 충분할 것이다… 경험과 천문학은 뉴턴이 내세우는 논거의 줄거리이다."

뉴턴은 성경의 예언을 열성적으로 믿었는데도 여전히 객관적이고 지구 전체에 미치는 사건에 기반을 둔 실제적인 세계 연대기를 지향했다. 결국 뉴턴의 천문학이 제시한 그런 기준 연대는 세계 전체에 대한 동시대성의 유용한 방향을 제시했다. 사람들은 천지창조의 날짜에 전혀 동의하지 않을 수 있고 대부분은 예수 탄생의 해도 믿지 않을 것이다. 그러나 모두가 역사의 체계를 공유할 수 있었으며, 또한 공유하게 되었다.

근대의 연대기는 통치하는 군주나 왕조, 또는 신비한 징후 등으로 햇수나 시대를 매기는 낡은 지역적인 체계가 연대 기록의 공동 체계로 대체되면서 나타났다. 아주 늦게서야 이 지구의 역사 속에서 '세기century'가 시간의 척도로 널리 받아들여졌다. 예컨대 영어의 세기(century, 100명의 군단을 나타내는 라틴어 'centuria'에서 유래됨)라는 말은 원래 100개의 물건을 가리키는 의미로, 셰익스피어의 『심벨린Cymbeline』에 등장하는 이모젠Imogen이 자신의 희망을 '한 세기의 기도'라고 말하기도 했다. 사람들은 여전히 한 '세기의 해'라는 말을 사용했다. '17세기'가 되어서야 '세기'라는 하나의 단어가 기독교 기원에서 연속되는 100년씩의 하나라는 의미로 쓰이기 시작했다. 이것이 위대한 변화로 이어지는 작은 실마리였다.

75

선사시대의 발견

18세기에 뷔퐁이 지구의 나이가 엄청나게 긴 세월이라는 사실을 밝혀냈으나 신앙심이 깊은 기독교인들은 여전히 대주교 어셔가 기원전 4004년에 지구가 창조되었다고 단정한 성서의 연대를 포기하지 못했다. 그들에게 초기 역사의 모든 과정은 에덴동산에서 시작하여 예루살렘을 통해 이어진 듯 보였고, 성서 속에 연대순으로 충분히 기록되어 있었다. 기독교인들이 관심을 두었던 고대 사건들은 오로지 지중해와 그 주변에서 일어났고, 인류의 유산은 그리스와 로마의 유산이었다. 뉴턴이 아르고호의 항해를 연대기의 기준선으로 삼았을 때도 성서 속 사건에 분명하게 초점을 맞추고 있었다.

그러나 성서에 기록된 시대 이전에는 무슨 일이 있었을까? 그런 의문을 품은 기독교인이 거의 없었다는 사실이 오늘날에는 놀라울 수 있다. 그렇지만 신앙심이 깊은 기독교인들에게는 이런 의문이 무의미한 듯 보였다. 역사 이전에는 무슨 일이 있었을까? 그 전에도 무슨 일이 정말 일어났던 것일까? 19세기 중반까지도 '선사시대'라는 말은 유럽어에 없었다. 그 동안 생각이 깊은 유럽인들은 어쨌든 그들의 역사적 시야에서 지구의 과거를 대부분 제외하고 있었다.

선교사, 상인, 탐험가, 박물학자 등이 유럽으로 들여온 식물, 동물, 광물 등과 함께 부와 권력이 있는 사람들의 개인 수장고인 '진기한 물건들이 가득한 방cabinets of curiosities'을 위해 인류의 유물도 들어왔다. 중세에서도 이러한 오래되고 기이하며 값진 물건들이 때로는 교회나 수도원, 또는 대학에서 전시되기도 했다. 르네상스 시대에는 전리품, 대사의 선물, 궁중 예술가들의 작품을 비롯한 위엄있는 수집품들이 교황의 궁전이나 메디치가를 장식했다. 이렇게 해서 생겨난 곳이 또한 바티칸의 웅장한 박물관, 피렌체의 우피치Uffizi와 피티Pitti 미술관, 파리의 루브르 박물관, 마드리드 근교의 에스코리알Escorial 왕궁 등이었으며, 또한 빙켈만이 처음으로 영감을 받은 드레스덴 같은 공작령의 주요 도시에 있는 수장고였다. 이러한 곳들은 소수 특권층의 즐거움이었다.

18세기에 유럽은 대중 박물관이라는 새로운 기관에서 새로운 종류의 수집품을 보게 되었다. 영국 정부가 1753년에 한스 슬론Hans Sloane 경의 소장품을 획득하여 박물관을 처음 설립했고, 1759년에 대중에게 공개했다. 바티칸의 박물관과 같은 개인 소장품들이 보관된 몇몇 시설은 자발적으로 대중에게 공개되었다. 루브르 박물관 같은 시설은 혁명으로 시민 전체의 소유로 압수되었다. 유럽 곳곳에서 새로운 대중 박물관은 배우고 즐기며 기쁨을 맛볼 수 있는 장소로 기대되었다. 이동하다가 잠시 머물러 구경하는 집단을 가리키는 '관광객tourist'이라는 말은 1800년 이후 영어에 도입되었다. 숨을 죽이고 박물관을 탐험하는 사람들의 기대는 그들이 여행한 거리에 따라 커졌다.

미국처럼 궁전이나 왕가의 소장품이 없던 곳에서는 어디서나 대중 박물관이 처음부터 시작해야 했다. 신대륙에는 그에 상응하는 박물관이 등장했다. 예컨대 필라델피아의 필 박물관Peale's Museum(1784년), 워싱턴의 스미스소니언 협회Smithsonian Institution(1846년), 남아메리카의 여러 박물관 등이 있었다. 인도, 시암, 중국, 일본 등 아시아 곳곳에서는 훌륭한 소장품들이 주로 왕실의 귀중한 전유물로 남아 있거나 사원의 성소 안에 보관되어 있었다. 이런저런 혁명이 일어난 경우에만 이런 보물들이 대중에게 공개되었다. 그리고 이집트, 그리스, 로마, 페르시아 등 정복된 지역에서 그림이나 조각상, 또는 건축물 전체까지 런던, 파리, 암스테르담, 베를린 등의 거대한 박물관으로 이동된 일도 있었다.

유럽의 박물관들은 성장하면서 처음에는 귀족 계층의 예술 애호가들이 위신이나 호기심으로 수집한 물품 종류만 전시했다. 아름다운 물건이 주목을 받았고, 왕관, 왕홀, 보주 같은 역사와 관련된 귀중품이나 태양계의orrery 같은 희귀한 과학 기구가 간혹 있었다. 분명하게 아름답지 않거나 눈에 띄게 기이하지 않은 물품은 거의 흥미를 불러일으키지 못했다. 그러나 나중에 밝혀졌듯이, 선사시대에 대한 시각이 열리고 대중이 모든 역사에 관한 새로운 용어를 갖게 된 계기는 정확히 이런 무명의 조악한 물건들 때문이었다. 이미 살펴보았듯이, 유물들은 사람들에게 과거를 파악하는 데 도움을 주는 특별한 힘이 있었다. 그러나 로마나 그리스의 매장된 유물들은 종교적이거나 고전적인 문학으로 익숙해진 과거를 보여 주었을 뿐이었다. 유물을 통해 발견된 선사시대는 기록을 훨씬 넘어 거슬러 올라갔고 인류사의 차원을 방대하게 넓혀 놓았다.

덴마크의 사업가 크리스티안 위르겐센 톰센Christian Jürgensen Thomsen (1788-
1865년)은 이상한 연이은 우연으로 이러한 발견의 주역이 되었다. 스칼리
제르의 박식이나 뉴턴의 수학적 재능은 없었어도 크리스티안은 뛰어난
상식을 지닌 사람으로, 헌신적인 비전문가의 장점을 풍부하게 갖추고 있
었다. 그의 신기한 물건에 대한 열정은 새로운 대중 박물관의 호기심을 불
러일으키는 재능에 부합했다. 번창하는 선주의 여섯 아들 중 장남으로 코
펜하겐에서 태어난 크리스티안은 사업가로 훈련을 받았다. 그는 프랑스
혁명 때 파리에서 일한 덴마크 영사의 집안과 알게 되었다. 그 영사는 겁
에 질린 귀족들에게서 구매한 소장품을 덴마크로 가져왔다. 겨우 15세밖
에 되지 않았던 크리스티안은 그 친구들이 보물 꾸러미를 푸는 일을 도와
주었을 때 몇 개의 옛 주화를 얻어 자신의 소장품으로 만들기 시작했으며,
19세가 되었을 때는 소문난 화폐 수집가가 되었다. 1807년에 영국 함대
가 나폴레옹에게서 덴마크 함대를 보호하려고 코펜하겐 항구를 포격하여
건물들이 화염에 휩싸였을 때 크리스티안은 비상 소방대에 참여하게 되
었다. 그는 밤을 새워 일하면서 포격을 받은 집에서 유명한 화폐 수집가의
주화를 구했고 왕실의 유물 관리인과 함께 유물을 안전한 곳으로 옮겼다.

코펜하겐에 새로 설립된 덴마크 왕립유물보존위원회는 공공심이 강한
시민들이 기증한 다양한 옛 물건들로 넘치고 있었다. 그 위원회의 연로한
간사는 쌓여 가는 물건 더미를 다룰 수가 없었다. 그래서 여기에는 젊은
사람이 필요했고, 자신의 주화 수집품을 멋지게 정리해 놓기로 유명해진
27세의 크리스티안 톰센에게는 안성맞춤의 기회였다. "톰센 씨가 비전문
예술 애호가라는 사실은 인정합니다. 하지만 그는 광범위한 지식을 가진
예술 애호가입니다. 그는 대학 학위가 없지만, 현재의 체계적인 지식을 보

면 그 사실 때문에 자격이 없다고 할 수는 없습니다"라고 위원회의 주교는 인정했다. 그리하여 젊은 톰센은 무보수의 투표권 없는 간사로 임명되는 영예를 얻었다. 나중에 밝혀졌듯이, 톰센은 학문의 지식이 부족했기 때문에 당시에 고고학에 필요했던 소박함을 갖추고 있었다.

위원회 저장실의 먼지 쌓인 선반에는 이름 붙이지 않은 기이한 물건 꾸러미들이 넘치고 있었다. 톰센은 이 물건들을 어떻게 정리할 수 있었을까? "나는 이러한 소장품을 배열할 기반이 되는 전례를 갖고 있지 않았다"라고 톰센은 고백했고, 또한 학문의 범주 구분에 따라 물건들을 분류할 교수를 고용할 돈도 없었다. 그래서 톰센은 아버지의 선적 창고에서 배운 상식적인 절차를 활용했다. 그는 꾸러미를 풀어 첫째로 그 물건들을 돌, 금속, 자기로 구분했다. 그런 다음 무기, 도구, 식기, 종교용 등 뚜렷한 사용별로 다시 구분했다. 톰센은 참고 서적도 없이 그저 눈으로 물건을 보고, 만약 박물관 관람객이 처음으로 물건을 보고 던질지도 모를 질문을 자신에게 묻곤 했다.

톰센이 1819년에 대중에게 박물관을 공개했을 때, 관람객들은 물건들이 3개의 진열장으로 분류되어 있다는 사실을 알게 되었다. 첫 번째는 돌로 된 물건, 두 번째는 청동으로 된 물건, 세 번째는 쇠로 된 물건이었다. 박물관 관리의 경험으로 톰센은 비슷한 재료로 이루어진 물건은 같은 시대의 유물일 수 있다는 생각을 했다. 그는 비전문가의 시각으로 돌로 된 물건은 금속으로 된 물건보다 더 오래되었고, 청동으로 된 물건은 쇠로 된 물건보다 오래된 듯 보였다. 톰센은 이런 기본적인 추론을 박식한 골동품 전문가와 상의했고, 나중에 이 발상의 영예를 그에게 겸손하게 양보했다.

톰센의 발상은 전혀 새로운 개념이 아니었으나 고전 저자들에게 나타나는 비슷한 발상은 환상적이고 잘못된 개념이었다. 헤시오도스에 따르면, 태초에 크로노스는 늙지 않는 황금 시대Golden Age의 인간을 창조했다고 한다. 그 시대는 노동과 전쟁과 부당성도 생기지 않았고 인간들은 궁극적으로 지구의 수호신이 되었다. 다음의 은 시대Silver Age에는 인간들이 신에 대한 외경심을 잃었고, 제우스가 인간들을 벌하여 죽음 속에 묻어버렸다. 다음으로 나타난 청동기시대Bronze Age(집도 청동으로 지었던 시대)는 끝없는 투쟁의 시대였다. 신과 같은 지도자들이 '축복 받은 자들의 섬Isles of the Blessed'에서 살았던 영웅 시대Heroic Age라는 짧은 막간이 지난 후, 헤시오도스가 살았던 불행한 철기시대가 나타났다. 그러나 아직도 인류에게는 태어나면서 노쇠하고 세상이 쇠퇴하는 더 불행한 미래가 닥쳐오고 있었다.

톰센은 박물관 물건들을 흥미를 끄는 문예 저작물로 만들어 낼 정도로 교육을 받지 못했다. 그는 말보다 물건에 더 흥미가 있었다. 톰센은 이미 '너무 많이 책들'이 있다고 불평했고, 거기에 자신의 책을 추가할 마음은 없었다. 그러나 그는 드디어 1836년에 실용적인 『스칸디나비아의 유물에 관한 지침서Guide to Scandinavian Antiquities』를 펴냈다. 그 안에는 톰센이 체계적으로 분류한 그 유명한 '3시기 구분법Three-Age System'이 설명되어 있었다. 영어, 프랑스어, 독일어로 번역되어 전 유럽에 퍼져 나간 톰센의 유일한 이 책은 '선사시대'의 초청장이었다.

당시에 유럽 학자들은 역사를 기록하기 이전의 인류사가 톰센이 주장한 시기들로 구분되었을 것이라고 상상하기가 어려웠다. 석기는 가난한 사람들이 늘 사용하는 도구이고, 청동기나 철기는 더 부유한 사람들이 늘 사용하는 도구라고 추정하는 것이 더 논리적인 듯 보였다. 톰센의 상식 체계는 현학자들의 마음에 들지 않았다. 그들은 석기시대가 있었다면 왜 토기 시대나 유리 시대, 또는 뼈 시대는 없느냐고 비웃기도 했다. 다음 세기에 버려지지 않고 학자들을 통해 더욱 다듬어진 톰센의 체계는 박물관을 관리하는 능력 이상의 일임이 입증되었다. 그 체계는 인류의 역사가 전 세계에 걸쳐 동질의 단계를 통해 발달해 왔다는 명백한 메시지를 전해 주었다. 더욱이 톰센은 박물관의 물건들을 '문명이 진보하는 원리'에 따라 배열했다.

톰센은 빙켈만의 이상적인 아름다움이 담겨 있는 고대 조각상뿐만 아니라, 무명의 선사시대 사람이 만든 단순한 도구나 투박한 무기가 얼마나 많은 사실을 가르쳐 주는지를 보여 주었다. 톰센은 모든 사람에게 자신의 소장품을 마음껏 공개하면서 먼 옛날에 살았던 사람들의 일상 경험에 관해 생생하게 이야기해 주었다. 능숙한 강연자였던 그는 흥미로운 작은 물건을 옷자락 속에 숨겨 두었다가 그 물건(청동 도구나 철제 무기 등)이 역사상 최초로 등장한 시대에 관해 이야기할 때 꺼내 보이곤 했다.

고고학자들은 톰센의 암시를 좇아서 과거의 폐물 더미를 발견하고 탐험했다. 역사를 향한 그들의 통로는 이제는 고대 왕들의 황금이 가득한 무덤을 통해서만이 아니고 땅속에 파묻힌 패총kitchen middens('middens'는 가축 분뇨나 거름더미를 의미하는 고대 스칸디나비아어에서 유래됨)을 통해서도 이어져 있었다. 불가능한 듯 보이는 이런 원천의 첫 발굴은 톰센의 제자인 옌스 야콥 워소Jens Jacob Worsaae(1821~1885)를 통해 주로 이루어졌다. 15세에 톰센 박물관의 조수가 된 보르소에는 그 후 4년 동안 휴일마다 부모가 주는 돈으로 두 일꾼을 고용하여 유틀란트반도Jutland의 고대 무덤을 발굴했다. 강건한 기질과 야외 활동에 열성을 지닌 보르소에는 박물관 중심으로 일하는 톰센에게는 없어서는 안 될 이상적인 존재였다. 1840년에 보르소에는 19세였을 때 덴마크의 고분과 토탄 습지에서 발굴한 현장 증거물과 층서학을 사용하여 톰센의 3시기 구분법이 사실임을 입증하고 선사시대의 유물을 석기시대, 청동기시대, 철기시대로 구분하는 논문을 발표했다. 보르소에도 덴마크를 비롯한 여러 나라에 공통되는 시간의 위도를 제시하고 있었다. 12년이 지난 1853년에 스위스의 고고학자 페르디난트 켈러 Ferdinand Keller(1800~1881년)는 취리히 호수의 주거지를 탐사한 후 "스위스에서도 스칸디나비아와 마찬가지로 석기, 청동기, 철기시대가 분명히 구분된다"라는 결론을 내렸다.

몇 가지 명백한 난관이 이 선사시대의 예언자들을 괴롭히고 있었다. 예컨대 뷔퐁과 지질학자들이 열어 놓은 수천 년의 과거를 메울 인류의 경험을 어떻게 늘릴 수 있을까?, 그리고 대주교 어셔가 정의해 놓은 기원전 4004년이라는 편리한 시간 속에 모든 기독교 이전의 역사를 맞추어 놓은 사실은 너무나 간단한 일이 아닌가? 하는 의문이 생겼다. 그리고 또 석기시대의 인류가 프랑스 남부의 동굴에서 살던 시대에 북유럽은 얼음으로 덮여 있었다는 사실을 밝혀낸 지질학자들이 새로운 문제점을 제기했다. 이런 모든 사실의 연관성을 보여 주려면 초기 인류의 과거에 대한 훨씬 더 정교한 접근법이 필요했다. 남유럽에 있던 석기시대의 사람들이 빙하가 물러간 후에야 북부로 이주했다면 그 보편적인 3시기의 단계는 장소에 따라 시기가 다르다는 사실에 도달했다.

'3시기 구분법'을 유럽에 살았던 인류의 과거 전체에 적용하는 일은 쉽지 않았다. 톰센의 박물관에 있던 이른바 석기시대의 유물들은 사람들이 골동품으로 보내오기 쉬운 마제석기였다. 한편 야외 현장에 나가 있던 보르소에는 석기시대가 정교하게 갈아서 만든 석기가 제시하는 의미보다 훨씬 더 광범위하고 오래된 시기임을 암시하고 있었다. 발굴 현장에서 나온 각각의 유물들은 독자적인 골동품이 아니라 석기시대의 한 공동체의 유물로 연구될 수 있었다. 이런 사실은 또한 전 세계적으로 석기시대의 다른 공동체에 대한 단서를 제공할 수도 있었다.

1849년에 유틀란트반도의 동북 해안에 한 덴마크 부자인 올슨Olsen이 메일고르Meilgaard라는 자신의 큰 사유지를 개량하려고 했을 때, 보르소에게 좋은 기회가 왔다. 올슨은 길을 만들면서 표면에 깔 자갈을 찾으려고 일꾼들을 보냈다. 해안에서 반 마일(약 805미터) 떨어진 한 언덕을 파다가 자갈은 찾아내지 못하고 더 좋은 재료로 8피트(약 2.4미터)에 달하는 굴 껍질층을 운 좋게 발견했다. 그 굴 껍질층에는 동물의 뼈와 부싯돌 조각들이 뒤섞여 있었다. 그리고 2인치 반(약 6센티미터)쯤 되는 조그만 뼈로 만든 물건이 그들의 눈에 띄었다. 네 손가락의 손처럼 생긴 그 물건은 분명 사람이 만든 도구였다. 아마도 머리빗으로 사용하려고 만든 도구였을 것이다.

소유주인 올슨은 톰센의 영향을 받아 고대 유물에 관심이 있었던 터라 그 유물을 코펜하겐에 있는 박물관으로 보냈다. 그곳에서 그 유물들은 보르소에의 호기심을 불러일으켰다. 덴마크의 또 다른 곳에서 최근에 발견된 조개껍질 더미에서는 부싯돌 조각과 이상한 토기 파편을 비롯해 메일고르의 머리빗과 비슷한 투박한 석기들이 나타났다. 이 조개껍질 더미는 "초창기 선사시대 사람들이 이웃 사람들과 함께 식사하던 곳으로 보였다. 그래서 재와 뼈와 부싯돌과 토기 파편들이 남게 되었을 것이다." 근대인은 마침내 이곳에서 진짜 석기시대의 공동체를 접하게 되었다. 그리고 실제로 석기시대의 남녀가 모여 매일의 식사를 하는 장면을 상상해 볼 수 있었다. 보르소에는 조개껍질들이 모두 열려 있었다는 사실을 알아냈는데,

다시 말하면 그 껍질들이 해안에서 파도에 밀려 올라온 것이 아니었다는 의미였다.

다른 학자들이 이에 반대하며 각자의 이론을 내세우자 덴마크 과학 아카데미는 위원회를 구성했다. 한 동물학자와 지질학자와 함께 보르소에는 고대 덴마크 해안의 이러한 조개껍질 더미를 해석하도록 선임되었다. 이 '조개더미'는 사실 패총이었고, 이는 처음으로 역사가가 고대인의 일상을 연구하기 시작할 수 있다는 의미라고 위원회는 결론을 내렸다. 폐물 더미가 선사시대로 들어가는 통로가 될 수 있었다. 이러한 발견은 박물관 안에서는 이루어질 수 없고 야외 현장에서만 가능한 일이었다. 패총에서 나온 투박한 유물은 후기 석기시대의 마제석기와 달라서 비전문가의 눈에 띄기가 어렵거나 박물관으로 보내지지도 않았을 것이다. 패총은 초기 석기시대라는 인류 선사시대의 또 다른 방대한 시대를 열어 놓았으며, 그 시대는 마제석기의 후기 석기시대를 뒤로 연장했다.

톰센과 그의 박물관 협력자들은 고고학을 널리 잘 알렸기 때문에 '석기시대가 분명히 2개의 시기로 구분되어야 하는가'라는 새로 제기된 문제는 이제 대학교수들의 난해한 수수께끼는 아니었다. 이 문제는 덴마크 아카데미의 공공 회의에서 열띤 논쟁이 되었다. 보르소에의 반대자들은 조개껍질 더미가 석기시대에 살던 사람들의 야유회 자리일 뿐이며 그들의 가장 좋은 도구들은 다른 곳에 두었을 것이라고 주장했다. 고대 유물에 관심을 두기 시작한 덴마크의 왕 프레데리크 7세Frederick VII는 자신의 사유지에 있는 패총을 발굴하여 자신이 해석한 연구 논문을 발표하기까지 했다. 그 논쟁의 문제를 '해결하려고' 프레데리크 7세는 1861년에 메일고르에서 자신의 주재로 열린 정식 공개회의에 주요 학자들을 소집했다. 보통의 학술회의가 아닌, 왕이 소집한 이 회의는 대관식 때의 정식 예복을 갖추고 시행되었다. 초청된 사람들은 모두 토론을 청취하는 일뿐만 아니라 새로운 패총을 발굴하는 의식도 지켜보았다. 6월 중순의 더위 속에 고고학자들은 왕에 대한 존경심으로 공식적인 '고고학자의 예복'을 입고 아침 8시부터 저녁 6시까지 그 유명해진 패총을 파헤쳤다. 프레데리크 7세가 1858년에 자신의 개인 유물 소장품의 박물관장으로 보르소에를 임명했을 때 이 고고학자의 예복(옷깃이 높고 몸에 꼭 끼는 재킷과 위가 평평하고 얕은 원형에 챙 없는 모자)을 재미로 지정해 주었는데, 이제는 이 예복이 발굴할 때 꼭 입어야 하는 복장이 되었다.

주변의 영주들이 매일 저녁 왕과 그 일행들을 음악을 곁들인 무도회와 연회로 대접했다. 왕실 방문객을 환영하려고 개선문이 세워졌고 왕은 가는 곳마다 제복을 입은 기마 경호원들을 거느렸다. 구석기시대로 맞이하는 성대한 환영이었다!

회의 초반에 보르소에의 학술 주장이 옳았다는 사실에 의견이 일치했고, 이제 그 주장은 국왕 앞에서 나라 전체에 선포되었다. "조개무지 속에서 발견된 수백 점의 석기들 가운데 다듬어졌거나 우수한 문화의 흔적이 있는 석기는 단 하나도 없다는 사실을 발견하고 나는 대단히 만족했다"라고 보르소에는 기록했다. 그리고 그는 공식적인 영광의 장소에 사람의 장난이 더해지는 상황을 재미있게 보고했다. "이런 사실을 몇 번이고 언급한 후 마지막 순간에 완전히 다른 형태의 잘 연마된 도끼가 2개 나왔다. 이는 우리를 속이려고 조개무지 속에 몰래 끼워 넣은 짓궂은 장난꾼의 짓이었다." 그 장난꾼은 바로 프레데리크 7세였다고 일반적으로 추정되고 있었다.

매우 단조로운 역사의 한 시대가 그렇게 화려하게 막을 여는 일은 거의 없었다. 그러나 이제는 유럽 곳곳의 학자들이 거의 만장일치의 의견으로 석기시대에 관한 덴마크 왕의 공식 승인을 인정했다. 이른바 패총 문화Culture of Kitchen Middens(기원전 4000-2000년경)가 적절한 때에 북유럽 해안, 스페인, 포르투갈, 이탈리아, 북아프리카 등에서 발견되었다. 남아프리카, 일본 북부, 태평양 제도, 남북아메리카의 해안 지대 등의 패총 문화는 더 이후의 시기까지 존속한 듯 보였다. 패총 문화는 인류 발달의 연대기 속에 확인되어 자리를 잡자, 시간의 위도를 분명하게 드러냈고 선사시대의 새로운 생생함을 제공했다.

코펜하겐의 고고학 교수가 되었다가 박물관장으로서 톰센의 후계자가 된 보르소에는 흔히 '최초의 전문 고고학자'라고 불린다. 스승인 톰센은 보르소에를 가리켜 '하늘의 투사'라고 불렀다. 보르소에는 톰센의 3시기 구분법을 '북부와 세계의 보편적인 선사시대의 어둠 속을 비춘 최초의 밝은 빛'이라고 찬양했다. 근대사의 아주 많은 기록의 영역이 아닌 초기의 어두운 과거 속에서 인류는 최초로 역사의 '보편성'을 발견했다. 모든 인류 공동체의 경험이 기원과 시대 속에서 처음 발견되면서 인류 역사의 세계적 현상은 석기, 청동기, 철기라는 3시기로 구분되는 '선사시대'로 확립되었다. 더욱이 보르소에는 이 3시기의 경계선을 탐구해 나가면서 근본주의 기독교인에게 논쟁이 되는 심각한 문제를 제기하기 시작했다. 그 가운데 하나가 여전히 인류학자들이 선동하는 문제, 즉 선사시대의 문화에 관한 '독립적인 발명인가, 아니면 문화적 확산인가?'하는 문제였다.

뷔퐁에서 다윈에 이르기까지 대담한 사상가들이 주장한, 기원전 4004년이라는 성서에 등장하는 창조의 시기 훨씬 이전부터 인간이 존재해 왔다는 충격적인 관념이 과학계를 통해 받아들이기 시작했다. 그러나 인간의 아득한 옛날은 학설보다는 방대하고 명백한 주제, 즉 선사시대라는 시간의 새로운 암흑 대륙의 발견으로 널리 알려졌다. 유물 자체가 학설보다 더욱 설득력 있게, 인류 문화의 진화를 분명히 보여 주는 선사시대의 연대기를 입증하는 듯 보였다.

'선사시대'라는 말이 점차 유럽어로 쓰이기 시작하면서 이 개념도 대중의 의식 속에 자리 잡기 시작했다. 인류의 모든 작품을 조사한다고 알려진 1851년의 하이드 파크Hyde Park 박람회에는 아직 선사시대의 흔적은 전혀 찾아볼 수 없었다. 그 후, 1867년에 파리의 만국 박람회에서는 유럽 전역과 이집트에서 온 광범위한 유물들이 노동 역사관에 전시되었다. 만국 박람회의 선사시대 전시물의 공식 안내서에는 새로운 과학으로 나타내는 3가지 교훈, 즉 인류 진보의 법칙, 유사한 발전의 법칙, 인류의 태고 시대 등을 제시했다. 같은 해에 최초로 열린 '파리의 선사시대 국제회의'에서는 '선사시대'라는 말이 처음 공식적으로 사용되었다.

선사시대는 진화라는 개념을 수반하여 공교육의 교육과정에 들어갔다. 찰스 다윈의 제자이며 대중화에 앞장선 존 러벅John Lubbock(또는 에이브버리 경, 1834-1913년)은 선사시대를 진화론과 연결하여 유럽에 명성을 떨쳤다. '마제석기 시대Polished Stone Age'에 관해 '구석기시대Paleolithic'와 '신석기시대Neolithic'라는 말을 만들어 구분한 그의 저서 『선사시대Pre-Historic Times』(1865년)는 선사시대와 진화를 하나의 유쾌한 읽을거리로 제공하면서 일반인에게 널리 읽혔다. 그의 저서 『문명의 기원The Origin of Civilization』(1871년)은 멀리 떨어져 있는 3시기의 중심지에서 나온 증거를 이용하여 중요한 발명들이 개별적으로 일어난 사실임을 주장했다. 이런 사실들은 모두 허버트 스펜서Herbert Spencer가 주장하는 "진보는 우연이 아니고 필연이다. 그것이 자연의 섭리이다"라는 말을 뒷받침하는 듯 보였다.

1875년에 슐리만이 런던에 도착했을 때, 윌리엄 E. 글래드스턴은 그를 맞이하면서 이렇게 회고했다. "우리가 성장할 때는 선사시대가 우리의 눈앞에 대지 전체를 덮고 있는 은빛 구름처럼 펼쳐졌고 역사의 여러 시기에 빛나고 흥미로웠던 것 같았다…. 이제 우리는 이 짙은 안개를 뚫고 보기 시작하고 그 구름은 투명해져서 실제 장소, 실제 인간, 실제 사실이 그 윤곽을 서서히 우리에게 드러내 보이기 시작한다." 선구적인 인류학자 에드워드 B. 타일러Edward B. Tylor는 1871년에 마침내 "선사시대가 지식의 보편적 체계 속에 자리를 잡았다"라고 낙관적으로 선언해서 인류사의 전망이 천 배나 늘어났다.

선사시대의 세계적인 '3시기 구분법'은 도시와 지역과 국가를 초월하는 다른 시대들을 쉽게 상상할 수 있게 했다. 인간은 역사의 범위를 결정하여 세계의 과거와 현재에 대한 시각을 확대했다. 정치적인 영역을 넘어서는 거대한 역사의 '연대', '기원', 또는 '시대'라는 말의 창조는 설득력 있는 정의를 내리기에는 부족하더라도 과거 문화 공동체의 전체 자료를 포함하기에 충분한 시간의 그릇을 제공했다. 이 정도로 인간의 사고를 지역적인 편협성에서 벗어나게 한 개념은 거의 없었다. 역사의 시대가 근대 역사가들을 지배했고(때로는 압박했다), 그들의 시각을 과거의 경험 덩어리, 즉 위대한 그리스 시대, 중세, 봉건시대, 르네상스 시대, 계몽기, 근대 산업주의, 자본주의의 대두 등에 집중시켰다.

이러한 관념은 시간에서 자연 속의 '종'과 같은 개념으로, 경험을 유용하게 하는 분류 방법이었다. 바로 역사의 분류학이었다. 물론 '종'의 경우에 그 명칭이 사물 자체로 여겨지는 위험이 있었던 것처럼, '시대'라는 명칭만으로도 사건 해석의 지배력이 될 수 있었다. 그러나 시대적으로 생각하는 방식의 이점은 그 위험성보다 훨씬 더 컸다. 사람, 사건, 업적, 제도 등의 편리한 분류는 과거의 수수께끼 같은 다양한 일에 어떤 질서를 만들어 내는 데 도움을 주었다. 초기 기독교의 교부들이 예수의 출현 이전의 시기를 모두 6개의 '시대aetates'로 나눈 일은 역사와 관련이 없고 예언과 신학과 관련이 있었다. 그 6개의 시대는 과거를 특징짓는 것이 아니라 예언의 유형이고 성육신을 향한 단계들이었다.

1831년에 존 스튜어트 밀John Stuart Mill(1806-1873년)은 "'시대정신'은 다소 새로운 표현이다. 나는 이 표현이 50년 이전의 어떤 저술에도 나오지 않았다고 확신한다. 자신의 시대와 그 이전의 시대를 비교하거나, 앞으로 다가올 시대와 비교한다는 생각은 철학자들에게 있었다. 그러나 그 생각이 어느 시대의 지배적인 사상은 아니었다. 인간은 자신의 시대의 특이성에 관하여 많이, 그리고 오랫동안 생각을 시작하기 이전에 그 시대가 앞선 시대와 대단히 뚜렷한 방식으로 구별되거나, 구별될 운명에 있다고 생각하기 시작했을 것이다"라고 설명했다. 역사에서 동질의 시대라는 생각은 순환이라는 관념이거나 아니면 '궤도나 진보라는 생각'과 일치한다고 그는 덧붙여 말했다. 밀은 "인류의 진보성… 즉 근년에 확립된 사회과학에서 철학 하는 방법을 세운 기반"을 지지했다. 각 시대의 사건들이 긴밀하게 관련되어 있다는 개념 없이 어떻게 '진보'를 상상할 수 있었겠는가?

이제는 박물관, 고고학 발굴, 국제 박람회, 일간신문, 정기간행물 등의 여러 새로운 영향력들이 학계를 뛰어넘어 역사의식을 확산시키면서 사람들을 진보의 시대에 살고 있다고 믿게 했다. 존 스튜어트 밀은 역사의 연구를 통해 이렇게 결론을 지었다. "인류의 특성에서 그리고 인류가 만들어 낸 외부 환경에서 점진적인 변화가 있다… 연속되는 각 시대에서 사회의 주요 현상은 앞 시대에 있었던 현상과 다르며, 더구나 그보다 이전의 시대에 있었던 현상과 훨씬 더 다르다."

이런 새로운 시간의 위도를 생생하게 상기시키는 사례는 약 14세기에서 17세기까지 유럽의 시대를 기술하려고 19세기 중반에 '르네상스 시대'를 만들어 낸 일이었다. 프랑스의 국수주의 역사가 쥘 미슐레 Jules Michelet 는 자신이 펴낸 7권으로 된 프랑스 역사의 제목을 『르네상스The Renaissance』(1855년)라고 붙이고, 이 시대를 '세계와 인간을 발견한 시대'라고 여겼다. 그리고 스위스의 역사가 야코프 부르크하르트 Jacob Burckhardt 는 자신의 저서 『이탈리아의 르네상스 문명 Civilization of the Renaissance in Italy』(1860년)에서 르네상스 시대의 특성을 보여 주고 이 시대를 근대 유럽 문명의 '근원'으로 만든 인간과 제도의 고전적인 상세한 모습을 제공했다. 그래서 역사적 신기원historical epoch이라는 전문어를 굳게 믿고 있는 학생은 단테를 '한 발을 중세에 두고 다른 한 발로는 떠오르는 르네상스의 별을 맞이하는 사람'이라고 특징지을 수 있었다. 금세기에 르네상스 시대의 특성에 대한 학계의 논쟁은 대부분 시간의 위도, 즉 르네상스 시대는 언제 시작되었을까?, 유럽의 여러 지역에서 이와 같은 현상이 있었을까? 등과 관련되어 있었다.

르네상스 시대의 이야기 속에 숨겨져 있는 2개의 커다란 가정은 모든 역사에서 인간의 역할에 대한 미래의 사고를 만들어 냈다. 첫째는 어느 시대이든 특정 관념과 제도를 선호하는 지배적인 정신을 내뿜고 있다는 신념이었다. 이 정신을 독일 학자들은 '시대정신Zeitgeist'이라고 칭했고, 칼 베커Carl Becker는 '여론의 분위기Climate of Opinion'라고 했다. 두 번째는 이러한 한계 속에서 인간은 역사를 만들어 내는 힘이 있다는 신념이었다. 르네상스식 교양인들이 하나의 르네상스를 만들어 냈다. 부르크하르트가 설명했듯이, 그들은 후대에서 그 상황을 '예술 작품'으로 만들었다면 또한 전례가 없는 결과를 달성했을 것이다.

76

숨겨진 차원: 치료법이 된 역사

선사시대의 발견은 먼 과거의 유물들을 알기 쉬운 순서로 배열하는 단순한 노력에서 나왔다. 돌도끼를 언제 누가 만들었는지에 관한 풀기 어려운 수수께끼가 남아 있었지만, 인간의 관념에 관해서는 이와 비슷한 불확실성이 없었던 듯 보였다. 관념은 보편성이 있으며 절대 변하지 않는다고 여겨졌다. 데카르트는 자신의 유명한 저서 『방법서설Discourse on Method』(1637년)에서 인간 이성의 보편성, 동일성, 불변성을 주장하고, 이 주장을 "나는 생각한다. 고로 나는 존재한다"라는 유명한 명제로 표현했다. 그에 따르면, 정신의 세계는 경험과 역사의 물질적 세계와 영원히 분리되었다. 로크Locke는 『인간 지성론Essay concerning Human Understanding』(1690년)에서 경험을 관념의 원천으로 삼고, 지식을 관념의 일치나 불일치에 대한 인식으로 삼아 정신을 역사에 관련시키기 시작했다. 그러나 로크에 따르면, 또한 이성과 감각은 변하지 않고 일정하게 작용하며, 사고의 과정은 보편적이며 영원한 정신의 증거였다. 이러한 여러 관점에서 보면, 인간의 관념은 하나의 동질 과정의 산물로 계속 남았다.

인간의 관념이 인간의 유물에 불과하고 변화하는 경험의 증상일 뿐이라는 주장은 획기적인 새로운 발견이나 적어도 함축성 있는 제안이었다. 그렇다면 지식을 얻는 과정은 모두 이성적이지 않으며, 지식이 보편성이나 불변성을 갖지도 않게 된다. 어쩌면 이성이 아닌 어떤 다른 힘이 작용하는 것일까?, 그리고 관념 자체도 역사가 있는 것일까?

이런 의문에 관해 처음으로 탐구한 사람은 불행했던 이탈리아 철학자 잠바티스타 비코Giambattista Vico(1668-1744년)였다. 가난한 서적상의 아들로 태어난 비코는 7세 때 머리에 거의 치명적인 상처를 입었고, 그때 의사는 저능한 사람이 될 것이라고 말했다. 비코는 이 사고가 평생 우울증으로 살게 된 원인이었다고 말했다. 그렇지만 가난과 계속되는 좌절과 발진티푸스의 발병에도 비코는 나폴리에서 수사학 교수로 활동하면서 저서를 출판할 수 있었다. 동시대의 사람들에게는 무시를 당한 비코는 18세기 후반에 인정을 받게 되었다. 그때 괴테가 비코의 '선견지명의 통찰'을 자신의 역사철학에서 근거로 삼았기 때문이었다. 19세기에 프랑스의 유창한 낭만주의자 미슐레는 비코를 '자신의 프로메테우스'라고 불렀고, 마르크스도 비코에게서 지식을 많이 습득했다.

자연과학에 대한 기대가 넘쳤던 뉴턴 다음 세대에 태어난 비코는 『새로운 과학의 원리… 국가의 공동 본질에 관하여 Principles of New Science …concerning the Common Nature of the Nations』(1725년)에서 "문명사회의 세상은 분명 인간에게 창조되었으며, 따라서 그 원리는 우리 인간 정신의 변형 속에서 발견될 수 있다. 이 문제를 깊이 생각해 본 사람은 누구든 이런 사실에 놀랄 수밖에 없다. 즉 철학자들은 신이 만들었으며 신만이 아는 자연 세계의 연구에 모든 활력을 쏟아부었으나 국가의 세계 연구는 무시했다…. 국가의 세계는 인간이 만들었으므로 인간이 알 수 있는 일이었다"라고 단언했다. 비코의 말에 따르면, 과거의 민족들과 자연의 힘 사이의 변화하는 관계가 그 민족들의 사고방식을 설명해 주었다. 신의 시대Age of the Gods인 가장 원시적인 시기에 두려움에 떨었던 인간들은 종교에 지배되었으며 사제이자 왕의 통치를 받았다. 다음으로 영웅 시대Age of Heroes에는, 생존을 위한 야만적인 투쟁을 피하려고 사람들은 스스로 강한 자의 보호 아래로 들어갔다. "이런 힘의 법칙은 아킬레스의 창끝이 모든 정의가 되는 아킬레스의 법칙이다." 마지막으로 민족의 시대Age of Peoples에는 부를 축적한 평민들이 '완전히 발달한 인간 이성이 지배하는 인간의 법칙'을 직접 주장했다.

각 단계는 독특한 문학을 끌어냈다. 예컨대 호메로스의 시는 1명의 뛰어난 시인의 결과물이 아니라 영웅 시대 전체의 무의식적인 표현의 결과물이었다. "호메로스는 고대 그리스인들이 자신들의 역사를 시가로 표현하는 한, 그들의 이상이나 영웅적인 존재와 같았다." 민족의 시대에는 시가 산문으로 대체되고, 종교의 관습은 권리와 특권을 정의하는 성문화된 법전으로 대체되었다. 사회 계급은 신이 정하는 것이 아니라 점진적인 발전으로 나타났고 새로운 사고방식을 불러일으켰다. 안락과 사치를 만들어 내는 순환의 마지막 단계는 늘 쇠퇴로 끝났다. 그렇게 되면 사회는 퇴보하지만 절대 초기 단계로 돌아가지 않는다. 인류의 진보는 신의 섭리라는 은총으로 상승하는, 위를 향한 나선형으로 이루어졌다.

비코의 『새로운 과학의 원리』에서 결정적인 새로움은 관념과 제도를 (기독교 자체만 제외하고) 사회적 경험의 증상으로만 다루는 데 있었다. 인간의 이성도 점진적인 발전의 산물이었다. 비코가 옳았더라도, 물론 그 자신의 관념은 완전한 타당성을 지닌 것이 아니라 민족의 시대에서 비롯된 부산물이었다. 그는 이 논리적 결과를 피하려고 기독교가 모든 사회를 위한 단 하나의 진정한 종교임을 선언했다. 그렇게 해서 비코의 『새로운 과학의 원리』는 사람들에게 사상이 어떻게 형성되었나를 의식하게 하여 두려움에서 자유롭게 해 주었다. 그러면 사람들은 자신의 운명에 책임을 지고 원하는 목적을 향해 제도를 형성할 수 있다는 것이다.

카를 마르크스Karl Marx(1818~1883년)는 국가들이 일어나고, 식민지가 늘어나고, 공장이 확대되며, 자본주의가 급성장하는 애덤 스미스, 제임스 와트, 토머스 제퍼슨 등이 활동했던 세기의 말기에 성장했다. 그는 당시에 서유럽에서 극적으로 폭발하고 있던 생산력 속에서 과거의 숨겨진 차원을 발견했다.

카를 마르크스의 생애에 관한 이야기에는 비코의 생애처럼, 개인적인 좌절과 도피와 비극이 계속된다. 프로이센의 트리어Trier에서 태어난 카를은 양쪽 부모에게서 오랜 랍비의 혈통을 이어받았다. 전기 작가들은 카를의 변증법과 철학적 논의의 경향이 이런 유전에서 비롯되었다고 인식하고 있다. 카를의 아버지는 뛰어난 법률가였고 볼테르를 존경했으며, 프로이센의 헌법을 적극적으로 지지한 사람이었다. 그는 법률가 경력을 위해 현실적으로 필요했기 때문에 카를이 태어나기 전에 기독교로 개종을 했다. 카를 마르크스의 네덜란드인 어머니는 교육을 받지 못했고, 평생 사투리로 된 독일어를 사용했다. 그녀는 카를이 7세 때 세례를 받았고, 그 무렵에 카를도 세례를 받았는데, 그해는 하인리히 하이네Heinrich Heine가 자신의 세례를 '유럽 문화의 공동체에 들어가는 입장권'이라 칭하며 세례를 받았던 때이기도 했다. 대학 시절에 카를은 여러 교수의 매력이나 학생 생활의 흥미에 따라 여기저기로 옮겨 다니는 전형적인 독일 방식을 따랐다. 그는 본Bonn에서 젊은 혈기로 방탕한 생활을 했고, 술에 취해 소란을 부린 죄로 대학 감옥에서 실제로 24시간을 보냈는데, 그 경험은 삶에서 유일한 투옥이었다. 카를의 아버지는 그에게 베를린으로 옮겨 와서 법률과 철학을 공부하도록 강요했다. 당시에 독일의 유명한 두 역사가, 폰 랑케Von Ranke와 폰 사비니Von Savigny가 베를린에서 강의하고 있었지만, 마르크스는 카리스마가 있는 젊은 강사 부르노 바우어Bruno Bauer가 강의했던 헤겔 철학에 가장 영향을 받았다. 마르크스는 헤겔의 이상주의적 학설의 사회적 영향을 토론하는 젊은 헤겔 철학 신봉자들의 모임인 '박사 단체'에 참여했는데, 그 학설은 평생 마르크스에게 영향을 주었다. 그는 한번 접한 이론은 모두 잊어버린 적이 없었고 그 이론들을 자신의 끊임없는 철학적 사색의 기반이나 핵심으로 만드는 데 능숙한 듯 보였다. 아직 만나 본 적은 없었으나 이야기는 들은 적 있었던 마르크스를 프리드리히 엥겔스Friedrich Engels(1820~1895년)는 다음과 같은 서투른 시로 생생하게 표현했다.

거칠게 고함치며 뒤에서 돌진하는 자가 누구인가?
트리어에서 온 거무스름한 자, 활력이 넘치는 괴물 같다.
그는 걷지도, 달리지도 않고, 뛰어오른다.
마치 넓은 창공을 움켜잡아 땅으로 무너뜨릴 듯
분노에 가득 차 미친 듯이 소리를 지른다.
성난 주먹의 두 팔을 공중에 넓게 휘저으며
마치 수만의 악마가 그의 앞머리를 잡아당기듯
그는 끊임없이 마구 소리친다.

카를 마르크스는 『데모크리토스와 에피쿠로스의 자연철학의 차이The Difference between the Democritean and Epicurean Philosophy of Nature』라는 난해한 주제의 논문으로 1841년에 예나Jena에서 박사 학위를 받았다. "천체의 예찬은 모든 그리스 철학자들이 찬양하는 숭배였다… 천체는 지적인 태양계이다. 따라서 그리스 철학자들은 천체를 숭배하여 그들만의 정신을 숭배했다"라고 그는 설명했다.

카를 마르크스는 도시의 진취적인 상인들이 재정을 지원하는 『라인 신문Rheinische Zeitung』이라는 새로운 자유주의 신문의 편집장을 맡았다. 쾰른에서 그는 여러 사회적 대의명분을 지지하고, 신문 검열을 반대하며, 공산주의와 같은 새로운 관념을 검토할 자유를 비롯한 신문의 자유를 위해 앞장섰다. 1년이 채 못 되어 마르크스는 해직되었고, 신문이 프로이센 정부에 의해 금지되자 그는 파리로 향했다. 약혼 7년만인 1843년에 마르크스는 자신의 삶에서 꺼지지 않는 행복의 빛이었던 예니 폰 베스트팔렌Jenny von Westphalen과 결혼을 했다.

마르크스는 파리에서 공산주의 동맹Communist League과 의인 동맹League of the Just이라는 비밀결사를 조직하고 있는 프랑스와 독일 노동자들의 운동을 진지하게 연구했다. 그는 24세의 엥겔스와 공동 작업을 시작하여 프랑스의 정치와 경제에 관한 첫 저서를 펴냈고, 또한 '프롤레타리아의 봉기'를 촉구하는 논문을 발표했다. 마르크스는 또한 일반적으로 종교에 맞서는 논쟁을 발전시키기 시작하여, 종교를 '인민의 아편'이라고 비난하기까지 했다. 당시에 또한 파리에 있었던 하인리히 하이네는 "고집스러운 친구 마르크스… 그리고 신을 믿지 않고 스스로 신이라고 자처하는 나머지 사람들"에 대해 재미있어했다. 프랑스 정부에서 추방을 당한 마르크스는 브뤼셀로 도피했다. 그리고 그곳에서 외국인으로 등록하고 성급하게 프로이센의 시민권을 포기하는 법적 절차를 밟아 28세의 나이에 평생 망명의 삶을 살게 되었다.

마르크스는 3년 동안 브뤼셀에 머무는 동안 엥겔스와 함께 런던에서 열린 공산주의 동맹을 위해 '공산당 선언Communist Manifesto'을 집필했다. 그리고 그는 연맹의 낡은 구호였던 '만민은 형제다'를 '만국의 프롤레타리아여 단결하라!'고 하는 열렬한 구호로 대체했다. 1848년에 서유럽에서 자유주의 혁명이 일어나자 마르크스는 쾰른으로 돌아가 『라인 신문』을 부활시켜 대의 민주주의파와 그들의 급진주의 반대파들을 모두 맹비난했다. 다시 추방을 당한 마르크스는 잠시 파리로 돌아왔다. 이곳에서도 다시 추방되어 1849년에 런던으로 간 그는 그곳을 주요 거주지로 삼아 남은 평생을 보냈다. 마르크스에게 삶의 나머지 34년 동안에 집이 있었다면, 그곳은 바로 영국 박물관의 도서관이었다.

런던에 도착하기 전에 마르크스는 철학과 역사를 비롯한 당시의 폭발하기 쉬운 정치 분야에서 동시에 자신의 위치를 찾으려고 여러 격론의 소논문을 만들었다. 그러나 그는 난폭한 혁명적인 행동에 관해서는 마음이 흔들렸다. 마르크스는 모든 나라의 노동자가 단결하기를 촉구했으나 평소에 무력 폭동에는 반대했다. 그와 엥겔스가 적어도 한 번은 그들이 쓴 공산당 선언을 제쳐놓기를 공개적으로 촉구한 일도 있었다. 마르크스는 자신을 무정부주의의 선동자로 여기는 보수주의자뿐만 아니라, 자신을 자본주의의 추종자로 비난하는 공격적인 사회주의자들 모두에게 맹비난을 받는 데 익숙해져 있었다. 마르크스의 변함없는 사조를 보면, 그는 자신만의 역사 진화 이론을 확신하면서도 관념과 정치적 운동이 역사의 진로를 실제로 바꿀 수 없다는 모순된 신념을 갖고 있었다.

마르크스는 가난과 자녀들의 비참한 죽음을 겪었음에도 영국 박물관에서 끈질기게 연구를 한 끝에 3권으로 된 불후의 『자본론Das Kapital』을 펴냈다. 그는 중산계급의 사회가 자신을 '돈 버는 기계'로 만들도록 용납하지 않았기 때문에 일정한 직업을 구하기를 거부했다. 이 시기에 마르크스는 엥겔스가 소유한 맨체스터 방적 공장에서 보내 주는 기부금과 적은 양의 상속 유산으로 주요 재원을 충당하고 있었다. 그가 직접 벌어들이는 수입은 『뉴욕 트리뷴New York Tribune』 신문에 가끔 기고해서 얻는 얼마 안 되는 양이었다.

마르크스의 경제 이론은 일반적으로 애덤 스미스와 데이비드 리카도David Ricardo의 '고전파' 경제 이론의 응용과 비평이라는 인정을 받고 있다. 그러나 마르크스는 영국 박물관에서 몰두한 연구와 당대의 혁명을 겪은 경험을 이용해 독창적인 역사 이론을 창출해 낸 것이다. 사회 발전을 사회 계급의 의식적이고 무의식적인 협력으로 설명하는 대신, 마르크스는 경제 계급의 투쟁을 사회 발전의 원동력이라고 여겼다. 그는 공산당 선언에서 이렇게 주장했다. "지금까지 존재하는 모든 사회의 역사는 계급투쟁의 역사이다… 역사의 초기 단계에는 거의 모든 곳에서 다양한 계층으로 사회가 복잡하게 배열된 사실을 알 수 있다… 고대 로마에는 귀족, 기사, 평민, 노예가 있었고, 중세에는 봉건 영주, 봉신, 길드의 수장, 장인, 도제, 농노가 있었으며… 우리의 시대인 중산계급의 시대에는… 계급 간의 대립이 단순했다. 전체 사회가 2개의 거대한 적대 진영으로 점점 더 분리되고 있다…. 그것이 바로 부르주아(유산계급)와 프롤레타리아(무산계급)이다."

계급투쟁 이론의 기반에는 사상이 생산 체계의 변화에 대한 반응이라는 마르크스의 '물질주의' 신념이 놓여 있었다. 마르크스 시대 이전에 볼테르와 몽테스키외 같은 몇몇을 제외한 가장 영향력이 컸던 역사가들은 지식인과 권력자와 부자, 수상과 대공과 왕, 왕위 계승과 궁정의 음모, 대법관청과 의회와 전쟁터 등에 중점을 두었다. 그들은 진리가 잘못과 싸우고, 선이 악과 싸우며, 정통이 이단과 싸운다고 생각했다. 인간의 이성은 변하지 않는 사상의 순수한 흐름을 다루는 자율의 보편적인 능력으로 그려졌다. 마르크스는 역사를 기록해 온 지식인들에게 낯선 상황으로 초점을 옮겨 놓았다.

『자본론』(1867년)은 어렵고 때로는 현학적인 작품으로 보인다. 그렇지만 마르크스가 살아 있는 동안 출판된 3권 중의 첫째 권은 널리 읽혔다. 『자본론』이 1872년에 독일어에서 다른 언어로 처음 번역되어 나왔을 때 러시아의 검열관은 "러시아에서는 몇몇 사람들만 읽을 테고, 더욱이 그 책을 이해할 사람은 더 적을 것이다"라고 여겼기 때문에 그 책을 통과시켰다. 그러나 러시아에서는 첫 번역본 3,000부가 재빨리 모두 팔려 버렸다. 런던의 문예 평론지 『아테나이움Athenaeum』에는 『자본론』의 첫 영역본(1887년)에 관한 거만한 비평이 이렇게 실려 있었다. "자본에 관한 비판적인 분석을 구실로 카를 마르크스의 저서는 주로 자본주의자와 자본주의자의 생산양식에 반대한 격론이며, 그 격론의 논조가 주된 매력이다."

경제학자가 아닌 비전문가에게 이 책의 가장 이해할 수 있는 부분은 마르크스의 간결하고 인상적인 사회사와 경제사이다. 그 예는 다음과 같다.

가장 창피하고, 가장 지저분하며, 가장 보수가 적은 노동의 하나이며, 여인들과 어린 여자아이들을 많이 고용하는 일이 넝마 분류 작업이다. 영국은 그 자체가 넝마의 엄청난 보관소일 뿐만 아니라 전 세계 넝마 무역의 중심지로 잘 알려져 있다. 넝마는 일본에서, 남아메리카의 가장 먼 곳에서, 그리고 카나리아 제도에서 유입된다. 그러나 넝마의 주된 공급처는 독일, 프랑스, 러시아, 이탈리아, 이집트, 터키, 벨기에, 네덜란드 등이다. 넝마는 거름, 침대 깔개, 재생 모직물 등으로 사용되고, 또한 종이 원료로 쓰이기도 한다. 넝마 분류자들은 천연두를 비롯한 여러 전염병을 옮기는 매개체이며, 자신들이 첫 희생자이다.

마르크스는 24세의 젊은 여인이 미끄러운 현장에서 10톤의 진흙을 30피트(약 9미터)의 깊이에서 들어 올린 다음, 210피트(약 64미터)의 거리를 옮기는 두 어린 소녀의 도움을 받아 하루에 2,000장의 타일을 만드는 타일 생산 현장을 설명한다. 그는 의회 보고서에서 다음과 같이 강력한 글을 발췌하고 있다.

"엄청난 도덕적 타락이 없이는 아이가 타일 생산 현장의 지옥을 빠져나가기는 불가능하다… 어린 시절부터 귀에 익숙해지는 저급한 소리, 불결하고 음란하고 수치를 모르는 습관, 그런 가운데 저도 모르게 거칠게 자라나고, 그 이후의 삶은 무법, 방종, 방탕 속에 빠져 버린다… 자신이 여자라는 사실을 자연스럽게 배우기도 전에 그들은 거칠고 입버릇이 더러운 소년이 되어 버린다. 몇 벌의 더러운 넝마를 걸치고 무릎 위까지 걷어 올린 다리, 머리와 얼굴은 먼지로 더럽혀져 그들은 모든 품위와 수치의 감정을 경멸하는 법을 알게 된다. 식사 시간에는 들판에 큰 대자로 누워 옆 수로에서 사내아이들이 목욕하는 광경을 바라본다. 하루의 긴 중노동이 끝나면 조금 더 좋은 옷으로 갈아입고는 남자를 따라 술집으로 간다…. 가장 나쁜 것은 벽돌 제작인들이 스스로 절망하고 있다는 사실이다. 그 가운데 좀 더 나은 사람 1명이 사우설필드의 사제에게 '악마를 벽돌공처럼 길러서 개선시키세요'라고 말했다."

마르크스는 "지금까지 이루어 낸 모든 기계의 발명이 이제 인간의 고된 일상을 가볍게 하지 않았느냐"라는 존 스튜어트 밀의 의문을 날려버리듯, 근대식 기계와 증기력이 어떻게 실제로 노동 일수를 늘이고 노동조건을 더욱 견딜 수 없도록 만들었는가를 보여 준다. 마르크스는 공식적인 각 주에서 사실 기계가 '부유한 게으른 중산층의 수를 크게 늘렸다'고 주장한 다음, 방적 공장과 광산에서 일하는 노동자의 불행을 상세히 설명한다. 그는 교육의 모든 기회를 빼앗긴 아이들의 고통, '여성으로서 모멸적인' 일에 처한 여자들, 광산에서 사망한 원인을 허위 보고하는 검시관, 공식 '조사'의 타락 등 이 모든 상황은 "물질적인 조건이 완성하여 생산과정의 사회적 규모와 결합하고… 생산의 자본주의적 형태의 모순과 대립을 점점 키우고, 따라서 새로운 사회를 형성하려는 요소와 함께 구식의 사회를 터뜨리는 힘을 제공한다"라고 설명한다. 정부 자료에서 나온 그의 사실들은 부정하기가 어려웠다.

마르크스의 혁명적인 예언을 어떻게 생각하건, 아무도 그가 풍자적인 산문으로 집중 조명한 삶의 사실을 무시할 수 없었다. 마르크스가 과거 전체를 통해 노동자계급의 조건에 중점을 둔 일은 그의 가장 피상적인 영향력에 불과했다. 더욱 근본적인 영향력은 모든 역사, 특히 사상의 생성과 존속에 관한 마르크스의 새로운 해석이었다.

마르크스 이전에는 삶의 조건을 형성하는 원동력은 위대한 지도자나 위대한 사상이었다. 그러나 마르크스는 흔히 인용되는 다음과 같은 구절로 설명했다.

인간은 생존 수단인 사회적 생산에서 자신의 의지와 관계없는 분명하고 필요한 관계를 시작한다. 그 생산적인 관계는 물질적 생산력의 분명한 발전 단계에 부합한다. 이러한 생산적인 관계의 집합체는 사회의 경제구조를 구성하고, 이 경제구조는 법률과 정치의 상부구조가 일어나는 진정한 기반이 되며, 또 여기에 사회의식의 분명한 형태가 부합한다. 생존을 위한 물질 수단의 생산양식이 사회적, 정치적, 지적 생활의 전체 과정에 영향을 미친다. 인간의 존재를 결정하는 것은 그들의 의식이 아니라 그 반대로 인간의 의식을 결정하는 것은 그들의 사회적 존재이다.

마르크스는 이런 글을 썼던 1859년에 다윈의 『종의 기원Origin of Species』이 자신에게 2배로 좋은 실례를 제공해 주었다고 생각했다. 다윈의 생존경쟁은 모든 과거 인류사의 계급투쟁을 자연사로 번역해 놓은 듯 보였다. 그리고 영국 자본주의의 전성기였던 당시에 다윈의 사상들이 출현하여 사상은 원인이 아니라 증상임이 입증되었다. 이미 살펴보았듯이, 한편에서는 다윈을 과학적 진리의 선지자라고 불렀고 다른 한편에서는 신성을 모독했다고 다윈을 맹비난하고 있었을 때, 마르크스는 다윈의 사상을 전혀 다른 관점으로 보았다. "자연과학에서 '목적론'에 처음으로 영향을 준 치명적인 타격이고… 역사에서 계급투쟁을 위한 자연과학의 기반으로 매우 중요한 것"이라고 마르크스는 크게 기뻐했다. 그의 설명에 따르면 "다윈이 동물과 식물들 속에서 노동의 분업, 경쟁, 새로운 시장의 개척, '발명', 맬서스의 '생존경쟁' 등으로 영국 사회를 인식한 정도는 매우 놀라운 일이다. 이는 홉스의 '만인에 대한 만인의 투쟁bellum omnium contra omnes'을 나타내는 것이며, 문명사회를 '정신적인 동물계'라고 표현한 헤겔의 현상학을 상기시키지만, 다윈의 사상에서는 동물계가 문명사회로 나타나는 일이다."

다행히도, 마르크스는 헤겔의 역사 이론 속에서 독자적인 사고방식의 완전한 거울을 발견했다. 지구 중심설이 태양 중심설로 대체될 수 있도록 프톨레마이오스의 학설이 없었다면 코페르니쿠스가 자신의 체계를 알아냈을지 알 수 없듯이, 헤겔의 정반대 학설이 없었다면 마르크스는 무엇을 생각해 냈을지 알 수 없다. 전통과 훈련으로 단련된 변증학자인 마르크스는 반대를 근본 원리로 삼았다. 마르크스가 헤겔 등에 직접 반응한 변증법 과정의 실천은 가장 좋은 사례였다. 마르크스의 저작물은 정신적인 적대자, 옛 친구, 스승, 동료 등에서 비롯된 인용문으로 가득하다. 마르크스는 그들에게 반대하여 자신의 방향을 찾아낸다. 예컨대 브루노 바우어Bruno Bauer에 대한 비평 『신성한 가족The Holy Family』, 프루동Proudhon에 대한 비평 『철학의 빈곤The Poverty of Philosophy』, 『포이어바흐에 관한 논문Theses on Feuerbach』, 엥겔스와 함께 저술한 『반反뒤링론Anti-Dühring』 등이 있다. 마르크스는 결정적으로 헤겔을 통해 사상이 형성되었는데도 『자본론』의 서문에서 설명했듯이, 헤겔을 마르크스 반대주의자Anti-Marx로 만들어 놓았다.

나의 변증법은 헤겔의 변증법과 다를 뿐만 아니라 정반대이기도 하다. 헤겔에게 인간 뇌의 생명 과정, 즉 사유 과정은 '이념the Idea'이라는 이름으로 독립적인 주체로 변형되기도 하는, 현실 세계의 창조자이다. 그리고 현실 세계는 '이념'의 외적이고 현상적인 형태에 불과하다. 그와 반대로 내게 이념은 인간 정신에 반영된 물질세계이며, 사상의 형태로 해석되었을 뿐이다.

그러나 마르크스가 세계의 거의 산업화되지 않은 지역에 미친 사상의 영향과 그의 저작물은 역사에 대한 '물질주의' 관점의 한계를 보여 주었다. 마르크스의 글은 간혹 최근의 철학계 적들에게서 나온 구절을 모아 이루어진 것일 때가 있다. 마르크스가 반대하는 사람들의 저서를 읽지 않으면 그가 무엇을 의미하는지를 알기 힘들며, 그가 반대하는 사람들 가운데 사상사의 거장은 거의 없다.

마르크스는 지나치게 철학적이면서 비판적인 방식에도 불구하고 자신의 역사 관점에 장엄함과 재치와 통렬함이 있다. "기독교 사회주의는 성직자가 귀족의 타는 가슴을 정화해 주는 성수일 뿐이다"라고 그는 말했다. 마르크스는 자신의 질문 방식으로 우리가 전혀 인식하지 못한 무지를 일깨워 준다. 그는 인류의 과거 전체를 명확하게 그려 냈다고 생각했다. 마르크스는 미지의 세계terra incognita의 진정한 발견자였고, 콜럼버스의 추종자들이 베스푸치라고 생각하기를 원한 콜럼버스와 같은 존재였다. 이전의 역사가들이 전문적으로 정당화한 틀에 박힌 문구를 조롱한 마르크스는 근대의 파라셀수스였다. 자신의 여러 의문에 격분한 그는 자신의 해답에 만족할 수가 없었다. "제분기는 봉건 영주의 사회를 초래하고 증기 제분소는 산업 자본가의 사회를 초래했다." 그 외에 더욱 이상하고 지나치게 단순화되었으면서도 항상 계몽적인 연관성이 있는 마르크스의 의문들은 역사의 숨겨진 차원을 열었다. 마르크스 이후, 마르크스주의자가 아닌 역사가들이라도 모든 낡은 해답으로는 만족할 수 없었다.

마르크스주의자들은 이 역사의 숨겨진 차원의 발견을 사회과학Science of Society이라고 칭하여, 일종의 치료법으로 제시했다. "각 시대의 지배 사상은 지배계급의 사상이다"라는 단순한 진리의 발견은 근대 프롤레타리아를 지배계급의 사상과 그 사상을 보편적 진리라고 생각하는 환상으로부터 결국 자유롭게 해 줄 것이라고 마르크스는 주장했다.

역사를 이해하는 것이 지식에 이르는 하나의 길일뿐만 아니라 유일한 길이었다. 기독교로 개종하는 일이 이단의 신에게서 자유로워지는 길이라고 했듯이, 마르크스에게 전향하는 일만이 생산 기계를 통제하는 자들이 만들어 놓은 우상의 노예에게서 해방되는 길이었다. 성 아우구스티누스는 기독교를 하나의 특별한 사건에서 신성한 종말로 이어지는 방향을 취하는 역사적 신조라는 틀에 넣어 만들었다. "너희가 진리를 알면 진리가 너희를 자유롭게 하리라." 마르크스주의자들도 이 성 요한의 원리에 이의를 제기하지 않을 것이며, 성 아우구스티누스와 비코처럼, 마르크스도 인간의 무력감을 치료할 방법은 역사의 진정한 방향을 아는 지식에 있다고 믿었다. 또다시, 역사는 치료법이 되었다.

과거의 전혀 다른 숨겨진 차원이 지그문트 프로이트Sigmund Freud(1856-1939년)를 통해 발견되었다. 방랑자도 아니고 정치 조직가도 아닌 프로이트는 3세 때부터 살기 시작한 빈에서 조용한 학자 생활을 했다. 프로이트의 아버지는 자유주의 정치 견해를 지닌 양모 상인으로, 가족을 부양하는 데 어려움을 겪었다. 마르크스처럼 프로이트도 유대인으로 태어났으나 마르크스와 달리 반유대주의자가 된 적은 없었다. 그는 유대인 조직인 브나이 브리스 협회B'nai B'rith Society의 열렬한 회원이었으며 유대인의 일화를 좋아했다. 반유대주의가 널리 퍼진 빈에서 프로이트는 유대인 기질 때문에 늘 기회에 제약을 받았고 또한 사고에도 계속 영향을 받았다. 부지런하고 뛰어난 학생이었던 그는 처음에 법률을 공부하려고 했다. 프로이트는 1873년에 대학에 입학했을 때 자신의 관심을 이렇게 회상했다.

> 그때도, 그 이후의 삶에서도 나는 특별히 의사로 경력을 쌓을 생각은 없었다. 그러나 나는 자연물보다 인간에 대한 일종의 호기심에 마음이 끌렸다. 더욱이 자연물의 관심을 충족시켜 줄 최고 수단의 하나로 관찰의 중요성을 이해하지도 못했다. 성서 이야기에 익숙한 내 어린 시절(내가 글을 읽는 법을 배우기 전부터)이 내 관심의 방향에 지속적인 영향을 주었다는 사실은 훨씬 뒤에 알게 되었다… 그와 동시에 당시에 화제가 되는 관심사였던 다윈의 이론들은 내 마음을 강하게 끌었다. 그 이론들은 우리가 세계를 이해하는 데 놀라운 진전을 이루게 할 기대가 되었기 때문이다. 그리고 한 대중 강연에서 자연에 관한 괴테의 멋진 소론을 소리 내어 읽는 것을 들었다… 그때 학교를 떠나기 직전이었던 나는 의대생이 되겠다고 결심했다.

마르크스처럼, 프로이트도 과학의 경계에서 개척자가 된 계기는 폭넓은 인문주의적 관심이었다.

브루노 베텔하임Bruno Bettelheim이 주장했듯이, 프로이트의 호기심을 불러일으키고 마침내 그의 열정을 쏟게 한 것은 모든 인간 경험의 신비한 특성이었다. 이런 사실은 또한 왜 프로이트가 인간의 신체를 다루는 분야에서 인간의 정신을 다루는 분야로 옮겼는지를 설명해 주기도 했다. 프로이트는 생리학 실험실에서 헤르만 헬름홀츠Hermann Helmholtz가 주장한 "일반적인 물리-화학적 힘만이 유기체 속에서 활성을 갖는다"라는 원리를 확인하는 노력으로 전문적인 경력을 시작했다. 프로이트는 이 경험을 자서전에서 "더 깊은 사상을 겨우 깨닫기 시작한 젊은이를 한차례 마음을 사로잡은 문화적 문제"에서 "자연과학과 의학과 심리요법으로 둘러가는 일"이라고 설명했다. 프로이트의 필생의 업적은 헬름홀츠의 정신보다 괴테의 정신에 영향을 받았다.

프로이트는 9세부터 17세까지 빈에 있는 스펄 김나지움Sperl Gymnasium에서 공부한 젊은 시절에 그리스어와 라틴어에 중점을 둔 교육을 받았는데, 그 때문에 평생 고전의 열성적인 애호가로 남았다. 프로이트의 가장 영향력 있는 저서들은 그리스어 단어와 그 의미들로 가득했다. 예컨대 여러 단어 중에서 에로스Eros, 오이디푸스Oedipus, 프시케Psyche('영혼'을 뜻하는 그리스어) 등이 있었다. 재정상 어려움에도 어릴 때부터 프로이트의 취미는 고대 조각상을 수집하는 일이었는데, 이 일은 하루에 20개비의 시가를 피우는 일 외에 유일한 사치였다. 슐리만의 『트로이Troy』를 구매하여 읽은 프로이트는 그 저자가 어릴 때부터 트로이를 발굴하겠다는 바람이 있었다는 이야기에 감명을 받았다. 프로이트는 이 경험을 삶의 교훈과 정신분석학의 기반으로 보편화했다. "그 사람은 프리아모스의 보물을 발견했을 때 행복하다. 그 유일한 행복은 어린 시절의 바람이 충족되는 일이기 때문이다." 따라서 프로이트는 행복에 대한 정의를 이렇게 표현했다. "행복은 아주 옛날의 한 희망을 나중에 실현하는 일이었다. 이런 이유로 부는 별로 행복을 가져다주지 못한다. 돈이 내 어린 시절의 바람은 아니었다." 고전 고대*에 대한 매력은 프로이트의 삶에서 반복해서 나타나는 주요 동기였다. 예컨대 그는 1898년에 인스부르크Innsbruck에서 로마 조각상을 하나 얻었을 때나 부르크하르트의 『그리스의 문화사Cultural History of Greece』를 읽고 매우 기뻐한 사실을 기록하기도 했다.

프로이트는 살면서 가장 큰 여행 경험은 로마와 아테네를 방문한 일이었다. 그곳은 기원에 관한 그의 다양한 관심사 가운데 또 하나의 주안점이었다. 자신을 유대인의 한니발로 여긴 프로이트는 로마에 다다르기까지의 고난을 빈에서 그의 대학교수직을 거부한 성직자의 반유대주의에 비유했다. 여러 여행지 중에 먼저 1901에 로마에 도착한 프로이트는 바티칸 박물관의 유물, 특히 라오콘과 벨베데레의 아폴로Apollo Belvedere 조각상에 완전히 매료되었다. 아테네에서 아크로폴리스를 방문한 프로이트는 어떻게 그토록 아름다울 수 있을까 하는 믿을 수 없을 정도의 놀라움에 사로잡혔고 그 느낌을 영원히 잊지 못했다. 프로이트가 미국으로 향했던 주된 이유는 나이아가라 폭포를 구경하려는 목적 외에 뉴욕에 있는 그 유명한 키프로스의 유물을 보려는 것이었다. 메트로폴리탄 박물관Metropolitan Museum에서도 그의 주안점은 그리스 유물이었다. 빈에 있는 프로이트의 상담실과 유명한 연구실에는 그가 수집한 물건들이 들어 있는 보관장이 늘어서 있었다. 심지어 글을 쓰는 좁은 책상 위에도 대부분 이집트에서 구한 작은 조각품들이 어수선하게 흩어져 있었다. 그는 이 조각품들을 보관장의 물건들과 가끔 바꾸어 놓곤 했다.

프로이트의 고고학 관심은 취미 이상이었으며, 과거의 확인되지 않은 유산을 탐구하는 일이었다. 프로이트는 40세에 헬름홀츠와 신경학의 세계에서 문화와 역사의 세계로 전향했을 때 '정신psyche'의 고고학에 몰두하

• 서양의 고전문화를 꽃피운 고대 그리스 · 로마시대의 총칭

게 되었다. 사회와 개인의 확인되지 않은 경험의 지층이 그의 발굴 장소였다. "발달의 모든 초기 단계는 거기서부터 발생한 이후의 단계와 함께 계속 남아 있다"라고 프로이트는 주장했다. 그에게 우리의 발굴되지 않은 기억은 인간 고고학의 유물이었다. 물론 그런 생각은 프로이트가 어린 시절의 경험을 되찾는 것을 매우 중요하게 여기는 이유의 하나였다.

프로이트에 따르면, 인간 생활의 중심 문제는 숨겨진 차원 안에 있다. "정신생활에서 한번 형성된 것은 사라져 없어지지 않고… 모든 것이 어떻게든 보존된다." 프로이트는 인간의 좌절과 갈등이 인간의 망각에서 일어나는 일이 아니고 우리가 의식하지 못하는, 깊이 박혀 있는 기억에서 일어나는 일이라고 여겼다. 옛 기억술이 이제 인간의 자아 발견에 이용될 수 있었을까? 과거를 발견하는 일은 즐거운 경험일 뿐만 아니라 억압에서 자유롭게 해 주는 방법이었을 것이다. 정신분석은 기억을 되찾아 그것이 기억에 불과하다는 사실을 상기하여 자아를 치료하는 방법이었다. 히스테리 발작으로 고통을 받는 사람들은 "과거에서 벗어날 수 없으며, 이 때문에 현실적이고 직접적인 일을 무시한다." 모든 신경증 환자들의 문제는 '과거의 어딘가에 정신이 매여 있어서' 생긴 일이었다. 프로이트에게는 인간 내면의 역사를 아는 일이 치료법이 되었다.

'물리-화학적' 방식이 인간의 삶을 설명해 줄 수는 없었다. 기억은 인간의 특별한 요소이며, 경험의 지층이 밝혀지지 않는 한 사회도 개인도 자신을 알 수 없었기 때문이다.

프로이트도 나름대로 파라셀수스와 같은 존재였다. '치유될 수 없는' 정신 질환은 치료법이 있어야 한다. 전문가들은 프로이트의 정신분석이라는 비전문성으로 보이는 진취적인 기상에 충격을 받았다. 프로이트는 인본주의자였으며 시험관을 다루는 사람들 가운데 문학자였다. 고전문학 속에 몰두한 프로이트는 에로스의 연인, 매우 아름다워서 질투한 비너스가 잠재워 버린 신화 속 그리스 소녀 프시케를 생생하게 깨닫고 있었다. 그는 자신의 말이나 방법 속에 문학적 모호성과 양면성을 없애려 하지 않았다. 미국의 의사들이 정신분석을 단련된 의사들에게 한정시키려 했을 때 프로이트는 '정신분석학을 정신의학의 시녀로 만들겠다는 미국인의 분명한 성향'에 완강히 반대했다. 프로이트는 문학의 향기 때문에 자신이 좋아하는 용어를 선택한 듯 보였다. 그는 자신이 만들어 낸 나Ich, 그것Es, 정신분석('영혼'의 분석) 등을 그럴듯한 정확한 전문용어인 자아Egos, 이드Ids, 초자아Superegos로 번역하려는 사람들에게 항의한 일이 한두 번이 아니었다. 프로이트가 1905년에 이미 주장했듯이 "'psyche(정신)'라는 말은 그리스어이며 독일어로는 〔영혼〕Seele을 말한다. 따라서 정신 치료라는 말은 '영혼의 치료'를 의미한다〔Psyche ist ein griechisches Wort lautet in deutscher Ubersetzung Seele. Psychische Behandlung heisst demnach Seelenbehandlung〕." 얄궂게도, 프로이트가 처음으로 대중의 환호를 얻은 미국에서는 그의 사상이 즉시 의학의 영역이 되었고, 따라서 프로이트가 모든 사람에게 발견한 아주 오랜 옛날의 신비로운 과거는 아무런 의미가 없어졌다.

15부

현재를 조사하다

안다는 것은 유한하고, 모르는 것은 무한하다. 우리는 지적으로 설명할 수 없는 무한대한 대양 속의 작은 섬 위에 서 있다. 우리 각 세대의 과업은 땅을 좀 더 메워서 우리가 확실히 소유하고 있는 영토에 어느 정도 더 보태는 일이다.
– 토머스 헨리 헉슬리Thomas Henry Huxley, 『'종의 기원'의 수용에 관해on the Reception of the 'Origin of Species'』(1887년)

세상의 영원한 신비는 세상을 이해할 수 있다는 것이다.
– 알베르트 아인슈타인(1936년)

77

'모든 인류는 하나다'

1537년에 포르투갈의 위대한 지도 제작자 페드로 누네스Pedro Nunes는 예기치 않았던 서쪽 세계의 지도를 작성하면서 '새로운 섬, 새로운 땅, 새로운 바다, 새로운 사람들, 그리고 더욱이 새로운 하늘과 새로운 별들'에 대단히 기뻐했다. 유럽인들은 아메리카의 발견으로 다양한 인류의 모습을 대면했다. 처음에 그들은 놀라운 아메리카 대륙을 전설 속의 '기괴한' 인종의 거주지로 여기려고 했다. 그런 인종은 플리니우스의 『자연사』에 상세히 묘사되어 있었고, 그 이후로 계속 여행자들의 마음을 사로잡았으며 발견되지도 않았다. 유럽인들이 신대륙의 원주민을 '인디언'이라고 부른 일은 지리적인 실수였을 뿐만 아니라 환상적인 인종을 발견하리라는 기대의 표현이었다.

신대륙에 도달한 콜럼버스는 "이 섬에서 나는 사람들이 대부분 예상했던 것처럼, 괴물 인간을 지금까지 발견한 적이 없고, 그와 반대로 여기 있는 사람들 가운데 잘생긴 사람은 존경을 받는다…. 따라서 나는 괴물을 발견하지도 못했고, 괴물이 있다는 보고를 들은 적도 없다… 사람 고기를 먹는 사람을 제외하고… 그들은 다른 인종보다 기형으로 생기지도 않았다"라고 놀라움과 약간의 실망으로 보고를 했다. 그는 이런 인디언들은 "체격이 매우 좋고, 멋진 신체와 잘생긴 얼굴을 하고 있었다"라고 스페인 군주를 재확신시켰다.

이 평범한 확신이 새로운 대륙의 전설적인 매력을 잃게 했지만 '괴물 인간'은 계속 전해지고 있었다. 예컨대 안트로포파기Anthropophagi('식인종'), 호전적인 아마존 부족Amazons('가슴이 없는' 여인들, 남자 없이 살아가며 활을 더 강하게 쏘려고 오른쪽 가슴을 잘라 냈기 때문에 그런 명칭을 얻었다), 사이클롭스Cyclopes(호메로스와 베르길리우스의 작품에 등장하는 '외눈박이' 거인), 사이노세팔루스Cynocephali(짖어서 의사를 전달하고 커다란 이빨과 불을 내뿜는 '개의 머리'를 한 종족), 피그미 부족Pygmies(긴 머리를 땋아서 옷으로 입고, 그들의 곡식을 훔치는 학과 전쟁을 하는 종족) 등이 시와 민요와 모험 소설에 오랜 이야기로 되풀이되고 있었다. 그 외에도 아미크트리에Amyctryae(날고기를 먹고 살며 튀어나온 입술이 우산 역할을 하는 '비사교적인 종족'), 안티포데스Antipodes(세상 밑바닥에 살며 거꾸로 걸어야 사는 '발이 거꾸로 달린 종족'), 아스토미Astomi(먹지도 마시지도 못하며 나쁜 냄새를 맡으면 죽지만 주로 사과 냄새를 맡으며 사는 '입이 없는 종족'), 블레미에스Blemmyae(셰익스피어를 통해 유명해진 '머리가 어깨 아래로 자라는 종족'), 파노티Panotii(긴 귀를 담요로 사용하고, 아기코끼리 덤보처럼 날개를 펴는 '온통 귀에 정신을 모으는 종족'), 스키아포데스Sciopods(커다란 외발만 있고, 누웠을 때 그 외발을 태양을 가리는 양산으로 사용하는 '그림자 발 종족') 등이 있었다.

이러한 기괴한 종족들은 신학과 환상 사이의 불확실한 지대에 살고 있었다. 성서가 설명하듯이, 모든 인류가 아담의 후손이라면 이러한 기형들은 아담의 자식 일부가 죄를 짓거나 금지된 식물을 먹어서 받은 처벌이었을 것이다. 12세기에 한 독일 시인은 이렇게 설명했다. "조상의 잘못으로 후손들의 신체에 이상이 나타났다. 조상들이 내면으로 갖고 있던 일이 후손들에게 외형으로 나타나게 되었다."

한 선교사가 "그러므로 너희는 가서 모든 민족을 가르치고, 성부와 성자와 성령의 이름으로 세례를 베풀라"라고 예수가 사도들에게 전한 가르침을 상기하면서, 파르티아Parthia에 있는 개의 머리를 한 식인종을 개종시킨 이야기도 있었다. 성 아우구스티누스는 자신의 저서 『신국론』에서 기괴한 인종의 존재를 거부하지 않았다.

> 어디에서든 인간으로 태어난 존재, 즉 이성적인 인간 창조물이 신체의 모습이나 빛깔, 동작이나 말, 또는 어떤 능력이나 천성의 일부나 자질 등에서 우리의 감각에 아무리 이상하게 나타나더라도 진실로 믿는 자라면 그런 개개의 존재가 처음으로 창조된 사람의 후손이라는 사실을 조금도 의심해서는 안 된다.

이러한 생명체들이 정말 인간이라면 그들도 세례를 받을 수 있으며 또한 받아야 한다.

그러나 신은 헛되이 무엇을 만들지는 않았다. '기괴한Monstrous' 인종은 신성한 징조를 의미하는 라틴어 'monstrum(경고한다는 의미의 'monere'에서 유래)'에서 온 말이다. 이 징조가 의미하는 사실에 관해서는 의견의 일치가 거의 없었다. 모든 인류가 에덴동산의 아담의 후손이었기 때문에 유럽에서 지키고 있던 행복한 기준에서 벗어난 신체의 이상은 퇴보나 타락, 또는 죄의 벌로 설명되어야 했다. 중세 기독교 사상에는 제도가 발전할 자리가 없었다. 모든 인류가 동시에 시작되었고 인간의 제도에 관한 모든 영역이 성서에 제시되고 완성되어 있기 때문이었다.

대홍수가 끝난 후, 노아의 아들들이 육지에 자손을 늘렸을 때 카인Cain이나 노아의 아들 함Ham의 죄지은 후손들은 추방되어 벌을 받아야 했고, 그 벌이 후손들의 신체와 제도에 계속 흔적으로 남아 있었다. 사람이나 제도에 '더 좋거나 더 나쁜 것'은 있었으나 사회적 발달의 초기나 후기 단계는 없었다. 에덴동산에서 시작되는 제도의 역사는 모든 길이 퇴보하는 일방통로였다. 아담과 이브의 타락 이후 부패할 기회는 많았다. 그러나 그 누가 성서의 계획을 개선할 수가 있었을까?

원래의 한결같은 인류 문화가 타락하여 다양하게 변화된 일이 3차례 있었다. 아벨을 죽인 벌로 카인은 에덴의 동쪽에 있는 놋 땅the Land of Nod으로 추방되어 그곳에서 카인과 그의 후손은 이상한 길을 발견하게 되었다. 이후 노아의 아들들은 육지에 흩어져 각자의 길을 가게 되었다. 그리고 또다시 사람의 단일한 인간성은 바벨에서 혼란스러워졌다. 종교나 언어를 비롯한 그 어떤 체계의 다양성도 카인의 흔적이었다. 유럽인들이 좁은 범위의 문화적 다양성만을 알고 있었던 중세에는, 성서의 기준에 대한 믿음이 경험으로 강화되었다.

서구 사상의 혁명은 2가지 발견과 함께 늦게 시작되었다. 그 2가지 발견은 제도가 성서에 기록되거나 예시되어 있지 않은 새로운 것이 될 수 있으며 또한 다른 제도에서 발전될 수도 있다는 사실이었다. 이러한 관념들과 그에 따른 진보 사상은 탐험의 부산물이었다. 결정적인 사건은 신세계라고 불리는, 예상치 못한 대륙의 발견이었다. 중세의 기독교 유럽이 인류가 한결같이 에덴동산에서 비롯되었다고 주장하듯이, 근대과학자들은 다양한 인간의 양식 속에서 종의 통일에 관한 새로운 실마리를 찾게 되었다.

콜럼버스가 자신이 만났던 종족들은 괴물이 아니라 야만인이었을 뿐이라고 보고했을 때 그는 자신도 모르게 문화의 새로운 분야와 진보라는 사상을 가리켰다. 인간의 극과 극의 다양성은 이제 상세하게 관찰될 수 있었기 때문에 환상의 영역으로 추방되지 않았다. 에덴에 있는 강들을 상세히 기록한 콜럼버스의 지리학이 아무리 중세의 분위기였을지라도 콜럼버스는 원주민에 관해 설명했을 때 갑자기 그 분야의 인류학자 같은 말투로 이야기했다. 예컨대 콜럼버스는 이렇게 보고했기 때문이다. 원주민들의 "몸은 매우 멋지고 얼굴은 매우 잘생겼으며, 머리털은 거의 말꼬리의 털처럼 굵고 짧으며 한 번도 자르지 않은 긴 뒷머리 다발을 제외하고 눈썹 위까지 내려온다. 그들 중에는 자신의 신체를 검게 칠한 이들이 있고(그들은 검지도 희지도 않은 카나리아 제도 사람들과 같은 신체의 색을 띠고 있다), 또 희거나 붉게 칠한 이들도 있으며, 신체에 아무것도 칠하지 않은 이들도 있다." 콜럼버스가 군주에게 보낸 서신은 곧 유럽 곳곳에 알려졌으며, 이미 살펴보았듯이, 콜럼버스는 자신이 만난 원주민을 다음과 같이 묘사했다.

원주민들은 매우 순진하고 그들이 가진 모든 것을 아낌없이 주어서 직접 보지 않은 사람은 믿지 못할 것이다. 그들은 소유하고 있는 무엇이든 달라고 청하면 안 된다고 말하는 적이 없으며, 오히려 나누어 주기를 자청하고 마음도 함께 주는 것처럼 사랑을 보여 준다. 그리고 가치가 있건 없건 간에 하찮은 물건을 주어도 만족해한다. 깨진 도자기 조각이나 녹색 유리 조각, 또는 수놓은 레이스 같은 가치 없는 물건을 원주민들에게 주지 못하게 했어도 그들은 그 물건을 얻을 수 있으면 세상에서 가장 좋은 보물이라고 생각했다.

콜럼버스의 설명에 따르면, 원주민들이 콜럼버스의 배가 있는 곳으로 환영하러 올 때는 "나무의 줄기로 만든 긴 배처럼 생긴 통나무배를 타고 왔는데, 그 배는 안전하고 멋지게 만들어졌으며(그 지역을 고려하면), 또한 매우 커서 어떤 배에는 40명이나 45명이 타고 왔다…. 그들은 빵 굽는 나무 주걱[빵을 오븐에 넣고 꺼내는 데 쓰는 삽 모양의 도구] 같은 도구로 배를 저어 놀라울 정도로 앞으로 나아갔다. 그리고 배가 뒤집히면 모두가 헤엄을 쳐서 배를 바로 세운 다음, 들고 다니는 조롱박으로 물을 퍼낸다." "내가 칼을 보여 주었더니 원주민들은 모르고 칼날을 잡아 손을 베이기도 했는데, 철을 전혀 모른다. 그들이 쓰는 창은 쇠가 없는 막대기 같은 것이며, 어떤 창에는 끝에 물고기 이빨이 달려 있고, 또 다른 것이 달린 창도 있다."

유럽인들은 아직 '인종'이나 인간의 수준을 피부색과 연관시키지 않았다. 그들은 당연히 자신들의 피부색이 원래 인간 피부의 '정상적'인 빛깔이라고 여겼다. 따라서 아프리카인의 검은 피부를 고온 기후에서 햇볕에 그을렸기 때문이라고 설명했으며, 물론 이 사실로 아프리카 종족의 인간 수준을 단언했다. 유럽인들의 경험은 피부색과 기후의 상관관계에 대해 골치 아픈 문제를 제기하기에 아직은 한정되어 있었다. 성서는 분명히 모든 인류가 하나의 기원과 동질의 혈통을 갖고 있다고 했다. 모든 인간이 아담과 이브의 후손이었기 때문에 유전적인 열등함이 설 자리는 없었다. 흥미로운 점은 언어와 종교의 차이점이었다.

아메리카의 발견은 매우 흥미로우면서 이후의 획기적인 새로운 가능성을 열어 놓았다. 18세기 무렵에는 '세계의 여러 지역마다 독특한' 동물과 식물의 여러 종이 있다는 사실이 분명해졌다. 제퍼슨은 1789년에 대륙의 새가 단 한 종류가 아니라는 사실을 직접 기록했고, 또한 유럽과 미국에 흔히 있는 네발짐승이 단 한 종류가 아니라는 의문을 품기도 했다. 너구리, 주머니쥐, 마멋, 알파카, 들소 등이 미국 내에 있다는 사실을 어떻게 설명할까? 이 동물들이 노아의 방주 속에 있었다면 이제 다른 곳에서도 발견되어야 하지 않을까? 어떤 대담한 박물학자들은 에덴동산에서 태초의 창조가 단 한 번만 있었던 것이 아니고 세계의 여러 곳에서 '서로 다른 창조'가 있었을 것이라고 제안하기도 했다. 신은 동식물의 종을 각 대륙의 서식처에 적합하도록 특별하게 창조했을 것이다. 그렇다면 인류에 관해서도 '서로 다른 창조'가 있지 않았을까?

종교개혁이 로마 교회에 대해 만들어 낸 새로운 문제들은 인간 평등의 문제에 새로운 긴급함을 제공했다. 콜럼버스가 아메리카에 도착하고 겨우 25년이 지난 후, 마르틴 루터는 비텐베르크의 교회 문에 '95개조 반박문'을 게시했다. 16세기 중반까지 유럽에서는 로마 교회가 이단 개신교에 수백만 명의 사람들을 빼앗겼다. 동시에 신대륙은 신의 섭리로 새로운 신자들을 거두어들이려고 수없이 많은 이교도를 갑자기 제공했다. 그리고 스페인 선교사들은 자신들의 초기 성공에 용기를 얻었다. 알론소 데 조리타Alonso de Zorita는 1584년에 스페인의 서인도 제도 의회에 이렇게 보고했다. "평소에 선교사들은 인디언들에게 읽고, 쓰고, 좋은 습관을 지키도록 가르쳤다. 대부분은 교회에서 연주할 수 있도록 악기를 다루는 법을 배웠고, 또 다른 사람들은 문법과 웅변술을 배웠다. 어떤 사람들은 뛰어난 라틴어 학자가 되어 매우 우아한 연설문과 시를 짓기도 했다." 1540년의 낙관적인 추측에 따르면, 세례를 받은 아메리카 인디언의 수는 약 6백만 명에 다다른다고 했다.

그러나 아메리카 인디언의 인간적 지위, 즉 신 앞에서 평등하다는 가능성은 점점 논란이 커졌다. 스페인의 신대륙 정복자들은 그들만의 이유로 인디언의 열등함이 타고났음을 주장했으며, 이 주장은 신이 편리하게 인디언들을 노예가 되도록 운명지었다는 의미였다. 신대륙 원주민의 능력에 관한 활발한 논의도 있었다. 1520년에 알브레히트 뒤러 Albrecht Dürer 는 브뤼셀에 전시하도록 황제 카를 5세에게 코르테스 Cortés 가 보낸 인디언들의 보석과 깃털 세공을 보았을 때 그들의 예술성에 매우 놀라워했다. 코르테스는 인디언 여자와 만나 얻은 자녀들의 합법성을 인정하도록 교황을 설득하려고 아즈텍 요술사들을 로마로 보내어 자신의 간청을 실현하려고 했다. 1524년에 스페인의 서인도 제도 의회가 처음 설립되면서부터 인디언의 인간성이 논쟁이 되었다.

르네상스 시대의 마지막 교황이었던 악명 높은 바오로 3세 Paul III (1468-1549년)는 자신을 신대륙의 선교 활동을 지원하는 후원자라고 분명히 밝혔다. 젊은 그는 당시의 호색가로 풍자되기도 했다. 자신의 파르네세 Farnese 가문을 이용하여 로마 교회의 귀중품 보관자가 된 그는 사냥을 즐겼고, 로마에 거대한 파르네세 궁전을 지었으며, 로마인 정부 사이에 태어난 4명의 자식을 두기도 했다. 바오로 3세는 후원자였던 보르자 가문의 교황 알렉산데르 6세를 통해 1493년에 추기경이 되었지만 50세가 지난 1519년까지 사제로 임명되지 못했다. 그 후 그는 환락 생활을 정리했다. 67세에 교황이 된 바오로 3세는 예상 밖의 예언자이며 가톨릭 종교 개혁의 주최자가 되었다. 우리는 티치아노의 초상화로 75세의 바오로 3세가 그 이후 6년 동안 교회를 더 지배한 활력을 확인할 수 있다. 아메리카 인디언의 인간성에 대한 논쟁이 로마에까지 이르자 바오로 3세는 자신의 유

창한 교서 『숭고한 신Sublimis Deus』(1537년)을 이용해 그 논쟁을 해결하려고
했다.

> 숭고한 하나님은 인류를 매우 사랑하시어 다른 창조물도 즐길 수 있는 선에
> 참여할 수 있도록 인간을 현명하게 창조하셨을 뿐만 아니라, 가까이할 수도
> 없고 볼 수도 없는 최고의 선을 얻을 수 있고 대면할 수 있는 능력을 인간에게
> 부여하셨다…. 신앙을 원할 수 없을 정도로 이해가 부족하거나 신앙을 받아
> 들일 수 있는 가장 필요한 능력이 없는 사람은 있을 수 없다. 따라서 그리스도
> 는… 임무를 위해 선택한 신앙의 설교자에게 "모든 나라에 가서 가르치라"라
> 고 하셨다. 그리스도는 모든 사람이 신앙의 교리를 받아들일 능력이 있으므로
> 예외 없이 모든 사람이라고 말씀하셨다.

또한 『숭고한 신』에 따르면, 이런 사명에 맞선 악마는 "지금까지 들어
본 적이 없는 수단을 발명하여 신이 전하는 구원의 말씀을 사람들에게 설
교하는 것을 방해할 것이다. 악마는 추종자들을 부추겨… 서쪽과 남쪽에
있는 인디언들, 그리고 우리가 최근에 알게 된 다른 인종들이 가톨릭 신앙
을 받아들일 수 있는 능력이 없는 듯 말을 못 하는 짐승으로 취급되도록
해외로 널리 알리게 했다…. 인디언들도 진정으로 사람이다."

콜럼버스가 신대륙에 도착한 후 20년도 채 되지 않았을 때, 교황 바오
로 3세의 선언 이전에도 스페인 정착민들은 항의하는 선지자의 목소리에
동요된 적이 있었다. 히스파니올라Hispaniola의 식민지 개척자들은 신대륙에
서 처음 개척한 이 스페인 도시에 교회를 세웠다. 그러던 1511년, 크리스
마스 전 일요일에 그들은 최초로 세운 교회에서 미사를 올릴 때 어떤 불만

이 가득한 한탄에 충격을 받았다. 도미니크회 수도사인 안토니오 데 몬테시노스Antonio de Montesinos가 이렇게 선언했기 때문이다. "인디언들에게 저지른 너희의 죄를 알리려고 나는 이 설교단에 올랐으며, 그리스도의 목소리인 나는 이 섬의 황야에서 외친다… 이 목소리가 전하기를, 너희는 대죄를 지었고, 그 죄로 살다 죽을 것이다. 너희는 이 순진한 종족들을 잔인하고 포악한 행위로 다루었기 때문이다. 너희가 무슨 권리와 정의로 이 인디언들을 그렇게 잔인하고 끔찍한 노예로 취급하는지 나에게 말하라. 무슨 권위로 너희는 자신의 땅에서 조용하고 평화롭게 살고 있던 이 종족들에게 혐오스러운 전쟁을 일으켰는가?"

인디언을 위한 투지가 넘치는 옹호자도 아메리카에서 최초의 성직자로 임명된 사람이었을 것이다. 세비야에서 태어난 바르톨로메 데 라스카사스Bartolomé de las Casas(1474-1566년)는 콜럼버스가 1493년에 첫 항해에서 돌아왔을 때 그 현장에 있었다. 라스카사스는 19세 때 콜럼버스가 인디언을 신대륙의 화려한 앵무새와 함께 자랑스럽게 거리를 행진하게 하는 광경을 보았다. 살라망카 대학교의 학생이었을 때 라스카사스는 콜럼버스의 2차 항해를 함께하고 돌아온 아버지에게서 인디언 노예 1명을 얻었다고 한다. 1502년에 라스카사스도 아메리카에 가서 인디언 노예를 얻어 광산에서 일을 시키고 큰 저택을 세웠을 때, 정복자의 생활을 맛보았다. 그는 피비린내 나는 쿠바 정복에 참여하여 더 큰 땅과 더 많은 인디언 노예를 보상 받았다. 히스파니올라에서 몬테시노스가 한탄의 선언을 했을 때도 라스카사스는 흔들리지 않았다. 물론 라스카사스는 노예가 있었기 때문에 성찬식에 거절당하긴 했다.

라스카사스는 1512년에 성직자로 임명된 후에도 인디언들의 역경을 깨닫지 못했다. 그러던 1514년 어느 날, 그는 쿠바에 있는 자신의 저택에서 상크티스피리투스Sancti Espiritus의 새로운 정착지를 위한 성령 강림절Whitsunday 설교를 준비하고 있었을 때 갑자기 깨닫게 되었다. 라스카사스는 집회서Ecclesiasticus(구약 외전 중의 1권)를 읽었다. "부당하게 얻은 물건을 신에게 제물로 바치는 일은 어리석은 짓이며 부당한 자의 선물은 용납되지 않는다." 며칠 내에 성 바울의 경험을 되풀이한 그는 완전히 다른 사람이 되었다. '지금까지 인디언에게 저지른 모든 일은 부당하고 포악한 행위였다는 사실을' 이제 완전히 깨달은 라스카사스는 40세의 나이에 남은 생애를 '인디언들의 정의와 그들에게 저지른 강탈과 죄악과 부정을 규탄하는' 일에 헌신하리라 결심했다.

라스카사스는 1514년 8월 15일의 설교를 계기로 자신의 모든 인디언 농노를 통치자에게 공식으로 반환했다. 그 이후 50년 동안 그는 인디언의 가장 영향력이 큰 옹호자가 되었다. 스페인으로 돌아온 라스카사스는 바르셀로나 의회에서 인디언을 옹호했다. 그 후 그는 카를 5세를 설득하여 '자유 인디언들'이 신중하게 선정된 스페인 농부들과 협동하는 마을을 건설하려는 자신의 이상적인 계획을 후원하게 했다. 그들은 현재의 트리니다드와 베네수엘라 사이에 있는 파리아만Gulf of Paria에 정착하여 구세계와 신세계의 인적 자원을 결합한 새로운 문명의 본보기를 제시하려고 했다. 이 계획이 실패하자 라스카사스는 산토도밍고에 있는 도미니크회 수도원으로 은둔했다. 그리고 그곳에서 그의 시대가 거부한 지혜를 후대에 일깨우려고 서인도 제도의 스페인에 관한 이야기를 글로 쓰기 시작했다. 라스카사스는 이 저작물을 선지자의 과업이라고 여겼다.

1537년에 교황 바오로 3세가 『숭고한 신』이라는 위엄 있는 원리를 선언했을 때는 라스카사스가 신대륙의 일상생활에 자신의 이상을 적용하는 매우 힘든 세월을 이미 20년 동안 보낸 뒤였다. 라스카사스는 평화적인 수단만으로 인디언들을 개종시킬 수 있음을 입증하려 했으나 그의 사상은 스페인령 서인도 제도에서는 인기가 없었다. 그는 '모든 사람을 진정한 믿음으로 이끄는 유일한 방법'은 인디언에게서 빼앗은 금, 은, 토지 등 모든 것을 그들에게 되돌려 주어야 하는 일이라고 주장했다. 라스카사스는 또다시 자신의 비정통적인 접근법을 이번에는 오늘날 코스타리카의 일부가 된 과테말라에 새로운 정착지를 만들어 적용하려고 했다. 라스카사스는 스페인에 돌아왔을 때 인디언 농노의 소유권은 세습될 수 없고, 스페인의 식민지 감독관들이 한 세대가 지나면 농노를 자유롭게 해 주어야 한다는 새로운 법에 서명하도록 카를 5세를 설득했다. 라스카사스는 직접 작성한 가톨릭교회 계획의 일부분으로 치아파Chiapa의 주교가 되어 인디언을 보호하고 스페인 농부와 자유 인디언의 모범 정착지를 분명히 추진했다. 그러나 2년도 안 되어 스페인 정착민들은 이 계획을 방해하며 라스카사스를 강제로 스페인에 돌려보냈다.

라스카사스가 시도한 공식적인 투쟁의 절정은 식민지 역사에서 하나의 장관을 이루었다. 1550년 4월 16일, 라스카사스의 의혹과 비난에 강요된 카를 5세는 신대륙의 정복을 중단하고, 신학자들이 행위의 올바른 방법에 동의할 때까지 정복을 재개하지 않도록 명령했다. '모든 일이 기독교의 방식으로 이루어질 수 있도록' 정복이 효과를 거둘 방법을 왕이 알 때까지 새로운 정복은 허가되지 않았다. 얼마 동안 이 명령은 수도사들이 성급한 식민주의자들의 항의를 감시하면서 누에바그라나다New Granada, 차코Chaco, 코스타리카 등에서 엄격히 시행되었다. 광대한 제국의 통치자가 스스로 권력의 올바른 사용에 완전히 만족할 때까지 그 권력을 사용하지 않는다는 장엄한 도덕적 노력은 신대륙 정복자들의 잔인함으로 빛을 잃게 되었다.

물론 카를 5세는 신학자들의 도덕적 판단을 믿는다고 선언하고 있었다. 신학자들은 분명하고 신속한 해답을 제시하지는 못했지만, 카를 5세에게 어느 정도는 도움을 주었다. 카를 5세의 결백한 성격은 세계의 미래에 다소 영향을 미쳤다.

스페인의 식민지 이주자와 신대륙의 정복자들을 비롯한 새로운 법률의 반대자들은 강력한 반대 투쟁을 시작했다. 박식한 인문주의자이며 아리스토텔레스 철학의 전문가였던 후안 히네스 데 세풀베다Juan Ginés de Sepúlveda(1490-1573년) 박사는 신대륙을 방문한 적이 없었다. 그러나 그는 인디언에 맞서 전쟁을 하고 그들을 노예로 삼는 일은 정당하다고 주장하는 장황한 논문을 바탕으로 확고한 견해를 갖고 있었다. 세풀베다는 서인도 제도 평의회의 권력 있는 회장인 세비야의 가르시아 데 로아이사Garcia de Loaysa 추기경의 후원을 받고 있었고 최근에는 아리스토텔레스의 『정치학Politics』을 스페인어로 번역했다. 그런 세풀베다와 대결한 라스카사스는 또한 아리스토텔레스 철학과 대결한 셈이다. 노예 기질을 타고난 사람이 있다고 하는 아리스토텔레스의 명제가 세풀베다가 주장하는 논거의 기반이 되었다. 아이들이 어른보다, 여자가 남자보다, 그리고 원숭이가 인간보다 선천적으로 열등하듯, 인디언은 스페인 사람보다 선천적으로 열등하다고 세풀베다는 주장했다. "아주 미개하고 야만적이며 불손과 외설로 더럽혀진 이런 종족이 카를 황제나 과거의 가톨릭 왕 페르디난드 같은 훌륭하고 신앙심 깊은 정의로운 왕들과 가장 인도적인 국가이며 모든 훌륭한 미덕을 갖춘 민족에게 정당하게 정복당했다는 사실을 누가 의심할 수 있을까?"

1550년 7월 7일에 황제 카를 5세는 세풀베다와 라스카사스 사이의 문제를 결정짓고 '정복과 발견과 정착을 정의와 이성에 따라 이룰 수 있도록 가장 알맞은 규칙을' 제정하려고 신학자들과 평의원의 특별 회의를 8월에 카스티야의 수도 바야돌리드Valladolid에서 소집하도록 선언했다. 라스카사스는 아메리카 인디언이 이성과 미덕의 본보기라는 사실을 입증하는 870페이지짜리 인디언을 옹호하는 '해명의 역사'를 이미 준비하고 있었다. 그는 아리스토텔레스의 합리성과 올바른 삶의 기준에 따라 전설과 환상으로 미화된 자신의 긴 경험을 정리했다. 라스카사스는 거의 모든 면에서 인디언들이 고대 그리스와 로마인들보다 우월하며 어떤 면에서는 스페인 사람들보다 월등하다고 주장했다. 그는 아리스토텔레스학파의 선천적인 노예 학설을 단호하게 부인하지는 않았지만 '선천적인 노예'는 일종의 기형이므로 분명히 인디언은 여기에 포함되지 않는다고 주장했다.

당시의 가장 박식하고 권력 있는 사람들로 이루어진 14인 평의회는 특별 회의에 대한 임무를 진지하게 받아들이고 있었다. 두 대변인의 위대한 논쟁은 엄숙함과 긴장감이 감돌았다. 회의 첫날에 세풀베다는 인디언의 열등함에 관한 자신의 저서를 요약한 3시간에 걸친 연설로 논쟁을 시작했다. 뒤이어 라스카사스는 이에 대비하여 특별히 작성한 550페이지의 논문을 그대로 낭독했는데, 평의회는 5일 동안이나 그 낭독을 참고 들었다. 이 회의가 8월 중순부터 9월 중순까지 계속되자 혼란에 빠진 평의회 의원들은 그들 중 뛰어난 법학자에게 쟁점을 요약하게 했다. 투표로 문제를 해결하기로 했던 1551년 1월의 회의가 재개되었을 때, 결정을 내리려는 사람은 거의 없었다. 법률가들은 이 쟁점을 연구할 시간이 더 있어야 한다고 주장하고 성직자들은 사순절을 준비해야 한다고 말했으므로, 황제는 편의대로 2사람만 트리엔트 공의회Council of Trent에 참석하게 했다. 그런데 의원들 가운데 유일하게 1사람의 의견이 남아 있었다. 그는 정복 원정은 '신과 왕에게 충성을 다하고 인디언들에게 좋은 모범이 되어야 하며, 또한 금이 목적이 아니라 인디언의 행복을 목적으로 하는' 원정 지휘관에게 맡기는 조건으로 이루어져야 한다고 신중하게 결론지었다.

이 회의는 합의에 이르지 못했고 그에 따라 왕은 어떤 결정도 내리지 못했다. 두 대변인은 서로 자신이 승리했다고 주장했다. 모든 실용적인 사실을 토대로 보면, 아메리카라는 광대한 무대에서 세풀베다는 스페인의 정책을 대변한 것으로 보였다. 인디언 정복자들은 그를 찬양하여 선물을 보내고 그의 저서를 자신들의 정통 변론서로 여겼다. 그러나 세풀베다가 바야돌리드 투쟁에서 승리한 것은 아니었다. 세풀베다는 살아 있는 동안 자신의 저서를 스페인에서 출판하도록 허가 받지 못했고 18세기 말까지는 어디에서도 출판하지 못했다. 인디언의 인간성을 맹비난한 그의 고전은 1892년에야 마침내 출판이 허용되었다.

양심의 소리를 낸 라스카사스는 완전히 억압을 받지는 않았으며, 로마교회의 공언된 교리를 대변하는 사람으로 남았다. 물론 그는 정복자들을 평화주의자로 개종하는 데 실패했다. 그러나 라스카사스는 인디언의 인간성에 관해 교회의 증명을 받아 낸 사람이었다. 1566년에 스페인 왕은 다시 한번 발견과 정복의 허가를 발표했을 때 모든 사람에게 정당한 전쟁의 법에 복종하도록 촉구하지 않을 수 없다고 느꼈다. 1570년 이후의 비교적 평화적인 필리핀 정복도 라스카사스의 정신에 어느 정도 영향을 받았다. 1573년 7월 13일에 펠리페 2세Philip ll는 스페인이 아메리카 식민지를 소유하고 있는 한 효력이 있던, 스페인의 발견과 정복에 관한 법을 선포했을 때, 라스카사스의 평화 정착을 위한 엄격한 규칙을 따르지는 않았다. 그러나 그는 스페인 정복자들이 항상 인디언을 기억하도록 명령했다.

> 왕은 성직자를 파견하여 인디언들에게 기독교의 원리를 가르치고 믿음으로 구원될 수 있다는 사실을 전하게 했다… 그는 인디언들을 괴로움과 노예 상태에서 자유롭게 해 주었고 빵, 술, 기름 등을 비롯한 많은 음식, 털옷, 비단, 리넨, 말, 젖소, 도구, 무기 등 스페인의 여러 물건을 그들에게 알게 했다. 또 그들에게 잘 살 수 있는 기술과 교역 방법을 알려 주었다. 우리의 성스러운 신앙을 받아들이고 우리의 왕에게 복종하는 인디언은 모두 이런 모든 이익을 누릴 것이다.

그 외에도, 왕은 스페인 정착민들이 원주민에 맞서 무력을 사용해야 한다면 필요 이상의 무력을 사용해서는 안 되고, 또한 무슨 일이 있어도 인디언을 노예로 삼아서도 안 된다고 명령했다. 그리고 라스카사스에게 경의를 표하는 뜻으로 왕은 앞으로 '정복'이라는 말을 금지하고 '화해'라는 말로 대체하도록 명령했다.

라스카사스는 92세의 나이로 1566년에 세상을 떠났을 때, 자신이 저술한 인디언의 모든 역사를 자신이 죽은 뒤 40년 후에 발간하도록 지시했다. 그 목적은 "신이 스페인을 파멸시키기로 한다면 스페인 사람들이 인디언에게 저지른 파괴와 이에 대한 신의 정당한 이유를 분명히 보여 주기 위해서였다." 스페인뿐 아니라 모든 대륙의 유럽 민족들은 바야돌리드에서 논의되었던 문제로 수 세기 동안 괴로움에 시달렸다.

인류의 다양성과 통합에 관한 반성의 기회는 아메리카의 발견과 식민지의 확장으로 서구에만 영향을 미쳤을 뿐, 세계의 다른 민족에게는 일어나지 않았다. 이슬람은 전도 활동보다 정복과 점령으로 먼 곳의 식민지를 확보하여 제국을 확장해 나갔다. 물론 이슬람교도 확산과 원죄에 대한 성서의 낡은 인습을 이어받았으므로 기독교처럼 다양성을 악으로만 보았다. 그러나 이슬람 신학과 역사의 사건들은 다행히 인종차별이라는 바이러스를 주입하지 않았다. 모든 신자의 평등이라는 엄격한 교리, 검은 아프리카로 향한 이슬람교의 전파, 노예와 첩들 사이의 흔한 결혼 등 이런 모든 일이 이슬람 신앙에서 인종차별을 생겨나지 못하게 했다. 세속과 종교의 삶을 분리하지 않는 이슬람교도에게 가장 중요한 차이점은 믿는 자와 믿지 않는 자의 구별이었다. 코란을 어기지 않는 단순한 사회 관습의 차이는 무의미한 듯 보였다.

이와 전혀 반대의 이유로 중국에서는 인간 평등에 관한 문제가 일어나지 않았다. 전통과 관습이 지배한 그곳에서는 인간 생활의 최고의 가치는 중국 전통과 관습의 산물로 여겨졌다. 더욱이 중국 중심의 고립주의 전통으로 중국인들은 먼 곳의 다른 민족들과 접촉을 하지 않았다. 일본이나 한국 등 동아시아의 어느 곳에서도 서구의 인종차별 같은 행위는 찾아볼 수 없다.

발달한 문명들 가운데 인도에서만 인종차별의 카스트 제도가 종교와 완전체를 이루고 있었다. 카스트 제도의 기원은 선사시대의 안개 속에 숨겨져 있긴 하지만 힌두의 카스트 제도는 정복자 아리아인과 피정복자 드라비다족Dravidians의 차이점(공교롭게도 피부색의 차이가 있었다)에서 유래되었

을 수 있다. 힌두어로 카스트를 뜻하는 바르나Varna는 '색'을 의미하고 있
으나 원래는 피부색이 아닌 다른 뭔가를 의미했을 것이다.

78

미개인이 준 충격

라스카사스 이후 수 세기 동안, 인간의 수준에 관한 유럽의 논쟁은 신학에서 생물학으로 옮겨 갔다. 모든 인류를 호모 사피엔스Homo sapiens라는 하나의 종으로 분류한 사실을 보면, 린네는 18세기 중반에 라스카사스 편에 속한 듯 보였다. 그는 1550년에 바야돌리드에서 논쟁이 된 문제에 명확한 해답을 제시한 셈이다. 그러나 린네는 호모 사피엔스를 '교육과 상황에 따라 차이가 나는' 야만인, 아메리카인, 유럽인, 아시아인, 아프리카인 등 다섯 종류로 분류하여 멀리 떨어져 있는 유럽 정착민들에게 문제를 혼란스럽게 만들었다. 하나의 인간 종이 이런 다양한 '변화'를 일으켰던 것일까? 만약 그렇다면 '변화'의 의미는 무엇일까?

인간 능력의 평가가 종교에서 과학으로 이동하면서 문제는 대규모에서 소규모로 변했다. 초기에 우주론에서 지리학으로 이동했을 때처럼, 이 문제도 세부적인 측면으로 이동했다. 인간의 '본성'과 현생과 내세의 인간 운명에 관하여 라스카사스와 세풀베다가 논쟁한 거창한 단일 문제를 제기하는 대신에, 이제는 일상생활의 사소한 문제에 관한 무수한 질문을 했다. 학문 용어로 쓰인 신학 서적과 달리, 인류학의 자료는 각자 모두의 경험이었다. 초점은 인간의 본성에서 인간의 문화로, 순수철학에서 다양한 분야로 옮겨졌다. 인류학의 문제들은 도서관 안이 아니라 바깥 세계에서 제기되고 해답도 찾게 되었다. 모든 인간 사회가 하나의 실험실이 되었다.

더욱이 신대륙은 이 새로운 인류 과학의 첫 번째 대상이었다. 그곳에서 유럽의 수많은 영구 정착민들은 아주 오랜 옛날의 공동체와 함께 살게 되었다. 라스카사스가 신대륙에서 만난 낯선 사람들에게 기독교 신학을 적용했던 것처럼, 19세기 초기의 관찰자들은 과학의 자료를 서로 교환하는 새로운 제도를 갖추고 아메리카의 원주민을 연구했다. 이런 계획의 힘은 정확히 그 새로움에 있었다. 탐구자들은 모두 소박했고 어떤 사람들은 비전문가의 대담성을 갖추고 있었다.

이러한 기회와 유혹은 루이스 헨리 모건Lewis Henry Morgan(1818~1881년)이라는 한 열성적인 비전문가의 생애로 극적으로 돋보이게 되었다. 새로 건설된 이리 운하Erie Canal로 가는 길에 있는 뉴욕 중부의 변경 마을에서 농부의 아들로 태어난 모건은 특히 사교성이 많은 젊은이였다. 그는 학창 시절에도 '유용한 지식을 서로 발전시키는' 모임을 만들었다. 1840년에 스케넥터디Schenectady에 있는 유니언 대학Union College을 졸업한 후 모건은 법률을 공부하려고 오로라Aurora에 돌아왔다.

1837년에 시작된 경제 불황의 시기에 고객이 없던 젊은 법률가인 모건은 사교 활동에 능숙한 재능을 활용할 시간이 많았다. 그는 버려진 프리메이슨 집회소 건물 안에 사교와 자기 계발에 적합한 비밀 장소를 발견했다. 모건은 자신의 사교 단체 이름을 '고르디우스의 매듭 비밀 단체Order of the

Gordian Knot(고르디우스의 매듭은 고대 프리지아의 왕 고르디우스가 전차에 매어 놓은 매듭으로 대담하게 행동할 때만 풀 수 있는 문제를 일컫는 속담)'라는 명칭을 붙였다. 그때가 고전주의 부흥의 시대였기 때문이었다. 고대 그리스와 로마가 건축의 본보기가 되고 있었고 이타카Ithaca, 트로이, 델포이Delphi, 한니발, 마르켈루스Marcellus, 브루투스Brutus, 카토Cato, 시러큐스Syracuse, 유티카Utica, 오로라 등 문명에서 최고의 명칭을 도시 이름에 동의어로 붙여 기념하고 있었다. 이 비밀 단체는 회원들이 오로라에서 확산되면서 지부가 생겨나고 수년 이내에 십여 개 도시에서 500명 이상의 회원으로 늘어났다. 1843년에 모건은 더욱 분명하게 하나의 미국 형식을 취하려고 고대의 고전주의 형식을 버리기로 결정을 내렸다. "프리지아의 아이들을 서반구로 인도하려는 위대한 계획을 생각한 고르디우스는 그 아이들을 베링 해협으로 데려와 그곳을 건너 이 서방 세계로 오게 되었다"라고 모건은 설명했다. '고르디우스의 매듭 비밀 단체'는 '이로쿼이의 위대한 비밀 단체Grand Order of the Iroquois'가 되었고 이 단체의 우두머리인 모건은 미국독립전쟁 때 미국인들의 친구였던 이로쿼이족의 이름 하나를 따서 스케난도아Skenandoah라고 불렸다.

모건이 인디언에 관해 처음 열정을 쏟은 계기는 명확하지가 않다. 처음에는 단순한 일시적 기분으로 관심을 두기 시작했을 수 있다. 그러나 곧 모건은 이로쿼이족의 정신을 진지하게 받아들이려는 바람을 드러냈다. 이로쿼이족의 5부족은 서쪽으로 옮겨 온 유럽 정착민들과 처음으로 교역을 했으나 그 뒤로는 그들의 침략에 저항하여 맹렬하게 싸웠다. 이로쿼이족은 대부분 미국독립전쟁 때 영국 편을 들었으나 전쟁이 끝나자 그들의 토지는 형식적인 지급의 대가로 강제로 빼앗기고 보호구역에 갇혔다. 모건의 할아버지가 소유했던 600에이커(2.4제곱킬로미터)의 농장도 전쟁에 참여한 보상으로 이로쿼이족의 땅에서 분할된 몫이었다. 1843년에 모건은 자신의 비밀 단체에서 인디언들의 잃어버린 명분을 기념하기로 결정을 내렸다. 그는 이로쿼이족 삶의 내면에 관해서는 거의 알지 못했어도 복잡한 이로쿼이족 의식을 애써 만들어 내는 데 어려움은 없었다. '인인디아네이션Inindianation'이라고 칭한 모건의 엄숙한 입회식에서 눈을 가린 입단자는 "당신이 한가한 시간이나 경거망동으로 우리 단체의 비밀을 감히 들춰내어 백인에게 누설한다면, 무덤 속에서라도 당신을 몸서리치게 하는 응징이 당신의 죄지은 발길을 신속히 따를 것이다"라는 경고를 받았다. 집회 때, 모건의 '전사'들은 이로쿼이족 방식의 정강이받이와 두건을 쓰고, 전투용 도끼를 들고, '일구이언하는' 자들을 모두 경멸하며, 그들이 믿는 인디언식 비유로 말을 했다.

모건은 비밀 단체의 회원들을 교육하려고 인디언에 관한 최고 권위자인 헨리 스쿨크래프트Henry Schoolcraft(1793-1864년)를 과감히 초청했다. 미국의 민속학에 들어가는 스쿨크래프트의 저서는 롱펠로의 『히아와타Hiawatha』의 기반이 되기도 한다. 스쿨크래프트는 오지브와족Ojibwa 혈통의 여자와 결혼을 했고, 오지브와족이 미시간 북부를 대부분 양도하게 되는 조약을 성공시켰으며, 그 후 미시간의 인디언 문제를 다루는 감독관이 된 인물이었다. '이로쿼이의 위대한 비밀 단체'를 위한 연설을 하면서 스쿨크래프트는 오로라의 '전사들'에게 유럽인의 유산만 공부하여 만족해서는 안 된다고 촉구했다. 그에 따르면 "자유롭고 용감하고 거칠며 독립적인 사냥 종족인 원주민의 역사와 유물과 제도로 눈을 돌려야 하며… 그들을 비교해서 말하면, 고대의 픽트족Pict과 켈트족Celt이 영국에 영향을 주었고, 튜턴족Teuton과 고트족Goth과 마자르족Magyar이 유럽 대륙에 영향을 준 사례와 같다."

모건은 인디언을 직접 연구하기로 이미 결심했다. 그는 한 젊은 이로쿼이족을 통해 인디언과 접촉을 시작했다. 세네카 부족Seneca tribe (다섯 개의 이로쿼이 연맹 부족 중 가장 큰 부족)에 속하는 풍채 좋은 그 젊은 이로쿼이족은 모건이 올버니 서점에서 이런저런 책을 읽어 보다가 만나게 되었다. 한 족장의 아들인 엘리 파커Ely Parker는 부족을 더는 이동시키지 않으려는 대응책으로 자신의 부족을 통해 침례교 선교 학교를 거쳐 법률 학교에 보내졌다. 당시에 이 부족은 미시시피 건너편으로 이동해야 한다는 위협을 받고 있었다. 모건의 비밀 단체는 이로쿼이족의 운동에 동참하여 기금을 모으고, 집회를 열면서, 청원서에 서명 운동을 벌였다. 모건과 파커는 인디언 문제를 다루는 상원 위원회를 설득하려고 워싱턴으로 갔다. 그들은 에이커당 200달러의 가치가 되는 인디언 땅을 에이커(약 4,047제곱미터)당 겨우 2.5달러로 책정한 '협약'을 폐기하기 위해서였다. 그 협약에는 부족의 추장과 족장들 다수가 서명했다. 파커와 스쿨크래프트는 인디언 문제에 최초로 인류학을 적용하여, 인디언들이 만장일치의 법칙으로만 살아왔으며 다수결 원칙에 관해서는 모르고 있었다는 사실을 증언했다. 사기였다는 강력한 증거가 있었는데도 상원은 협약의 폐기를 거부했다. 그 후 수십 년 동안 항의가 계속된 후에 상원은 뒤늦게 이로쿼이족이 그들의 토지를 다시 구매하도록 승인하고 그 목적에 맞는 기금을 책정했다.

모건은 워싱턴 여정으로 이로쿼이족의 관습이 오래 존속될 수 없다는 사실을 확신했다. 그와 동시에 그는 이로쿼이족의 신뢰도 얻었다. 1846년 10월 돌아오는 길에 모건은 토나완다 보호구역Tonawanda Reservation의 옥수수

수확 축제에 참석하고 세네카 부족의 호크 일족Hawk Clan의 일원으로 들어 갔다. '타야다오우쿠Ta-ya-da-o-wuh-kuh('가로놓여 연결하는 자')'라는 이름을 얻은 모건은 인디언과 백인을 잇는 역할이 되었다. 모건은 기회를 포착하여 열 렬한 향수, 부당성에 대한 통렬한 감정, 그리고 다양한 호기심으로 '오래 된 이로쿼이족의 생애와 운명의 마지막 사건들이 기록된 인간의 서판'에 서 자료를 수집하기 시작했다. 모건은 자신의 조그만 마을 친목회에서 출 발하여 세계적인 발견이라는 대규모 사업에 나서게 되었다.

모건의 이로쿼이족 친구인 엘리 파커의 후반 생애는 그 자체가 전설이 었다. 유쾌한 성격의 파커는 로비 활동으로 워싱턴에 갔을 때, 대통령 포 크Polk와 식사를 함께하면서 그를 즐겁게 해 준 적도 있었다. 파커는 법 률에 능숙했으나 시민권이 없었기 때문에 변호사직의 허가를 받지 못 했다. 낙담하지 않은 파커는 기술자가 되려고 렌셀러 폴리테크닉 대학 교Rensselaer Polytechnic Institute에 들어갔으며, 일리노이주의 걸리나Galena에서 정 부 건설 공사의 감독관으로 고용되었다. 그곳에서 그는 다행히도 10년 동 안 육군에서 변변찮은 복무를 한 율리시스 S. 그랜트Ulysses S. Grant를 만나 깊 은 인상을 주었다. 그랜트는 그때 형제들이 경영하는 가죽 상점에서 서기 로 일하고 있었다.

1861년에 남북전쟁이 일어났을 때, 파커의 친구 그랜트는 적합한 군 대 직책을 맡는 데 어려움을 겪었다. 파커도 장교 직책을 원했으나 수어 드Seward 장관은 백인들만으로도 쉽게 이길 수 있으니 인디언의 도움은 필 요 없다고 말했다. 불굴의 파커는 여러 노력으로 마침내 공병 부대의 대 위로 임명되었고 얼마 지나지 않아 그랜트의 보좌관이 되었다. 애퍼매턱 스 코트 하우스Appomattox Court House에서 리 장군General Lee의 항복을 협의하고 있었을 때 수석 부관이었던 파커는 너무 흥분해서 항복 조건을 작성할 수가 없었다. 그랜트는 파커에게 그랜트가 연필로 쓴 원본을 수정하여 깨끗한 사본을 작성하게 했는데, 이것이 남북전쟁을 종식한 리 장군의 공식 항복 문서가 되었다. 그랜트는 파커의 용맹과 공적을 인정하여 그를 육군 준장으로 임명했고, 그 후 대통령이 되었을 때 파커를 인디언 사무처장Commissioner of Indian Affairs으로 임명했다.

모건은 이로쿼이족의 삶을 진지하게 연구하게 되었을 때 '이로쿼이의 위대한 비밀 단체'의 '환락과 무책임'으로 점점 고통을 받았다. 1846년에 그는 자신의 비밀 단체의 관리를 포기했고, 결국 그 비밀 단체는 해체되었다. 그러나 모건은 이미 이로쿼이족에 관한 국가적인 권위자가 되어 있었다. 그는 절구와 절굿공이, 끌, 칼, 전투용 도끼, 솥, 목걸이, 담뱃대, 북 등 자신이 수집한 이로쿼이족의 물건들을 새로운 인디언 박물관을 위해 올버니로 보냈다. 1851년에 출간된 모건의 『호데노사우네의 연맹, 즉 이로쿼이족League of the Ho-de-no-sau-ne, or Iroquois』이라는 책은 동시대의 박식가들로부터 '세계 최초의 인디언 부족에 관한 과학적 설명'이라는 찬사를 받았다. 돌이켜 보면, 모건은 분명히 새로운 인류 과학의 개척자였다.

아메리카 인디언에 관한 초기의 관점에는 기독교와 유럽 중심의 편협성이 있었다. 스페인 정복자와 예수회나 신교도 선교사들에게 인디언은 사탄의 추종자로 여겨졌다. 뉴잉글랜드의 청교도들은 특유의 세밀한 사고방식으로 순수한 기독교인들이 이 땅을 차지할 때까지 하나님이 미개인에게 가톨릭교로부터 신대륙을 보호하게 했다고 생각했다. 인디언들에게 매우 우호적이었던 모건의 동료들도 기독교 신학의 굴레를 끊어 버리지 못하고 있었다. 성서의 역사를 통해 사람들은 '미개인들'이 죄를 지어 문명의 초기 단계에서 타락한 존재라고 믿어야 했다. 스쿨크래프트도 '고급 사회'에서 하급 사회로 전락한 인디언들을 불쌍하게 여겼다. 그러나 모건은 이로쿼이족의 통치 방식, 도구, 가옥 건축, 의복, 언어 등이 어떻게 하나의 독특한 생활 방식으로 서로 잘 맞는지를 확인하기 시작했다. 그는 인디언들에게서 사탄의 징후나 타락되었다는 초기의 고급 문명도 전혀 확인할 수 없었다.

모건이 틀에서 벗어나 인간 공동체의 다양성에 관한 사소한 단서들을 더욱 분명하게 찾아내는 단계를 지금도 추적해 볼 수 있다. 아직도 모건만의 문화 용어로 물들어 있는 『이로쿼이 연맹The League of the Iroquois』에서는 이로쿼이족의 행동 방식을 아리스토텔레스나 몽테스키외의 범주에 맞추려고 했다. 그러나 모건에게 '부족'이라는 기본적인 이로쿼이 조직도 '사람들을 더 확고하게 묶는 새로운 관계를 창조하는 수단'이라는 하나의 진보를 나타낸 듯 보였다.

모건의 지적 능력의 비결은 특별한 대상에 관한 열정이었다. 라스카사스와는 달리, 모건은 이로쿼이족의 제도가 일반적으로 우수하다고 거들먹거리며 말하지 않고, 대신에 그들의 사회조직의 사실에만 중점을 두었다. 1856년에 모건은 새로 창설된 미국의 과학 의회인 보스턴에 있는 미국과학진흥협회American Association for the Advancement of Science에 가입했을 때, 혈통과 세습에 관한 이로쿼이족 법의 세부 사항을 수집하여 과학자들의 집회에 제출하도록 격려를 받았다.

미국과학진흥협회는 1848년에 지질학자와 박물학자들이 '자연철학' 등 일반 과학의 고상한 체하는 전통에 맞서려고 사실의 민주주의라는 점진적인 정신을 분명히 키우고, 또한 '하나의 주제에 공로가 있으면 다른 분야에도 권위를 요구하는 변형된 속임수'에 맞서려고 과학적인 만능 해결책을 찾기 위해 설립한 단체였다. 그들에 따르면 "과학 연구의 세분화가 없고, 여러 분야에 걸쳐 일반적인 강의가 성행하며, 과학 자체보다 과학 문헌의 개발에 치중하는 등의 현상은 미국 과학이 치러야 했던 많은 죄악을 만들어 냈으며, 지금은 쇠퇴해 가고 있다." 진정으로 구체적인 것을 바랐던 협회의 창설자들은 제임스 스미스슨James Smithson의 유산을 '고등 교육'을 위한 종합 장서에 사용되지 않도록 막았고, 조금씩 늘어나는 온갖 지식을 수집하는 것을 의미하는 '지식의 증가와 확산'에 도움을 주기를 요구했다. 그들은 전자석 개량으로 유명한 조지프 헨리Joseph Henry를 제1대 스미스소니언 협회의 소장으로 임명했다. 그들의 희망을 충분히 충족시킨 조지프 헨리는 예컨대 수많은 자원봉사자를 조직하여 최초로 과학을 기초로 하는 일기예보 방식을 만들었다.

모건은 1856년에 미국과학진흥협회에 제출된 '이로쿼이족의 상속법 Laws of Descent of the Iroquois'에 관한 전문적인 논문에서 이로쿼이족의 혈족 관계와 부족 조직을 상세히 설명해 놓았다. 여기서 유럽인들의 특별한 관심을 사로잡은 내용은 이로쿼이족 부부가 항상 여러 부족에 소속된다는 사실이었다. 이런 사실은 금기나 족외혼이라는 복잡한 제도에서 비롯되었으며, 아이들은 반드시 모계 부족에 속하게 된다고 모건은 설명했다. 이로쿼이족의 유산은 부족을 통해 내려오기 때문에 부계는 영구히 상속이 이루어지지 않았다. 아들은 아버지에게는 1개의 전투용 도끼도 물려받을 수 없으나 어머니의 모든 재산은 물려받았다. 이로쿼이족의 호칭을 보면 아들은 어머니의 여형제를 모두 '어머니'로 불렀고 그 여형제들은 모두 그를

'아들'로 불렀다. 이런 기이한 사실을 알아낸 미국과학진흥협회의 회원들은 이런 특징이 이로쿼이족에게만 있다고 생각했다. 모건은 자신이 일단의 실마리를 찾아냈다고 확신했다. 그러나 무엇에 대한 실마리일까?

1857년의 경제공황 때 철도에 투자한 금액을 회수하려고 미시간으로 간 모건은 오지브와족 인디언 여자와 결혼한 한 모피 상인과 만나게 되었다. 그는 오지브와족 혈족 관계가 이로쿼이족과 같다는 사실을 알고 매우 기뻐했다. 모건이 추측했듯이, 이로쿼이족의 혈족 관계는 그들만의 독특한 제도는 아니었다. 혈족 분류에 관한 중요한 사실로 점화된 빛이 밝아지기 시작했다. 모건은 비슷한 관습이 멀리 떨어진 미크로네시아의 섬 주민들에게도 있다는 어떤 선교사의 기록을 떠올렸다.

이로쿼이족의 혈족 관계가 모든 아메리카 인디언에게 공통적인 관습이라면, 이런 사실로 그들이 하나의 후손이라는 의미가 될 수는 없을까? 그리고 동양에서도 같은 관습이 발견된다면 아메리카 인디언이 아시아에서 기원이 되었음을 의미할 수 있지 않을까? 언어학자들은 오래전부터 이런 연관성을 입증하려고 했다. 모건의 과감한 주장에 따르면, 그들이 성공하지 못한 이유는 지역의 필요성에 따라 쉽게 변하는 언어에만 초점을 맞추었기 때문이었다. 그러나 혈족 관계와 같은 '중요한' 제도는 더 안정되어 있었다. 여기에서 모건은 먼 과거의 믿을 만한 연결 고리, 말하자면 아마도 '공동 사고방식의 흔적'을 찾아냈을 것이다.

모건은 권위 있는 역사학자들이 유럽에서 아메리카 상황으로 옮겨 놓은 전문용어를 수정해야 할 증거를 이미 충분히 갖고 있었다. 프레스콧Prescott은 자신의 호평 받는 저서 『멕시코의 정복Conquest of Mexico』에서 아즈텍 황제 몬테수마Montezuma의 왕위가 아들이 아닌 동생에게 이어지고, 다음으로 조카에게 계승된 사실에 왜 그렇게 당혹스러워해야 했을까? 모건은 아메리카의 발견이 전 인류의 예상치 못한 전망을 열었다는 사실을 알았다. 덧붙여 말하면, 동시대의 한 찬미자는 모건이 "학문의 신대륙을 만들어 내고 있었다"라고 감탄했다.

모건은 자료를 수집하려는 노력으로 점점 증가하는 과학의 새로운 세계에 놀라울 정도로 적합한 방식 하나를 이용하게 되었다. 그 방식은 바로 설문 조사였다. 회람 서신이나 질문 목록은 전에도 세금 징수원이나 인구 조사자들이 시도한 적이 있었다. 그러나 모건의 방식은 과학 목적을 위해 세부적인 사실들을 수집한다는 최초의 세계적인 대규모 시도였다. 1901년까지는 '설문'이라는 단어가 영어 인쇄물에 등장하지 않았다.

한 세기 전에, 존 싱클레어John Sinclair 경의 농촌 조사를 기록한 『스코틀랜드의 통계적 설명 The Statistical Account of Scotland』(1791~1799년)이라는 21권에 달하는 저서를 통해 '통계statistics'라는 말이 영어에 도입되었다. 싱클레어는 스코틀랜드의 881개 교구에 있는 성직자들에게 100가지 이상의 질문에 대답하도록 요청한 적이 있었다. 그는 '거주민들이 즐기는 행복의 양을 확인하고 미래의 개선 방법을 찾기 위한 나라의 상황을 연구할' 목적을 완성하려고 무응답자에게 23통의 후속 편지를 계속해서 보냈다. 싱클레어는 유럽의 각 정부가 자신의 본보기를 따라 10년마다 통계조사를 하도록 설득하려고 했다. 싱클레어는 자료의 양에도 흥미가 있었지만 주로 정치와 도덕에 관심이 있었다. 예컨대 어떤 경우에는 "사람들이 인간적이고 관대한 행위를 할 마음이 있는가?"라는 질문이 있었고, 그 해답에는 사람들이 "실패한 사람들을 보호하고 구제할 것인가 등"의 여부를 표시해야 했다.

영국을 비롯한 다른 유럽 지역에서 사회적 사실을 수집하려는 초기의 대규모 시도는 개혁을 목적으로 한 지역적인 범위의 일이었다. 그 시도의 목적은 독자에게 충격을 주어 죄수나 정신 질환자, 또는 가난한 사람들을 인간적으로 다루게 하거나 위생과 공중 보건을 개선하려는 데 있었다. 사회과학진흥협회National Association for the Promotion of Social Science가 1857년에 영국에서 설립되었을 때 그 목적도 교육과 건강과 사회 개혁이었다. 19세기에 프랑스와 독일에서 생겨난 사회과학의 선구적인 통계 연구도 건강과 도덕을 개선하고, 매춘이라는 해악을 방지하고, 공장 노동자와 농촌 근로자를 비롯한 가난한 사람들의 생활을 개선하려는 지역적인 노력이 목표였다.

그러나 모건은 전혀 다른 방향으로 나아갔다. 그의 조사는 과학적이며 전 세계적인 목표를 향했다. 모건의 질문은 분명 실용성이 없었다. 미시간으로 출장을 다녀온 모건은 부족 조직의 모든 측면과 혈족 관계뿐만 아니라 다른 사람의 아버지를 호칭하는 이름부터 '형제의 딸의 딸'과 '누이들의 아들의 아들'을 호칭하는 이름에 이르기까지 여러 관례에 관한 200개 이상의 질문을 넣은 7페이지짜리 설문지를 만들었다. 오로라의 하원 의원의 무료 송달권을 이용한 모건은 이 설문지를 미국 서부에 있는 선교단과 연방 정부 대리인들에게 보냈다. 설문지의 첨부 편지에는 답변이 '아메리카 인디언이 아시아에 기원을 두었는가의 여부 결정'에 도움이 될 것이라는 모건의 설명이 있었다. 어떤 수취인들은 너무 바빴고, 또 다른 수취인들은 이미 '루이 아가시Louis Agassiz 교수가 들소나 회색곰처럼 인디언들도 이곳의 토착종이라고 한 말이 옳다고' 믿었기 때문에 관심이 없었다. 그러나 많은 수취인이 다코타족Dakotas, 쇼니족Shawnees, 오마하족Omahas, 푸에블로족Pueblos 등의 인디언들에 관한 상세한 보고서를 보내 왔다. 모건이 직접 실시한 캔자스와 네브래스카의 현장 조사에서도 11개의 언어를 사용한 11개의 설문 답변을 받았는데, 거의 모두가 이로쿼이족 제도와 유사한 사실을 분명히 보여 주었다.

어느 날 모건은 인도 남부의 한 선교사에게서 이로쿼이족과 동일한 타밀족Tamil의 혈족 관계 제도의 도표를 받았다. 모건의 학자 친구는 이 좋은 소식을 알려 주려고 달려온 모건의 얼굴이 흥분으로 붉게 상기되었다고 말한 적이 있었다. 이제 '전 인류 가족을 연구 범위 내에 포함하는 일은 꼭 해야 할 의무이다'라고 모건은 생각했다.

모건은 조지프 헨리와 스미스소니언 협회와 미국 외교부의 협력으로 전 인류 가족의 혈족 관계를 연구했다. 조지프 헨리가 스미스소니언의 편지지에 모건의 도표를 인쇄하고 스미스소니언의 우편 특권을 이용하여 전 세계에 발송했다. 미국의 국무장관은 각지의 미국 외교관들에게 이 연구에 협력하도록 지시했다. 1860년 1월에 모건의 회람 서신은 모든 대륙으로 발송되었고 봄이 되자 모건은 200개의 완성된 설문지를 받았다. 출간되기 전에 '가치가 충분히 확립되어야 한다'는 신중한 조지프 헨리를 충족시킬 정도로 수없이 수정하고 요약을 반복한 후, 1870년에 스미스소니언 협회는 마침내 모건의 600여 페이지에 달하는 저서 『인류 가족의 혈연과 인척 체계Systems of Consanguinity and Affinity of the Human Family』를 출간했다.

모건은 곳곳에서 비롯된 사실을 토대로 세계에는 혈족을 평가하는 기본적으로 서로 다른 2개의 방식이 있고 이 세상의 사람들은 대부분 그중 어느 하나에 분류될 수 있다는 결론을 내렸다. 언어학자들은 이런 대규모의 구분을 확립하는 데 성공한 적이 없었지만, 모건은 이제 인도-유럽어족과 셈족 국가들이 같은 혈족 계통에 속하며 나머지 사람들은 다른 계통에 속한다는 사실을 보여 주었다. 또 그는 아메리카 인디언과 아시아인의 혈족 관계의 유사성으로 아메리카 인디언은 그 기원이 아시아에 있음이 분명하다고 주장했다. "신대륙의 발견자들은 인도에 도착했다는 착각으로 그곳의 거주민들에게 인디언이란 이름을 붙였을 때 그들 앞에 서 있는 사람들이 전혀 다른 대륙에 살더라도 원래 같은 종족의 후손이라는 생각에 거의 의심하지를 않았다. 하나의 특이한 우연의 일치로 착오가 사실이 되었다." 이제 인류학자들은 대부분 모건의 논제에 동의하지는 않으나 곧 사라질 사회들에 대한 그의 귀중한 사실들을 여전히 활용하고 있다.

모건은 전례 없는 노력으로 새로운 인류학을 위하여 모든 곳에서 발견될 근본 자료의 표본 하나만 찾아냈을 뿐이었다. 그러나 그 하나는 매우 매력 있는 표본이었다. 라스카사스는 신 앞에서 인류는 하나이며 평등하다는 주장을 했던 반면에, 모건은 모든 인류의 공통 경험을 발견했다. 미개인들은 이제 죄의 잔재나 타락의 상징이 아니라, 모든 인류가 한때 그러했다는 실마리가 되었다. 모건은 다윈의 이론을 읽었을 때 처음에는 진화로 종이 발생한다는 개념에 거부감을 느꼈으나 '혈족 관계에 관한 연구 결과, 인류가 같은 근원에서 시작되었고 거기서부터 현재의 위치에 도달했다는 결론을 내릴 수밖에 없었다.' 이런 결론이 모건의 독자적인 진화 관점이었다.

모건은 자신의 저서 『고대사회, 또는 야만에서 미개를 거쳐 문명으로 인류가 진화해 온 과정에 대한 연구Ancient Society; or Researches in the Lines of Human Progress, from Savagery through Barbarism into Civilization』(1877년)에서 인간이 어떻게 '스스로 발전해 왔는가'를 주제로 삼았다. 모건은 모든 문명이 비슷한 단계로 발전했음을 보여 주었기 때문에 이 저서를 '인류 진보에 관한 논문'이라고

도 칭했다. 그에 따르면, '발명과 발견을 통한 지능의 성장', '정부라는 개념의 성장', '가족이라는 개념의 성장', '소유물이라는 개념의 성장' 등이 인류 발달의 수단이었다. 톰센이 선사시대를 분석했듯이 모건은 계속해서 모든 인류 발달의 3가지 웅장한 시대를 기술했는데, 이런 시대는 발전이 억제된 어떤 사회들에서 여전히 볼 수 있었다. 그는 이 모든 사실을 미국이라는 거울을 통해 발견했다. "인류의 초기 조건에 관한 최근 연구는 인류가 같은 근원에서 시작되었고 거기서부터 경험 지식을 천천히 축적하여 야만에서 문명으로 발전했다는 결론에 이르고 있다… 인류의 혈통에서 일부분은 야만의 단계에 존재했고, 다른 일부분은 미개 단계에 있었으며, 또 다른 일부분은 문명 단계에 존재해 왔다… 그래서… 이러한 명확한 3단계는 자연적으로 서로 연결되어 있을 뿐만 아니라 또한 진보에 필요한 순서이다"라고 모건은 설명했다.

또한 모건의 『고대사회』에 따르면, 기술과 '생존 방법'이 이 기간들을 구별 짓고 인류의 진보를 나타냈다. 야만 시대에는 인류가 과일과 열매를 수집하여 생활하고, 물고기를 잡고 불을 사용하는 법을 알아냈으며, 활과 화살을 발명했다. 미개 시대에는 인류가 토기를 만드는 법을 생각해 내고, 가축을 기르고 식물을 경작하는 법을 알아냈으며, 집을 지으려 점토 벽돌과 돌을 사용하기 시작했고, 마침내 철을 녹여 철기를 사용하는 법을 터득했다. 문명은 표음문자를 발명하여 시작되었고 19세기의 모든 경이로운 일들로 절정에 이르렀다.

근대 문명에 이바지한 주요 요소로는 전보, 석탄가스, 방적기, 동력 직조기뿐만 아니라 기관차, 기차, 증기선 등을 비롯한 수많은 부속 기계에 이용된 증기

기관, 망원경, 대기와 태양계의 중량 측정, 인쇄술, 운하의 수문, 항해 나침반, 화약 등이 있다. 예컨대 에릭슨의 프로펠러와 같은 수많은 대량 발명품들은 앞서 언급한 요소들과 이런저런 형태로 연관되어 있을 것이다. 그러나 사진술 같은 예외도 있다… 이와 더불어 근대과학에서 제외되어야 하는 요소들도 있다. 말하자면 종교의 자유와 공립학교, 대의 민주주의, 의회 입헌군주제, 봉건 제국, 근대적 특권 계급, 국제법과 성문법과 관습법 등이 있다.

근대 문명은 고대 문명의 귀중한 요소는 무엇이든 되찾고 받아들였다.

모건은 직접 생생하게 경험한 진보를 통해 낙관주의를 품게 되었으며, 진보 과학의 선지자이며 창설자가 되었다. "야만인과 미개인의 존재를 설명하기 위한 인간 퇴보의 이론은 이제 지지할 수 없다. 그 이론은 모세의 우주 발생론Mosaic cosmogony에서 나온 추론이며, 이제 존재하지 않은 가정된 필요성에 순순히 따른 것이다… 그 이론은 인간 경험이라는 사실로 뒷받침되지 못하고 있다"라고 모건은 촉구했다. 그러나 모건의 시대에 인간 사회가 부패했다는 신념을 뒷받침하는 것은 성경의 교리뿐만이 아니었다. 루소가 선도하고 18세기에 번성했던 세속적인 반기독교 이론들도 '고상한 야만인'에 대한 예찬을 만들어 냈다. 이러한 비현실적인 원시주의자들은 성경의 교리를 거부하고 인간은 '선천적 조건'이 고결하더라도 제도를 통해 타락된다고 주장했다. 모건과 그의 동료 인류학자들은 현실 속의 야만인들에 관한 자료를 수집했으므로 루소의 비현실적인 사상을 받아들이기가 어려웠다.

르네상스 시대 이후로 유럽의 열렬한 과학 지지자들은 진보라는 개념을 장려했다. 프랜시스 베이컨의 『학문의 진보Advancement of Learning』(1605년)

부터 아베 드 생피에르Abbe de Saint-Pierre의 『보편적 이성의 지속적 발전에 관한 고찰Observations on the Continuous Progress of Universal Reason』(1737년)과 디드로의 기념비적인 『백과사전Encyclopedia』(1751-1772년)에 이르기까지 학자들은 인간 지식의 필연적인 확대와 그 결과로 생기는 인간 운명의 개선을 공언했다. '고대인'과 '근대인'의 상대적인 미덕에 대한 논쟁은 지식인들과 현학자들을 격앙시켰으나 학문의 강점은 근대인 쪽으로 더욱더 기울어졌다. 콩도르세Condorcet의 대표 저서인 『인간 정신의 진보에 관한 역사적 개관Sketch of a Historical Picture of the Progress of the Human Mind』(1793년)은 자유와 정의와 평등에 관한 확실한 진보를 선언했다.

모건은 곳곳에서 수집된 새로운 정보들을 사용하여 진보의 사실들에 대한 목록을 작성하는 방법을 알아냈다. '인류의 유년기에 속하는 야만의 낮은 단계'를 제외한 모든 단계의 사례들을 어딘가에서 계속 발견할 수 있었다. 아메리카는 최초의 기회를 제공했을 뿐이었다. 인류학이라는 새로운 과학은 지구 곳곳에서 자료를 수집하여 '인류가 가장 밑바닥에서 시작하여 어떻게 점점 발달했는가'를 보여 줄 수 있었다. 인류학은 진보의 과학으로 시작되었다.

모건은 바로 눈앞에서 '야만인'의 기술과 문명인의 기술, 그리고 공동 재산과 개인 재산의 차이를 확인할 수 있었다. 카를 마르크스는 모건에 관한 책을 쓰려고 했으나 그 전에 세상을 떠났고, 엥겔스는 모건을 마르크스주의의 주요 문헌 목록에 포함했다. 엥겔스의 주장에 따르면, 모건은 실제로 마르크스의 유물론적 해석을 예측했으며, 모건의 『고대사회』는 문명의 역사를 이해하기 위해 마르크스의 『자본론』과 마찬가지로 필요한 저서였다. 엥겔스는 자신의 저서 『가족, 사유재산, 그리고 국가의 기원The

Origin of the Family, Private Property and the State』에서 다음과 같이 모건을 인용하여 결론지었다.

> 정부의 민주주의, 사회의 형제애, 권리와 특권의 평등, 보통 교육 등이 경험과 지성과 지식이 꾸준히 향하고 있는, 다음의 더 높은 사회적 차원을 예시한다. 이는 고대 부족들의 자유와 평등과 박애가 더 높은 차원에서 재생하는 일이 될 것이다.

마르크스와 엥겔스가 모건을 칭찬했기 때문에 서구의 학자들은 모건을 인류학의 창시자로 인정하지 못하게 했다. 그러나 교양 있는 유럽인들은 마침내 '고전적'이고 '유대교와 기독교의' 전통을 벗어나 전 세계가 문명의 혈통이라는 사실을 인정하기 시작했다.

79

문화의 과학

유럽인의 문명에 대한 시각을 다음으로 크게 넓혀 준 일은 또한 신대륙에서 처음 실마리를 찾아낸 또 1명의 비전문가를 통해 이루어졌다. 에드워드 버넷 타일러Edward Burnett Tylor(1832-1917년)도 다른 의미에서 국외자의 이점이 있었다. 런던에서 황동 주물업을 하는 퀘이커 교도의 아들이었던 젊은 타일러는 '공립학교'에 가는 대신에 퀘이커 학교에 다녔다. 그는 16세 때 가업에 종사하기 시작했다. 타일러는 국교 반대자였기 때문에 대학 진학이 허용되지 않았다. 그렇게 퀘이커 교도로 자란 영향으로 그는 '문화'가 고대 그리스 로마와 영국 국교회의 특별한 산물이라는 생각에서 벗어났다. 그는 또한 미술에 회의를 느끼는 퀘이커 교도였기 때문에 '문화'를 매슈 아널드Matthew Arnold의 빅토리아 시대풍의 틀 안에 한정시키지도 않았다. 타일러는 1896년에 옥스퍼드 대학에서 최초의 인류학 교수로 임명되었을 때 1번도 시험을 치른 적이 없는 사실을 자랑하기도 했다.

타일러는 23세 때 폐결핵을 앓았던 것으로 보이며 건강을 위해 가족들의 권유로 여행을 떠났다. 상류층 자제들 사이에서 유행한 유럽의 주요 도시를 여행하는 그랜드 투어 Grand Tour 대신에 타일러는 1835년에 아메리카로 향했다. 그는 쿠바를 떠돌아다니다가 아바나의 버스 속에서 또한 여행중이던 헨리 크리스티 Henry Christy와 이야기를 나누게 되었다. 50대의 부유한 영국 은행가인 크리스티는 우연하게도 또한 퀘이커 교도였다. 크리스티는 이미 동양과 스칸디나비아에서 골동품 연구에 취미로 몰두한 적이 있었고, 아메리카 여행을 막 시작하고 있었다. 퀘이커 교도들에게 '민족학'과 먼 곳에 사는 사람들의 생활 방식은 인류애를 기록하고 노예제도 반대를 지지하는 윤리적 의미가 있었다. 그들은 라스카사스를 지지하기 위해 인류학의 도움을 바랐다.

이런 일은 쉽지가 않았다. 서유럽에서는 인간의 사회적 성취를 표현하는 말과 사상들은 찬사와 자존감의 의미를 지니게 되었다. '문화 culture'('숭배'라는 뜻의 라틴어 'cultus'에서 유래된 말)라는 말은 원래 존경의 표시를 의미했다. 그 후, 이 말은 땅을 경작하는 행위를 나타내게 되었고 나중에는 정신과 예의를 기르고 개선한다는 의미로 확대되었다. 19세기에는 마침내 '문화'라는 말이 문명의 지적이고 심미적인 면을 지칭하게 되었다. 그래서 워즈워스는 '문화의 은총을 전혀 모르는' 삶을 개탄하기도 했다.

매슈 아널드의 익숙한 구절에 따르면 "문화란 우리가 이 세상에 알려지고 전해진 최고에 익숙해져 있다는 의미를 나타냈다." 이 말은 모든 인간 사회를 명백하게 과학적으로 연구하는 분야에서 가장 장래성이 없는 이름뿐인 것이었다. 그러나 타일러는 이 말을 포착하여 그 안에 담긴 맹목적 애국주의와 지역적인 함축성을 없애기 위해 놀라운 일을 해냈다. 이에 성공하여 '문화'를 중립적인 용어와 새로운 사회과학의 중심으로 만들었다는 점에서, 타일러가 근대 문화인류학의 창시자라는 사실에는 대체로 의견이 일치한다. 타일러의 시대에는 이 분야를 '타일러 씨의 과학Mr.Tylor's Science'이라고 불렀다.

타일러는 필생의 노력을 '초월 철학이나 신학의 영역에서 벗어나 더욱 실행 가능한 세상 위로 더욱 희망찬 여정을 시작하기 위한' 문화의 과학Science of Culture이라고 명명했다. 그는 자신의 획기적인 원시 문화Primitive Culture에서 그랬던 것처럼, 그 신성한 작은 숲으로 들어가는 데는 용기가 필요했다. 타일러에 따르면 "대체로 세상은 인간의 삶에 관한 일반적인 연구를 자연과학의 한 분야로 받아들이거나 넓은 의미에서 시인이 경고했던 '자연물에 따라 도덕을 설명하는 일'을 실행할 준비가 되어 있지 않다. 교육 받은 사람들 대부분에게 인류의 역사는 자연사의 핵심적인 부분이고 우리의 사상과 의지와 행위가 물결의 움직임, 산과 염기의 결합, 동식물의 성장 등을 지배하는 만큼 분명한 법칙들과 일치한다는 생각에는 주제넘고 혐오스러운 것이 있는 듯 보인다." 이런 사회의 자연사에 관한 주제가 문화이며, 이는 "지식, 신앙, 예술, 도덕, 법, 관습, 그리고 사회의 일원으로서 인간이 획득한 여러 능력과 습관 등을 포함한 복잡한 전체"로 다시 정의될 수 있다.

타일러는 훌륭한 사상가들이 대부분 "역사를 과학의 문턱까지만 갖다 놓았다"라고 지적했다. "조사의 범위가 전체 역사에서 문화라고 하는 역사의 한 분야, 즉 부족이나 국가의 역사가 아닌 지식, 종교, 예술, 관습 등이라는 상황의 역사로 좁혀진다면, 조사 과업은 훨씬 더 적절한 범위에 놓이게 된다." 젊은 타일러에게 이런 기회가 우연히 생겨난 계기는 크리스티가 멕시코에 있는 고대 흑요석 광산으로 타일러를 데리고 갔을 때였다.

그곳에서 발견된 손으로 만든 흑요석 각기둥은 예전에 무기의 철퇴나 손잡이라고 기록된 적이 있었으나 타일러는 그 각기둥을 긴 칼날 같은 얇은 조각을 쳐서 무기나 도구를 만든 중심부라고 제시했다. 이런 놀랍고도 생소한 기술에 강한 흥미를 느낀 타일러는 사회를 탐구하는 데 필요한 기술의 연구를 시작했다.

"전 세계는 하나의 나라이다"라는 이탈리아 격언을 적용한 타일러는 널리 흩어져 있는 사람들의 생활 방식 사이의 '유사성'을 기뻐했다. 그는 '문화들cultures'이라는 복수를 피하고 전체를 의미하는 단수인 '문화Culture'를 선택했다. 예컨대 그는 도끼와 괭이를 쓰며 장작불 위에서 음식을 데우며, 근처 흉가에서 유령 이야기를 듣는 영국의 농부와 중앙아프리카에 사는 흑인들의 생활 사이에는 '거의 손바닥 폭만큼의 차이도 없다'고 여겼다. 린네의 본보기를 따른 타일러는 사회의 분류 체계를 만들기 시작했다.

> 민족지학자ethnographer에게는 활과 화살이 하나의 종이고, 아이들의 머리를 납작하게 만드는 습관도 하나의 종이며, 열 단위로 수를 계산하는 관행도 하나의 종이다. 이러한 것들의 지리적 분포와 지역 사이의 전파는 박물학자들이 동식물의 종을 지리학적으로 연구하듯이 연구되어야 한다⋯. 한 지역의 모든 동식물의 목록이 식물군과 동물군을 대표하듯이, 한 민족의 일반 생활에 관한 모든 항목의 목록은 우리가 문화라고 부르는 전체를 대표한다.

빙켈만이나 슐리만처럼 고대 유적을 발굴하거나 톰센이나 보르소에처럼 패총을 면밀히 조사하는 대신에, 새로운 문화과학에 헌신하는 열성자들은 살아 있는 사람들의 생활 방식 속에서 과거를 발견했다. 타일러의 발명은 놀랍게도 단순했다. 오늘날 우리가 '세계의 문명이 실제로 거쳐 온 길을 추적할 수 있도록' 타일러는 '잔존물'이라는 개념으로 새로운 사회 고고학을 만들어 냈다. "과정, 관습, 견해 등의 이러한 잔존물은 습관의 힘으로 이어져 원래 발생했던 사회와 전혀 다른 새로운 사회로 전해진다. 따라서 그 잔존물은 새로운 문화가 진화되어 나온 오래된 문화 조건의 증거와 실례로 남아 있다." 직조 기계가 나오기 전 시대에서 전해 내려온 손으로 짜는 베틀을 지금도 사용하며, 베틀의 북을 이 손에서 저 손으로 던지고 있는 서머싯셔Somersetshire의 노파는 '시대에 한 세기가 뒤진' 것이 아니라 잔존의 한 예일 뿐이었다. 이런 예는 '문화가 생성되는 과정의 지표물'이다. "하나의 관습이나 예술, 또는 견해가 이 세상에 잘 나타났을 때는 방해가 되는 영향이 오래가더라도 매우 미세하므로 자손 대대로 계속 이어질 수 있다. 강물이 한번 바닥에 자리 잡기 시작하면 오랜 세월 동안 그대로 흘러가는 것과 마찬가지이다. 이것은 문화의 영원성일 뿐이다. 그리고 특히 놀라운 것은 인간사의 변화나 혁명이 매우 오랫동안 흐르는 아주 작은 강줄기를 그토록 많이 만들어 냈다는 사실이다" 근대 심령론의 경우와 같이, 때로는 잔존물이 부흥으로 나타나기도 했다. 타일러에 따르면, 문명은 새로운 것을 도입하는 만큼 낡은 것을 버림으로써 발전했다.

옛날 생활 방식은 여전히 모든 근대 생활의 토대로 남아 있다. 타일러의 기록에 따르면 "과거는 현재를 설명하기 위해 계속 필요하며, 전체는 부분을 설명하는 데 필요하다." "우리의 사상과 관계가 없을 만큼 원시적이거나 우리의 생활과 연관성이 없을 정도로 오래된 인간 사상은 없는 듯하다." 라이엘의 새로운 지질학이 주는 실마리를 따른 타일러는 사회과학에 균일설uniformitarian idea을 도입하여 살아 있는 현재가 살아 있는 과거로

가는 방해 받지 않는 길을 만들었다.

타일러는 자신의 잔존물 원칙을 시험하려고 가장 논란이 많고 가장 열정이 높은 종교의 영역으로 뛰어들었다. 그는 종교의 최소 형태를 가리키는 '애니미즘Animism(정령신앙)'이라는 말을 만들어 냈다. 타일러는 이 말을 모든 사물에 정령이 깃들어 있다는 신앙이라고 정의했다. 그는 '무엇이든 종교적인 개념이 없는' 종족은 없다고 생각했다. 야만인들은 식물과 동물을 비롯해 자연의 여러 특징 속에 이런 정령이 깃들어 있다고 여겼다. 이러한 기본적인 개념에서 모든 종교는 진화되었다. 예컨대 내세에 대한 믿음을 통해 이후에 도덕적 요소를 확인하고 점점 일신교로 발전해 갔다. 이런 개념으로 타일러는 자신의 저서 중 반 이상을 원시 문화에 쏟았으며, 당대의 가장 민감하고 가장 성스러운 개념을 자신의 문화과학에 통합했다. 빅토리아 시대 문명의 씨앗이 전 세계의 모든 야만 종족들 속에서 그 찰나에 싹틀 수 있었을까? '애니미즘'은 영국의 편협성과 자기만족에 대한 타일러의 강력한 해독제였다. 더욱이 빅토리아 시대 영국으로부터 경멸 받는 야만 부족으로 되돌아가는 수없이 많은 길의 단서이기도 했다. 다윈이 기독교의 정설을 향해 측면 공격을 감행했다면 타일러는 정면 공격을 감행했다. 인류에 대한 타일러의 '발전적' 접근은 에덴동산의 독단론이나 기독교 복음과 구세주라는 뜻밖의 계시에 위협적이면서 치명적인 타격이었다. 일신교와 기독교의 위대한 진리가 전 세계의 인간 경험으로부터 점차 발전되었다는 사실이 가능한 일인가?

타일러의 충격적인 '문화과학'은 인간 타락이라는 기독교의 교리를 방어하는 투사들에게 활력을 다시 불어넣었다. 더블린의 영국 국교회 대주교이고 개혁자이며 아일랜드의 가난한 사람들의 사도였던 리처드 웨이틀리Richard Whateley(1787-1863년)는 자신의 첫 저서인 『나폴레옹 보나파르트에 관한 역사의 의문Historic Doubts Relative to Napoleon Buonaparte』(1819년)으로 신앙의 가장 재치있는 옹호자로 입지를 굳혔다. 그는 데이비드 흄David Hume이 성경의 기적에 엄격한 논리를 적용한 사실을 풍자하면서 그와 같은 추리로 나폴레옹의 실존에 어떻게 의문을 제기할 수 있는지를 보여 주었다. 웨이틀리는 자신의 유명한 소논문 『문명의 기원On the Origin of Civilization』(1855년)에서 다음으로 애덤 스미스를 비롯한 다른 진보론자들을 비난의 목표로 삼았다. 선교사들이 만난 일부다처의 식인 야만인을 혐오로 설명한 웨이틀리는 "이 버림받은 생명체가 그 어떤 고상한 요소를 즐길 수 있겠는가?"라는 의문을 던졌다. 야만인들이 예술 측면에서 영리함을 드러낸다면 그 모습은 그들이 퇴보하기 전에 누렸던 진보된 문명의 유산이었을 것이다. 퇴보하지 않은 사람들이 외부에서 도와주지 않고 문명 상태에 도달한 원시 민족이 있다는 예를 단 하나라도 들 수 있는 사람이 있을까?

웨이틀리의 퇴보설은 타일러의 비교 방법에서 가장 강력한 적이었으며 따라서 문화과학에 관해서도 마찬가지였다. 타일러의 '진보설'은 모든 인류사를 '문화의 발달'로 대담하게 추적했으며 "문명인들이 독립적으로 야만 상태로 떨어진 사례가 단 하나의 기록이라도 있는가?"라는 의문을 제기했다. 타일러는 오로지 문화과학만이 사람을 신앙과 전통의 함정에서 구해 낼 수 있다고 주장했다. "문명의 발달과 같은 복잡한 문제를 논할 때는 겨우 몇 가지 실례를 수반한 이론을 내세우는 것만으로 충분하지 않다. 사실의 설명이 주요한 논의가 되어야 하고, 필요한 세부사항의 범위는 각 집단이 일반 법칙을 보여 주어서 새로운 경우들이 이미 성립된 법칙의 한 예로서 적절한 위치를 차지할 수 있을 때만 이르게 된다." 타일러는 자신이 대답할 수는 없지만 다른 사람은 질문조차 할 수 없는 문제들을 환영했다. '발전'에 대한 후기 빅토리아 시대의 사상에 영향을 받은(즉 모든 사회는 빠르거나 느린 차이는 있어도 발전의 단일 과정을 따랐다는 사상), 타일러는 인류가 착실하게 곧게 발전한다는 견해에 특히 흥미를 느꼈다. 이런 견해는 모든 인류의 미래에 희망을 불어넣었고, 부수적으로 살아 있는 모든 '원시' 문화를 역사를 위한 풍요롭고 이용 가능한 원천으로 만들었다. 슐리만이 정말로 트로이와 아가멤논 연회장의 유적을 발견했다고 믿을 만한 개인적 이유가 있었던 것처럼, 타일러와 동료 진화론자들은 살아 있는 야만인들이 문명의 '유아기'를 재현하는 것을 확인하고 싶었다.

타일러는 자신이 어떤 교리의 예언자가 아니라 과학의 발견자라고 믿고 있었다. 그는 해답을 내릴 수 없는 능력 밖의 문제를 제기했다는 생각에 기뻐했다. 타일러는 긴 인생의 후반 25년 동안 인류학이라는 이름의 문화과학을 조직하고 고취하는 데 헌신했다. 타일러가 이끈 영국의 왕립인류학회 Royal Anthropological Institute는 인류학의 활발한 의회가 되었다. 타일러는 '미개한 지역의 여행자와 거주민을 위한' 『인류학에 관한 주석과 질의 Notes and Queries on Anthropology』를 계속 발간하면서 성장하는 과학을 향하여 수많은 사실을 수집했고 다른 사람들도 그렇게 하도록 격려했다. 단선 진화 unilinear evolution(모든 문화들이 똑같은 선을 따라 단계적으로 진화해 나간다는 입장)가 문화의 다양성을 설명할 수 없다는 사실을 느낀 타일러는 문화적 특성들이 사람들 사이에 어떻게 '확산'되는지에 의문을 품었다.

타일러는 이런 의문을 명확히 밝히려고 1881년에 영국과학진흥협회 British Association for the Advancement of Science를 설득하여 캐나다의 북서 해안에 있는 잘 알려지지 않은 부족에 관한 광범위한 조사를 착수하게 했다. 타일러는 프랜츠 보애스Franz Boas(1858-1942년)가 실시한 12년 동안의 현장 조사를 직접 감독했고, 보애스는 이 조사로 타일러의 과학을 크게 개선했다. 1895년에 타일러가 보애스에게 편지로 썼듯이, 인류학의 '개혁'을 위한 때가 이미 도래했다.

웨스트팔리아Westphalia에서 태어난 허약하고 조숙한 보애스는 1848년의 혁명 정신에 충실한, 자유사상을 지닌 유대인 부모에게서 이른 시기에 자유주의를 흡수하면서 자랐다. 젊은 시절에 보애스는 몇몇 독일 대학에서 자연과학을 공부했다. 그 후 그는 1년 동안 배핀섬Baffin Island 탐사를 하면서 캐나다 북서부의 인디언들과 함께 지냈는데, 이 계기로 문화과학에 관심을 두기 시작했다. 보애스는 28세 때 미국으로 이주를 하여 그곳에서 대학, 박물관, 여러 학회 등에서 정신없이 이어지는 경력을 쌓기 시작했다. 그러고는 50세가 되기도 전에 미국에서 새로운 직업의 지배적인 활동가로 자리를 잡았다. 보애스는 미국인류학협회American Anthropological Association의 창설에 도움을 주었고, 고전적인 저서가 된『원시인의 마음Mind of Primitive Man』(1911년)을 저술했다. 그는 또한 훌륭한 강연을 했고, 학생 지도에 열성을 다했으며, 미국의 이민정책에 인종차별을 반대하는 원칙을 적용하여 선구적인 시민 대변인의 역할도 했다.

보애스는 타일러의 예상보다 더욱 훌륭하게 타일러의 희망을 만족시켰다. 그는 영국의 지역적 편견에서 문화과학을 자유롭게 해 주는 데 그 누구보다도 많은 일을 했기 때문이다. '타일러씨의 과학'은 이미 제1단계에서 인간 사회의 시각을 넓히는 데 경이로운 일을 했다. 진화론 자체가 지구의 모든 민족에 관한 사실에 흥미를 불러일으켰다. 진보의 단선적인 방향은 모든 원시민족들도 빅토리아 시대 영국의 행복한 정점에 도달하게 할 운명인 듯 보였다. 그러나 보애스는 전체 인류에게 단 하나의 문화적 목적지가 있다는 사실을 믿을 수가 없었다.

만일 '모든 인류가 하나'이고, 또한 타일러가 주장했듯이, 모든 인류가 문화 형태를 발전시킬 수 있는 똑같은 능력이 있었다면, 지리, 기후, 언어, 역사적 사건 등의 환경이 많이 있듯이, 인간 진보의 방향과 목적지도 수없이 많아야 했을 것이다. 보애스는 타일러보다 문화 연구에 더 크게 성공했다. 각 민족의 문화사는 독특했다. 존속해 온 모든 민족 집단은 똑같이 발전했으나 집단이 서로 다르듯이 방법은 다양했다. 또한 사실이 최고라고 믿는 보애스는 스승보다 더한 점진주의자였다. '진화'와 같은 위대한 개념을 비롯하여 어떤 단순한 일반적인 해법을 찾기에 인간 본성은 너무 복잡하고 인간 문화는 너무 다양했을 것이다. 아마도 문화과학은 성장해야겠지만 '애니미즘' 같은 광범한 체계의 사상과 함께 대규모로 신속히 성장하는 것이 아니라 한 문화 속의 요소들 사이의 관계를 추적하고 다른 문화 속에서 유사성을 확인하는 방법으로 서서히 세부적이고 단편적으로 성장해야 할 것이다. 타일러가 문화의 세계에 새로운 지평을 열었던 반면에, 보애스는 각 문화 내의 경이로운 미묘함에 대한 전망을 펼쳤다. 또한 각 문화와 그 환경의 모든 것, 즉 지리, 영양, 질병, 우연한 만남 등의 연관성도 확인시켜 주었다.

옥스퍼드 대학의 초대 인류학 교수였던 타일러는 신학과 고전 연구와 구식 자연과학 사이의 위태로운 동맹에서 제자들을 자유롭게 해 주었다고 믿었다. 진정한 하나님만을 가르치는 신학은 거짓된 신에 관해 이야기하는 것을 반대했고, 고전 연구는 그리스와 로마의 문화만을 알고 있었고, 자연과학은 어떤 이유에서인지 새로운 사회과학이 자신들의 강의실을 텅

비게 할 수 있다는 두려움이 있었다. 다행히 신대륙과 우연히 만나 실마리를 얻게 된 타일러는 영국의 학문 정통주의를 초월하는 새로운 과학을 만들어 냈다. '보애스 씨의 과학Mr.Boas'Science'은 모든 민족의 문화를 또 다른 신세계로 만들었다.

80

증대하는 국가의 부

고대 그리스인들에게 '경제'라는 말은 가정이나 도시국가의 관리를 의미했다. 중세의 표준 교과서였던 아리스토텔레스의 『정치학』에는 "좋은 삶을 충족시키는 가정의 재산은 무한하지 않다"라는 설명이 있었다. 아리스토텔레스의 주장에 따르면, 가정이나 도시국가의 욕구에는 '고정된 한계가 있고' 이런 고정된 저장물을 '부'라고 지칭했다. 오랫동안 서유럽을 지배한 이런 경제적 번영이라는 관점에는 어떤 한정된 독단이 있었다. '공정한 가격'은 상황의 허락이 아니라 판매자의 요구로 정해졌다. 돈은 원래 생산성이 없는 것이라고 여겨졌기 때문에 이자를 취하는 '고리대금업'은 못마땅해 하는 일이 되었다. 사실 부의 무한한 축적을 말하는 '크레마스틱스kremastics'에는 일반적으로 도덕적 반감이 뒤따랐다. 그러나 현대적 의미의 경제학은 없었다. 말하자면 가격, 공급과 수요, 국민소득, 국제무역 등에 관한 '지식 체계'는 없었다. 대신에 사람들이 시장에서 어떻게 행동해야 하는지를 이야기하는 도덕철학의 저서들이 좁은 범위의 '공정한' 가격

같은 문제를 논쟁하고 처방을 내리고 있었다. 이러한 사고방식이 발견의 시대에도 여전히 서유럽을 지배하고 있었다.

그와 동시에 모든 것을 통제할 수 있는 보물인, 금과 은은 부를 가늠하는 최고의 보편적인 척도로 보였으며 용감한 항해자들의 유혹이 되었다. 항해자 엔리케 왕자의 선원들은 보자도르곶Cape Bojador 주변에 황금의 강이 바다로 흐르고 있다는 소문에 유혹을 받았다. 적어도 그들은 아프리카의 금광으로 통하는 해로를 발견하리라는 기대를 했다. 첫 항해를 준비하면서 다이D'Ailly의 『세계의 형상Imago mundi』이라는 책을 지니고 다닌 콜럼버스는 그 책을 보며 자신이 도달하리라 예상한 아시아 해안에서 금과 은, 진주와 보석 등이 발견될 것이라고 설명한 구절에 표시를 해 두었다. 운 좋은 스페인 정복자들은 엄청난 양의 귀금속을 발견했다. 처음에는 금이었으나, 16세기 중반에는 멕시코와 페루의 새로운 은광에서 은이 쏟아져 나왔다. 그 보물들은 세비야로 흘러 들어가 잠시 유럽인들을 번창하게 하며 현혹하기도 했다. 황금의 땅 엘도라도El Dorado의 신화가 아메리카에 그런 곳이 있다고 믿지 않았던 스페인 사람들의 상상을 자극했다. 그들은 인디언을 사로잡으면 몇 사람을 골라 개한테 찢겨 죽게 하거나 산 채로 태워 죽이고는 겁에 질린 인디언들에게 황금의 땅이 있는 곳을 털어놓도록 강요했다. 그러면 인디언들은 어쩔 수 없이 이야기를 만들어 내어 그 신화를 존속시켰다.

신대륙이 공급하는 금과 은은 한계로 드러났으나 스페인 사람들의 욕심은 그렇지 않았다. 유럽으로 밀려 들어온 귀금속은 역사가들이 가격혁명Price Revolution이라고 부르는 엄청난 인플레이션을 초래했다. 1600년경에 스페인의 물가는 100년 전보다 거의 4배에 이르렀다. 유럽 곳곳으로 퍼진 인플레이션은 스페인의 경제를 붕괴시켰고 스페인 제국의 쇠퇴를 재촉했다.

서유럽에서는 이 시기가 근대국가의 여명기였다. 유럽의 떠오르는 강국들은 세계 곳곳에서 보물을 더 많이 차지하려고 경쟁을 벌였다. 엘리자베스 여왕은 영국을 강화하고, 1588년에 스페인의 무적함대를 격파시키고, 약탈자들을 파견하여 발견되는 대로 스페인의 보물을 빼앗게 했다. 유럽 근대사를 지배하게 된 국가들은 역사의 시작부터 경제사상을 제한하는 단순한 개념들, 즉 전체 부는 제한되어 있고, 한 국가의 이익은 다른 국가의 손실이고, 다른 사람의 희생으로만 나의 부가 증대될 수 있으며, 한 국가에 큰 몫이 돌아가면 다른 국가에는 작은 몫이 돌아간다는 개념 중심으로 정책을 체계화했다. 이런 가정들이 15세기에서 18세기까지 서유럽을 지배했다. 강한 군대와 더 능력 있는 해군만이 세계 보물의 더 큰 몫을 차지할 수 있었다.

17세기에 영국과 프랑스에서는 국가의 통합을 목표로 하는 '국가 경제'라는 개념이 서서히 생겨났다. 이 나라들은 지방 통행세와 관세를 폐지하여 지역의 소수민족 집단을 해체함으로써 세계 무대의 경쟁자들에 맞서 국가 정부의 권력을 증대하려고 했다. 나중에 '중상주의mercantilism'로 알려지는 고전 경제정책이 동인도 회사의 이사이며 성공한 영국 사업가 토머스 먼Sir Thomas Mun(1571~1641년) 경을 통해 제창되었다. 영국인들은 1620년의 불황을 동인도 회사가 교역의 재정 지원을 위해 연간 3만 파운드의 금괴를 수출한 탓으로 돌렸다. 무역상임위원회에서 자신의 회사를 변호한 토머스 먼은 국가 경제라는 이념과 '무역 균형'이라는 마음을 사로잡는 개념을 강조하려고 『영국에서 동인도에 이르는 무역론A Discourse of Trade, from

England unto the East Indies』(1621년)과 『외국 무역에 의한 영국의 재화England's Treasure by Forraign Trade;Or,the Ballance of our Forraign Trade in the Rule of our Treasure』(1630년 완성, 1664년에 출판)라는 영향력 있는 소논문을 발표했다. 토머스 먼의 주장에 따르면, 중대한 문제는 어느 한 회사가 금괴를 수출하느냐가 아니라 전체적으로 국가의 수출이 수입 가치를 초과하느냐에 있었다. 무역의 '유리한' 균형은 금괴가 국가로 흘러 들어와 국가가 더욱 부유해지는 것을 의미했다.

유럽의 근대국가들은 먼 지역에 세울 기지와 식민지를 찾아 세계 속으로 확장하면서 여전히 보물을 찾아내려는 근시안적 좁은 시각에 온통 쏠려 있었다. 그들은 미국, 아시아, 아프리카, 오세아니아 등에서 늘어나는 새로운 공동체가 가져오는 놀라운 광범위한 이점은 거의 알아채지 못했다. 1760년에 제임스 울프James Wolfe가 퀘벡을 탈환하고 캐나다 전체가 영국의 지배를 받자 런던에서는 프랑스에 제시할 조건을 두고 논의가 일어났다. 미개척의 정착민 없는 광대한 캐나다는 과들루프Guadeloupe라는 설탕이 풍부한 조그만 섬에 비하면 전혀 쓸모가 없는 듯 보였다. 과들루프섬은 열대 산물을 세계로 수출하여 영국의 '무역의 균형'을 개선할 수 있는 곳이었다. 1760년에 당시에 영국에 있으면서 신대륙의 전망을 찬미했던 벤저민 프랭클린은 캐나다가 결국에는 비교할 수 없을 정도로 매우 가치가 있을 것이라고 주장했다. 그는 앞으로 캐나다의 인구가 증가하면 영국 생산품의 시장도 늘어날 것이고, 더 많은 영국 선박의 수요로 해군력을 강화할 것이며, 그에 따라 영국의 국력과 경제력도 커질 것이라고 지적했다. 이런 더 넓은 관점을 무시했던 영국은 13개의 미국 식민지를 잃게 되었다.

미국의 독립선언의 해인 1776년에 적절한 우연의 일치로 애덤 스미스의 『국부론Wealth of Nations』이 출판되었고, 이는 또한 그 나름대로 하나의 해방 선언이었다. 제퍼슨의 선언문이 서양 정치의 새로운 시작을 선언했듯이, 애덤 스미스도 더 넓은 관점에서 국가 경제의 새로운 시작을 선언했다. 제퍼슨처럼, 스미스의 사상들도 대부분 지난 세기에 걸쳐 다른 사람들의 저서에 이미 나타난 적이 있었다. 애덤 스미스는 윌리엄 페티 경Sir William Petty과 존 로크에게서 사상을 끌어냈고, 베카리아Beccaria나 튀르고Turgot 등의 중농주의자들Physiocrats의 도움을 받았으며, 특히 동시대의 동포인 데이비드 흄, 듀걸드 스튜어트Dugald Stewart, 프랜시스 허치슨Francis Hutcheson 등에게 영향을 많이 받았다. 그는 그로티우스Grotius와 푸펜도르프Pufendorf를 인용했으며, 중세의 스콜라 철학 윤리학자들의 생각을 따르기도 했다. 뉴턴이나 다윈의 저서와 달리, 애덤 스미스의 저서는 대단하게 보일 정도로 독창적이지는 않았다. 그의 모든 지적 재료들, 예컨대 여러 개념, 역사적 사례, 기억할 만한 구절들 대부분까지도 가까운 곳에 있었다. 생생한 세부 설명에 뛰어난 스미스는 그리스와 로마의 고전, 유럽의 중세, 폴란드, 동시대의 중국, 미국 등에서 비롯되는 생각을 분명히 보여주었다. 그는 경제생활의 사실들을 무시한 사람들의 정책을 하나하나 열거했다.

신대륙은 유럽의 전망을 확대해 놓았다. 개발되지 않고 탐구되지 않은 대륙에서 번영하는 새로운 정착지가 부와 물질적 풍요에 대한 유럽의 개념을 필연적으로 확대해 놓았다. 크로이소스Croesus(리디아의 대부호인 왕) 시대에서 비롯된 부의 의미들은 프랭클린과 제퍼슨 시대의 국가에 이제는 적용될 수 없었다. 애덤 스미스의 저서는 구세계 경제사상의 속박에서 벗어나는 유럽의 자유를 선언했다. 전망이 확대되어 가는 유럽은 국가의 부에 관한 확장된 개념이 필요했다. 애덤 스미스의 명백하고 뚜렷한 목표는 그가 중상주의Mercantile System라고 칭한 이론 체계였다. 애덤 스미스는 초점을 국가에서 세계로, 국가에서 국가들의 부로 옮겨 놓았다. 그는 『국부론』에서 다음과 같이 주장했다.

> 아메리카의 발견이 유럽을 풍요롭게 한 계기는 금과 은의 수입 때문이 아니다…. 유럽의 모든 상품에 새롭고 무한한 시장을 열어 주어, 새로운 분업과 기술의 개선을 불러일으켰기 때문이다. 이런 현상이 과거의 좁은 통상 범위에서는 생산물을 대부분 유통할 시장이 없었기 때문에 생겨날 수 없었다. 노동 생산력은 개선되었고, 생산량은 유럽의 모든 국가에서 늘어났으며, 이와 함께 주민들의 실수익과 재산도 증가했다. 유럽의 상품은 아메리카에 거의 모두 새로운 종류였으며, 아메리카의 많은 상품도 유럽에는 새로운 종류였다. 따라서 이전에는 전혀 생각할 수 없었던 새로운 교역이 일어나기 시작했고, 당연히 구대륙에 확실히 이익이 되었듯이, 신대륙에도 이익이 되는 일이었다.

세계의 전망 가운데 아메리카만큼 애덤 스미스에게 흥미를 불러일으키고 상상에 몰두하게 한 주제는 없었다. 그러나 신대륙의 발견과 정착은 더 넓게 펼쳐진 세계의 한 단계에 불과했다. 이제는 섬나라 본국에서 영국 상인의 이익과 영국의 '수지 균형'만을 위해 거대한 제국을 체계화하는 일은 순전히 어리석은 짓이었다.

애덤 스미스는 비상한 선견지명으로 하나의 연방 제도를 제안했다. 그에 따르면, 미국의 식민지인들은 '미국의 조세에 비례하여' 의회에 대표자가 있어야 한다. 미국인들은 정부가 항상 대서양 건너편에 있다고 두려워할 필요도 없다. "부와 인구와 개선에서 지금까지 이 지역이 그렇게 신속히 발전했으므로, 한 세기가 지나기도 전에 미국의 조세량은 영국을 능가할 것이다. 그러면 자연히 제국의 자리는 전체를 방어하고 지원하는 기여를 많이 한 지역으로 옮겨 가게 될 것이다."

애덤 스미스는 자신이 '완전한 자유'라고 칭한 자유로운 경쟁을 하는 경제의 옹호자로서 유명한 경제사상가들 가운데 흔히 뛰어나다고 인정받고 있다. 그러나 우리의 관점에서 보면, 그는 경제 이론을 옹호한 정도에 그치지 않은 인물이었다. 애덤 스미스는 유럽인들의 전망을 새로운 무대로 올려놓았다. 그는 경제적 번영은 재화의 소유가 아니라 그 과정이라고 여겼다. 코페르니쿠스와 갈릴레오가 사람들에게 태양이 지구를 돌고 있다는 상식을 뛰어넘게 했듯이, 애덤 스미스는 사람들에게 국가의 부유함이 금이나 은으로 구성된다는 그럴듯한 허위 주장을 뛰어넘게 해 주었다. 그리고 코페르니쿠스나 갈릴레오와 마찬가지로, 애덤 스미스는 전 세계와 사회가 끊임없이 활기를 띤다고 여겼다. 루이스 헨리 모건과 에드워드 B. 타일러가 전 인류를 포괄하는 '문화'의 전망을 넓혀 놓았듯이, 애덤 스미스는 '부'의 전망을 넓혀 놓았다.

『국부론』은 분업으로 10명이 하루에 4만 8,000개의 핀 생산을 가능하게 하는 흔하고 친숙한 핀 공장의 사례로 시작한다. 애덤 스미스는 '노동생산력의 가장 큰 개선'은 '분업'의 효과라고 새로운 명쾌한 구절을 도입하면서 설명했다. 분업은 "대단히 느리고 단계적이며 매우 큰 유용성이 없는 듯 보이지만 인간 본성의 어떤 경향에서 꼭 필요한 결과이다. 말하자면 한 물건을 다른 물건과 거래하고 바꾸고 교환하는 경향이다." 그러나 인간 개선의 핵심인 분업은 '시장의 범위'로 제한을 받았다. 교육이 없이는 분업이 이루어질 수 없으며, 분업이 없이는 사회 개선도 이루어질 수 없었다.

활동적이지 않고 조용한 학자 기질의 애덤 스미스는 세상의 정치가와 기업가들의 경제정책을 위한 최초의 근대 선도자가 되었다. 그는 포스만Firth of Forth의 북쪽 해안 바닷가 마을인 커콜디Kirkcaldy의 편안한 환경에서 1723년에 한 가정의 외동으로 태어났다. 애덤 스미스는 태어나기 몇 개월 전에 세관의 징수관이었던 아버지가 세상을 떠났고 어머니를 살아 있는 동안 소중히 여기며 지냈다. 잘 알려져 있듯이, 그는 어머니 이외에는 그 어떤 여자도 중요하게 생각하지 않았으며, (조지프 슘페터가 말했듯이) "다른 측면처럼, 이런 점에서도 삶의 매력과 열정은 그에게 그저 문학과 같았다." 애덤 스미스는 네 번째 생일을 맞이하기 전에, 리벤Leven 호수의 강둑에 있는 할아버지 댁을 방문했을 때 집시 무리에게 납치당해 한참 동안 실종된 일이 있었다. 애덤 스미스는 집시로 성공할 수 있었을까?

애덤 스미스는 스코틀랜드의 가장 우수한 커콜디 시립 학교에서 4년 동안 고전 공부를 했다. 근처에는 못 제작소로 불리는 글래스고 제철소가 있어서 그는 즐겨 그곳을 방문했는데, 이 경험이 『국부론』의 첫 페이지에 묘사되고 있다. 1737년에 애덤 스미스는 글래스고 대학에 입학하여 라틴어와 그리스어에 더욱 매진했다. 그리고 글래스고 대학에서 라틴어 대신에 영어로 강의한 최초의 교수였던 '영원히 잊을 수 없는' 프랜시스 허치슨(1694-1746년)의 영향을 받았다. 허치슨 교수는 자신이 칭한, '최대 다수의 최대 행복'을 위하여 세상을 지배하는 생기를 주고 선을 베푸는 신을 가르치며 스코틀랜드 칼뱅주의자들에게 저항한 인물이었다.

애덤 스미스가 장학생으로 베일리얼 칼리지Balliol College에 입학했던 1740년에 옥스퍼드 대학은 '형식과 편견에 빠져 있었다.' 편안한 특권이 주어진 학장이나 교수들은 '자신들의 특정한 직종에서 성공이나 명성에 전혀 관계없이 기금에서' 급료를 받고 있었다. 대학은 "교수들이… 모두 서로에게 협조하고 매우 관대한 듯 보였으며 자신의 의무에 태만하더라도 용인해 준다면 다른 사람의 의무 태만에도 허용해 주는 태도를 보였다. 옥스퍼드 대학에서는 최근 수년 동안 교수들이 대부분 가르치는 척하는 일도 전부 포기해버렸다." 애덤 스미스는 고객의 선의에 의존하지 않는 교육기관의 운명에 대한 하나의 잊을 수 없는 교훈을 그들에게서 배웠다. 그래도 그는 여전히 폭넓게 읽고 깊이 생각할 시간이 있었으며, 또한 흥미가 컸던 수학에서 베일리얼 대학 도서관을 대부분 차지하고 있는 라틴어와 그리스 고전으로 다시 관심을 돌렸다. 애덤 스미스는 대학 당국으로부터 유일하게 배움을 침해당한 일이 있었다. 그는 당시에 출간된 데이비드 흄의 『인성론Treatise of Human Nature』(1739년)을 읽다가 발각되었으나 다행히 질책을 받고 책을 몰수당하는 정도로 처벌을 모면했다. 애덤 스미스는 가족의 기대와 달리 옥스퍼드에 머물러 학자 생활을 하기 위한 성직자가 되기를 거부했다.

애덤 스미스는 스코틀랜드로 돌아가 더 자유로운 분위기에서 학문 추구에 몰두했다. 그는 에든버러에서 1인당 1기니를 내는 100명의 학생에게 새로운 주제인 영국 문학에 관한 일련의 공개 강연을 시행했다. 1750년에서 1751년까지 애덤 스미스는 옥스퍼드 대학의 신성한 체하는 강의실에서는 들어 본 적도 없는 주제인 경제학에 관한 공개 강의를 시행했다. 이 강의가 성공하자 그는 글래스고 대학교에서 처음에는 논리학 교수직에 임명되었으며, 이후에는 도덕철학 교수직에 임명되었다. 애덤 스미스가 강의한 통상의 자유라는 사상은 당시에 스코틀랜드를 이미 동요시키고 있었으며, 또한 그 강의로 도시 전체가 그의 자유무역에 관한 신조로 전환했다고 한다.

고대 스코틀랜드의 지방 도시였던 인구 2만 5,000명의 글래스고는 18세기 중반에 앞으로 올 조류에 휩쓸리고 있었다. 클라이드Clyde강 연안에 자리 잡은 이 도시는 오랫동안 종교와 교육의 중심지였을 뿐만 아니라 북유럽과 이루어진 교역의 중심지였다. 1707년에 영국에 통합된 이후, 글래스고는 미국과 이루어진 교역으로도 이익을 얻었다. 글래스고의 시장인 앤드루 코크런Andrew Cochrane은 애덤 스미스가 교수로 임명되었을 때 정치경제학 클럽을 창설했고, 즉시 스미스를 회원으로 가입시켰다. 지역에서 '담배 귀족'으로 알려진 글래스고의 상인들은 식민지와 이루어진 교역 제한이 철폐되면서 번창했는데, 당시에 글래스고 제철소에 공급되는 미국 철의 수입관세에 반대하는 운동을 벌이고 있었다. 그때 코크런의 제철소도 연간 400톤의 철을 수입하고 있었다. 미국 식민지와 담배 교역이 중단된 일은 글래스고 상인들에게 엄청난 불행이었다. 한편 애덤 스미스는 '모든 분야에서 무역의 특성과 원리를 조사하고, 각 문제점에 대한 지식과 의견을 서로 나누려고' 클럽 회원들과 행동을 같이했다. 애덤 스미스는 『국부론』에 나오는 많은 사실의 기반이 실천가 코크런의 덕분이라고 인정하며 감사를 표했다.

애덤 스미스는 첫 저서인 『도덕 감정론Theory of Moral Sentiments』(1759년)에서 이미 복잡한 문제를 간단하게 설명하는 재능을 보여 주었다. 그는 도덕 감정을 우리 개개인의 내부에 있는 공정한 관찰자로서 다른 사람의 관점에서 자신의 행동을 판단하는 '내적 인간inner man'이라는 단순한 비유로 설명했다. 애덤 스미스에 따르면 "내가 당신이라면 무엇을 괴로워할지를 생각해 본다"라는 개념은 자기애와 전혀 다른 의미였다. 그는 사회에 봉사하는 활동은 우리가 '보이지 않는 손에 이끌리는 일'이라는 사실을 이미 알고 있었다.

스미스의 동료인 스코틀랜드 출신의 데이비드 흄은 런던에서 다음과 같은 익살스러운 보고를 했다.

> 사실, 대중의 찬동보다 더 큰 거짓의 추측은 없다네. 잘 알겠지만, 포키온Phocion은 대중의 갈채를 받았을 때 자신이 어떤 실수를 하지 않았을까 늘 생각했다고 하지.
> 이러한 생각으로 자네가 최악의 상황에 대비하고 있으리라 생각하고 나는 자네의 책이 매우 불행해졌다는 우울한 소식을 전하네. 대중은 그 책에 극히 성원을 보내는 듯 보이기 때문이라네. 어리석은 사람들이 성급하게 기대하고 있으며 지식인 집단이 이미 큰 소리로 그 책을 칭찬하기 시작했다네.

데이비드 흄은 성공했다는 나쁜 소식과 함께 '세계의 모든 책보다 더욱 찬사를 받았다'는 사실과 권위자들이 이미 애덤 스미스를 '영국 문학의 영광' 가운데 올려놓았다는 사실도 전해 주었다.

『도덕 감정론』은 예상외로 애덤 스미스에게 유럽의 더 큰 사상계에 도달할 유일한 기회가 되었다. 우연하게도 그 계기로 애덤 스미스는 더 훌륭한 책을 쓸 여유를 제공한 연금을 얻을 수 있었다. 애덤 스미스의 찬미자들 가운데에는, 런던에서 보고한 흄에 따르면, '영국에서 가장 현명한 사람'으로 통하는 찰스 타운젠드Charles Townshend(1725-1767)가 있었다. 악명 높은 제한 법령인 타운젠드법Townshend Acts(1767년)을 성립시킨 타운젠드의 호평으로 애덤 스미스가 자유무역에 관한 권위 있는 서적을 집필할 때 지원을 받았다는 사실은 매우 인상적인 모순이었다. 식민지 자치 정부의 전통을 침해한 타운젠드법은 미국 식민자들을 돌이킬 수 없는 혁명의 길로 밀어 넣었다. 그 무렵에 버클루 공작Duke of Buccleuch 장남의 미망인과 결혼을 한 타운젠드는 의붓아들인 젊은 공작의 관례적인 유럽 여행에 동행할 가정교사를 찾고 있었다. 애덤 스미스의 『도덕 감정론』을 읽은 타운젠드는 즉시 그 저자가 자기가 찾고 있던 사람이라고 단정했다. 그래서 그는 곧장 글래스고로 달려가 애덤 스미스에게 교수직을 그만두고 개인교수를 맡아 달라고 설득했다. 어떤 사람들은 이 얼빠진 교수가 젊은이를 인도하여 유럽 여행을 하기에 적합하지 않다고 생각했을 것이다. 스미스가 타운젠드에게 글래스고를 구경시키면서 큰 가죽 공장으로 안내했을 때 무두질용 액체 통이 있는 현장으로 정신없이 걸어 들어간 일이 있었기 때문이었다. 단호한 타운젠드는 스미스에게 연봉 300파운드와 외국 여행 경비뿐만 아니라 평생 300파운드의 연금을 주겠다고 제안했다. 이는 연간 수입이 겨우 170파운드였던 글래스고 대학교수에게 아주 매력적인 제안이었다. 활동 적령기를 지난 교수들은 연금이 없었으며 자신의 강좌 자리를 물려받은 후임자가 주는 돈에 의존해야 했다.

애덤 스미스는 글래스고 대학의 교수직을 사임하고 1764년에 제자와 함께 유럽 여행을 시작했다. 그들은 거의 2년 반 동안 여행을 했는데, 흄의 사촌이 주교 총대리로 있던 툴루즈Toulouse에서 약 1년, 제네바에서 2개월, 그리고 파리에서 약 1년을 지냈다. 다음 세기에 피렌체가 그랬듯이, 당시에 영국인들이 좋아하는 휴양지였던 툴루즈는 파리 외부에서 가장 세련된 프랑스 사회였다. 수도의 정신 혼란한 분위기 없이 애덤 스미스는 자신의 방대한 책을 쓰기 시작할 여유가 있었다. 제네바에서 2개월 동안 잠시 머무는 동안 애덤 스미스는 볼테르와 대화를 즐겼다. 그 후 스미스가 파리로 돌아왔을 때 그곳에는 흄이 영국 대사관의 서기로 있었다. 스미스와 제자는 극장을 갔고, 유행하는 사교 모임에도 잠깐 들렀으며, 또한 장래성 있는 사상들을 접하기도 했다. 루이 15세의 주치의이며, 퐁파두르 부인Madame de Pompadour의 후원으로 베르사유를 건립한 적이 있었던 뛰어난 프랑수아 케네François Quesnay(1694-1774)는 애덤 스미스를 프랑스판 정치 경제 클럽에 가입시켰다. 당시에 60세였던 프랑수아 케네는 경제학에 관한 집필을 시작하여 그 분야에서 이미 왕의 고문이 되어 있었다.

뉴턴이 물리적 영향력을 달성할 목표로 했듯이, 케네는 사회적 영향력을 달성할 목표로 집필한 『경제표Tableau Economique』(1758년)에서 새로운 분야에 관한 전체 용어를 만들어 냈다. 케네는 경제 계급과 각 계급 자체의 생산과 소비의 흐름이라는 개념을 도입하고, 경제적 균형이라는 개념을 제안했으며, 또한 자본, 저축, 투자 등에 관한 사상을 정착시켰다. 이 사상들이 다음 세기를 거쳐 경제 분석의 방대한 문헌 속에서 번성하게 되었다. 케네의 『경제표』는 처음에는 왕의 개인 출판사에서 소규모로 인쇄되었다. 그러나 퐁파두르 부인이 왕은 그런 경박한 개념들을 좋아하지 않는다고 경고하자 케네는 그 책을 미라보 후작Marquis de Mirabeau의 명의로 대중에게 이르도록 했다.

케네의 제자들은 처음에는 단순히 경제학자들로만 알려졌다가 중농주의자들로 유명해졌고, 경제학을 위한 최초의 근대적 모형을 제시했다. 그들의 주요 사상은 꽤 간단했다. 물질세계를 지배하는 법칙과 유사한 자연법이 부의 성장과 흐름을 지배했다. 사회의 부는 금과 은의 축적이 아니라 재화의 완전한 축적에 있으며 그 양을 늘리는 최고의 방법은 독점이나 조세 제한 없이 생산물을 시장에서 자유롭게 유통시키는 일이었다. 이러한 선구적인 경제학자들은 귀족과 세금 징수 청부인을 비롯한 그 밖의 다른 독점자들의 사치와 극명히 대조되는 프랑스 소작농들의 빈곤에 충격을 받았다. 그들은 "농민이 가난하면 왕국이 가난하고, 왕국이 가난하면 왕이 가난하다"라고 표명했다. 그리고 그런 국가의 해악에 대한 해결책을 농민의 곤경에 초점을 두었다. 예컨대 농업기술을 개선하고, 상품의 유통을 막는 모든 요소를 없애고, 모든 기존의 조세법과 세금 징수 청부인을 없애는 대신, 농산물에 단일세를 부과하여 정직한 정부 관리가 징수해야 한다고 주장했다. 케네는 아들을 세금 징수 책임자 자리에 앉혀 주겠다는 제의를 받았을 때 "아니오, 내 아이들의 복지는 대중의 번영과 함께 실현되도록 두시오"라고 거절하고 아들을 농부로 키웠다. 만일 루이 15세가 케네의 말에 귀를 기울였더라면 그는 프랑스의 많은 불행을 방지했을 것이며, 그의 손자가 참수형을 당하지 않게 했을 수도 있었다.

상류사회의 재담가들은 중농주의자들의 진지한 계산을 비웃었지만 애덤 스미스는 마음이 편했다. 앞서 확인했듯이, 경제 분야의 자유사상가인 애덤 스미스는 글래스고에서 같은 개념들을 대부분 설파한 적이 있었으며, 툴루즈에서 한가한 시간에 경제적 자유에 관한 책을 이미 쓰기 시작했다. 이제 그는 낡은 제도가 프랑스에 어떤 일을 저질렀는가에 대한 자세한 실마리를 잡았다. 스코틀랜드의 농민도 가난하긴 했지만 이와 대조적으로 프랑스의 농민은 나무로 된 신을 신거나 맨발로 다니고 있었다. 애덤 스미스의 주장에 따르면 "프랑스의 하층계급 사람들의 상황은 영국의 상황만큼 행복하지 않았으며, 수지 양초 제조업자tallow-chandler의 정원에서 주목 나무로 된 피라미드나 오벨리스크를 발견하기도 힘들 것이다. 그런 장식품은 상스럽다고 폄하되지 않았기 때문에 그 나라의 대공이나 영주들의 정원에 아직도 남아 있었다." 애덤 스미스는 "영국 사람들보다 프랑스 사람들이 조세로 억압을 더욱 많이 받고 있다"라고 생각했지만 앞으로 닥칠 폭동을 예측하지는 못했다. 그러나 케네처럼, 애덤 스미스도 경제적 자유가 사람들의 환경을 개선하는 데 필요하다고 주장했다. 애덤 스미스는 『국부론』이 출판되기 2년 전에 케네가 죽지 않았더라면 그 책을 케네에게 헌정했을 것이라고 말했다.

사교 모임이나 유흥 시설, 또는 베르사유에 있는 케네의 활기찬 동료들에게 유혹되지 않은 애덤 스미스는 스코틀랜드에 있는 옛 친구에게로 돌아가기를 '간절히' 바랐다. 프랑스를 떠나는 일정은 스미스가 책임지고 있던 젊은 공작의 동생이 파리의 거리에서 살해당한 충격으로 예정보다 훨씬 앞당겨졌다. 애덤 스미스는 런던에 잠시 머물면서 왕립학회의 회원으로 선정된 후, 어머니와 함께 고향 커콜디의 옛집에 정착했다. 그는 그곳에서 앞으로 6년 동안 포스만의 바닷바람을 맞으며 매일 산책하고, 가끔 에든버러로 가는 여행 외에는 『국부론』을 저술하는 데 시간을 보냈다.

1773년 봄에 애덤 스미스는 거의 완성되었다고 생각한 원고를 들고 런던으로 갔다. 그 원고는 최근 3년 동안 런던에 물밀듯 들어온 새로운 사실과 사상들 때문에 스미스의 생각과 달리 완성되었다고 할 수가 없었다. 애덤 스미스는 때때로 해부학자 윌리엄 헌터 박사Dr. William Hunter, 건축가 로버트 애덤Robert Adam, 언어학자 윌리엄 존스 경Sir William Jones, 올리버 골드스미스Oliver Goldsmith, 조슈아 레이놀즈 경Sir Joshua Reynolds, 데이비드 개릭David Garrick, 에드워드 기번, 에드먼드 버크Edmund Burke, 존슨 박사Dr. Johnson 등과 식사를 함께했다. 그러나 그들은 애덤 스미스를 늘 대등하게 대한 것은 아니었다. 예컨대 보즈웰Boswell은 "애덤 스미스는 이제 우리 클럽의 회원이다. 이제는 회원을 선택할 가치를 잃었다"라고 전했다.

당대의 중요한 사건은 물론 미국의 반란이었다. 이 사건은 미국을 국가의 부에 관한 특성과 원인을 확인할 일종의 실험실이라고 믿은 애덤 스미스에게 하늘의 섭리로 여겨졌다. 그때 미국의 독립을 막으려고 헛된 노력을 하는 런던에서 펜실베이니아 대표로 있었던 벤저민 프랭클린은 이렇게 자랑했다. "『국부론』을 쓰고 있던 저명한 애덤 스미스는 장별로 원고를 쓸 때마다 그 원고를 나와 프라이스 박사를 비롯한 다른 지식인들에게 가져오곤 했다. 그러고는 그들의 관찰을 참을성 있게 듣고 그들의 토론과 비평으로 도움을 받고, 때로는 전체 장을 새로 쓰기도 했으며, 그의 어떤 제안은 바꾸기도 했다." 미국의 반란은 애덤 스미스가 글래스고에서 13년 동안 미국과 교역을 하는 상인과 귀국한 식민자들 사이에서 항변했던 대의를 돈보이게 했다. 미국인의 정착지, 역경, 장래성 등 미국의 식민지는 『국부론』에 무한한 실례를 제공해 주는 원천이었다. 그 미래의 땅, 신세계는 경제적 자유라는 덕목을 시험할 특별한 기회를 제공했다.

애덤 스미스는 큰 주제에 관해 적어도 12년 동안 깊은 사색을 하고 또 12년 동안 집필을 한 끝에, 1776년 3월 9일에 마침내 2권으로 된 『국부론』을 출간했다. 스미스에게 원고료 500파운드를 준 출판인은 손해가 없었다. 책은 처음부터 잘 팔렸고 6개월 만에 초판이 다 팔렸다. 비평가들로부터는 거의 주목을 받지 못했지만 애덤 스미스의 친구들인 런던 문호들은 개인적으로 아낌없이 찬사를 보냈다. 그들은 이 책이 바로 3주 전인 1776년 2월 17일에 출판된 에드워드 기번의 『로마 제국 쇠망사Decline and Fall of the

Roman Empire』의 제1권에 필적할 만하다고 말했다. 충실한 스코틀랜드인이었던 데이비드 흄은 에든버러에서 기번의 책을 "영국인의 펜 끝에서 그런 뛰어난 책이 나오리라고는 기대하지 않았다"라고 격찬했다. 애덤 스미스의 책은 기번의 책만큼 당장 인기를 얻기에는 너무 많은 생각이 필요하다고 흄은 말했다. 그러나 그는 애덤 스미스의 책이 대단한 장래성이 있음을 예측했다. 에드워드 기번도 감탄하며 이렇게 말했다. "우리의 친구인 애덤 스미스 씨의 책은 그야말로 대중을 풍요롭게 해 준 뛰어난 작품이 아닌가! 단 1권의 책에 광범위한 과학이 들어 있고, 가장 심오한 사상이 가장 명쾌한 언어로 표현되었다." 질투를 느낀 한 비평가가 애덤 스미스는 '무역'을 해 본 적이 없으므로 그 책이 좋을 수가 없다고 트집을 잡자, 존슨 박사는 "무역으로 예증하기보다 당연히 철학으로 예증할 필요가 있다…. 상인은 거의 자신의 특정 무역만 생각할 뿐이다. 무역에 관한 양서를 쓰려면 광범위한 관점이 있어야 한다"라고 훈계조로 대꾸했다. 애덤 스미스는 광범위한 관점으로 그 어떤 근대 저서도 능가할 수 없는 힘을 자신의 책에 부여했다. 그는 경제학이라고 하는 근대과학의 진정한 발견자였다.

이 근대과학은 다른 모든 과학에서 부와 경제 복지로 향하는 새로운 길을 열면서 번창했다. 그러나 예측될 수 있었듯이, 국가의 부를 탐구하기 위한 애덤 스미스의 안내서는 하나의 정통성의 도표가 되었다. 그가 기술한 경제의 핵심은 이전에 갈레노스가 인체를 기술했을 때보다 더 많은 공감을 얻었다. 특히 데이비드 리카도David Ricardo와 존 스튜어트 밀 같은 뛰어난 해석자와 주석자들이 애덤 스미스의 사상을 다듬고 정리하여 확립된 진리로 제시했다. 야심에 찬 밀의 『정치경제학 원리Principles of Political Economy』는 '자유방임주의나 불간섭 원칙이라는 기반과 한계'라는 부분에서 절정을 이루고 있었다. 이 부분에서 밀은 "자유방임주의는… 일반적인 관례이어야 한다. 어떤 훌륭한 선으로 요구되지 않는 한 여기서 벗어나는 일은 분명 죄악이다"라는 규칙에서 몇 가지 예외를 나열했는데, 그 가운데 매우 눈에 띄는 것이 식민지 사업이었다. 이 '고전' 시기는 완전히 한 세기 동안 계속되었으며, 그 이후에는 케임브리지 대학의 경제학 교수 앨프리드 마셜Alfred Marshall (1842-1924년)이 개척한 '신고전주의' 시대가 이어졌다. 마셜의 저서『경제학 원리Principles of Economics』(1890년)는 설득력 있는 새로운 애덤 스미스의 개정판이었다.

고전파 경제학은 이 사회를 격렬히 비판하는 사람에게도 기본 체계와 용어를 제공했다. '경제학자 이상 또는 이하'라는 2가지 평을 받는 카를 마르크스도 경제학자들을 통해 고전파 경제학의 전통 속에 확고하게 놓이게 되었다. 고전파 경제학의 전성기에 활약했던 주요 저자들은 대부분 경제 전문가가 아닌 사업가(리카도나 엥겔스)나 공무원(존 스튜어트 밀), 또는 언론인(마르크스)들이었다. 새로운 전문직으로서 '경제학'('정치 경제'의 대신으로)이라는 말은 19세기가 되어서야 영어에 등장했으며, 전문직 협회는 미국경제협회American Economic Association (1885년)와 영국경제협회British Economic Association (1890년)가 생기기 이전에는 없었다.

20세기 중반에, '고전'물리학이 시대에 뒤진 물리학이 되었듯이, 고전파 경제학도 과거의 경제 이론이 되었다. 경제학에도 혁명이 일어났기 때문이다. 근대의 가장 주목할 만한 지적 현상의 하나인 이 혁명의 주역은 그 영향력에 비해 잘 알려지지 않은 인물이었다. 케임브리지 대학의 행정가였으며 윤리학과 경제학을 강의하는 학자의 아들이었던 존 메이너드 케인스John Maynard Keynes (1883-1946년)는 혁명을 주도할 사회적 배경을 거의 갖추고 있지 않았다. 이튼Eton에서 교육을 받은 케인스는 수학과 고전에서 전통 기반을 확립했고, 그 특이한 장소의 비밀스러운 훈육을 받고 잘 자랐다. 그는 이튼 방식의 축구에 "현재로서 합법적인 잔인한 방식… 영예로운 경기를 할 수 있는 최상의 조건"이라고 찬사를 보내기도 했다. 케인스는 케임브리지 대학의 킹스 칼리지King's College에서 학부 토론회의 회장으로 선출되었고, 앨프리드 마셜의 제자가 되었다.

케인스는 케임브리지에서 이미 이른바 블룸즈버리 그룹Bloomsbury group 이라는 자유사상을 품은 집단에 가입했다. 그 그룹의 주요 인물이었던 리턴 스트레이치Lytton Strachey의 신랄한 기지와 빅토리아 시대의 신성불가침 영역에 대한 불손한 행위는 케인스가 재치를 분출할 수 있는 분위기를 만들어 놓았다. 블룸즈버리 그룹에는 E. M. 포스터Forster와 버지니아 울프Virginia Woolf를 비롯한 몇몇 중요한 비평가와 예술가들이 포함되어 있었으며, 이들은 당시에 놀랍게도 동성애와 평화주의와 보헤미아의 생활 방식에 관대한 태도를 보였다. 케인스는 공무원 시험에서 전국 2등을 했고, 2년 동안 인도 사무실에 근무한 후 케임브리지로 돌아와 "확률론Treatise on Probability"이라는 뛰어난 논문으로 킹스 칼리지의 특별 연구원이 되었다. 그는 예술과 사상에 관한 다양한 취미로 케임브리지에서 여러 소문이 뒤따랐는데, 특히 마신Massine의 지도를 받아 실제 캉캉을 추었던 무용수 리디아 로포코바Lydia Lopokova(그녀를 '코러스 걸'이라고 부른 사람도 있었다)와 결혼을 했을 때는 더욱 그랬다. 그들의 결혼은 오래도록 행복했다.

미국독립혁명 시대의 식민지 정세가 애덤 스미스에게 국가의 부에 관한 새로운 사고의 시대로 일깨웠듯이, 제1차세계대전 후의 유럽의 비극적인 정황이 케인스의 사고를 자극했다. 1919년에 베르사유 평화 회의

Versailles Peace Conference에서 로이드 조지Lloyd George의 경제 고문이었던 케인스는 '3대 강국'의 언쟁에 관해 내막에 밝은 견해를 갖고 있었다. 케인스는 로이드 조지의 편협한 국수주의, 조르주 클레망소Georges Clemenceau의 복수주의, 그리고 우드로 윌슨Woodrow Wilson의 도덕주의가 모두 유럽의 번영을 위협하고 있다고 여겼다. 그는 패전국에 대한 비현실적인 배상금이 가져올 불행한 운명을 예견했다. 1919년 5월 14일에 케인스는 파리에서 친구인 화가 덩컨 그랜트Duncan Grant에게 이런 글을 보냈다.

나는 지난 2, 3주 동안 매우 참담하게 지냈다. 평화는 터무니없는 말이다…. 그사이, 어디에도 식량이나 직장은 없고, 프랑스와 이탈리아는 모든 사람을 다른 모든 사람에 대비하여 무장하도록 중부 유럽으로 군수품을 쏟아붓고 있다. 나는 신생국들의 대표단을 맞아들이면서 사무실에서 매시간을 보내고 있다. 모두의 요구는 식량이나 원료가 아니고, 이웃과 전쟁을 하기 위한 무기가 처음부터 필요하며… 그들은 커다란, 아니면 적어도 인간적인 세계관을 가질 기회가 있었으나, 서슴지 않고 거절했다. 최근에 더욱 자주 만나는 윌슨은 세상에서 최대의 사기꾼이다…. 아직도 세상에는 훌륭한 사람들이 있다는 사실을 내게 편지를 써서 알려다오. 여기서는 온종일 분노와 괴로움으로 울부짖을 것 같다. 세상은 보이는 만큼 그리 나쁠 리가 없지 않은가.

항의하여 직위를 사임한 케인스는 평화 중재자들이 '유럽의 황폐를 흡족한 듯 바라보는' 이 '악몽'을 떠나 영국으로 돌아왔다.

그 후 2개월 동안 케인스는 『평화의 경제적 결과Economic Consequences of the Peace』를 저술하여 크리스마스 전에 발행했으며, 이를 계기로 유럽과 미국에서 유명해졌다. 독자들은 케인스의 잊을 수 없는 풍자를 좋아했다. 케인스에 따르면, 클레망소는 "페리클레스가 아테네를 생각했던 것처럼, 프랑스를 생각하고 있었다. 즉 프랑스만이 유일한 가치이며 그 외에는 아무것도 중요하지 않았다. 그러나 그의 정치 이론은 비스마르크의 이론이었다. 그는 프랑스에 대한 환상이 있었으나 프랑스인과 그 동맹국들을 포함한 인류에 대해서는 환멸이 있었다." 윌슨의 "머리와 얼굴 생김새는 그의 사진과 같이 또렷하게 잘생겼고, 그의 목 근육과 머리 모양은 매우 돋보였다. 그러나 오디세우스처럼 그 대통령은 앉아 있을 때 더 현명하게 보였다. 그리고 그는 능력이 뛰어나고 매우 강했지만 예민함과 수완이 없었다…그는 외면적으로 주위에 무감각할 뿐 아니라, 그의 환경에 전혀 감성도 없었다. 이런 사람이 어떻게 자신의 주위에 있는 모든 것에 정확하며 거의 중개자 같은 감각을 가진 로이드 조지에 대항해서 무슨 기회가 생길 수 있을까?… 이 눈이 멀고 귀가 먹은 돈키호테는 재빠르고 번쩍이는 칼이 적의 손에 있는 동굴 속으로 들어가고 있었다."

케인스의 능변의 요지는 전 유럽의, 아니 전 세계의 경제는 하나이며 분리할 수 없다는 사실이었다. 보복성이 있는 베르사유의 유산은 폭동과 혁명과 독재를 퍼트리게 될 것이다. "현재 살아가는 사람들의 일생에서, 인간의 영혼 속에 있는 보편적 요소가 그렇게 희미하게 빛났던 일은 없었다"라고 케인스는 결론지었다.

케인스의 통렬한 예언들은 머지않아 적중했다. 그 사이에 케인스는 케임브리지로 돌아가 그곳에서 당분간 앨프리드 마셜의 뛰어난 제자로 남아 있었다. 그러나 케인스의 위대한 힘은 "정치사의 이면에서 계속 흐르는 보이지 않는 흐름을… 새로운 눈으로 세계를 바라보는 선지자의 능력

같은 역사 감각이었다. 이 숨겨진 흐름에 영향을 미칠 수 있는 유일한 방법은 여론을 바꾸는 상상력과 교훈의 힘을 움직이는 일이다. 진리를 주장하고, 환상을 밝혀내고, 증오를 없애고, 인간의 감성과 지성을 확대하고 교육하는 일 등이 그 수단이어야 한다."

경제학 세계의 쿡 선장이었던 케인스는 부정적 발견의 열정을 또한 경험했을 것이다. 애덤 스미스와 그의 고전파 경제학 제자들이 '부'를 비롯해 '시장'에서 부의 원인을 찾는 데 중점을 두는 동안, 부를 지향하는 이론가들의 세계에는 완전히 새로운 사회현상이며 망령 같은 부정적인 현상이 나타났다. 그것은 바로 '실업'이었다. 더욱이 이 문제는 케인스의 관심사에서 핵심이 되었다. 이미 1924년에 영국의 광산, 조선소, 제조소 등의 실업이 100만 명에 이르렀을 때 케인스는 점점 늘어나는 이 폐해를 처리하려고 신고전주의 이론의 몇 가지를 완화하기 시작했다.

케인스는 방대한 공공사업 계획을 정부에 요구하는 문제를 (경제학자가 아닌) 로이드 조지와 함께 추진했다. 1924년 5월에 케인스는 "실업에는 극약 처방이 필요하지 않는가?" 하는 문제를 제기했다. 그가 강조하는 해답은 재무부의 감채기금Sinking Fund(공채를 강제적으로 상환하기 위하여 설치하는 특별한 기금)을 이용하는 일이었다. '이를테면 연간 1억 파운드까지 국내 자본 사업 건설에 소비하여 여러 방법으로 개인의 재능과 기질과 기술을 활용하는 일'이었다. 신고전주의 동료들의 반대에 케인스는 다음과 같이 대답했다.

우리의 경제구조는 유연성이 전혀 없어서 많은 시간이 흐르면 그 압박감으로 간접 손실이 생기고 손상도 초래한다. 그러는 동안, 자원은 사용되지 않게 되고 노동력은 실업 상태에 빠진다… 만일 이것이 이단이라면 우리는 나의 이단에 이르게 된다. 나는 국가를 관여시키고, 자유방임주의를 포기한다. 열렬히도 아니고 그 오랜 좋은 신조를 경멸해서도 아닌 우리가 좋아하건 싫어하건 성공의 조건이 사라져 버렸기 때문이다. 이것은 공공복리를 '제한'도 '원조'도 없는 사기업에 위임한 이중 원칙이었다. 사기업이 이제는 제약 받지 않는 것이 아니라, 많은 다양한 방법으로 제약을 받고 위협을 받는다. 이 사실을 번복하기는 불가능하다. 우리를 압박하는 힘은 앞을 못 볼지도 모르나 그 힘은 존재하고 강력하다. 만일 사기업이 제약을 받는다면 우리는 도와주지 않고 그냥 내버려 둘 수가 없다.

미국에서 허버트 후버Herbert Hoover 대통령을 완전히 패배시키고 쾌활한 경험주의자 프랭클린 D. 루스벨트Franklin D.Roosevelt를 당선시킨 1930년대에 시작된 대공황은 세계적인 현상이었다. 1932년에는 미국에서만 1천만 명의 실업자가 생겼다. 케인스의 눈에는 이 공황이 가난이라는 매우 오래된 해악(즉 '부'의 결핍)보다는 실업이라는 근대의 해악으로 생겨난 듯 보였다. 그는 경제 이론의 초점을 시장의 비인간적 구조에서 낭비하고 절망하는 인간 존재의 비참한 상황으로 옮기고 있었다.

1936년에 케인스는 자신의 새로운 관점을 위한 이론을 세밀하게 만들어 냈다. 케인스의 인본주의적 성향을 고려해 보면, 그가 일반 대중은 거의 이해할 수 없는 책을 저술했다는 사실은 주목할 만한 일이다. 애덤 스미스는 지식이 있는 독자, 즉 기번의 『로마 제국 쇠망사』를 즐길 수 있는 정도의 사람을 위해 책을 썼다. 그때에는 경제학이라는 직업이 없었기 때문이었다. 이와 대조적으로 케인스의 『고용·이자 및 화폐에 관한 일반 이론General Theory of Employment, Interest and Money』은 그 새로운 과학의 전문가만을 위해 저술되었으며, 그 주장을 간략하게 요약하기는 불가능했다. 그러나 이 책이 경제학자들의 경제학에 관한 일반적인 사상에 미친 영향은 명백했으며, 20세기에 저술된 경제학 저서 가운데 가장 영향력이 컸다. 그때까지는 중요한 사회현상으로 보이지 않았던 근대의 해악에 맞춘 케인스의 새로운 초점은 가장 급진적이고 가장 잘 수정된 부분이었다.

'실업'이라는 말은 1895년까지 영어에 일반적으로 사용되지는 않았지만, 그 후 40년 이내에 케인스는 처음으로 이 문제를 경제학 전체 이론의 중심으로 삼았다. 케인스의 정확한 전기 작가이자 다작의 제자였던 R. F. 해러드Harrod의 설명에 따르면, 케인스의 영향력 있는『고용 · 이자 및 화폐에 관한 일반 이론』은 '근본적인 경제 원리 면에서 기본적으로 실업의 원인에 관한 분석'이었다. 케인스는 국가가 공공사업을 비롯한 여러 방책으로 때맞추어 개입하여 실질적으로 자유시장 사회가 보전될 수 있고 지속적인 완전고용이 보장될 수 있다는 결론에 도달했다. 케인스는 2가지의 단순하면서도 섬세한 논제를 사용해서 이 결론에 도달했는데, 2가지 모두 자유방임주의를 근본적으로 수정한 논제였다. 케인스는 임금이 아주 낮아서 완전고용에 도달하는 일은 없다고 설명했다. 그와 반대로 계속된 임금의 하락은 실제로 실업을 증가시키게 된다. 시장의 개인 수요 대신에 케인스는 개인 소비자뿐만 아니라, 모든 개인 투자자와 정부 기관을 통해 소비하는 산물인 '총수요aggregate demand'라는 중대한 개념을 제시했다. 그는 인간의 기대 자체에 경제 이론의 새롭고 주도적인 역할을 부여했다. 다시 말해, 시장의 과정은 고전파 경제학자들이 생각했던 것만큼 그렇게 자동적이거나 스스로 부드럽게 조정되는 역할을 하지는 않았다. 자본주의 공동체가 완전고용을 유지하려면 '보이지 않는 손invisible hand'이 보여야 하고, 총 수요가 완전고용을 확실히 제공할 수 있도록 온건한 정부가 공공사업에서 투자를 늘리면서 투자의 흐름을 통제해야 한다.

하나의 과학 서적이 정부의 정책을 매우 신속하게 만들게 하거나 정부의 의도를 매우 광범위하게 변화시켜 물려받은 정통성을 포기하도록 한 일은 좀처럼 없었다. 미국에서는 케인스의 사상에 영향을 받아 프랭클린 루스벨트가 뉴딜 정책을 추진했고, 연방 정부는 고용을 유지할 대책 마련에 필요한 고용법을 1946년에 만들었으며, 또한 존 F. 케네디 대통령과 그 계승자들은 케인스의 정책들을 추구했다. 1944년의 브레턴우즈 회의Bretton Woods Conference에서 국제통화기금International Monetary Fund과 세계은행World Bank의 창설을 도운 케인스는 또 다른 대공황의 재발을 방지하기 위해 세계적인 기구에 자신의 이론을 구현하려고 했다. 케인스가 일깨워 주는 영향력은 다른 학문의 중요한 사상가들의 영향력처럼, 그의 이론을 이해하고 받아들이는 사람에게만 한정되어 있지 않았다. 케인스가 내세운 경제의 총수요라는 개념과 정부의 개입에 관한 제안은 영국을 비롯한 여러 나라의 국민소득에 관한 더 완전하고 정확한 통계를 수집하게 했다. 그러나 가장 중요한 것은, 케인스의 끊임없이 빛나는 정신과 경제계의 인간역할에 대한 생각이 경제학이라는 새로운 과학을 경제계의 첫 번째 정통성에서 구해 낸 사실이었다.

81

숫자에서 배우다

통계학이라고도 하는, 근대 인구통계학demography은 런던의 부유한 상인이며 수학 세계의 비전문가였던 존 그란트John Graunt(1620-1674년)가 개척했다. 그는 이 분야의 정식 교육은 받지 못했으나 잡화상의 도제가 되어 실무가로 번창했다. 설교를 속기하는 데 '능숙하고 비교할 수 없는 능력'이 있는 것으로 알려진 '창의력 있고 신중한' 존 그란트는 신앙심이 깊고 종교 경험이 풍부했으며, 파벌이 심했던 런던의 대내란에서 중재자 역할을 했다. 그는 청교도로 성장했으나 삼위일체론 반대자로 개종했다가 뒤에 가톨릭으로 개종했다. 그란트는 1666년의 런던 대화재로 처참한 손실을 겪었고 그 후로는 재산을 회복시키지 못했다. 철저한 사업가였던 그는 당시에 '정치 산술가들'의 영역이었던 국가의 부를 큰 규모로 추산하는 일에는 관심이 없었다. 그러나 자신이 사는 런던의 복지에는 관심이 많았다. 그란트는 시의원을 비롯한 시의 직책을 많이 보유하고 있었다.

존 그란트는 런던의 대역병이 발생했을 때 주위에서 볼 수 있었던 사망자 수 때문에 인구 통계와 통계학에 관심을 두게 되었다. 영국 인구문제에 관한 가장 비참한 사실은 대역병이 퍼진 기간의 높은 사망률이었는데, 그 중의 최악의 경우가 그란트가 살아가는 시대에 일어났다. 예컨대 1625년 에는 전 인구의 약 4분의 1이 사망했다. 이미 1527년부터 런던에서는 사 망자 통계표Bills of Mortality나 사망자 명단이 가끔 수집되었고, 1592년에는 사망 원인도 규칙적으로 나열되고 있었다. 1603년의 참혹했던 대역병 시 기에는 매주 사망자 통계표를 발행하여 사체를 검사하고 사망 원인을 보 고하고 검역을 시행하는 '조사원'이나 '늙은 여사감'들이 수집한 자료를 보도하고 있었다. 직책을 나타내는 뚜렷한 붉은 지팡이를 들고 다녔던 이 늙은 여인들은 의학에 관해서는 전혀 무식하고 술을 즐겨 마시기로 악명 이 높았고, 또한 매독 같은 병으로 죽었을 때의 불쾌한 사실을 덮어 주는 대신에 돈을 받곤 했다. 그들의 보고서는 매주 목요일 오전 10시에 교구 의 서기들이 1부에 1페니, 또는 연간 4실링씩 받고 모든 관심 있는 사람들 에게 팔렸다.

그란트는 사망자 통계표에 관심을 쏟게 된 일이 "어떤 우연으로 계기 가 되었는지 알지 못했다." 현실적인 사람이었던 그는 일정하게 수집되는 그 많은 정보가 거의 쓸모가 없다는 사실에 당혹해했다. 그의 친구인 경 제학 선구자 윌리엄 페티William Petty(1623-1687년)가 그의 호기심을 자극했을 수도 있다. 1662년 2월 5일에 의사 다니엘 휘슬러Daniel Whistler 박사가 영국 왕립학회의 한 회의에 겨우 2주 전에 인쇄를 완료한 존 그란트의 90페이 지짜리 소책자 50권을 배포했다. 휘슬러 박사는 그란트를 회원으로 선출 하도록 제안했고 왕립학회는 즉시 투표로 그에게 회원의 영예를 안겨 주 었는데, 이 일은 단순한 상인에게는 전례 없는 일이었다. 그란트를 지지한

국왕 찰스 2세는 왕립학회에 '그런 상인이 더 있다면 지체 말고 회원으로 받아들이도록' 촉구하기도 했다.

당시에는 새로운 국제적인 과학 공동체가 시작을 알리고 있었다. 그란트는 겸손하게 "사망자 통계표에 관한 자연 및 정치적 고찰Natural and Political Observations made upon the Bills of Mortality"이라는 소논문으로 '자연의 의회'라고 생각하는 곳에 자신이 대표로 참석할 수 있기를 바라고 있었다. 그의 저서에는 거창한 주장이라고는 전혀 없었다. 그란트는 '여러 권의 혼란스럽고 방대한 자료[사망자 통계표]를 몇 개의 명료한 도표로 줄이고, 거기서 자연히 나온 관찰을 장황한 추론 없이 몇 줄의 간결한 문장으로 요약했을 뿐'이었다. 그란트는 "80년 동안 낭비된 이 안타깝게 멸시 받은 사망자 통계표에서… 대단히 난해하고 예기치 않은 추론을 끌어내는 데 많은 즐거움을 느꼈고… 방대한 기록으로 세상을 괴롭히지 않고도 적지 않은 새로운 일을 하는 데 기쁨이 있다는 사실을" 깨달았다.

그란트는 이용할 수 있는 자료가 미흡해도 개의치 않고 처음에 106개의 관찰을 제시했다. 그는 서투른 '조사원들'의 조사 결과를 쓸모없다고 거부하지 않고 독창적인 방법으로 가설을 만들어 냈다. 조사원들이 '맥주 한잔을 하고 1그로트groat 대신에 2그로트의 뇌물을 받고 실제로는 매독으로 죽었는데 폐결핵을 사망 원인으로 올린 사실'이 알려진 경우에도 그란트는 이런 사실을 첨가하여 그 목록을 흥미롭게 했다.

그란트는 지난 70년 동안 사망자 통계표에 기록된 유사한 사실들을 함께 분류한 후, 서로 다른 집단에서 발견되는 결과물을 비교했다. 예컨대 그는 급성질환으로 사망한 사람은 9명 중 2명뿐이고, 만성질환으로 사망한 사람은 229명 중 70명이며, '외상'(악성종양, 종기, 골절, 나병 등)으로 사망한 사람은 229명 중 2명뿐이라고 지적했다. 노환으로 사망한 비율은 7퍼센트였지만 어떤 질병이나 사고로 인한 사망률은 일정한 비율을 유지했다. 런던에서 살해당해 죽는 비율은 2,000명 가운데 1명도 채 되지 않았고, 기아로 사망한 비율도 4,000명 가운데 1명을 넘지 않았다. "서기 1634년에 14명이 사망한… 구루병은 이름도 그런 새로운 병이지만… 이 병은 점차 증가해서 서기 1660년에는 500명 이상으로 늘어났다." 그란트는 아마도 당시의 의사들이 이 질병을 새롭게 살펴보고 있다는 사실을 몰랐을 것이다. 영국에는 여자보다 남자가 많고 "의사들의 환자 수는 여자 둘에 남자 하나의 비율이다…. 그러나 남자가 여자보다 많이 죽는다." 가을은 가장 건강에 나쁜 계절이었지만, 발진열, 천연두, 이질 같은 질병이나 '내장의 질병'은 계절에 상관없이 위협하고 있었다. 이제 런던은 과거보다 건강한 곳이 아니었다. 영국 시골의 인구는 280년 만에 겨우 2배가 되었던 반면에, 런던의 인구는 70년마다 배로 증가했다. "그 이유는 사람들이 대부분 시골을 떠나 각지에서 런던으로 모여들고, 시골의 인구는 거기서 태어나는 사람뿐이지만, 런던에서는 각지에서 흘러 들어온 사람들로 인구가 증가하기 때문이다." 그란트는 왕이 즉위하면 전염병이 발생한다는 미신을, 찰스 2세가 즉위한 1660년에 전염병이 없었다는 사례를 이용해 부인했다.

그란트의 가장 독창적인 발명은 '생명표 life table'에서 생존율을 계산하여 인구와 사망률을 나타내는 새로운 방법이었다. 6세까지 생존하는 출생수 (64/100)와 76세까지 생존하는 수(1/100)라는 간단한 2가지 사실에서 출발한 그란트는 다음과 같이 각 10년 단위로 생존자 수를 나타내는 표를 만들었다.

16세 40		56세 6	
26세 25		66세 3	
36세 16		76세 1	
46세 10		80세 0	

현대의 보험 계리사들은 그란트의 수치를 채택하지는 않으나 그의 생존율 표는 인구통계학의 근대적 신기원을 열었다.

그란트는 통계학을 위한 선견지명이 있는 호소로 소논문을 이렇게 결론지었다. "더욱이, 이 모든 사실이 분명하고 진실이라고 한다면(나의 추측일 뿐이지만), 얼마나 적은 수의 사람들이 필요한 노동과 생업에 종사하고 있는지, 다시 말해 얼마나 많은 수의 여자와 아이들이 아무것도 하지 않고 다만 남이 벌어 놓은 것을 소비하고 있는지 알게 된다. 그 외에도 예컨대 쾌락을 탐하는 사람이 얼마나 많으며, 직업적인 도박꾼은 얼마나 많을까?, 신성이나 철학 같은 이해할 수 없는 개념으로 당황하는 불쌍한 사람들은 얼마나 많을까?, 기만을 당해 자신의 몸이나 재산이 위험에 처한 나약한 사람들이 얼마나 많을까?, 병사로 싸우는 사람은 얼마나 많을까?, 단순한 쾌락이나 장식품을 무역하는 사람은 얼마나 많을까?, 그리고 게으르거나 남에게 의존하며 사는 사람들은 얼마나 많을까?, 또 한편으로는 필요한 식량을 기르고 가공하고 포장하는 사람들은 얼마나 적을까?, 사색하는 사람 중에 자연과 사물을 진실로 연구하는 사람은 얼마나 적을까? 등을 알 수 있을 것이다."

18세기 이전에는 공식적인 국가의 통계조사가 없었다. 국가의 군사력이나 경제력을 드러내는 요소는 무엇이건, 위험한 바다를 지나 먼 항구에

도착할 수 있는 새로 발견된 항로 지도처럼, 국가의 기밀로 지켜지고 있었다. 이집트, 그리스, 히브리, 페르시아, 로마, 일본 등의 고대 인구조사는 과세 대상과 재산(가정과 자산)과 징병 적령기의 사람을 목표로 삼았던 것으로 보인다. 인구와 식량 공급에 대한 최초의 종합적인 통계조사는 1449년에 뉘른베르크에서 도시가 포위당할 위협을 받고 있을 때 시행되었다. 시의회는 식량을 먹어야 할 인구 총수와 식량 재고를 완전히 파악하도록 명령했으나 그 결과는 비밀로 유지되었고 두 세기가 지나서야 세상에 공개되었다.

'공적인 통계 수치'는 정부와 부와 과학에 관한 새로운 사고방식이 가져온 근대의 부산물이었다. 대의정치에는 주기적으로 인구의 공개 조사가 필요했다. 미합중국의 헌법 입안자들은 10년마다 국세조사를 실시하기 위한 조항(1조 2항)을 만들어 그 길을 열었다. 1790년의 미합중국 국세조사는 가장 오랫동안 계속된 국가의 주기적인 국세조사의 시작이었으며, 다른 제도의 본보기가 되었다. 그보다 이른, 1776년의 펜실베이니아 헌법은 주기적인 인구조사를 규정했다. 미국의 독립혁명이 일어났을 때, 1776년에 미국의 연합규약을 기초하도록 위임된 대륙회의 위원회는 3년마다 1번씩 인구조사를 요구했다. 각 식민지는 인구수와 관계없이 연합회의Congress of the Confederation에 1표씩 투표권을 갖고 있었으나 각 주는 재산에 비례하여 세금이 징수되고 있었다. 존 애덤스John Adams의 말에 따르면, 주민의 수가 '부의 공정한 지표'였다고 한다. 큰 주와 작은 주 사이의 타협을 위한 유명한 1787년 필라델피아 회의에서는 각 주가 2개의 투표권을 갖는 상원, 그리고 주민의 수에 비례한 대표자로 구성되는 하원의 양원제에 합의했다. 이민으로 국가는 급속히 성장하고 있었고 인구 이동도 활발했다. 최신의 인구조사 없이 어떻게 동등하게 대표자가 선출되었는지 알 수 있겠는가?

중세에 출생과 사망과 수명에 관한 자료를 공개하지 못하게 한 방해 요소는 국가 안보만이 아니었다. 서로 다른 인간의 수명은 오랫동안 오직 하나님의 관심사로만 여겨졌다. 17세기 중반까지는 영어의 '보험insurance'이라는 용어가 현대와 같은 의미로 사용되지 않았다. 1783년에도 프랑스의 한 저자는 생명보험이 나폴리와 피렌체와 영국에서 허용되었어도 프랑스에서는 허용되지 않았다는 사실을 자랑으로 여겼는데, 프랑스에서는 인간의 생명이 매우 존엄해서 보증의 대상이 될 수 없다고 생각되었기 때문이다.

그러나 독창적인 신학자들은 새로운 길을 알아냈다. 존 레이는 자신의 유명한 저서 『신의 지혜Wisdom of God』(1691년)에서 몇 가지 단서를 제시한 적이 있었다. 그의 뒤를 이어, 또한 영국 왕립학회의 회원이며, 자연이 틀림없이 신성한 시계 제조자의 작품임을 입증한 적이 있는 윌리엄 더햄William Derham(1657-1735년)은 저서 『물리-신학Physico-Theology』(1713년)에서 인구에 관련된 사실들은 신의 계획으로 확정되어 있다고 설명했다. 더햄은 "자연의 기본적인 법칙과 비논리적인 행위가 예컨대 남자와 여자의 적절한 비율을 어떻게 만들어 낼 수 있을까?"라는 의문을 던졌다. 그의 계산에 따르면, 14:13으로 "남자가 많은 이유는 해군을 비롯한 여러 목적의 전쟁을 위해 필요했기 때문에 인구문제는 세상을 다스리는 자의 작품"이 분명했다. 또 그는 "유용한 생물은 많이 만들고 그렇지 않은 생물은 적게 만드는 행위는 신의 섭리의 매우 놀라운 일이다"라고 주장했다. 더햄은 독이 있는 파충류가 이교도의 지역에 가장 풍부하다는 사실에 만족하며 이렇게 말했다. "따라서 동물계의 균형은 모든 시대에 통틀어 공평하게 유지되며, 모든 동물의 증가와 그 수명 사이의 신기한 조화와 정당한 비율로 이 세상은 시대에 상관없이 지나치지 않고 잘 돌아가고 있다. 즉 한 세대가 지나가면 또 다른 세대가 온다." 인구과잉을 방지하려고 신은 현명하게도 성서에 나오듯이, 인간의 수명을 처음에는 120세로 줄이고, 다음으로 70세까지 줄였다. "이런 방식으로 인간 세상은 너무 채워지지도 않고 너무 비어 있지도 않는 편리한 상태로 유지된다."

'최고 통치자가 이 세상의 인구를 선택하여 확립시킨 질서'에 관해 더 많이 알려진 주창자는 프리드리히 대왕의 군대 목사로 참전한 J. P. 쥐스밀히 J.P.Süssmilch(1707-1767년)였다. 그는 자신의 유명한 저서 『인간의 출생과 죽음, 그리고 자손의 변화에서 볼 수 있는 신의 질서Divine Order in the Changes of the Human Race shown by its Birth, Death, and Propagation』(1741년)에서 그란트를 인구 통계학이라는 새로운 세계를 발견한 '콜럼버스' 같은 존재라고 묘사했다.

> 우리는 한 걸음씩 생명의 땅에 들어간다. 과밀하지도 않고 살아 있는 집단과 죽어 가는 집단의 일정한 비율을 유지하는 특정한 수의 영향에 따라 들어간다… 무에서 존재로 나올 때도 항상 21명의 아들과 20명의 딸이 있음을 주목하라. 또한 광명 속으로 들어오는 자의 전체 수가 먼지 속으로 사라지는 자의 전체 수보다 약간 많아서 인간의 집단이 일정한 비율로 늘어나고 있다는 사실도 주목하라.

또한 쥐스밀히의 설명에 따르면, 정부는 '신이 더 많은 인구를 좋아하기 때문에' 인구 증가를 보장하는 정책을 만들어 내야 한다.

반세기 후에 맬서스는 쥐스밀히가 도시와 시골의 차이에 대한 단순한 일반화를 주장한 사실과 유행병이 일어난 시기를 포함하지 않은 실수를 맹비난했다. 그러나 자연신학의 주창자들은 인간 사망의 연구에서 신성 모독이라는 오명을 지웠고, 1801년에는 마침내 영국의 공식적인 인구조사가 시행되었다. 잉글랜드와 웨일스의 9백만 명과 스코틀랜드의 150만 명의 숫자는 신이 인간의 수를 늘리려는 의도가 있음을 입증하는 듯 보였다. 그러나 1688년에 영국의 통계학자 그레고리 킹Gregory King이 추정한 550만 명을 넘어선 충격적인 증가율은 맬서스나 진화론자들에게는 흥미 있는 자료가 되었다.

인구조사와 통계학이라는 분야는 사회과학, 국민경제, 국제 관계 등에 관한 근대 용어를 만들어 내면서 함께 성장했다. 겐트Ghent에서 태어난 아돌프 케틀레Adolphe Quetelet(1796~1874년)는 17세에 수학을 가르치기 시작했다. 젊은 케틀레는 시를 쓰고, 오페라를 합작했고, 예술가의 스튜디오에서 도제로 일했으며, 독자적인 흥미로운 그림을 그리기도 했다. 케틀레는 신설된 겐트 대학교에서 해석기하학analytic geometry에 관한 논문으로 최초로 박사 학위를 받았다. 그리고 이 논문을 계기로 그는 유명해졌고 벨기에 학술원의 회원으로 선정되었다. 케틀레는 23세 때 수학 교수로 임명되었고, 그 후에는 심오한 과학주제에 관한 뛰어난 강의로 많은 청중을 끌었다. 정부는 케틀레가 국립천문대 설립을 제안하자 그를 프랑스 천문대의 경험을 배워 오도록 파리로 보냈다. 그곳에서 케틀레는 라플라스 밑에서 자신의 관심 분야였던 확률론을 공부했다. 그리고 벨기에로 돌아와 신설된 브뤼셀 왕립천문대의 천문학자로 임명되었다. 천문대가 건설되는 동안 쉴

줄 모르는 케틀레는 사회 관찰에 관심을 돌려 통계학이라는 새로운 학문을 위한 사회 자료를 수집하기 시작했다.

케틀레는 파리에 있는 프랑스 수학자와 천문학자들의 공론에 참여하면서 '지금까지 불가능했던 천체 현상의 연구와 지상 현상의 연구를 결합해야 할 필요성'을 느꼈다. 그는 인체의 형상과 측정에 대한 예술적 관심도 잃지 않았다. 브뤼셀에서 케틀레는 자신이 '도덕통계'라고 칭한 자료를 수집하기 시작했다. 그는 정리되지 않은 수많은 숫자에서 인간에 관한 모든 통계를 분리해 냈다. 여기에는 인체에 관한 사소한 통계 수치와 함께 범죄와 범죄자들에 관한 사실도 포함되어 있었다. "집단으로 고려해 보면, 인류와 관계되는 통계 수치는 대략 물리적 사실의 현상이 된다"라고 케틀레는 가정했다. 그는 예컨대 각 연령대에 속하는 사람이 연간 저지르는 범죄의 수는 놀랍게도 일정하다는 사실에 주목했다. 그리고 이러한 행위에 대해 '사회물리학'의 법칙에 따라 확립된 일종의 '예산'이 있지 않을까? 하는 의문을 제기했다. 케틀레는 범죄, 자살, 결혼 등에 관해 자신이 선정한 3가지 통계 수치를 연령대에 따라 구분한 분야를 '도덕통계학'이라고 불렀는데, 이 모든 일이 개인이 행동을 선택한 경우였기 때문이다. 그런데 케틀러는 그 안에 또 놀라운 통계의 규칙성을 발견했다.

케틀레는 '통계학'을 인류에 관한 평균 자료로 확대했다. 이 말의 최초의 의미(독일어의 'Statistik(통계)'는 'Staatswissenschaft(국가론)'과 동의어이다, 1672년)는 국가나 국가 통치의 학문을 나타냈고, 18세기에는 헌법, 국가 자원, 국가정책 등의 연구를 의미했다. 이미 확인했듯이, 존 싱클레어 경 Sir John Sinclair은 '통계학'을 한 국가의 백성이 즐기는 '행복의 양'을 평가하는 명칭과 '미래 개선'의 수단으로 사용했다. 케틀레는 정치학이나 경제학이 아닌 수학, 확률, 인간 규범 등에 관한 관심에서 이 문제에 접근했다. 그는 유럽 전체에 명성을 떨친 논문 "인간과 능력 개발에 관한 연구, 사회물리학론Treatise on Man and the Development of his Faculties, An Essay on Social Physics"(1835년 출간; 영어 번역, 1842년)에서 '평균 인간l'homme moyen'이라는 독창적인 개념을 제안했다.

케틀레는 인체에 관해 수집한 양적 자료를 이용해 이런 결론을 내렸다. "한 국가의 남자 키를 고려해 보면, 개인의 수치는 우연적 원인의 법칙에 따라… 평균치를 중심으로 대칭으로 분류할 수 있다." 이 결론으로 확인된 그의 '평균 인간'이라는 개념은 "어느 국가에서든 실제로 하나의 전형이나 기준이고… 이 기준과 차이가 나는 사람은 거의 우연적 원인의 영향으로만 생기며, 그 영향은 시험의 수가 충분히 크면 계산할 수 있게 된다." 케틀레는 우연적 원인의 법칙을 "우리의 신체적 특성을 지배하는 것처럼 우리의 도덕과 지적 특성을 지배하고 국민 전체뿐만 아니라 개인에게도 적용되는 일반 법칙"이라고 했다. 특정한 국가의 비슷한 나이를 가진 남자들의 평균 신장은 평균값이며, 이 평균값을 중심으로 다른 변화 수치들은 이항분포, 또는 '정규'분포의 형태를 이루며 대칭으로 '왔다 갔다 하게 된다.' 그는 다른 신체적 특성도 같은 법칙을 따를 수 있다고 주장했고, 그의 이론적 예측은 몸무게와 가슴둘레의 수치에 관해 놀랍게도 일치했다.

1844년에 케틀레는 자신의 개념을 적용하여 프랑스 육군의 징병 기피의 범위를 발견함으로써 회의론자들을 놀라게 했다. 케틀레는 징병 소집에 응한 프랑스 청년 10만 명 중에 나타난 신장 차이의 실제 분포와 자신이 만든 예상 분포 수치를 비교한 결과, 약 2,000명이 최저 신장보다 작다고 가장하여 징병을 피했을 것이라고 과감하게 주장했다.

　케틀레는 프랑스 법원의 통계(1826-1831년)에서 다음과 같이 결론을 내렸다.

　　해마다 같은 빈도로 발생하는 같은 범죄가 반복되고 같은 비율로 처벌이 유발되는 현상은 가장 흥미로운 일이며… 또한 해마다 나의 예측을 확인해 주는 숫자로 나는 이렇게까지 말할 수 있다. 즉 자연이나 재무부에 바치는 공물보다 더 일정하게 바치는 공물이 있는데, 그 공물이 바로 범죄다! 그야말로 인간의 슬픈 조건이 아닌가! 우리는 출생과 사망의 숫자를 거의 예측할 수 있듯이, 동료 인간의 피로 손을 더럽히는 자의 수가 얼마나 많으며, 또 위조범과 독살범의 수가 얼마나 많은가를 예측할 수 있다.

　　사회는 범죄를 유발하는 근원을 갖고 있으며, 범죄를 키우는 조건도 포함하고 있다. 어떤 의미에서는 범죄의 기반을 마련해 주는 것이 사회이며, 범죄는 그 도구가 된다….

　케틀레는 물론 '사회물리학'을 사용하여 선이나 악을 선택하는 개인의 힘을 부정한다는 맹비난을 받았다. 그러나 그는 이제 마침내 통계학이 사회에서 이미 작용하고 있는 힘을 밝혀냈으며 "사람들의 제도, 습관, 교육 등을 비롯한 그들의 행위에 영향을 미치는 모든 일을 바꾸어 사람들을 개선할 가능성"을 만들어 냈다고 반박했다.

　신의 부름으로 직접 사명을 다하고 있었던 신앙심 깊은 플로렌스 나이팅게일Florence Nightingale(1820-1910년)은 뜻밖에도 이 새로운 과학의 옹호자가 되었다. 그녀는 케틀레를 자신의 영웅으로 여겼고, 그가 쓴 『사회물리학Social Physics』을 제2의 성경으로 삼았으며, 그 증정본의 페이지마다 주석을 달 정도로 열성을 쏟았다. 그녀는 통계학이 신의 목적을 이루는 수단이었으므로 통계학의 연구를 또 하나의 종교적인 의무로 칭송했다.

케틀레는 자신의 논문 속표지에 "자연과학에 중요한 역할을 했던 관찰과 수학에 근거한 방법을 정치와 도덕과학에 적용하자"라는 라플라스의 좌우명을 넣었다. 케틀레는 통계학이라는 새로운 과학은 사회를 개선하는 과학을 위한 국제적인 사전과 같다고 주장했다. "과학은 발달하면 할수록 더욱 수학의 영역으로 들어가며, 수학은 과학이 한데 집중하는 일종의 중심이다. 우리는 과학이 어느 정도 그 능력으로 얻은 완성도를 계산으로 접근할 수 있는지로 판단할 수 있다"라고 그는 덧붙여 말했다.

새로운 과학 의회의 열성적인 정치가였던 케틀레는 점점 늘어나는 자신의 발견을 회보에 단편적으로 게재하도록 학회에 보냈다. 그는 2,500명에 달하는 과학자와 정치가를 비롯한 여러 문인들(가우스, 앙페르, 패러데이, 알렉산더 폰 훔볼트, 괴테, 제임스 A. 가필드, 레무엘 섀틱, 조지프 헨리, 프린스 앨버트, 벨기에의 레오폴드 1세 등)과 이루어진 방대한 교류로 통계학이라는 새로운 학문을 널리 알렸다.

케틀레는 유럽과 미국에 있는 사람들을 조직하여 '도덕통계학'에 쓰일 수 있는 인구조사 자료를 수집했다. 그는 찰스 배비지Charles Babbage(1792~1871년)를 설득하여 런던통계학회Statistical Society of London(1834년)를 설립하게 했다. 케틀레는 또한 1851년에 런던에서 열린 만국박람회에서 국제 협력을 위한 토론회를 열어, 3년 후에는 제1회 국제통계회의International Statistical Congress(1854년)를 브뤼셀에서 개최하게 했다. 그 회의의 초대 의장으로서 케틀레는 방법과 용어를 통일해야 한다고 설파했다. 이러한 사회과학의 초창기에 케틀레는 중요한 영향력을 미쳤다. 국제 통계학은 케틀레의 독창적인 훌륭한 창조물이라고 말하는 사람도 있었다. 이를 통해 서구인들은 공중 보건, 정책, 교육 분야에서 양적 자료가 주는 교훈에 지나칠 정도로 기대를 하며 의존하게 되었다. 한편 전체주의 정부들은 비밀주의 시대로 되돌아가게 되었다.

20세기에, 공적인 통계 수치는 국민 복지와 국제관계의 토론을 지배하게 되었다. 국민 소득이나 1인당 소득, 국민총생산, 성장과 발전 속도, 선진국과 후진국, 인구 증가 등의 개념들은 케틀레와 그의 제자들이 물려 준 유산이었다. 모든 인구조사의 발행을 촉구해 온 국제통계연구소는 1900년에는 세계 총인구의 약 43퍼센트를 대상으로 대략 68개의 인구조사가 시행된다고 보고되었다. 그들이 제안한 전 세계 인구조사는 아직도 미래의 일이었다.

무한대와 무한소

세계는 1945년 8월 6일에 히로시마의 원자폭탄으로 인간이 원자라는 암흑 대륙을 열었다는 충격적인 발견을 받아들였다. 원자의 신비는 20세기를 괴롭혔다. 2,000년 동안 '원자'는 철학자들의 관심사 가운데 가장 신비로운 주제였다. 원자의 어원인 그리스어 'atomos'는 물질의 최소 단위를 의미했으며, 더는 쪼갤 수 없는 입자라고 여겨졌다. 이제 원자는 흔히 쓰이는 말이 되었고 전례가 없는 위협과 약속이 되었다.

최초의 원자 철학자는 기원전 5세기에 살았다고 알려진 전설적인 그리스인 레우키포스Leucippus였다. 그의 제자 데모크리토스Democritus는 원자론을 고대 그리스의 철학으로 만들어 놓았다. 데모크리토스는 인간의 어리석음을 매우 재미있어했기 때문에 '웃는 철학자'로 알려져 있었다. 그러나 그는 인류가 신화 속 황금 시대에서 타락했다는 사실을 논박하고 진보의 신조를 설파한 최초의 인물이었다. 그는 전 우주가 원자와 공간으로 구성되었다면 우주는 무한히 복잡하지 않고 어쩌면 이해될 수 있고, 인간의 힘은 무한할 수 있다고 생각했다.

　루크레티우스Lucretius(기원전 95-55년경)는 위대한 라틴어 서사시의 하나인 『사물의 본성에 관하여De rerum natura』에서 원자의 영원 불멸성을 주장하는 고대 원자론을 내세웠다. 신들의 공포에서 인간을 벗어나게 하려고 루크레티우스는 세계가 독자적인 법칙으로 움직이는 원자와 공간으로 이루어져 있어서 영혼은 신체와 함께 죽으며, 따라서 죽음이나 초자연적인 능력을 두려워할 이유가 없다고 주장했다. 또 그는 자연을 이해하는 일이 마음의 평화를 얻는 유일한 길이라고 말했다. 루크레티우스는 기독교의 내세를 믿었던 교부들에게서 맹비난을 받았고 중세 동안에는 무시되고 잊혔으나 르네상스 시대에는 가장 큰 영향을 미친 인물에 속했다.

　따라서 원자론은 근대에 하나의 철학 체계로 자리 잡기 시작했다. 피타고라스의 대칭성이 코페르니쿠스의 기본 체계가 되었고, 기하학이 케플러를 매료시켰고, 아리스토텔레스의 완전한 원이 하비의 마음을 사로잡았듯이, 철학자들의 '더는 쪼갤 수 없는' 원자는 화학자와 물리학자들에게 흥미를 불러일으켰다. 프랜시스 베이컨은 "원자에 관한 데모크리토스의 이론은 사실이 아니더라도 자연을 설명하는 데 매우 효과적으로 적용할 수 있다"라고 주장했다. 데카르트(1596-1650년)는 자신이 에테르라고 했던 매개물 속을 움직이는 무한히 작은 입자라는 개념을 만들어 냈다. 또 1명의 프랑스 철학자 피에르 가상디Pierre Gassendi(1592-1655년)는 데모크리토스의 이론을 확인해 주는 듯 보였으나 원자론의 또 다른 해석을 제시했다. 이 원자론 해석을 로버트 보일Robert Boyle(1627-1691년)은 화학에 적용하여 땅, 공기, 불, 물 등의 잘 알려진 '원소들'은 전혀 원소가 아니라는 사실을 입증했다.

예수회 수학자 R. G. 보스코비치Boscovich(1711-1787년)의 선견지명은 원자물리학이라는 새로운 과학으로 향하는 길을 개척했다. 보스코비치는 원자에 관한 '중심점'이라는 대담한 개념을 내세워 서로 다른 고체 원자의 집단이라는 낡은 개념을 버렸다. 그는 물질의 기본 입자가 모두 똑같고, 물질은 이 중심점을 둘러싼 공간 관계라고 주장했다. 수학과 천문학에서 이런 개념을 얻은 보스코비치는 원자구조와 우주 구조 사이의, 즉 무한소와 무한대 사이의 더욱 밀접해지는 관련성을 예견했다.

퀘이커교도였던 독학한 비전문가 존 돌턴John Dalton(1766-1844년)은 라부아지에Lavoisier(1743-1794년)에게서 암시가 되는 개념을 얻어 원자에 관한 실험의 길을 개척하게 되었다. 근대 화학의 선구자인 라부아지에는 마침내 원자론을 현실로 끌어내려, 원자를 알려진 어떤 방법으로도 다른 물질로 쪼갤 수 없는 물질인 '원소'라고 정의하여 유용한 실험실 개념으로 만들어 놓았다. 영국 레이크 지방에 있는 컴벌랜드Cumberland의 직물업자 아들로 태어난 돌턴은 집안 내력대로 평생 겸손한 성향으로 살았다. 돌턴은 12세에 마을에 있는 퀘이커 학교의 교사가 되었다. 근처의 켄들Kendal에 학생들을 가르치러 갔을 때 그는 학교 도서관에서 뉴턴의 『프린키피아』, 보일의 저서들, 뷔퐁의 『자연사』 등과 함께 2피트(약 61센티미터)짜리 반사망원경과 이중 현미경을 보았다. 그곳에서 돌턴은 앞을 못 보는 매우 뛰어난 자연철학자 존 고프John Gough 밑에서 일했다. 돌턴은 존 고프에 관해 한 친구에게 이런 편지를 보낸 적이 있었다. "그는 수학의 모든 분야를 잘 이해했으며… 촉각, 미각, 후각으로 이 지역의 20마일(약 32킬로미터) 이내에 있는 거의 모든 식물을 구별해 낸다." 워즈워스는 시 『유람Excursion』에서 존 고프를 찬미한 적이 있었다. 돌턴은 고프에게서 라틴어, 그리스어, 프랑스어 등의 기본 교육뿐만 아니라 수학 입문과 천문학을 비롯한 여러 관찰 과학도 배웠다. 고프의 본보기를 따라 돌턴은 매일 기상을 기록하기 시작하여, 죽을 때까지 계속 기록했다.

영국의 국교회 반대자들은 맨체스터에 뉴 칼리지New College를 설립했을 때 돌턴을 수학과 자연철학 교수로 임명했다. 돌턴은 맨체스터의 문학철학협회Manchester Literary and Philosophical Society에서 자신의 실험에 열렬한 청중들을 발견했다. 그들에게 돌턴은 '색채를 식별하는 감각에 관한 놀라운 사실'이라는 연구 결과를 보여 주었다. 이 연구 결과는 존과 그의 형 조나단에게 유전된 색맹에 관한 최초의 체계적인 업적이었을 것이다. 이에 관해 존 돌턴은 "내 연구의 진전을 다른 사람의 결론처럼 대수롭지 않게 여기며 오해하는 경우가 흔해서 나는 될 수 있는 한 집필하지 않으려 했지만 나 자신의 경험이므로 입증할 수밖에 없다"라고 말했다. 또 그는 북극광을 관측했고, 무역풍의 근원과 구름과 강우의 원인을 제시했으며, 우량계, 기압계, 온도계, 습도계를 개선하기도 했다. 돌턴은 대기에 관한 관심으로 화학에도 관심을 돌렸는데, 그 계기로 원자까지 연구하게 되었다.

뉴턴은 극소의 보이지 않는 물체가 거대한 천체를 지배하는 양적 법칙을 따르고 있을 것이라는 예측을 한 적이 있었다. 화학은 천문학을 되풀이했을 것이다. 그러나 이 보이지 않는 입자들의 운동과 상호 인력을 인간이 어떻게 파악할 수 있을까? 뉴턴은 『프린키피아』에서, 그 책에서는 설명되지 않았지만 "자연현상은 아직은 알려지지 않은 어떤 원인으로 입자들이 상호 반발하고 당기거나, 서로 밀어내고 되돌아오는 특정한 힘에 완전히 의존할 것이다"라고 생각한 적이 있었다.

돌턴은 정량 방식의 실험법을 찾으면서 '이러한 기본 입자'를 확인하려고 했다. 기체는 가장 느슨하며 가장 유동적인 물질이기 때문에 돌턴은 대기를 구성하고 있는 기체의 혼합물에 초점을 맞추었는데, 이것이 원자에 관한 그의 모든 사고의 출발점이 되었다. 그는 1803년에 맨체스터의 문학철학협회에서 동료들에게 "왜 물은 모든 기체의 같은 양을 받아들이지 않을까?"라는 질문을 했다. "이런 상황은 여러 기체를 만들고 있는 궁극적인 입자의 중량과 수에 따라 결정된다. 즉 어떤 기체의 입자는 가볍고 1개이기 때문에 잘 흡수되지 않고, 다른 입자는 무게와 복잡성이 증가함에 따라 더 잘 흡수된다고 나는 거의 확신한다"라고 돌턴은 주장했다. 돌턴은 공기가 단 하나의 거대한 화학적 용매라고 믿고 있던 일반적인 관점과 반대로, 각각 독특하고 독립적으로 행동하는 기체들의 혼합물이라는 사실을 이미 알아냈다. 그 실험 결과로 그는 획기적인 저서 『여러 기체를 이루고 있는 궁극 입자의 상대적인 중량표TABLE: Of the Relative Weights of Ultimate Particles of Gaseous and Other Bodies』를 출간했다. 돌턴은 수소의 상대적인 무게를 1로 하여 21개의 물질을 나열했다. 눈에 보이지 않는 '궁극 입자'를, 마치 총알 같으면서도 훨씬 작은, 아주 작고 단단한 공으로 묘사한 그는 여기에 뉴턴 법칙을 근거로 물체가 서로 끌어당기는 힘을 적용하도록 제안했다. 돌턴의 목표는 "물체의 요소와 그 결합에 관한 첫 번째 원칙이라는 새로운 견해를 만드는 일이었다. 그렇게 하여 그는 곧 분명히… 화학 체계 안에서 가장 중요한 변화를 만들어 내어 그 전체가 가장 간단하고 누구나 이해할 수 있는 하나의 과학이 될 수 있으리라 확신했다." 돌턴은 '4개의 물 분자에 기초하는 1개의 공기 분자'를 각각의 작은 구체가 그 이웃과 닿아 있는 '정방형의 투망처럼' 나타냈을 때, 다음 세기에 확립될 유기화학의 '공-막대 모형ball-and-stick model'(공은 원자를 나타내고 막대는 공유결합을 나타내는 분자구조 모형)을 제시한 셈이다.

돌턴은 대중 강의를 위해 자신이 '임의로 만든 여러 화학 요소나 궁극 입자를 나타내는 표시를 고안하여' 원자의 질량표로 배열했다. 물론 돌턴이 처음으로 화학물질의 기호를 사용한 것은 아니었다. 연금술사들도 독자적인 기호를 사용했다. 그러나 돌턴은 '궁극 입자'의 정량 방식에 이러한 상징을 사용한 최초의 사람이었을 것이다. 그는 수소 원자를 기본단위로 만들어 구성 원자들의 질량을 합하여 분자의 질량을 계산해 냈고, 그리하여 현대의 화학 표기법을 제공하게 되었다. 각 원소의 라틴어 이름 첫자를 사용하여 약자(H_2O 등)를 고안한 사람은 스웨덴 화학자 베르셀리우스Berzelius(1779-1848년)였다.

처음에는 돌턴의 원자론에 대한 반응이 열광적이지 않았다. 영국의 훌륭한 화학자 험프리 데이비 경Sir Humphry Davy은 그 개념을 '중요하기보다는 오히려 독창적'이라고 즉시 비평했다. 그러나 돌턴은 자신의 저서 『화학의 새로운 체계A New System of Chemical Philosophy』(1808년) 속에 상세히 설명된 설득력이 강한 개념들로 1826년에 로열 메달을 받았다. 자신이 평민 출신이라는 사실을 잊은 적이 없는 돌턴은 여전히 런던의 왕립학회와 거리를 두고 있었으나, 1822년에는 그의 동의 없이 회원으로 선정되었다. 학회의 귀족적인 호사가 분위기에 회의를 느끼고 있던 돌턴은 맨체스터에서 보내는 삶이 더 편안했으며, 그곳에서 대부분의 연구에 몰두하고 찰스 배비지Charles Babbage와 협력하여 영국과학진흥협회의 설립을 도와 모든 사람에게 과학이 전해지도록 했다. 정통 신학을 추구하는 뉴턴 학설 신봉자들은 신이 보이지 않는 '궁극 입자'를 절대 변화할 수 없고 파괴할 수 없도록 만들었다고 생각하지 않았다. 그들은 신이 '자연의 법칙을 다양하게 만들어 우주의 여러 곳에 여러 종류의 세계를 만들기 위한' 능력을 발휘했을 것이라는 뉴턴의 생각을 함께 갖고 있었다.

돌턴이 주장한, 더는 쪼갤 수 없는 원자는 화학이라는 새로운 과학의 기초가 되었고, 원자 질량의 단순한 비율로 일정 성분비 법칙, 배수 비례의 법칙, 화학원소의 결합 등의 기초 원리를 만들어 냈다. 돌턴의 주장에 따르면 "화학의 분해와 결합은 입자가 서로 분리되었다 다시 결합하는 현상일 뿐이다. 물질이 새로 생기거나 파괴되는 일은 화학작용이 미치는 범위 내에서는 일어나지 않는다. 태양계 속에 새로운 행성을 넣거나 이미 존재하는 행성을 없앨 수 없는 것처럼, 수소의 한 원자를 창조하거나 파괴할 수는 없다." 돌턴은 눈에 보이는 천체의 법칙을 무한소의 우주에 대한 실마리로 계속 사용했다. 돌턴의 주장을 여전히 믿지 않았던 선지자 험프리 데이비 경은 "더는 쪼갤 수 없는 원리란 것이 정말 발견되었다고 생각할 이유가 없다"라고 말했다.

돌턴은 콜럼버스 같은 존재였을 뿐이다. 앞으로 베스푸치 같은 사람들도 나타날 것이고, 그들이 나타나면 즐거운 경이로움을 만들어 내는 사람도 있고 무서운 충격을 만들어 내는 사람도 있을 것이다. 그 사이 반세기 동안, 돌턴의 더는 쪼갤 수 없는 고체 원자는 화학자들에게 잘 쓰였고, 또한 유용하게 더욱 정교해졌다. 프랑스 과학자 게이뤼삭Gay-Lussac은 원자가 결합할 때 돌턴이 설명한 대로 1대 1의 방식을 반드시 취하는 것이 아니고 단순한 정수비의 다른 배열로도 가능하다는 사실을 입증했다. 이탈리아 화학자 아보가드로Avogadro(1776-1856년)는 온도와 압력이 같으면, 같은 부피 속에 들어 있는 기체 분자의 수는 기체의 종류와 관계없이 서로 같다는 사실을 보여 주었다. 또한 러시아 화학자 멘델레예프Mendeleyev는 원소의

'주기율'을 제안했다. 주기율은 원소를 원자량의 순서로 배열하면 비슷한 성질을 가진 원소의 집단이 일정한 주기가 나타난다는 법칙이었다.

더는 쪼갤 수 없는 고체 원자의 분해는 2개의 근원에서 비롯하게 된다. 즉 하나는 잘 알려진 근원이고, 다른 하나는 빛의 연구와 전기의 발견이라는 전혀 새로운 근원에서 비롯되었다. 아인슈타인은 이 역사적인 움직임을 물질계의 '기계적' 관점의 쇠퇴이며, '장field' 관점의 대두라고 설명했다. 그리고 이 관점으로 그는 상대성이라는 새로운 해석과 새로운 신비로 독자적인 길을 개척하게 되었다.

알베르트 아인슈타인Albert Einstein은 자신의 연구실 벽에 마이클 패러데이Michael Faraday(1791-1867년)의 사진을 걸어 두고 있었는데, 그 이상 적절한 사진은 없었을 것이다. 패러데이는 아인슈타인의 업적을 가능하게 한 대혁신의 개척자이며 선지자였기 때문이다. 세계는 이제 '떨어진 거리에서 작용하는 힘'이라는 뉴턴 방식, 즉 물체가 거리의 제곱에 반비례하는 중력으로 서로 잡아당긴다는 원칙이 지배하지는 않았다. 이 물질계는 '힘의 장'이라고 하는 미묘하고 만연해 있는 헤아리기 어려운 공간이 되었다. 이런 개념은 뉴턴의 혁명처럼 급진적이었고 일반 사람들이 이해하기에는 더욱 어려웠다.

천문학의 코페르니쿠스 혁명처럼, 물리학의 '장Field' 혁명은 상식을 거부하고 선구적인 과학자들을 다시 한 번 '역설의 안개' 속으로 몰아갔다. 마이클 패러데이가 수학을 배웠더라면 놀랄 만한 새로운 관점을 그렇게 쉽게 갖추지 못했을 것이다. 런던 교외의 가난한 대장장이의 아들이었던 패러데이는 어린 시절부터 직접 돈을 벌어야 했고 1801년에 전쟁으로 물가가 매우 높았을 때는 일주일에 빵 한 덩어리로 살았다고 한다. 패러데이의 부모는 작은 정통파 기독교인이며 금욕적인 스코틀랜드 신교도 종파인 샌드먼파Sandemanian 교회의 신자였다. 이 신자들은 퀘이커교도처럼 민간 성직자를 믿고 부의 축적을 반대했다. 패러데이는 빠짐없이 일요일 집회에 참석했고 말년까지 장로로 남아 있었다. 패러데이는 자신의 손때가 묻은 성경책 중에서 가장 좋아한 구절은 욥기에 있었다. 그는 거의 정식 교육을 받지 못했으며 읽고 쓰고 계산하는 기본 교육을 교회 주일학교에서 배운 정도였으나 13세 때 다행히도 프랑스에서 이주해 온 친절한 인쇄업자이며 제본업자인 M. 리보M. Riebau에게서 일자리를 얻었다. 처음에는 리보가 대여해 준 신문을 배달한 다음, 그 신문을 거둬들여 다시 배달했다.

리보의 제본소에 제본을 맡긴 책 중에는 찬송가의 작사자 아이작 왓츠Isaac Watts가 쓴 『정신의 개선 The Improvement of the Mind』이라는 책이 있었다. 패러데이는 이 책의 자기 계발 방법을 비망록에 기록하며 따랐는데, 이 비망록이 결국에는 그의 유명한 실험실 기록장이 되었다. 어느 날, 패러데이는 다시 제본을 위해 들어온 『브리태니커 백과사전Encyclopaedia Britannica』(3판, 1797년)을 보았다. 그 안에는 별난 '화학자 제임스 타이틀러 James Tytler'가 저술한 2단 구성의 127페이지에 달하는 전기에 관한 논문이 들어 있었다. 당시에 널리 퍼져 있던 전기의 일유체설과 이유체설one-fluid and two-fluid theories을 뒤집은 타이틀러는 전기가 물질의 흐름이 아니라 빛이나 열과 유사한 진동이라고 주장했다. 이 흥미로운 주장으로 패러데이는 과학 속으로 처음 빠져들었다.

1810년에 패러데이는 시립철학학회City Philosophical Society가 개최하는 강연에 참석하기 시작했고, 그 후에는 영국 왕립과학연구소에서 험프리 데이비의 강의를 들었다. 1811년 12월에 패러데이는 데이비의 강의를 들으면서 꼼꼼하고 멋지게 기록한 필기장과 자신이 데이비의 조수가 되고 싶다는 요청을 보내어 데이비를 놀라게 했다. 그해 10월에 실험실의 폭발로 일시적으로 눈이 실명된 데이비는 대필하는 사람이 필요했다. 데이비는 1주일에 1기니씩 받고 연구실 꼭대기에 있는 두 방과 연료와 양초와 실험복을 사용하고 기구를 마음대로 쓰는 조건으로 패러데이를 고용했다. 20세의 패러데이는 당시에 가장 위대한 화학자의 한 사람이었던 데이비의 실험실에 있게 되어, 그곳에서 마음대로 실험을 할 수 있었다. 패러데이에게 꿈이 실현되었다!

험프리 데이비와 그의 아내는 패러데이를 완전한 교육을 위해 1813년에서 1814년까지 유럽 여행에 함께 데리고 갔다. 그들은 프랑스와 이탈리아를 방문했고, 과학자들을 만났으며, 이야기하기 좋아하는 데이비의 희망과 의문점들에 관한 이야기를 나누었다. 1815년 4월에 영국에 돌아왔을 때는 패러데이가 데이비에게서 쉽게 속단을 내리지 않는 법을 배웠고 실험에 대한 새로운 열정을 품은 모습이 되어 있었다. 실험실에 돌아온 패러데이는 유류의 열과 빛 실험을 하여, 마침내 벤젠을 발견해 냈다. 또 그는 최초로 염소와 탄소의 화합물을 합성했다. 이 화합물이 에틸렌이 되었는데, 이로 인해 치환반응이 처음으로 알려졌다. 패러데이는 강철 합금의 화학 분야도 개척했다. 패러데이의 삶에서 궁극적으로 가장 중요한 일은 왕립학회에서 위탁을 받은 임무로, 특히 편광 시험에 유용한 굴절률이 높은 망원경용 광학유리를 새로 만드는 일이었다.

패러데이의 낙관적인 기질은 시립철학학회에서 만난 사람의 누이동생과 행복한 결혼으로 더욱 강화되었다. 사라 버나드Sarah Bernard는 패러데이가 밤을 새우며 연구하는 과학에는 관심이 없었지만 '그에게 마음의 베개'가 되어 행복하다고 말하곤 했다.

패러데이는 우선권 획득의 새로운 세계에서 초기에 이루어 낸 성공들 때문에 스승의 질투를 받았다. 1824년에 패러데이가 염소의 액화 연구의 업적으로 왕립학회 회원에 추천되자 데이비는 그의 선출을 반대하고 자신이 그 업적을 달성했다고 주장했다. 그래도 패러데이는 왕립학회 회원으로 선출되었다.

데이비는 뉴턴의 이론을 실험실의 화학자의 필요성에 맞추려는 새로운 이론적인 노력에 흥미를 갖게 되었다. 그 가운데 가장 매력적인 체계는 원자가 꿰뚫을 수 없는 당구공 같은 작은 물질이 아니라 힘의 중심으로 설명한 보스코비치의 '중심점' 이론이었다. 물질의 '궁극적인 입자'가 이런 성질이 있다고 한다면 화학원소들의 상호작용과 '친화력'이나 안정된 화합물을 만드는 방법 등을 설명할 수도 있다.

보스코비치는 자신의 근본적인 주장을 화학원소에만 제한하고 있었다. 패러데이는 실험에 대한 열정을 미지의 분야인 전기에 우연히 초점을 맞추었을 때 보스코비치의 이론에 새로 흥미를 느꼈다. 1821년에 한 친구가 일반 대중에게 전자기electromagnetism를 설명하는 종합적인 논설을 철학 잡지에 기고하도록 패러데이에게 요청했다. 바로 이전 여름에 덴마크의 물리학자 한스 크리스티안 외르스테드Hans Christian Oersted(1777-1851년)가 저녁 강의에서 전기가 흐르는 전선이 자침의 방향을 변화시킬 수 있다는 사실을 입증하면서부터 전기 흐름에 관한 최근 관심이 일어났다. 외르스테드의 단서를 따라 패러데이는 수은이 담긴 비커 2개와 전기가 흐르는 전선, 그리고 원통형 막대자석 2개로 된 간단한 실험 장치를 만들었다. 이 실험 장치로 패러데이는 전자기 회전, 즉 전기가 흐르는 전선이 자석의 극 주위를 회전하고 자석의 극은 전기가 흐르는 전선의 주위를 회전한다는 사실을 훌륭하게 입증했다. 패러데이는 전기가 흐르는 전선의 둘레에 원형을 이루는 힘이 있는 것이 아닐까 하는 의문을 품기 시작했다. 또한 자기와 전기의 힘은 어쩌면 서로 변환이 가능하지 않을까 하는 의문도 생겼다. 이 시점에서 패러데이가 수준 높은 수학자가 아니었던 사실이 오히려 다행이었다. 만일 그랬다면 프랑스의 수학 천재 앙드레 마리 앙페르André-Marie Ampère(1775-1836년)처럼, 단순히 뉴턴 방식에서 힘의 중심에 관한 수학 공식으로 전자기를 설명하려는 관례적인 방법을 따랐을 수 있기 때문이다. 패러데이의 순수한 관점은 전혀 다른 시각이었다.

패러데이는 의도했던 것은 아니었지만 이미 기계 에너지를 전기에너지로 변환하는 최초의 기록을 남겼다. 물론 이 일이 전동기와 발전기의 발명과 함께 일상생활의 전환을 향한 중요한 단계였다. 다시 한번 과학의 혁명은 상식의 저항에 의존하게 되었다. 의외로 보이지만, 자기의 힘은 뉴턴이 내세운 중력의 힘과 달리, 거리에 직선으로 작용하는 부피가 있는 물체에 초점을 맞추지 않았다. 1821년 이후 수많은 실험 끝에 패러데이는 기이한 현상을 보기 시작했고, 자기와 전기의 흐름이 '힘의 장'을 만들어 내는 가능성을 확인하기 시작했다.

비전문가의 순수한 관점으로 행운을 얻은 패러데이는 존경 받는 뉴턴의 수학 공식에 유혹되지 않았다. 수은이 담긴 비커 안에서 자석과 전선을 회전시키는 첫 실험에서, 현대적인 '장의 이론'을 개척한 선구적인 개요에 이르기까지 25년 동안 이루어진 패러데이의 실험은 궁극적으로 우주에 대한 새로운 관점의 길을 열어 놓았다. 그 모든 과정에서 패러데이는 단순히 신이 이룩한 창조의 통일성과 일관성을 믿는 샌드먼파 신앙을 따랐을 것이다.

1831년에 패러데이는 뉴욕 올버니에 있는 조지프 헨리가 전류의 방향을 반대로 흐르게 하여 전자석의 극을 반대로 만들었다는 사실을 알고 직접 실험에 착수했다. 그는 움직이는 자석이 어떻게 전류를 만들어 낼 수 있는가를 밝힐 목적이었다. 패러데이는 정전기를 젖은 줄에 방전시키는 놀라울 정도로 간단한 실험으로 정전기가 다른 종류와 근본적으로 다르지 않고, 따라서 알려진 모든 종류의 전기가 똑같다는 사실을 입증했다. 그 후 그는 전기화학의 실험을 이용해 전기의 분해력이 용액 내의 전기의 양에 정비례하고, 따라서 전기가 화학 친화력의 힘이라는 사실을 입증했다. 패러데이는 요오드화 칼륨 용액에 담근 흡묵지를 사용하여 정전기를 공기 중에 방전시켜 전기도 중력처럼 한 '극'에서 다른 '극'으로 작용하는 힘이라는 뉴턴에 근거한 이론을 뒤엎어 버렸다. 이 모든 사실이 전기 입자와 전기장의 존재에 단서가 되었다. 다시 말해 힘의 변환성과 모든 현상의 통일을 의미하는 '힘의 장'을 향한 서막이 되었다.

1838년에 패러데이는 새로운 전기 이론을 위한 기반을 갖추었다. 그는 '전극', '음극', '전기분해' 같은 완전히 새로운 용어를 만들어 냈다. 어쩌면 전기력은 분자 사이에 일어나는 현상이며 전기는 물체를 이동하지 않고 에너지를 이동시키는 것이라고 그는 과감히 말했다. 물리적인 의미 때문에 '흐름'이라는 말을 경계했던 패러데이는 이런 이동을 서로 잡아당기는 상태에 있는 미세한 입자들이 입자에서 입자로 전달되는 과정이라고 설명했다.

이러한 초기의 끊임없는 실험으로 끔찍하게 피곤했던 패러데이는 5년 동안 휴식을 보낸 후, 연이은 실험으로 다음의 결정적인 단계를 위해 되돌아왔다. 이 무렵, 나중에 유명한 켈빈 경Lord Kelvin이 되는 젊은 윌리엄 톰슨William Thomson(1824-1907년)이 전기의 본질과 이것을 뉴턴 개념에 맞추려는 어려움으로 머리를 썩이고 있었다. 1845년 8월에 톰슨은 패러데이의 역선lines of force(자기장이나 전기장의 크기와 방향을 보이는 선)이라는 개념에 수학 형식을 부여할 수 있게 되었다는 초기 성과의 소식과 앞으로의 실험에 관한 제안을 패러데이에게 서신으로 보냈다. 당시에는 어떤 유명한 물리학자도 패러데이를 신뢰하려고 하지 않았다.

그러나 당시에 겨우 21세였던 톰슨은 전혀 뜻밖의 가능성도 열어 갈 각오가 되어 있었다. 그는 만일 역선과 힘의 장이 정말 존재한다면 실험으로 전기와 빛의 유사성을 증명할 수 없을까? 하는 의문을 제기했다. 패러데이는 이 색다른 제안을 밝혀 보기로 마음먹었다. 처음에는 그 어려움을 극복할 수 없는 듯 보였다. "빛과 자기와 전기가 분명 연결되어 있다는 아주 강한 확신만으로⋯ 나는 그 문제를 다시 다룰 수 있고 견뎌 낼 수 있었다"라고 그는 말했다. 1845년 9월 13일에 패러데이는 자신이 15년 전에 만들었던 굴절률이 높은 광학유리 조각으로 빛을 통과하게 했으며, 또한 강력한 전자석의 장 속에서도 빛을 통과하게 했다. 그는 만족해 하며 이렇게 기록했다. "자기장에 의해서 빛의 편광면이 회전하는 현상이 발생했으며, 그리하여 자기력과 빛은 서로 관계가 있다는 사실이 입증되었다. 이 사실은 대단한 결실을 입증할 가능성이 크다." 패러데이는 편광된 광선의 회전각이 전자기력의 세기에 정비례한다는 사실을 발견하여 재확인했다.

패러데이는 입자 사이의 '변형'이라는 초기의 생각이 적절하지 않았다는 사실을 알아내고, '힘의 충만', 즉 전자석은 '역선의 거주지' 같은 곳이라고 제안했다. 그는 자기력의 통과에 따라 여러 물질의 움직임을 비교하여 자기력을 잘 통과시키는 '상자성체paramagnetics'와 자기력을 잘 통과시키지 않는 '반자성체diamagnetics'를 구별했다. 또한 그는 '역선'이 뉴턴식의 낡은 이론이 암시한 것처럼, 극선(가까운 극으로 곧바로 향하는)이 아니고 연속적인 곡선이라는 사실을 보여 주었다. 현대물리학의 '장' 이론의 공리가 된 패러데이의 중요한 결론은 자력의 에너지가 자석 안이 아니라 자기장에 있다는 점이었다.

패러데이는 놀랍고도 새로운 보이지 않는 세계의 윤곽을 제시했다. 신비롭고 미세한 실체에서 생기는 이런 극미한 힘의 장 속에서 근대 물리학자들은 그들의 신세계와 암흑 대륙을 발견하게 되었고, 그 현상 속에는 아직도 더 큰 통일성과 신비의 비밀이 있었다. 패러데이는 1845년에 영국의 왕립학회에 이런 보고문을 보냈다. "나는 오랫동안 거의 확신에 가까운 의견이 하나 있었다. 자연 지식을 좋아하는 많은 이들과 마찬가지로 나도 이런 사실을 확신한다. 즉 물질의 힘이 나타나도록 만들어지는 다양한 형태들은 공동의 기원을 갖는다는 점이다. 다시 말해서 그 형태들은 직접 연관되고 상호 의존하기 때문에, 이를테면 상호 전환될 수 있고 각각의 운동에서 동등한 힘을 갖고 있다. 근대에 이르러 그 형태들의 변환 가능성에 대한 증명은 상당하게 이루어져, 그 형태들이 동등한 힘이라는 결정을 내릴 수 있었다."

패러데이가 예측한 계속된 증명은 다음 세기에 더욱 가속화되었다. 과학자들 사이의 교류는 더욱 증진되고 그들의 업적은 이전보다 협력이 많아졌다. 때로는 우연히 다음 단계로 나아가 공적을 세운(또는 공적을 인정 받은) 사람도 있었다. 패러데이의 발견은 수리적이지 않은 사고방식의 산물이었다. 그러나 장의 이론은 여전히 수학 형식이 부여되면서 설득력이 생겼다. 이런 설득력은 패러데이를 존경하는 제임스 클러크 맥스웰James Clerk Maxwell(1831-1879년)이 이루어 냈다. 맥스웰은 '역선'이나 '역선관tubes of force'을 연속적인 장이라는 수학적 설명으로 옮겨 놓았다. 뉴턴이 갈릴레오의 통찰에 수학 형식을 부여했듯이, 맥스웰이 패러데이의 통찰에 그의 등식을 부여했다고 아인슈타인은 지적했다. "공식적으로 이러한 등식을 만들어 낸 일은 그 풍부한 내용뿐만 아니라, 새로운 유형의 법칙을 위한 모범을 이룬다는 점에서 뉴턴 시대 이후로 물리학에서 가장 중요한 사건이었다"라고 아인슈타인과 그의 동료 레오폴드 인펠트Leopold Infeld는 말했다. 이런 등식의 특징은 '현대물리학의 모든 다른 등식'에도 나타났다. 또 이런 등식은 아인슈타인의 상대성 이론의 기초가 되기도 했다. 패러데이 이후 뉴턴식 물리학의 수정과 '더는 쪼갤 수 없는 원자'를 분해하는 다음의 위대한 단계는 음극선, X선, 방사선 등의 발견이었다. 전자를 발견하는 단서를 찾아낸 인물은 조지프 존 톰슨J.J.Thomson(1856-1940년)이었다. 그는 그때까지 가장 가벼운 입자로 알려졌던 수소 원자의 1,800분의 1밖에 되지 않는 일정한 질량을 가진 보이지 않는 소립자를 발견했다. 1911년에 어니스트 러더퍼드Ernest Rutherford(1871-1937년)는 이전의 선배들이 전자를 탐구했던 것처럼 다음 세대의 물리학자들이 탐구해야 할 원자핵을 발견했다.

원자의 신비는 새로운 발견이 있을 때마다 배로 증가했다. 수학은 점점 한계가 드러났다. 아인슈타인의 관점에서는 돌턴과 패러데이가 추구했던 현상의 통일이 '과학적인' 문제와 역설을 신비주의 철학자들을 제외한 이전의 모든 철학자들의 시야 밖으로 옮겨 놓은 듯 보였다. 물리학자들이 원자를 행성계와 천체의 체계로 설명했던 것처럼, 무한소가 무한대에 관한 실마리를 제공했다. 그리고 시간과 공간은 하나가 되어 흥미를 불러일으키는 하나의 수수께끼가 되었고, 아인슈타인은 이에 관해 "세상의 영원한 신비는 세상을 이해할 수 있다는 것이다"라는 결론을 내렸다.

참고 문헌

참고 문헌들은 내가 가장 가치 있다고 생각한 발견의 여러 길을 독자들이 살펴보는 데 도움이 될 것이다. 그와 동시에 나는 다른 학자들에게 큰 신세를 졌다는 사실을 밝혀두려고 한다. 이곳에 선별된 참고 문헌들은 대부분 도서가 잘 갖춰진 공공 도서관이나 대학 도서관에서 찾아볼 수 있는 저서들이다. 학술지의 전문적인 논문과 논설 중에는 상당수가 제외되었다. 워싱턴 D.C.의 미국 의회 도서관에 보관되어 있는 원고 사본에는 내가 직접 인용한 주요 내용의 상세한 참고 문헌과 출처 자료 목록이 들어 있다. 다음에 나오는 참고 문헌들은 일반 참고 문헌을 제외하고 이 책의 장별 순서에 따라 나열되어 있다.

일반 참고 문헌

이 책을 저술하는 동안 내가 활용했던 백과사전을 비롯한 여러 사전은 선택한 주제들을 풀어 나갈 때 도움을 주었고 그와 동시에 탐구할 계획이 전혀 없었던 주제와 인물들까지 깊이 연구하게 했다. 집필 작업 후반에 내 손에 들어온 새로운 『브리태니커 백과사전』(*Encyclopaedia Britannica*, 15th ed., 1980)은 그 안에 실린 최신 참고 문헌들이 매우 유용했기 때문에 내게 눈이 휘둥그레질 정도로 기쁨이며 축복이었다. 나는 사전, 참고 도서, 일반 논문 등을 오랫동안 이용했지만 『브리태니커 백과사전』만 한 자료가 없다는 사실을 깨달았다. 따라서 변하기 쉬운 사상이나 난해하고 불확실한 사실을 추구하거나 확인하지 않아도 될 변명은 절대 있을 수 없다. 필수적이면서 더욱 전문적인 참고 문헌들 가운데 특히 다음 자료들이 큰 도움을 주었다. 획기적인 저서 『과학 전기 사전』(C. C. Gillispie, ed., *Dictionary of Scientific Biography*, 16 vols., 1970-

80), 『기술의 역사』(Charles Singer & others, eds., *History of Technology*, 5 vols., 1967; and Trevor L. Williams, ed., on the twentieth century, 2 vols., 1978), 『국제 사회과학 백과사전』(David L. Sills, ed., *The International Encyclopedia of the Social Sciences*, 17 vols., 1968), 이에 앞서 나왔으나 여전히 유용한 『사회과학 백과사전』(Edwin R. A. Seligman, ed., *The Encyclopaedia of the Social Sciences*, 15 vols., 1930-34), 『종교와 윤리학 백과사전』(James Hastings, ed., *Encyclopaedia of Religion and Ethics*, 12 vols., n.d.) 등이 있다. 미국과 영국 독자들을 위해서는 『옥스퍼드 영어사전』(James A. H. Murray & others, eds., *Oxford English Dictionary*, 13 vols., 1930)과 그 증보판(R. W. Burchfield, ed., 1972-)이 지식의 무한한 보고의 역할을 한다.

나는 경탄스러운 조지프 니덤의 모든 저서에서 큰 도움을 받았다. 특히 그의 최고의 저서 『중국의 과학과 문명』(Joseph Needham, *Science and Civilisation in China*, 8 vols., and more in progress, 1954-)뿐만 아니라 앞으로 제시할 보다 짧은 저작물들도 주목할 필요가 있다. 역사나 중국에 조금이라고 관심이 있는 사람들이라면 니덤이 현대에서 위대한 지성의 대사 역할을 해낸 학자라는 사실을 잊어서는 안 된다.

내가 다루고 있는 위대한 발견자들을 통해 밝혀진 주요 원전들은 대부분 훌륭하게 꾸며지고 편리하게 편집이 된 『서양의 위대한 저서들』(an Encyclopaedia Britannica publication, Robert Maynard Hutchins, ed., *Great Books of the Western World*, 54 vols., 1952)에서 찾아볼 수 있다.

유용한 연대기로는, 『세계사 백과사전』(William L. Langer, ed., *An Encyclopedia of World History*, 5th ed., 1968), 『현대 세계의 연대기』(Neville Williams, ed., *Chronology of the Modern World*, 1967), 『역사의 시간표』(Bernard Grun, ed., *The Timetables of History*, 1975) 등이 있다. 지리학에 관한 자료에는, 『타임스 세계사 지도』(Geoffrey Barraclough, ed., *The Times Atlas of World History*, 1978), 『새로운 케임브리지 현대사 지도』(H. C. Darby & others, eds., *The New Cambridge Modern History Atlas*, 1970), 그리고 간결하고 비싸지 않은 저서인 『펭귄 세계사 지도』(Hermann Kinder & others, eds., *Penguin Atlas of World History*, 2 vols., 1974-78) 등이 있다.

역사학 학술지 『아이시스』(Isis), 중세 학술지 『스페쿨룸』(Speculum), 『사상사 저널』(Journal of the History of Ideas), 『미국 역사 비평』(American Historical Review)과 같은 학술지들은 수많은 공공 도서관과 교육기관의 도서관에서 찾아볼 수 있으며, 물론 특정 인물과 주제들을 연구할 때 탐구할 가치가 있다.

4편 사회

13부 지식 공동체의 확대

역사에 관심이 있는 사람이라면 기억이 서양 문명에 얼마나 중요한가를 연구한 프랜시스 A. 예이츠의 혁신적인 저서들을 놓쳐서는 안 된다. 덧붙여 말하면 이 저서들은 가장 평범한 과거의 영역에서도 대담하고 상상력이 있는 학자들이 발견해야 할 대상들이 정말 많이 존재한다는 사실을 일깨워 준다. 예이츠의 기억에 관한 저서들을 살펴보려면, 『기억술』(Frances A. Yates, *The Art of Memory*, University of Chicago Press paperback, 1966)에서 시작하여 『조르다노 브루노와 신비학 전통』(Frances A. Yates, *Giordano Bruno and the Hermetic Tradition*, 1964)을 거친 다음, 『장미십자회 계몽운동』(Frances A. Yates, *The Rosicrucian Enlightenment*, 1972)으로 옮겨 가면 된다. 또한 기억에 관한 문헌으로는 실험 사회심리학의 연구서인 바틀릿의 『기억하기』(Frederick C. Bartlett, *Remembering*, 1932), 클랜치의 『기억에서 기록으로: 1063-1307년의 영국』(M. T. Clanchy, *From Memory to Written Record: England, 1063-1307*, 1979), 에빙하우스의 『기억: 실험 심리학에 대한 공헌』(Hermann Ebbinghaus, *Memory: A Contribution to Experimental Psychology*, Dover paperback, 1964), 엘리아데의 "기억과 망각의 신화론"(Mircea Eliade, "Mythologies of Memory and Forgetting," *History of Religion*, vol. 2, 1963, pp. 329-344), 머독의 『인간의 기억: 이론과 자료』(Bennet B. Murdock, Jr., *Human Memory: Theory and Data*, 1979), 피아제와 인헬더의 『기억과 지능』(Jean Piaget and Barbel Inhelder, *Memory and Intelligence*, 1974) 등이 있다. 지그문트 프로이트에 관해서는 뒤에 나오는 14부의 '과거를 드러내다'에서 언급할 것이다.

인쇄물이 쏟아지는 세상에 사는 우리로서는 상상하기 어려운 일이지만 인쇄가 아닌 손으로 쓴 글씨 문화에 관해서는 상세한 내용이 가득한 생생한 저서들이 많이 존재한다. 편리하게 시작할 수 있는 입문서로는 해스킨스의 간략한 저서『대학교의 발달』(Charles Homer Haskins, *Rise of Universities*, 1923)이나『12세기의 르네상스』(Charles Homer Haskins, *Renaissance of the 12th Century*, 1957)가 있다. 살펴볼 만한 가치가 있는 방대한 저서로는 정평이 있는 래시들의『중세 유럽의 대학교들』(Hastings Rashdall, *The Universities of Europe in the Middle Ages*, 3 vols., new ed., 1936), 퍼트넘의『고대의 저자와 독자』(George Haven Putnam, *Authors and their Public in Ancient Times*, 1894)와『중세의 서적과 그 제작자들』(George Haven Putnam, *Books and their Makers during the Middle Ages*, 2 vols., 1897; reprinted, 1962)가 있다. 간결하고 흥미로우며 넓은 관점을 제시하는 저서로는 겔브의『글쓰기 연구』(I. J. Gelb, *A Study of Writing*, 1952)와 키에라의『점토 위에 글을 쓴 사람들』(Edward Chiera, *They Wrote on Clay*, 1938)이 있다. 그 외에도 새로운 서체의 출현과 그 사회적 기원에 관한 소론으로 멋진 삽화가 들어 있는 모리슨의『정치와 서체』(Stanley Morison, *Politics and Script*, 1972), 서양에서 가장 큰 고대 필사본 도서관을 놀랍도록 상세히 설명하고 있는 파슨스의『알렉산드리아의 도서관: 헬레니즘 세계의 영광』(Edward Alexander Parsons, *The Alexandrian Library: Glory of the Hellenic World*, 1952), 필사본 시대의 학자가 쉽게 알 수 있는 것이 무엇이며 왜 그러한지를 간접적으로 밝히는『필경사와 학자: 그리스와 라틴 문헌의 전파 안내서』(L. D. Reynolds & N. G. Wilson, *Scribes and Scholars: A Guide to the Transmission of Greek and Latin Literature*, 1968), 샌섬의『서양과 일본… 유럽과 아시아 문화의 상호작용』(G. B. Sansom, *The Western World and Japan . . . the Interaction of European and Asiatic Cultures*, 1951), 첸춴쉰의『대나무와 비단에 쓰다: 중국의 서적과 비문의 시작』(Tsuen-Hsuin Tsien, *Written on Bamboo and Silk: The Beginnings of Chinese Books and Inscriptions*, 1962), 웰리의『필기구와 그 부속품: 로마의 첨필에서 타자기까지』(Joyce Irene Whalley, *Writing Implements and Accessories: From the Roman Stylus to the Typewriter*, 1975) 등의 문헌이 있다.

인쇄 서적의 역사를 가장 쉽고 간결하게 나타낸 문헌은 스타인버그의 『인쇄 500년』(S. H. Steinberg, *Five Hundred Years of Printing*, Penguin paperback, 1974)과 마틴의 『서적의 출현: 인쇄의 영향력 1450-1800년』(H. J. Martin, *The Coming of the Book: The Impact of Printing 1450-1800*, 1976)이다. 매우 분량이 많고 포괄적인 개관으로 이루어진 문헌은 아이젠슈타인의 『근대 초기 유럽에서… 변화의 요인 역할을 하는 인쇄기』(Elizabeth L. Eisenstein, *The Printing Press as an Agent of Change . . . in Early-Modern Europe*, 2 vols., 1979)이다. 용어와 참고 문헌을 알고 싶다면, 글레이스터의 삽화가 들어 있는 『서적 백과사전』(Geoffrey A. Glaister, *An Encyclopedia of the Book*, 2d ed., 1980)을 살펴보면 좋다. 여러 지식 분야에 미치는 인쇄의 서로 다른 효과를 연구한 문헌으로는 생물학과 예술 분야를 위한 이빈스의 『인쇄와 시각 커뮤니케이션』(William M. Ivins, Jr., *Prints and Visual Communication*, 1973)이 있고, 그 외에도 드레이크의 "초기 과학과 인쇄 서적: 대학을 넘어서 전파된 과학"(Still man Drake, "Early Science and the Printed Book: The Spread of Science beyond the Universities," *Renaissance and Reformation*, vol. 6, 1970, pp. 43-52)이 있다. 책의 영향력 범위와 정도를 활력 있게 연구한 문헌은 카터와 뮤어의 『인쇄와 인간 정신: 서양 문명 500년에 미친 인쇄의 영향력』(John Carter and Percy H. Muir, eds., *Printing and the Mind of Man: The Impact of Printing on Five Centuries of Western Civilization*, 1967)이다. 이 문헌에는 대변화를 이끈 서적마다 어떻게 출판되었으며, 그 독자층이 누구였는지를 알려 주는 간결한 논문들이 실려 있다.

유럽의 전원생활에 인쇄 서적의 영향력이 있었든 없었든 그런 사실을 간단히 살펴보고 싶을 때는 데이비스의 『근대 초기 프랑스의 사회와 문화』(Natalie Z. Davis, *Society and Culture in Early Modern France*, 1975)가 가장 참고하기 좋은 문헌이다. 이 문헌은 학술적인 설득력과 창의력 측면에서 본보기가 될 만하다. 서적 인쇄의 초기에 관한 내용을 다루는 저술로 내게 특히 유용했던 문헌으로는 뷜러의 『15세기의 서적: 필경사, 인쇄업자, 책 장식가』(Curt F. Bühler, *The Fifteenth-Century Book: The Scribes, The Printers, The Decorators*, 1960), 체이터의 『필사에서 인쇄까지… 중세의 지역어 문학』(Henry J. Chaytor, *From Script to Print . . . Medieval*

Vernacular Literature, 1974), 골드슈미트의 『중세 원전들의 처음으로 등장한 인쇄물』(E. P. Goldschmidt, *Medieval Texts and Their First Appearance in Print*, 1943), 하인드먼의 『삽화가 들어 있는 초기의 서적: 레싱 J. 로즌월드의 기념 논문집』(Sandra Hindman, ed., *The Early Illustrated Book: Essays on Honor of Lessing J. Rosenwald*, 1982)과 『펜에서 인쇄기로: 인쇄술 등장 이후 100년 동안의 삽화 필사본과 인쇄 서적』(with James D. Farquhar, *Pen to Press: Illustrated Manuscripts and Printed Books in the First Century of Printing*, 1977), 히르슈의 『인쇄와 판매와 독서, 1450-1550년』(Rudolf Hirsch, *Printing, Selling and Reading, 1450-1550*, 2d ed., 1974), 마틴의 『서적과 필사 문명』(Henri-Jean Martin, *Le Livre et la Civilisation Ecrite*, 1970), 프라이어의 『캑스턴의 세계의 거울』(Oliver H. Prior, ed., *Caxton's Mirrour of the World*, 1913) 등이 있다. 후기 인쇄사를 간접적으로 다양하게 설명하고 있는 자료들은 레만-하우프트의 『미국의 서적』(Hellmut Lehmann-Haupt, *The Book in America*, 1952), 뮤어의 『취미 역할의 서적 수집』(F. H. Muir, *Book-Collecting as a Hobby*, 1947), 멈비의 『서적 출판과 판매… 초기에서 현대까지』(Frank A. Mumby, *Publishing and Bookselling . . . from the Earliest Times to the Present Day*, 1954), 페린의 『보들러 박사의 유산, 삭제판 서적의 역사』(Noel Perrin, *Dr. Bowdler's Legacy, a History of Expurgated Books*, 1969), 폴러드의 『표절자와 싸우는 셰익스피어와 그의 원전 전달의 문제점들』(Alfred W. Pollard, *Shakespeare's Fight with the Pirates and the Problems of the Transmission of His Text*, 1974), 스미스의 『구텐베르크여 안녕, 1980년대의 신문 혁명』(Anthony Smith, *Goodbye Gutenberg, the Newspaper Revolution of the 1980's*, 1980), 스타인버그의 "서적 제작과 유통"(S. H. Steinberg, "Book Production and Distribution," *Literature and Western Civilization*, vol. 5, 1972, pp. 509-528), 베일리의 『전자 시대의 전통 서적』(Herbert S. Bailey, Jr., *The Traditional Book in the Electronic Age*, Bowker Lecture, 1978) 등이 있다.

종이와 제지의 역사를 가장 잘 소개한 문헌은 헌터의 『종이 만들기: 고대 기술의 역사와 기법』(Dard Hunter, *Papermaking: The History and Technique of an Ancient Craft*, 1947)이다. 그 외에도 『제지술, 예술과 기술』(Library of Congress,

Papermaking, Art and Craft, 1968), 그랑-카르트레의 『고대의 제지술과 제지공들』 (John Grand-Carteret, *Papeterie et Papetiers de l'Ancien Temps*, 1915), 나리타의 『채륜의 생애와 일본 제지술』(Kiyofusa Narita, *Life of Ts'ai Luing and Japanese Paper-Making*, 1966) 등을 참고하면 좋다.

인쇄술의 역사에 관해서는 채플의 『인쇄물 역사의 개요』(Warren Chappell, *A Short History of the Printed Word*, 1970)이 입문서로 좋다. 그리고 클레어의 『유럽 인쇄술의 역사』(Colin Clair, *A History of European Printing*, 1976), 모런의 『인쇄기… 15세기에서 현대까지』(James Moran, *Printing Presses . . . from the Fifteenth Century to Modern Times*, 1978), 페디의 『인쇄술 역사의 개요』(R. A. Peddie, ed., *Printing, a Short History of the Art*, 1927), 포크의 『인쇄업』(Ralph W. Polk, *The Practice of Printing*, 1952) 등을 참고하면 된다. 활자체와 활판술의 역사를 훌륭하게 소개하는 저서는 업다이크의 『활자의 역사와 형태와 용도』(Daniel B. Updike, *Printing Types: Their History, Forms, and Use*, 2 vols., 1922)라 할 수 있다. 현대의 저명한 활자 디자이너의 생애를 깊이 살펴보려면, 베일런슨의 『프레데릭 W. 가우디의 이야기』(Peter Beilenson, *The Story of Frederic W. Goudy*, 1965)와 가우디의 『유형학, 활자 디자인과 활자 제작 연구』(Frederic W. Goudy, *Typologia, Studies in Type Design, and Type Making*, 1977)가 적합하다. 동유럽의 인쇄술 역사에 관해서는 루보미르의 『초기 우크라이나 인쇄술의 역사』(Wynar Lubomyr, *History of Early Ukrainian Printing*, 1962), 페인터와 크라스텍의 『15세기 체코슬로바키아의 인쇄술』(George D. Painter & Dalibor B. Chrastek, *Printing in Czechoslovakia in the Fifteenth Century*, 1969)과 프로스토프의 『러시아 인쇄술의 기원』(Eugene V. Prostov, *Origins of Russian Printing*, 1931) 등이 있다. 세계 곳곳의 서적 및 인쇄술의 역사에 관한 유용한 자료들은 미국 의회 도서관이 발행하는 『계간지』(*Quarterly Journal*)에서 찾아볼 수 있다.

중국 인쇄술의 기원에 관한 정평이 있는 영문 저서는 내게도 큰 도움을 주었던 학술적이고 설득력이 있는 『중국의 인쇄술 발명과 서양을 향한 전파』(Thomas F. Carter, *Invention of Printing in China and Its Spread Westward*, 2d ed., 1955)이다. 그 외의 유용한 저서로는 C. R. 복서의 『일본의 기독교 세기, 1549-1650년』(C. R. Boxer,

The Christian Century in Japan, 1549-1650, 1951), 세부적인 사실과 삽화가 풍부하게 들어 있는 치빗의 『일본 인쇄술과 삽화 서적의 역사』(David Chibbett, *The History of Japanese Printing and Book Illustration*, 1977), 김원용의 『한국의 초기 가동 활자』(Kim Won-Yong, *Early Movable Type in Korea*, 1954), 킨의 『일본의 유럽 발견, 1720-1830년』(Donald Keene, *The Japanese Discovery of Europe, 1720-1830*, 1969) 등이 있다. 그리고 페린의 『총을 버리고 칼로 돌아간 일본, 1543-1879년』(Noel Perrin, *Giving up the Gun: Japan's Reversion to the Sword, 1543-1879*)은 '퇴보' 또는 기술의 진보를 포기한 드문 사례를 시사하는 간결하고 인상적인 묘사를 보여 주며, 이는 17세기에 일본이 활자를 포기한 사실과도 유사하다. 그 외 다른 곳의 '모방 충동'과 문자 형태의 영향을 다룬 문헌으로는 톰프슨의 『마야 문명의 성쇠』(J. Eric S. Thompson, *The Rise and Fall of Maya Civilization*, 1954)가 있다.

구텐베르크에 관한 참고 문헌은 방대하지만, 구텐베르크라는 인물과 생애에 관한 자료는 그리 풍부하지 않다. 그런 저술은 대부분 추측에 근거를 두고 있다. 구텐베르크에 관한 좋은 입문서로는 숄더러의 『요하네스 구텐베르크, 인쇄술의 발명자』(Victor Scholderer, *Johann Gutenberg: The Inventor of Printing*, 1970), 그리고 맥머트리의 『구텐베르크 문서』(Douglas McMurtrie, ed., *The Gutenberg Documents*, 1941)와 『인쇄술의 발명과 참고 문헌』(Douglas McMurtrie, *The Invention of Printing: A Bibliography*, 1942)이 있다. 정평이 있는 저서로는 루펠의 『요하네스 구텐베르크의 생애와 업적』(Aloys Ruppel, *Johannes Gutenberg: Sein Leben und Sein Werk*, 3d ed., 1967)이 있다. 인쇄의 초기 역사에 일어났던 신비에 싸인 문제들을 흥미롭게 그려 내고 있는 저서로는 레만-하우프트의 『구텐베르크와 '놀이용 카드의 대가'』(Hellmut Lehmann-Haupt, *Gutenberg and the Master of the Playing Cards*, 1966)가 있다. 이 저서는 동판 조각과 활자의 기원 사이에 밀접한 연관이 있음을 시사하고 있다. 그리고 인쇄의 영향력에 관한 최근의 통찰력을 담고 있는 문헌으로는 매클루언의 『구텐베르크 은하계』(Marshall McLuhan, *The Gutenberg Galaxy*, 1962)가 있다.

지역의 언어 및 문학의 발달에 관한 읽기 쉬운 입문서로는 페이의 『언어 이야기』(Mario Pei, *The Story of Language*, rev. ed., 1966)가 있다. 그 외에도 먼로 채드윅과 커쇼 채드윅의 『문학의 성장』(H. Munro Chadwick & N. Kershaw Chadwick,

The Growth of Literature, 3 vols., 1932-1940), 데이체스와 솔비의 『문학과 서양 문명』(David Daiches & Anthony Thorlby, eds., *Literature and Western Civilization*, 6 vols., 1972-1976), 매티슨의 『번역: 엘리자베스 시대의 기술』(F. O. Matthiessen, *Translation: An Elizabethan Art*, 1965), 사피르의 『문화와 언어와 인격』(Edward Sapir, *Culture, Language and Personality*, 1956), 사턴의 늘 흥미를 불러일으키는 『고대의 과학과 현대의 문명』(George Sarton, *Ancient Science and Modern Civilization*, 1954)과 『르네상스 1450-1600년의 고대와 중세 과학의 이해』 (George Sarton, *The Appreciation of Ancient and Medieval Science During the Renaissance 1450-1600*, 1955) 등을 참고하면 좋다. 프랑스어와 관련한 저서로는 포셰의 『프랑스어와 시의 기원에 관한 문집』(Claude Fauchet, *Recueil de l'Origine de la Langue et Poésie Françoise*, 1938)과 뒤벨레의 『프랑스어의 옹호와 선양』(Joachim du Bellay, *The Defense and Illustration of the French Language*, 1939)이 있다. 독일의 대중문학과 세계 문학의 발달에 관해서는 특히 그림 형제(Brothers Grimm) 가 흥미를 끈다. 예컨대 페파드의 『숲을 지나는 오솔길: 그림 형제의 전기』(Murray B. Peppard, *Paths through the Forest: A Biography of the Brothers Grimm*, 1971)와 미카엘리스-예나의 『그림 형제』(Ruth Michaelis-Jena, *The Brothers Grimm*, 1970) 를 참고하면 좋다.

인쇄술의 발달이 교육이나 수업 방법에 미치는 몇 가지 영향을 살펴보려면 스메일의 『쿠인틸리아누스와 교육』(William M. Smail. ed. & trans., *Quintilian on Education*, 1938)에서 개요를 제시한 옛 활자체를 살펴본 다음, 삽화가 들어간 교과서의 개척자이면서 거의 알려지지 않은 요한 아모스 코메니우스(John Amos Comenius, 1592-1670)의 업적을 살펴볼 필요가 있다. 예컨대 먼로의 『코메니우스와 교육개혁의 시작』(Will S. Monroe, *Comenius and the Beginnings of Educational Reform*, 1971), 새들러의 『코메니우스와 보편적인 교육의 개념』(John E. Sadler, *J. A. Comenius and the Concept of Universal Education*, 1966), 스핀카의 『비할 데가 없는 모라비아인, 요한 아모스 코메니우스』(Matthew Spinka, *John Amos Comenius, That Incomparable Moravian*, 1943), 턴불의 『하틀리브와 듀리와 코메니우스』(G. H. Turnbull, *Hartlib, Dury and Comenius*, 1947) 등을 참고하면 좋다.

알두스 마누티우스에 관한 문헌으로는 로리의 『알두스 마누티우스의 세계: 르네상스 베네치아의 사업과 학문』(Martin Lowry, *The World of Aldus Manutius: Business and Scholarship in Renaissance Venice*, 1979)을 참고하면 좋다. 그리고 색인에 관해서는 휘틀리의 『색인이란 무엇인가?』(Henry B. Wheatley, *What is an Index?*, 1878)가 선구적인 안내서이다.

인쇄 서적이 나오면서 저자, 인쇄업자, 출판사, 서적 판매상, 서적 구매자 등으로 이루어지는 새로운 세계가 열렸다. 이 세계에 중점을 둔 흥미로운 저서로는 단턴의 『계몽 사업: 백과사전의 출간 역사 1775-1800년』(Robert Darnton, *The Business of Enlightenment: A Publishing History of the Encyclopédie 1775-1800*, 1979)과 『구체제의 지하문학』(Robert Darnton, *The Literary Underground of the Old Regime*, 1982)이 있다. 이 저서들은 문학의 그늘진 세계에서 생겨난 프랑스 혁명의 배경을 그려 내고 있다. 그 외에도 인쇄의 새로운 세계를 자세히 다룬 여러 저서로는 알틱의 『영국의 평민 독자: 독서 대중의 사회사, 1800-1900년』(Richard D. Altick, *The English Common Reader: A Social History of the Mass Reading Public, 1800-1900*, 1957), 바우커 출판사의 『서적 출판에 관한 바우커 강좌』(R. R. Bowker Company, *Bowker Lectures on Book Publishing*, 1957), 브리그스의 『출판의 역사에 관한 소론』(Asa Briggs, ed., *Essays in the History of Publishing*, 1974), 러프의 『디드로와 달랑베르, 백과사전』(J. Lough, ed., *Diderot and D'Alembert, The Encyclopédie*, 1954), 에스카르피트의 『서적 혁명』(Robert Escarpit, *The Book Revolution*, 1966)과 『문학의 사회학』(Robert Escarpit, *The Sociology of Literature*, 1971), 구디의 『전통 사회의 읽고 쓰는 능력』(Jack Goody, ed., *Literacy in Traditional Societies*, 1968), 그로스의 『저술가의 번성과 쇠락』(John J. Gross, *The Rise and Fall of the Man of Letters*, 1969), 매슈스의 『독서법 교육, 역사적인 고찰』(Mitford M. Mathews, *Teaching to Read, Historically Considered*, 1966), 밀러의 『사서의 왕자: 안토니오 파니치의 생애와 시대』(Edward Miller, *Prince of Librarians: The Life and Times of Antonio Panizzi*, 1967), 쉐라의 『도서관과 지식의 통합』(Jesse H. Shera, *Libraries and the Organization of Knowledge*, 1965)과 『공공 도서관의 기초』(Jesse H. Shera, *Foundations of the Public Library*, 1965), 언셀드의 『저자와 출판인』

(Siegfried Unseld, *The Author and His Publisher*, 1980), 『미국도서관협회(ALA) 의 도서관 및 정보 서비스 세계 백과사전』(*ALA World Encyclopedia of Library and Information Services*, 1980) 등이 있다.

인쇄에 대한 이슬람의 태도를 문화와 역사적인 맥락에서 다루는 자료는 셰준의 『역 사 속 아랍어의 역할』(Anwar G. Chejne, *The Arabic Language: Its Role in History*, 1969), 섬세하면서 훌륭한 입문서 『중세의 이슬람교』(Gustave E. von Grunebaum, *Medieval Islam*, 2d ed., 1953), 『무함마드의 생애』(Ibn Hisham Abd al Malak, *The Life of Muhammad*, 1955), 기브의 『아랍 문학』(H. A. R. Gibb, *Arabic Literature*, 1963)과 간결한 『무함마드교』(H. A. R. Gibb, *Mohammedanism*, 1953), 히티의 『삶의 방식, 이슬람교』(Philip K. Hitti, *Islam, a Way of Life*, 1971), 호지슨의 『이슬 람교의 모험』(Marshall G. S. Hodgson, *The Venture of Islam*, 3 vols., 1974), 레 비의 『이슬람교 사회학 입문』(Reuben Levy, *An Introduction to the Sociology of Islam*, 2 vols., 1930), 루이스의 『이슬람교의 유럽 발견』(Bernard Lewis, *The Muslim Discovery of Europe*, 1982), 오토-돈의 『이슬람교의 예술』(Katharina Otto-Dorn, *L' Art de l'Islam*, 1967), 피터스의 『알라 연합체: 근동의 이슬람 역사, 서기 600-1100년』 (F. E. Peters, *Allah's Commonwealth: A History of Islam in the Near East, 600- 1100 A.D.*, 1974), 로댕송의 『무함마드』(Maxime Rodinson, *Muhammad*, 1980) 등이 있다. 코란은 수없이 많은 영문판본이 있다. 예컨대 『영광스러운 코란의 의미』 (Mohammed M. Pickthall, trans., *The Meaning of the Glorious Koran*, Mentor paperback, 1953)와 『거룩한 코란』(A. Yusuf Ali, trans., *The Holy Qur'an*, Islamic Center, Washington, D.C., 1978)이 있다. 그 외에도 몽고메리 와트의 『벨의 코란 입 문』(W. Montgomery Watt, *Bell's Introduction to the Qur'an*, 1970)과 『무함마드: 예언자와 정치가』(W. Montgomery Watt, *Muhammad: Prophet and Statesman*, 1964)를 참고하면 좋다. 터키와 이집트에서 일어난 이야기를 밝혀 주는 자료로는 버 크스의 『터키의 세속주의 발달』(Niyazi Berkes, *The Development of Secularism in Turkey*, 1964), 헤롤드의 『이집트의 보나파르트』(J. Christopher Herold, *Bonaparte in Egypt*, 1962)가 있다.

사전과 사전학에 관해서는 방대한 문헌 가운데 분량이 많지 않은 저서 『영어 사전

개론』(Mitford M. Mathews, *Survey of English Dictionaries*, 1966)을 입문서로 삼으면 좋을 것이다. 새뮤얼 존슨 박사를 사전 편찬의 거장으로 소개하는 다양한 저서 가운데 놀랍게도 보즈웰(Boswell)은 이런 사실에 부응하지 않는다. 예컨대 다른 필자들의 저서로는 웨인의 『새뮤얼 존슨』(John Wain, *Samuel Johnson*), 또는 슬레드와 콜브의 『존슨 박사의 사전: 어느 책의 전기에 관한 소론』(James H. Sledd & Gwin J. Kolb, *Dr. Johnson's Dictionary: Essays in the Biography of a Book*, 1955)이 있다. 『옥스퍼드 영어 사전』(Oxford English Dictionary)을 둘러싼 일련의 사건들은 또한 마음을 졸이게 하는 긴장감이 가득한 이야기이다. 참고할 만한 자료는 1933년에 재발행된 『옥스퍼드 영어 사전』 제1권에 실린 윌리엄 크레이기(William A. Craigie)의 "역사적인 서문"("Historical Introduction")이 있다. 그리고 특히 K. M. 엘리자베스 머리의 『단어의 거미줄에 걸리다: 제임스 A. 머리와 옥스퍼드 영어 사전』(K. M. Elisabeth Murray, *Caught in the Web of Words: James A. H. Murray and the Oxford English Dictionary*, 1977)은 제임스 머리의 손녀가 뛰어난 재치와 매력을 담아 엮어낸 주목할 만한 전기이다.

14부 과거를 드러내다

간결하고 설득력 있게 경험을 순환으로 해석하는 입문서로는 미르체아 엘리아데의 『영원 회귀의 신화』(Mircea Eliade, *The Myth of the Eternal Return*, 1954)가 있다. 엘리아데는 또한 『종교 형태론』(Mircea Eliade, *Patterns in Comparative Religion*, 1958), 『원시종교에서 선종까지: 종교사의 주제별 자료집』(Mircea Eliade, *From Primitives to Zen: A Thematic Sourcebook of the History of Religions*, 1967), 『종교사』(Mircea Eliade, *A History of Religions*, 1978) 등의 저서를 통하여 깊이 스며든 종교 사상의 의미를 알려 주고 있다.

과거에 대한 비서양적 태도를 개관하는 저서로는, 베인턴의 『고대 근동의 역사사상』(Roland H. Bainton et al., *The Idea of History in the Ancient Near East*, 1966), 페어뱅크와 라이샤워의 『동아시아, 위대한 전통』(John K. Fairbank & Edwin O. Reischauer, *East Asia, The Great Tradition*, 1960)와 『동아시아, 근대적 변화』(John K. Fairbank, Edwin O. Reischauer & Albert M. Braig, *East Asia, The*

Modern Transformation, 1965), 그리고 로스의 『고대 지혜의 세 길』(Nancy Wilson Ross, *Three Ways of Ancient Wisdom*, 1966)이 있다. 각각의 역사가들을 자세히 다룬 문헌은 『아시아인에 관한 역사적 저술』(Publications of the London University School of Oriental and African Studies, *Historical Writings on the Peoples of Asia*, 3 vols., 1961-1962: vol. 1, C. H. Philips, ed., *India, Pakistan and Ceylon*; vol. 2, D. G. E. Hall, ed., *South-East Asia*; vol. 3, W. G. Beasley & E. G. Pulleyblank, eds., *China and Japan*; vol. 4, Bernard Lewis & P. M. Hold, eds., *The Middle East*)을 참고하면 좋다.

다이애나 L. 에크의 훌륭한 저서 『베나레스: 빛의 도시』(Diana L. Eck, *Banaras: City of Light*, 1982)는 인도의 지리와 일상생활이라는 다채로운 맥락에서 과거를 보는 힌두교의 관점을 제시하고 있다. 또한 A. I. 바샴의 활기 넘치며 멋진 삽화가 들어 있는 『경이로운 과거의 인도』(A. I. Basham, *The Wonder That Was India*, Penguin paperback, 1954)도 참고할 만하다. 과거에 대한 인도의 태도를 알려 주는 원전들은 뛰어난 문집 『인도 전통 자료집』(W. Theodore de Bary et al., *Sources of Indian Tradition*, in the series, de Bary, ed., Introduction to Oriental Civilizations, 1958)에 실려 있다. 그리고 체터지의 『현대 인도의 언어와 문학』(Sunuti K. Chatterji, *Languages and Literature of Modern India*, 1963), 맥닐과 세들러의 『고전적인 인도』(William H. McNeill & Jean W. Sedlar, *Classical India*, 1969), 『알베루니의 인도』(Edward Sachau, trans., *Alberuni's India*, 1964), 『인도의 문학 서론』(*The Literature of India: an Introduction*, University of Chicago Press, 1974) 등도 참고하기 좋은 문헌들이다.

불교의 관점을 잘 소개한 저서로는 콘즈의 『불교의 본질과 발달』(Edward Conze, *Buddhism: Its Essence and Development*, 2d ed., 1953)와 『불경』(Edward Conze, trans., *Buddhist Scriptures*, Penguin paperback, 1973), 또는 험프리의 간결한 『불교』(Christmas Humphrey, *Buddhism*, Penguin paperback, 1955)가 있다. 그 외에도 버마 불교의 특징을 나타내고 있는 필딩홀의 『한 민족의 영혼』(H. Fielding-Hall, *The Soul of a People*, 1903), 페르슈롱의 『부처와 불교』(Maurice Percheron, *Buddha and Buddhism*, 1957), 스피로의 『불교와 사회: 위대한 전통과 버마의 성쇠』

(Melford E. Spiro, *Buddhism and Society: A Great Tradition and Its Burmese Vicissitudes*, 1970), 『마하밤사(大史), 또는 실론섬의 위대한 연대기』(William Geiger, trans., *The Mahavamsa, or the Great Chronicle of Ceylon*, 1912) 등을 참고하면 좋다.

중국에서는 문화 전체가 과거에 대한 독특한 태도와 분명하고도 밀접하게 연관되어 있다. 가장 훌륭한 학자들이 이 주제에 관한 읽기 쉽고 흥미로운 문헌을 남겼다. 예컨대 웨일리의 『고대 중국의 3가지 사상』(Arthur Waley, *Three Ways of Thought in Ancient China*, 1956)과 『도와 그 영향력… 중국 사상에서 도덕경이 차지하는 위치』(Arthur Waley, *The Way and Its Power: . . . the Tao Te Ching and its place in Chinese Thought*, 1934), 그리고 크릴의 『공자와 중국의 도』(Herrlee G. Creel, *Confucius and the Chinese Way*, 1960)와 『도교란 무엇인가?』(Herrlee G. Creel, *What Is Taoism?*, 1970)가 있다. 더욱 자세히 탐구하고 싶다면, 엘빈의 『중국의 과거 유형』(Mark Elvin, *The Pattern of the Chinese Past*, 1973)과 레벤슨의 『중국의 유교와 근대적 운명』(Joseph R. Levenson, *Confucian China and Its Modern Fate*, 1968)을 살펴보면 좋다. 원전들을 유용하게 모아 놓은 문헌으로는 『중국 전통 자료집』(W. T. de Bary et al., *Sources of Chinese Tradition*, 2 vols., 1964)이 있다. 공자의 저술은 수많은 영어 번역본과 재발행된 서적으로 나와 있다. 예컨대 『논어』(Arthur Waley, trans., *The Analects of Confucius*, n.d.)와 『공자의 지혜』(Lin Yutang, trans., *The Wisdom of Confucius*, Modern Library, 1938)가 대표적이다. 중국의 역사적 저술을 더욱 구체적으로 살펴보려면, 가드너의 『중국의 전통 역사학』(Charles S. Gardner, *Chinese Traditional Historiography*, 1938), 구제강의 『어느 중국 사학자의 자서전… 고대 중국사에 관한 학술회 서론』(Ku Chieh-kang, *The Autobiography of a Chinese Historian . . . preface to a symposium on ancient Chinese History*, 1931), 왓슨의 『사마천, 중국의 위대한 사학자』(Burton Watson, *Ssu-Ma Ch'ien, Grand Historian of China*, 1958) 등을 참고하면 좋다. 중국의 역사적인 태도와 정치의 관계를 살펴보고 싶다면, 허커의 『명나라 시대 1368-1644년의 중국 전통 국가』(Charles O. Hucker, *The Traditional Chinese State in Ming Times, 1368-1644*, 1961), 허멀의 "중국 역사가들은 당대의 역사에서 무엇을 하고 있는가?"(Arthur W.

Hummel, "What Chinese Historians are Doing in Their Own History," *American Historical Review*, vol. 34, 1929, pp. 715-724), 스펜스의 『천안문: 중국인과 혁명, 1895-1980년』(Jonathan D. Spence, *The Gate of Heavenly Peace: The Chinese and their Revolution, 1895-1980*, 1981) 등의 문헌을 참고하면 된다.

과거에 대한 이슬람교의 태도를 알려 주는 포괄적인 입문서로는 로젠탈의 『이슬람 사료 편찬의 역사』(Franz Rosenthal, *A History of Muslim Historiography*, 1968)를 참고하면 좋다. 이븐 할둔에 관해서는 『무카디마: 역사 서설』(Ibn Khaldun, *The Muqaddimah: An Introduction to History*, Franz Rosenthal, trans., Bollingen Series, 3 vols., 1958)이 도움이 된다. 이 문헌은 N. J. 다우드(Dawood)가 요약 편집하여 프린스턴 대학교 출판부가 문고본으로 펴낸 1권짜리 저서로도 나와 있다. 그 외에도 마흐디의 『이븐 할둔의 역사철학』(Muhsin Mahdi, *Ibn Khaldun's Philosophy of History*, 1957), 피셸의 『이집트의 이븐 할둔: 그의 공적 역할과 역사 연구, 1382-1406년』(Walter J. Fischel, *Ibn Khaldun in Egypt: His Public Functions and His Historical Research, 1382-1406*, 1967)이 있다.

서양의 역사 기록학 발달을 연구한 정평이 있는 문헌으로는 톰프슨의 『역사 저술의 역사』(James Westfall Thompson, *A History of Historical Writing*, 2 vols., 1942), 랑글루아와 세뇨보스의 『역사 연구 서설』(C. V. Langlois & C. Seignobos, *Introduction to the Study of History*, 1898), 숏웰의 『역사의 역사』(James T. Shotwell, *The History of History*, 1939) 등이 있다. 기번의 『로마 제국 쇠망사』를 편집했으며 훌륭한 평론가이기도 한 베리는 자신의 저서 『평론 선집』(J. B. Bury, *Selected Essays*, 1930)과 『진보 사상』(J. B. Bury, *The Idea of Progress*, 1932)에서 역사 저술의 발달이 어떤 함축성을 띠고 있는가를 신랄하게 지적하고 있다. 그와 마찬가지로 칼 베커는 자신의 저서 『18세기 철학자들의 천상의 도시』(Carl Becker, *Heavenly City of the Eighteenth-Century Philosophers*, 1932)와 『모든 사람은 자신의 역사가다』(Carl Becker, *Everyman His Own Historian*, 1935)에서 똑같은 평가를 하고 있다. 베리에게 강한 반론을 제기하고 있는 저서가 니스벳의 『진보 사상의 역사』(Robert Nisbet, *History of the Idea of Progress*, 1980)이다. 철학자의 관점에서 역사를 고찰한 문헌으로는 콜링우드의 『역사 사상』(R. G. Collingwood, *The Idea of History*, 1961)이 있다. 이 문헌에서는 현대의 역사 관점은 역사가에게 '인간의 자기 인식'을 추구하고 '필자가 무지 때문에 해답을 찾기 시작하는 문제'에 관심을 두게 해야 한다는 논제를 탐구하고 있다. 역사에서 시작하여 모든 사회철학으로 향하는 매력 있는 길을 찾고 싶으면, 프랭크와 마누엘의 『서양의 유토피아 사상』(Frank E. & Fritzie P. Manuel, *Utopian Thought in the Western World*, 1979), 특히 제18장 '순환에서 벗어나는 자유'를 참고하면 좋다.

헤로도토스와 투키디데스의 원전은 현대의 많은 번역판과 재발행된 저서들로 나와 있으며, 예컨대 『서양의 위대한 저서』 제6권이 대표적이다. 훌륭한 입문서로는 핀리의 『그리스 역사가들: 헤로도토스, 투키디데스, 크세노폰, 폴리비오스의 본질』(M. I. Finley, *Greek Historians: The Essence of Herodotus, Thucydides, Xenophon, Polybius*, 1959)과 『그리스의 경험』(M. I. Finley & C. M. Bowra, *The Greek Experience*, 1958) 제9장을 참고하면 좋다. 해석의 중요한 세부 요소들을 살펴보려면, 콘퍼드의 명쾌한 저서 『투키디데스 미티스토리코스』(Francis M. Cornford, *Thucydides Mythistoricus*, 1907: 1971)가 있다.

성 아우구스티누스의 『고백록』과 『신국론』은 수많은 영문 번역판과 재발행된 저서들이 있으며, 특히 『서양의 위대한 저서』 제18권이 주목할 만하다. 기독교의 역사와 역사 사상에서 성 아우구스티누스의 위치를 살펴보려면, 펠리칸의 웅장하고 즐겁게 읽을 수 있는 저서 『기독교 전통의 성장』(Jaroslav Pelikan, *Growth of the Christian Tradition*, 5 vols., 1971-1983)이 참고하기에 좋다. 성 아우구스티누스를 파악하는데 도움이 될 자료로는 피기스의 『성 아우구스티누스의 신국론에 담겨 있는 정치적 의미』(John N. Figgis, *The Political Aspects of St. Augustine's City of God*, 1963), 포르탈리에의 『성 아우구스티누스 사상에 관한 안내』(Eugène Portalié, S.J., *A Guide to the Thought of Saint Augustine*, 1960), 그리고 에드워드 A. 시난의 "히포의 아우구스티누스"(Edward A. Synan, "Augustine of Hippo," *Dictionary of the Middle Ages*, vol. 1, 1982)와 "아우구스티누스주의"(Edward A. Synan, "Augustinism," *Dictionary of the Middle Ages*, vol. 1, 1982)가 있다. 서양에서 역사의식이 나타나는 현상에 관해 내게 특히 도움이 된 문헌들은 조지 보애스의 『중세의 원시주의와 관련 사상들』(George Boas, *Essays on Primitivism and Related Ideas in the*

Middle Ages, 1966)과 『행복한 짐승: 17세기 프랑스 사상 속에서』(George Boas, *The Happy Beast: In French Thought of the Seventeenth Century*, 1966)와 『고대의 원시주의와 관련 사상들』(George Boas & A. O. Lovejoy, *Primitivism and Related Ideas in Antiquity*, 1965), 블로크의 『역사가의 기술』(Marc Bloch, *The Historian's Craft*, 1963), 부르크하르트의 『이탈리아의 르네상스 문명』(Jacob Burckhardt, *The Civilization of the Renaissance in Italy*, 1944)과 『콘스탄티누스 대제의 시대』(Jacob Burckhardt, *The Age of Constantine the Great*, 1949), 콘의 『천년 왕국을 찾아서』(Norman Cohn, *The Pursuit of the Millennium*, 1961), 하이델의 『바빌로니아 창세기: 창조 이야기』(Alexander Heidel, *The Babylonian Genesis: The Story of the Creation*, 1951), 하위징아의 『중세의 쇠퇴』(J. Huizinga, *The Waning of the Middle Ages*, 1948)와 『17세기 네덜란드의 문명 및 여러 소론』(*Dutch Civilisation in the Seventeenth Century and Other Essays*, 1968) 등이 있다. 특히 『17세기 네덜란드의 문명 및 여러 소론』에서는 오스발트 슈펭글러(Oswald Spengler)와 H. G. 웰스(Wells)에 관한 158~218페이지의 "천사와 싸우는 두 씨름꾼"("Two Wrestlers with the Angel")과 244~276페이지의 "역사로 향하는 나의 길"("My Path to History")이 주목할 만하다. 그 외에도 라투렛의 『기독교 확장의 역사』(Kenneth S. Latourette, *A History of the Expansion of Christianity*, 7 vols., 1937-1970), 스몰리의 『14세기 초 영국의 수사와 유물』(Beryl Smalley, *English Friars and Antiquity in the Early Fourteenth Century*, 1960), 휘트니의 『원시주의와 진보 사상』(Lois Whitney, *Primitivism and the Idea of Progress*, 1934) 등이 있다.

역사 저술에 담겨 있는 현대 정신의 신랄한 맛을 보고 싶다면, 재발행된 저서들이 많이 나와 있는 볼테르의 『루이 14세의 시대』(Voltaire, *The Age of Louis XIV*, 1935)와 특히 『서양의 위대한 저서』 제40권과 제41권에 실려 있는 기번의 『로마 제국 쇠망사』를 훑어보아야 한다. 기번에 대한 최근의 비평을 살펴보고 싶다면, 『다이달로스』(*Daedalus*, vol. 105, 1976)의 논문집을 참고하면 좋다.

역사의식과 역사 비판이 대두되면서 르네상스가 차지하는 위치를 탐구하는 저서로는 피터 버크의 뛰어나면서도 간결한 두 편의 저서 『르네상스의 과거 의식』(Peter Burke, *The Renaissance Sense of the Past*, 1969)과 『르네상스 이탈리아의 전통과 혁신』(Peter Burke, *Tradition and Innovation in Renaissance Italy*, 1974)이 있으며, 또한 퀴노네스의 설득력 있고 폭이 넓은 연구서 『르네상스의 시간 발견』(Ricardo J. Quinones, *The Renaissance Discovery of Time*, 1972)도 있다. 이 3권은 모두 내 집필 과정에 큰 도움을 주었다. 그 외에도 베렌슨의 『르네상스의 이탈리아 화가들』(Bernard Berenson, *The Italian Painters of the Renaissance*, 1932), 카시러의 『르네상스의 인간철학』(Ernst Cassirer et al., *The Renaissance Philosophy of Man*, 1948), 코크런의 『르네상스 시대 이탈리아의 역사가와 역사 기록학』(Eric Cochrane, *Historians and Historiography in the Italian Renaissance*, 1981), 퍼거슨의 『역사 사상 속의 르네상스: 5가지 해석』(Wallace K. Ferguson, *The Renaissance in Historical Thought: Five Interpretations*, 1948), 길버트의 『마키아벨리와 귀차르디니: 16세기 피렌체의 정치와 역사』(Felix Gilbert, *Machiavelli and Guicciardini: Politics and History in Sixteenth-Century Florence*, 1965), 헤이의 "폴라비오 비온도와 중세"(Denys Hay, "Flavio Biondo and the Middle Ages," *Proc. British Academy*, vol. 45, 1959, pp. 97-128), 파노프스키의 『르네상스와 서양 미술의 르네상스들』(Erwin Panofsky, *Renaissance and Renaissances in Western Art*, 1970), 래넘의 『근대 초기 유럽의 민족의식과 역사와 정치 문화』(Orest Ranum, ed., *National Consciousness, History and Political Culture in Early Modern Europe*, 1975), 휫필드의 『페트라르카와 르네상스』(J. H. Whitfield, *Petrarch and the Renaissance*, 1943) 등이 있다. 그리고 벤베누토 첼리니의 『자서전』(Benvenuto Cellini, *Autobiography*)은 르네상스 시대의 전체 상황을 밝히고 있으며, 현대에도 재발행된 책들이 많아서 쉽게 이용할 수 있다.

다른 모든 역사의 신비에 관해서는 고고학이 풍부한 학문의 대중화 속에서 느낄 수 있는 보물 발굴의 긴장감 넘치는 흥미로움을 더해 주고 있다. 세람의 『신과 무덤과 학자들』(C. W. Ceram, *Gods, Graves and Scholars*, 1952)은 세계적인 인기를 누릴 가치가 있으며 고고학에 관한 입문서로 적절하다. 그 외에도 고고학 역사에 관해서는 비비의 『삽의 증명』(Geoffrey Bibby, *The Testimony of the Spade*, 1962), 다니엘의 『고고학 100년』(Glyn E. Daniel, *A Hundred Years of Archaeology*, 1950)과 『고고학의 기원과 성장』(Glyn E. Daniel, *The Origins and Growth of Archaeology*, 1971),

울리의 『역사 발굴』(Leonard Woolley, *History Unearthed*, 1963)과 『과거를 파내다』(Leonard Woolley, *Digging up the Past*, 1954) 등을 참고하면 좋다. 로마의 역사적인 유물의 파괴와 복원에 관해서는 사실로 가득하며 명쾌한 2권의 문헌으로 란치아니의 『고대 로마의 파괴: 역사적인 유물의 개요』(Rodolfo Lanciani, *The Destruction of Ancient Rome: A Sketch of the History of the Monuments*, 1967)와 바이스의 『르네상스 시대의 고대 유물 발견』(Roberto Weiss, *The Renaissance Discovery of Classical Antiquity*, 1969)이 볼 만한 가치가 있다.

빙켈만에 관해서는 먼저 그의 유창하면서도 열성이 가득한 저서 『고대 예술사』(Winckelmann, *History of Ancient Art*, Alexander Gode, trans., 2 vols., 1969)를 살펴보면 좋다. 그리고 빙켈만에 관한 논평으로는 배빗의 『새로운 라오콘, 예술의 혼란에 관한 소론』(Irving Babbitt, *The New Laokoon, An Essay on the Confusion of the Arts*, 1934), 바일거니의 『빙켈만과 괴테』(Hedwig Weilguny, *Winckelmann und Goethe*, 1968), 괴테의 『빙켈만의 100주년』(Johann Wolfgang Goethe, *Winckelmann und sein Jahrhundert*, 1969) 등이 있다. 슐리만에 관해 살펴보는 가장 좋은 방법은 그의 저술인 『트로이와 유적, 조사와 발견의 이야기』(Schliemann, *Troy and Its Remains, Narrative of Researches and Discoveries*, 1875)와 『일리오스: 트로이인들의 도시와 지방, 조사와 발견의 결과』(Schliemann, *Ilios: The City and Country of the Trojans, the Results of Researches and Discoveries*, 1880)를 통해서이며, 이 2권은 상세하고 훈훈한 자전적 이야기로 가득하다. 슐리만의 삶에서 낭만에 관해서는 사실을 더 꾸밀 필요가 없지만 슐리만은 그 사실들을 주저하지 않고 아름답게 꾸몄다. 관련 저서로는 루트비히의 인기를 끌었던 『트로이의 슐리만: 황금 채굴자의 이야기』(Emil Ludwig, *Schliemann of Troy: The Story of a Gold-Seeker*)보다 더욱 믿을 만하고 여전히 감동을 주는, 린과 그레이 풀의 『1가지 열정, 2가지 사랑: 하인리히와 소피아 슐리만의 이야기』(Lynn & Gray Poole, *One Passion, Two Loves: The Story of Heinrich and Sophia Schliemann*, 1966)를 보기를 권한다. 그 외에도 그리스의 예술과 시가 독일 문학에 끼친 영향을 연구한, 버틀러의 『독일에 대한 그리스의 폭정』(E. M. Butler, *The Tyranny of Greece over Germany*, 1935)과 마이어스의 『크레타의 미로: 에게해 조사에 대한 회고』(John Myres, *The Cretan Labyrinth: A retrospect of Aegean Research*, 1933)도 있다. 또한 조지프 올솝의 『회귀한 예술 전통』(Joseph Alsop, *The Rare Art Traditions*, 1982)은 예술품 수집이 예술의 발견, 박물관의 등장, 예술품 위조의 증가 등 끝없는 일들의 전 세계적인 연관성을 독창적으로 연구하여 흥미를 제공하고 있다.

선사시대 개념이 언제 시작되었는지를 살펴보고 싶다면, 다니엘의 『선사시대의 개념』(Glyn Daniel, *The Idea of Prehistory*, Penguin paperback, 1971)를 우선 참고하면 좋다. 그리고 난해한 주제에 담겨 있는 놀라운 의미를 일깨워 주는 그레이엄 클라크의 『선사시대의 여러 측면』(Grahame Clark, *Aspects of Prehistory*, 1970)과 『고고학과 사회』(Grahame Clark, *Archaeology and Society*, 1965), 렌프루의 『문명 이전: 방사성 탄소 혁명과 선사시대의 유럽』(Colin Renfrew, *Before Civilization: The Radiocarbon Revolution and Prehistoric Europe*, 1973) 등의 문헌이 있다.

'시간의 위도'에 관한 개념은 앞서 1부~3부와 12부의 참고 문헌에 언급된 저술들을 통해 잠깐 확인할 수 있다. 조제프 스칼리제르(Joseph Scaliger)에 관해 알고 싶다면, 그의 『자서전』(*Autobiography*, George W. Robinson, trans., 1927)과 니사르의 『유스트 립스와 조제프 스칼리제르와 아이작 카조봉』(M. Charles Nisard, *Juste Lipse, Joseph Scaliger et Isaac Casaubon*, 1899)을 참고하면 좋다. 그리고 뉴턴에 관해서는, 특히 마누엘의 『역사가 아이작 뉴턴』(Frank Manuel, *Isaac Newton, Historian*, 1963)이 읽어 볼 가치가 있다. 또한 프리먼-그렌빌의 『이슬람교와 기독교의 역법… 날짜 환산표』(G. S. P. Freeman-Grenville, *The Muslim and Christian Calendars . . . tables for the conversion of . . . dates*, 1963), 밀의 『시대 정신』(John Stuart Mill, *The Spirit of the Age*, 1942), 버클리의 『시간의 승리… 빅토리아 시대의 시간, 역사, 진보, 쇠퇴 등의 개념』(Jerome H. Buckley, *The Triumph of Time . . . the Victorian Concepts of Time, History, Progress, and Decadence*, 1966) 등의 문헌이 있다.

도외시되고 과소평가된 비코는 신화와 기술의 전 세계적인 역할과 인류의 발견에 관한 선견지명의 통찰력을 제시했다. 그 사례들은 버긴과 피쉬가 번역한 『잠바티스타 비코의 신과학』(Thomas G. Bergin & Max Harold Fisch, trans., *The New Science of Giambattista Vico*, Anchor paperback, 1961)에서 살펴볼 수 있다. 또한 버진과 피쉬가 번역한 무삭제판 『신과학』(Thomas G. Bergin & Max Harold Fisch, trans.,

New Science, 1948)과 비코의 『자서전』(*Autobiography*, 1944)도 참고할 만하다. 비코에 관한 짧은 개요는 『국제 사회과학 백과사전』 제16권의 313~316페이지에 실려 있는 헤이든 V. 화이트(Hayden V. White)의 글에서 잘 확인할 수 있다.

마르크스와 프로이트에 관한 문헌은 엄청나게 많이 있다. 여기에서는 이 책에서 거론한 개념들의 한정된 측면에서 가장 유용했던 몇 가지 저서들만 소개하기로 한다. 그 개념들의 상관관계를 흥미롭게 논하고 있는 저서는 하이먼의 『뒤엉킨 강둑: 다윈, 마르크스, 프레이저, 프로이트 등의 상상력이 풍부한 작가들』(Stanley Edgar Hyman, *The Tangled Bank: Darwin, Marx, Frazer and Freud as Imaginative Writers*, 1962)과 엘렌베르거의 『무의식의 발견: 역동 정신의학의 역사와 진화』(Henri F. Ellenberger, *The Discovery of the Unconscious: The History and Evolution of Dynamic Psychiatry*, 1970)(특히 237페이지 이후, 629페이지 이후 등이 중요하다)가 있다.

마르크스의 생애에 관해서는, 파도버의 균형이 잡히고 읽기 쉬운 『카를 마르크스: 친밀한 전기』(Saul K. Padover, *Karl Marx: An Intimate Biography*, 1978)가 내게 큰 도움을 주었다. 마르크스의 저술은 『서양의 위대한 저서』 제50권을 비롯해 재발행된 저서들이 많이 나와 있다. 그 외에 영문으로 된 주요 전기는 마르크스를 옹호하는 프란츠 메링의 『카를 마르크스의 생애 이야기』(Franz Mehring, *Karl Marx: The Story of His Life*, 1936)가 있다. 언론이나 잡지 기사의 일부를 포함하여 마르크스와 엥겔스의 저술을 선택하여 모아 놓은 편리한 문헌으로는 번스의 『마르크스주의 안내서』(Emile Burns, ed., *A Handbook of Marxism*, 1935)가 있다. 『과학 전기 사전』 제15권의 부록1(403~417페이지)에 실려 있는 로버트 S. 코헨(Robert S. Cohen)의 마르크스에 관한 글은 여러 이유로 흥미롭다. 가장 중요한 것은 이 외로운 사회 '과학자'(프리드리히 엥겔스와 함께)가 부록에 추가되어 소비에트 연방에서 『과학 전기 사전』을 번역할 수 있도록 했다는 사실이다. 그리고 서구의 정부들이 모세나 예수를 『과학 전기 사전』에 넣으라는 압력을 넣지 않은 사실도 주목할 만하다. 마르크스의 역사관을 살펴보려면, 헤겔의 『역사 강의』(Georg W. F. Hegel, *Lectures on History*)와 칼 R. 포퍼(Karl R. Popper)의 역사적 결정론을 맹비난하는 뛰어난 평론 『역사주의의 빈곤』(Georg W. F. Hegel, *The Poverty of Historicism*, 1957)과 『열린 사회와 그 적들』

(Georg W. F. Hegel, *The Open Society and Its Enemies*, 2 vols., 1971)이 읽을 만한 가치가 있다. 특히 『열린 사회와 그 적들』은 마르크스와 그 추종자들에 대한 반대론으로 절정에 도달하고 있다.

프로이트에 관해서는 여전히 권위를 인정 받고 있는 존스의 『지그문트 프로이트의 생애와 업적』(Ernest Jones, *Life and Work of Sigmund Freud*, 3 vols., 1953-1955)(1963년 앵커 출판사의 문고판으로 발행된 1권짜리 요약본도 있다)이 가장 좋은 입문서이다. 다음으로는, 베텔하임의 인간미가 있고 즐겁기도 한 『프로이트와 인간의 영혼』(Bruno Bettelheim, *Freud and Man's Soul*, 1983)을 참고하면 좋다. 폴 로젠의 방대한 저서들은 내게 대단히 큰 도움을 주었고, 특히 『프로이트와 그 추종자들』(Paul Roazen, *Freud and His Followers*, 1976)과 『프로이트, 정치 및 사회사상』(Paul Roazen, *Freud, Political and Social Thought*, 1968)이 볼만한 가치가 있다. 그 외에도 바르쥔의 『클리오와 학자들: 심리 역사와 양자 역사와 역사』(Jacques Barzun, *Clio and the Doctors: Psycho-History, Quanto-History and History*, 1974), 클라크의 사회적인 맥락에서 쓰인 방대한 저서 『프로이트: 인간과 원인』(Ronald W. Clark, *Freud: The Man and the Cause*, 1980), 마노니의 활기 넘치고 짧은 서사체의 저서 『프로이트』(O. Mannoni, *Freud*, 1971), 설로웨이의 『프로이트, 정신의 생물학자』(Frank J. Sulloway, *Freud, Biologist of the Mind*, 1979) 등이 있다. 프로이트의 저술은 증쇄되는 경우가 많았고, 예컨대 브릴의 『지그문트 프로이트의 기본 저술』(A. A. Brill, ed. & trans., *The Basic Writings of Sigmund Freud*, Modern Library Giant, 1938)과 『서양의 위대한 저서』 제54권(마지막 권!)에 나와 있는 글이 대표적이다.

15부 현재를 조사하다

라스카사스의 사상을 더욱 넓은 배경으로 살펴보고 싶다면, 루이스 행크의 활력이 넘치고 설득력이 있는 저술을 우선 기본으로 참고하면 좋다. 특히 『아메리카 정복에서 스페인의 정의를 위한 투쟁』(Lewis Hanke, *The Spanish Struggle for Justice in the Conquest of America*, 1965)과 『모든 인류는 하나… 바르톨로메 데 라스카사스와 후안 히네스 데 세풀베다의 논쟁』(Lewis Hanke, *All Mankind Is One . . . the disputation between Bartolomé de las Casas and Juan Ginés de Sepúlveda*,

1974)이 주목할 가치가 있으며, 또한 『아메리카 대륙은 공통의 역사가 있을까?: 볼튼 이론에 대한 평론』(Bernard Moses et al., *Do the Americas Have a Common History? A Critique of the Bolton Theory*, 1964)도 읽어 보면 좋다. 미국 의회 도서관 출판물 중에는 원본을 그대로 복사하여 멋지게 꾸미고 편집한 자료가 있는데, 그 대표적인 문헌이 『주교 역할의 라스카사스』(Helen Rand Parish, ed., *Las Casas as a Bishop*, 1980)이다. 콜럼버스 이전의 인류학 사상과 그 이후의 시대적 조류에 관해서는 프리드먼의 『중세 예술과 사상에 등장하는 괴물 같은 인종들』(John B. Friedman, *The Monstrous Races in Medieval Art and Thought*, 1981)과 호젠의 『16세기와 17세기의 초기 인류학』(Margaret T. Hodgen, *Early Anthropology in the Sixteenth and Seventeenth Centuries*, 1964)이 좋은 참고 문헌이다. 그리고 현대의 경향을 살펴볼 수 있는 문헌으로는 스탠리 다이아몬드가 편집한 『역사 속의 문화』(Stanley Diamond, ed., *Culture in History*, 1960), 도브잔스키의 『진화하는 인류』(Theodosius Dobzhansky, *Mankind Evolving*, 1970), 반 덴 베르게의 『인종과 인종주의』(Pierre L. van den Berghe, *Race and Racism*, 1967)와 같은 저자의 뛰어난 논문 "인종주의"("Racism," *Encyclopaedia Britannica*, 15th ed., vol. 15, pp. 360-366), 레이슨의 『사회과학의 창시자들』(Timothy Raison, ed., *The Founding Fathers of Social Science*, 1969) 등이 있다.

모건의 생애는 2권의 간략한 전기, 레섹의 『미국 학자 루이스 헨리 모건』(Carl Resek, *Lewis Henry Morgan, American Scholar*, 1960)과 스턴의 『사회진화론자, 루이스 헨리 모건』(Bernhard J. Stern, *Lewis Henry Morgan, Social Evolutionist*, 1931)에 요약되어 있다. 모건의 저서 『고대사회』(*Lewis Henry Morgan, Ancient Society*, 1877; Belknap Press reprint, Leslie A. White, ed., 1964)는 여전히 읽기 쉬우며 많은 생각을 불러일으키게 한다. 모건의 영향력을 살펴보려면, 프리드리히 엥겔스의 간단한 저서 『가족과 사유재산과 국가의 기원』(Friedrich Engels, *Origin of the Family, Private Property, and the State*, 1902)을 읽어 보아야 한다. 이 저서는 인쇄물이 많아서 쉽게 이용할 수 있다.

에드워드 B. 타일러를 잘 소개하고 있는 저서로는 마렛의 『타일러』(R. R. Marett, *Tylor*, Modern Sociologists series, 1936)이다. 모건의 저술과 마찬가지로 타일러의 저술도 여전히 뛰어나고 읽기 쉬우며 전달하는 의미가 크다. 예컨대 타일러의 『원시 문화』(Edward Burnett Tylor, *Primitive Culture*, 2 vols., 1871; reprinted 1929)와 『인류학: 인간과 문명 연구 서설』(Edward Burnett Tylor, *Anthropology: An Introduction to the Study of Man and Civilization*, 1896)(1960년 레슬리 A. 화이트의 서론이 들어간 요약본도 나와 있다)이 있다. 그 외에도 호젠의 『생존론』(Margaret T. Hodgen, *The Doctrine of Survivals*, 1936)과 조지 W. 스타킹 주니어의 논문 2편, "매슈 아널드와 E. B. 타일러와 발명의 이용"(George W. Stocking, Jr., "Matthew Arnold, E. B. Tylor and the Uses of Invention," *American Anthropologist*, vol. 65, 1963, pp. 783-799)과 "프랜츠 보애스와 문화 개념…"(George W. Stocking, Jr., "Franz Boas and the Culture Concept . . . ," vol. 68, 1966, pp. 867-882)이 있다.

근대의 경제학에 관한 문헌으로는, 로버트 L. 하일브로너의 대중화의 걸작 『세속의 철학자들』(Robert L. Heilbroner, *Worldly Philosophers*, 5th ed., 1980)을 빼놓을 수 없다. 이 저서는 모든 사상사 연구가들에게 명확성과 생동감과 학문의 깊이를 조화시키도록 흥미를 불러일으키고 있다. 포괄적인 저술로는 조지프 A. 슘페터의 불후의 저서 『경제 분석의 역사』(Joseph A. Schumpeter, *History of Economic Analysis*, 1954)가 있다. 엘리자베스 S. 슘페터(Elizabeth S. Schumpeter)가 원고를 편집한 이 저서는 상세한 내용과 섬세하고 포용력이 있는 판단이 특징이다. 더욱 깊은 배경을 살펴보려면, 엘리 헤크셔의 거의 완벽한 『중상주의』(Eli Heckscher, *Mercantilism*, 2 vols., 1933)를 참고하면 좋다. 그 외에 읽어볼 만한 저서로는 레카크먼의 『경제사상사』(Robert Lekachman, *A History of Economic Ideas*)가 있고, 또한 에릭 롤의 개정판 『경제사상사』(Erich Roll, *A History of Economic Thought*, rev. ed., 1954)도 있다.

정평이 있는 애덤 스미스의 전기는 존 레이의 『애덤 스미스의 생애』(John Rae, *Life of Adam Smith*, 1895)이며, 1965년에는 제이콥 바이너의 가치가 큰 서문이 포함되어 재출간되었다. 그 외에도 내 집필 과정에 큰 도움이 된 마이어의 "애덤 스미스와 피드백 체계의 개념…"(Otto Mayr, "Adam Smith and the Concept of the Feedback System . . . ," *Technology and Culture*, vol. 12, 1971)과 스콧의 『학생과 교수로서 활동한 애덤 스미스』(William R. Scott, *Adam Smith as Student and Professor*,

1937)도 좋은 참고 문헌이다. 애덤 스미스의 저술은 예컨대 모던 라이브러리 출판사 (Modern Library, Edwin Cannan, ed., 1937)와 『서양의 위대한 저서』(제39권)에서 재발행되는 등 많은 책으로 나와 있다.

존 메이너드 케인스에 관해 살펴보고 싶으면, 레카크먼의 읽기 쉬우며 뛰어난 저서 『케인스 시대』(Robert Lekachman, *Age of Keynes*, 1969)나 해러드(R. F. Harrod) 의 정평이 있는 케인스의 전기(1951)로 시작하면 좋다. 케인스는 애덤 스미스의 솜씨 에 더해 훨씬 더 많은 재치로 글을 쓰는 능력이 있다. 케인스의 『고용·이자 및 화폐에 관한 일반이론』(John Maynard Keynes, *General Theory of Employment, Interest and Money*, 1936)이나 『화폐론』(John Maynard Keynes, *Treatise on Money*, 2 vols., 1930)을 이해하기 어려운 사람들도 『평화의 경제적 결과』(John Maynard Keynes, *The Economic Consequences of the Peace*, 1920), 『설득의 경제학』(John Maynard Keynes, *Essays in Persuasion*, 1931) 그리고 『인물 평전』(John Maynard Keynes, *Essays in Biography*, 1933)은 흥미롭게 읽을 수 있다.

사회를 양으로 계산한 관점과 인구통계학의 발견을 살펴보려면, 보너의 『롤리에서 아서 영에 이르는 인구 이론』(James Bonar, *Theories of Population from Raleigh to Arthur Young*, 1931), 데이비드의 『게임과 신과 도박』(F. N. David, *Games, Gods and Gambling*, 1962), 해킹의 『확률의 출현… 확률, 귀납법과 통계적 추론 의 초기 사상』(Ian Hacking, *The Emergence of Probability . . . early ideas about Probability, Induction, and Statistical Inference*, 1975), 코렌의 『통계의 역사』 (John Koren, *The History of Statistics*, 1918), 전미경제학회의 『연방 국세 조사』 (American Economic Association, *The Federal Census*, 1899), 라이트의 『미국 국 세 조사의 역사와 발전』(Carroll D. Wright, *The History and Growth of the United States Census*, 1900) 등이 좋은 참고 문헌이다. 존 그란트의 『사망자 통계표에 관 한… 자연과 정치 논평』(John Graunt, *Natural and Political Observations . . . upon the Bills of Mortality*)은 아르노 출판사에서 1975년에 재출간되었다. 그 외에 도 카르곤의 논문 "존 그란트와 프랜시스 베이컨과 왕립학회: 통계학의 수용"(Robert Kargon, "John Graunt, Francis Bacon, and the Royal Society: The Reception of Statistics," *Journal of the History of Medicine and Allied Sciences*, vol. 18, 1963, pp. 337~348)과 멀릿의 『흑사병과 영국』(Charles F. Mullett, *The Bubonic Plague and England*, 1956)을 참고하면 좋다. 케틀레에 관한 자료로는 행킨스의 『통계학자, 아돌프 케틀레』(Frank H. Hankins, *Adolphe Quetelet as Statistician*, 1968), 케틀레의 『인간과 능력 개발에 관한 논의, 사회물리학 시론』(Adolphe Quetelet, *Sur l' Homme et le Développement de ses Facultés ou Essai de Physique Sociale*, 1836) 이 있으며, 이 저서는 영문으로 번역되어 『인간과 능력 개발에 관한 연구』(Adolphe Quetelet, *A Treatise on Man and the Development of his Faculties*, reprint, 1968)로 재출간되었다.

물리학과 화학의 역사에 관한 방대한 문헌 중에서 내게 처음으로 이 주제에 관심을 끌게 한 저서는 버트의 『현대 자연과학의 형이상학적 기초』(Edwin A. Burtt, *Metaphysical Foundations of Modern Physical Science*, 1927)이다. 여전히 유용하고 전달하는 의미가 큰 이 저서는 앨프리드 노스 화이트헤드의 저술(앞서 언급한 11부 참고)에서 영향을 받았다. 그리고 로 화이트의 『원자론: 데모크리토스에서 1960년까지』(Lancelot Law Whyte, *Essay on Atomism: From Democritus to 1960*, 1961)는 필수적인 개론서이며, 또한 이 주제를 설명해 주는 안내서이다. 특히 일반 독자를 위해 구성된 상대성 이론의 재치 있는 입문서로는 가모의 문고본 『톰킨스 씨』(George Gamow, *Mr. Tompkins in Paperback*, 1967)이며, C.P. 스노(Snow)가 상상력을 발휘하여 편집한 재능 덕분에 그런 입문서로 가치가 있다. 그 외의 특별히 유용한 저서로는, 반 멜슨의 『아토모스에서 아톰까지, 원자 개념의 역사』(Andrew G. Van Melsen, *From Atomos to Atom, the History of the Concept Atom*, 1952), 헤흐트의 『원자 설명하기』(Selig Hecht, *Explaining the Atom*, 1954), 내쉬의 『원자-분자 이론』(Leonard K. Nash, *The Atomic-Molecular Theory*, Case 4, Harvard Case Histories in Experimental Science, 1950), 호프만의 『양자의 이상한 이야기』(Banesh Hoffman, *The Strange Story of the Quantum*, 1959), 태크레이의 『원자와 힘… 뉴턴의 물질 이론과 화학의 발달』(Arnold Thackray, *Atoms and Powers ... Newtonian Matter-Theory and the Development of Chemistry*, 1970) 등이 있다. 루크레티우스의 "사물의 본성에 관하여"("On the Nature of Things(De rerum natura)"는 『서양의 위대한 저서』 제12권에 실려 있다. 또한 라부아지에(Lavoisier)의 저술 선집은 『서양의 위

대한 저서』 제45권에 실려 있다.

더욱 넓은 배경을 살펴보고 싶으면, 제럴드 홀튼의 저술을 참고하면 좋다. 특히 그가 제시하는 실례의 예리한 초점과 거대한 주제와 일관된 연결성이 매우 흥미롭기 때문이다. 예컨대 그의 흥미로운 저서로는 『과학 사상의 주제별 기원: 케플러에서 아인슈타인까지』(Gerald Holton, *Thematic Origins of Scientific Thought : Kepler to Einstein*, 1973), 『과학적인 상상력: 사례 연구』(Gerald Holton, *The Scientific Imagination : Case Studies*, 1978), 다른 학자들과 공저인 『하버드 계획 물리학 선집』(Gerald Holton, et al., *Harvard Project Physics Readers*, 1975), 『알베르트 아인슈타인, 역사 및 문화적 관점들』(Gerald Holton, *Albert Einstein, Historical and Cultural Perspectives*, 1982) 등이 있다. 일반 독자들은 소설처럼 매우 흥미로운 스노의 『물리학자들』(C. P. Snow, *The Physicists*, 1981)과 파겔스의 흥미를 부추기는 『우주의 암호, 자연의 언어 역할을 하는 양자물리학』(Heinz R. Pagels, *The Cosmic Code, a Quantum Physics as the Language of Nature*, 1982)에서 내가 느낀 기쁨을 함께 누리게 될 것이다.

돌턴의 생애와 업적에 관해서는 읽기 쉬운 여러 문헌들이 있다. 예컨대 그리너웨이의 『존 돌턴과 원자』(Frank Greenaway, *John Dalton and the Atom*, 1966), 패터슨의 『존 돌턴과 원자론』(Elizabeth C. Patterson, *John Dalton and the Atomic Theory*, 1970), 로스코의 『존 돌턴과 근대 화학의 시작』(Henry E. Roscoe, *John Dalton and the Rise of Modern Chemistry*, 1895), 로스코와 하든의 『돌턴 원자론의 기원에 관한 새로운 견해』(Henry E. Roscoe & Arthur Harden, *A New View of the Origin of Dalton's Atomic Theory*, with an Introduction by Arnold Thackray, 1970), 카드웰의 『존 돌턴과 과학의 진보』(C. S. L. Cardwell, ed., *John Dalton and the Progress of Science*, 1968) 등이 있다.

마이클 패러데이에 관한 정평이 있는 전기로는 방대하면서도 읽기에 흥미로운 윌리엄스의 『마이클 패러데이』(L. Pearce Williams, *Michael Faraday*, 1964)이다. 그리고 틴들의 『발견자 패러데이』(John Tyndall, *Faraday as a Discoverer*, 1961)도 읽기에 좋은 저서이다. 라부아지에의 일부 문헌과 패러데이의 저술 선집을 잘 소개한 책이 『서양의 위대한 저서』 제45권이다. 그 외에 화학과 물리학의 역사를 특별히 흥미롭게 다룬 전기로는 맥스웰의 저술 선집이 들어 있는 『제임스 클러크 맥스웰의 생애』 (Lewis Campbell & William Garnett, *The Life of James Clerk Maxwell*, 1882), 리 빙스턴의 『빛의 거장: 앨버트 A. 마이컬슨의 전기』(Dorothy Michelson Livingston, *The Master of Light: a biography of Albert A. Michelson*, 1973), 레일리의 『J. J. 톰 슨 경의 생애』(Robert J. S. Rayleigh, *The Life of Sir J. J. Thomson*, 1942), 리드의 『마 리 퀴리』(Robert Reid, *Marie Curie*, 1974), 조지 P. 톰슨의 『S. J. 톰슨과 당대의 캐번 디시 연구소』(George P. Thomson, *S. J. Thomson and the Cavendish Laboratory in his Day*, 1964), J. J. 톰슨의 『회고와 성찰』(J. J. Thomson, *Recollections and Reflections*, 1936) 등이 있다.

아인슈타인에 관한 입문서로는 번스타인의 『아인슈타인』(Jeremy Bernstein, *Einstein*, 1973), 클라크의 『아인슈타인의 생애와 시대』(Ronald W. Clark, *Einstein: The Life and Times*, 1971), 아인슈타인과 인펠트의 『초기 개념에서 상대성과 양자 에 이르기까지 물리학의 발전』(Albert Einstein & Leopold Infeld, *The Evolution of Physics from Early Concepts to Relativity and Quanta*, 1938) 등을 참고하면 좋 다. 또한 아인슈타인의 100주년 논문집인 『비례의 기이함』(Harry Woolf, ed., *Some Strangeness in the Proportion*, 1980)도 좋은 문헌이다. 그리고 물리학 이외의 분 야에서 아인슈타인의 영향력을 최근에 평가한 읽기 쉬운 문헌으로는 『알베르트 아 인슈타인: 역사와 문화적 관점들』(Gerald Holton & Yehuda Elkana, eds., *Albert Einstein: Historical and Cultural Perspectives*, 1982)이 있다. 이 문헌은 예루살렘 에서 열린 100주년 기념 학술 토론회에 소개되었다.

내가 흥미를 느꼈던 보다 넓은 맥락의 저서로는 아말디의 『물질의 본질: 탈레스에 서 페르미에 이르는 물리학 이론』(Ginestra Amaldi, *The Nature of Matter: Physical Theory from Thales to Fermi*, 1966), 보른의 『불안정한 우주』(Max Born, *The Restless Universe*, 1951), 카프라의 『현대물리학과 동양 사상』(Fritjof Capra, *The Tao of Physics*, 1977), 다이슨의 『20세기를 말하다』(Freeman Dyson, *Disturbing the Universe*, 1979), 에딩턴의 『물리 세계의 본질』(A. S. Eddington, *The Nature of the Physical World*, 1928), 프리드먼의 『놀라운 우주』(Herbert Friedman, *The Amazing Universe*, 1975), 자키의 『물리학의 관련성』(Stanley L. Jaki, *The Relevance of*

Physics, 1966)과 『과학의 길과 신으로 향하는 길』(Stanley L. Jaki, *The Road of Science and the Ways to God*, 1978), 재스트로의 『적색 거성과 백색 왜성』(Robert Jastrow, *Red Giants and White Dwarfs*, 1967)과 『태양이 소멸할 때까지』(Robert Jastrow, *Until the Sun Dies*, 1977), 케블스의 『물리학자들: 근대 미국의 과학계 역사』(Daniel J. Kevles, *The Physicists: The History of a Scientific Community in Modern America*, 1978) 등이 있다.

감사의 말

    이 책을 집필하게 된 계기는 내 기억으로, 적어도 50여 년 전 내가 처음으로 피렌체를 방문했을 때와 처음으로 오스발트 슈펭글러와 에드워드 기번의 저서를 읽었을 때까지 거슬러 올라간다. 지난 15년 동안 이 책을 집필해 온 개인적인 시간은 내게 기쁨이었다. 내가 이전에 저술한 책들과 달리 이 책은 동료, 학생, 연구 조수, 또는 강연 청중들의 평가나 조언을 받지 않았다. 그러나 많은 친구들이 내게 그들의 통찰력을 보여 주거나 의견을 제시하거나 원고의 일부를 교정해 주었다. 그 친구들은 내가 잘못 판단한 사실들을 올바르게 고쳐 주었고 나의 해석이나 주안점에 다른 의견을 제시하기도 했다. 나는 기쁜 마음으로 그들에게 감사를 전한다. 워싱턴 D.C.의 스미스소니언 협회가 관리하는 국립 미국사 박물관의 실비오 A. 베드니, 하퍼 앤드 로우 출판사의 시몬 마이클 베시, 노스캐롤라이나 리서치 트라이앵글 파크의 국립 인문학 센터의 대표이자 책임자인 찰스 A. 블리처 박사, 시카고 대학의 천체물리학과 모턴 D. 헐 석좌교수인 수브라마

니안 찬드라세카르, 미시간 대학의 역사학과 앨리스 프리먼 팔머 석좌교수인 엘리자베스 아이젠슈타인, 도쿄의 일본-미국 친선위원회의 이반 P. 홀 박사, 워싱턴 D.C.의 폴저 셰익스피어 도서관 관장인 O. B. 하디슨 박사, 시카고 대학의 지리학과 사무엘 N. 하퍼 석좌교수인 천시 D. 해리스, 존스 홉킨스 대학의 미술사학과 산드라 하인드먼 교수, 하버드 대학의 과학사와 물리학 맬린크롯 석좌교수인 제럴드 홀턴 박사, 워싱턴 D.C.의 솔 리노위츠, 예일 대학의 미국사 스털링 석좌교수인 에드먼드 S. 모건 박사, 예일 대학의 역사와 종교학 스털링 석좌교수인 야로슬라프 펠리컨 박사, 조지타운 대학의 의학 및 의료 인문학과 존 캐롤 석좌교수인 에드먼드 D. 펠레그리노 박사, 『뉴욕 타임스』의 윌리엄 새파이어, 하버드 대학의 제머 레이-스톤-래드클리프 석좌교수인 에밀리 베르뮬 박사, 이집트의 미국 연구 센터 상임이사인 폴 E. 워커 박사, 그리고 나의 세 아들 폴 부어스틴, 조너선 부어스틴, 데이비드 부어스틴 모두에게 감사한다. 이 책의 제목을 지을 때는 아들 폴 부어스틴의 도움을 받았다.

원고를 작성하는 단계마다 제네비브 그레밀리언의 도움과 세심한 정확성과 분별력이 중요한 역할을 했다. 그녀의 깊은 우정과 헌신은 내게는 극히 드문 행운이었고 이 책을 완성하는 데 무한한 큰 도움을 주었다.

랜덤하우스 출판사의 부사장이며 편집장인 로버트 D. 루미스는 처음부터 이 책에 대한 나의 바람을 직관적으로 완전히 이해하고 있었다. 그의 인내력, 비판적인 식견, 이 책이 향하는 방향의 옳고 그름을 판단하는 감각, 열정과 격려 등이 여러 해에 걸쳐 큰 힘이 되었다. 내게 루미스는 출판사의 편집인이 저자를 이끌어 줄 수 있는 이상적인 모습이었다.

그러나 기분 좋게 늘 함께 있어 주고, 진심으로 협력하고, 지적인 자극을 주고, 꼼꼼하게 편집을 해 주며, 창조적인 관점을 제시해 준 아내 루스 F. 부어스틴의 헌신이 없었다면 이 책은 완성되지 못했을 것이다. 늘 그랬듯이, 루스는 내게 가장 주요하고 통찰력 있는 편집인이다. 이전의 저술과 달리 더욱 개인적으로 몰두했던 이 책은 루스의 창의적이고 격려를 북돋우며 영감을 불러일으킨 역할이 매우 소중하게 담겨 있다. 이 책을 그녀에게 헌정한다는 표현은 너무나 부족하기만 하다. 루스에 대한 고마움은 말로 다 표현할 수가 없다. 루스는 다시 한번 내게 없어서는 안 될 발견의 동반자가 되었고, 내게 가장 기쁜 발견의 존재로 남아 있다.

이전에 출판된 다음과 같은 자료를 발췌할 수 있도록 허락해 준 점에 감사를 드린다.

에드워드 아널드 출판사(Edward Arnold Publishers Ltd): 피터 버크의 "근대사 문헌" 시리즈 중 『르네상스의 과거 의식』에서 발췌("Documents of Modern History," *The Renaissance Sense of the Past*, by Peter Burke. Edward Arnold, London, 1969).

베이직 출판사(Basic Books, Inc.): 어니스트 존스의 『지그문트 프로이트의 생애와 업적』에서 발췌(*Life and Work of Sigmund Freud*, by Ernest Jones. Originally published by Doubleday-Anchor Books, Copyright © 1963 by Ernest Jones.).

블랙웰 사이언티픽 출판사(Blackwell Scientific Publications Ltd): 윌리엄 하비의 『혈액의 순환』에서 발췌(*The Circulation of the Blood*, by William Harvey, Kenneth J. Franklin, ed. Everyman's Library Edition, 1963).

케임브리지 대학 출판부: 조지프 니덤의 『하늘의 시계: 중세 중국의 위대한 천문시계』와 C. E. 레이븐이 번역한 『존 레이의 생애와 업적』과 조지프 니덤의 『중국의 과학과 문명』에서 발췌(*Heavenly Clockwork: The Great Astronomical Clocks of Medieval China*, Joseph Needham, Cambridge, 1960. *John Ray, His Life and Works*, second edition, quoted and translated by C. E. Raven, Cambridge, 1950. *Science and Civilization in China*, volume III, by Joseph Needham, Cambridge, 1959).

코넬 대학 출판부: 『마르첼로 말피기와 발생학의 발달』에서 발췌(*Marcello Malpighi and the Evolution of Embryology*, 5 volumes, Cornell University Press, 1966).

도드, 미드 앤드 컴퍼니(Dodd, Mead & Company, Inc.): 앨프리드 러셀 월리스의 『나의 삶』에서 발췌(*My Life*, by Alfred Russel Wallace, 2 volumes, Dodd, Mead & Company.).

해클루트 협회(Hakluyt Society): 헨리 율의 『중국과 그곳으로 향하는 길』에서 발췌(*Cathay and the Way Thither*, Henry Yule, ed., revised by Henri Cordier.

G. K. 홀 앤드 컴퍼니(G. K. Hall & Co.): 뷔퐁의 『자연사』에서 발췌(Buffon, *Histoire Naturelle*, translated by Fellows and Milliken, Copyright © 1972 by Twayne Publishers, Inc., and reprinted with the permission of Twayne Publishers, a division of G. K. Hall & Co., Boston).

루이스 행크의 『아메리카 정복에서 스페인의 정의를 위한 투쟁』에서 발췌(*The Spanish Struggle for Justice in the Conquest of America*, by Lewis Hanke. Little Brown, 1965, pp. 17, 21, 80, 121, 123, 129, 131).

하코트 출판사와 맥밀런 앤드 컴퍼니(Harcourt Brace Jovanovich, Inc., and Macmillan and Company Ltd, London): 존 메이너드 케인스의 『평화의 경제적 결과』에서 발췌(*Economic Consequences of the Peace*, by John Maynard Keynes. Harcourt, Brace & Howe, 1920).

하코트 출판사: 클리퍼드 도벨의 『안톤 판 레이우엔훅과 '작은 동물들'』에서 발췌(*Antony Van Leeuwenhoek and His 'Little Animals*,' by Clifford Dobell, from Translations of the Philosophical Society, Harcourt, Brace, 1932).

하퍼 앤드 로우 출판사(Harper & Row): 『의학 역사의 연대기』에서 랠프 메이저가 번역한 "산토리오 산토리오"에서 발췌(an article translated by Ralph Major, "Santorio Santorio," in *Annals of Medical History*, volume 10, New York, Paul B. Hoeber, publisher, 1938).

하버드 대학 출판부: 헨리 오스본 테일러의 『중세의 사고』에서 발췌(*The Medieval Mind*, by Henry Osborn Taylor, Fourth Edition).

호더 앤드 스토턴 출판사(Hodder & Stoughton Ltd): 아서 P. 뉴턴의 『위대한 발견의 시대』에서 발췌(*The Great Age of Discovery*, Arthur P. Newton, ed., University of London Press, 1932).

리틀, 브라운 앤드 컴퍼니(Little, Brown & Company): 새뮤얼 엘리엇 모리슨의 『항해자, 크리스토퍼 콜럼버스』에서 발췌(*Christopher Columbus, Mariner*, by Samuel Eliot Morison. Copyright © 1955 by Samuel Eliot Morison. Reprinted by permission of Little, Brown & Company in association with the Atlantic Monthly

Press).

맥밀런 앤드 컴퍼니(Macmillan & Company Ltd, London): 로이 F. 해러드의 『존 메이너드 케인스의 생애』에서 발췌(*Life of John Maynard Keynes*, by Roy F. Harrod. Macmillan, London, 1951. Used by the permission of Macmillan, London and Basingstoke).

맥그로힐 출판사(McGraw-Hill): 사울 파도버의 『카를 마르크스, 친밀한 전기』에서 발췌(*Karl Marx, An Intimate Biography*, by Saul Padover, McGraw-Hill, 1978).

메디치 소사이어티 출판사(The Medici Society Limited): E. B. 퍼시가 번역한 『성 아우구스티누스의 고백록』에서 발췌(*The Confessions of St. Augustine*, translated by E. B. Pusey, Medici Society, London, 1930).

메수엔 출판사(Methuen & Co., Ltd): H. T. 킴블의 『중세의 지리학』에서 발췌(*Geography in the Middle Ages*, by H. T. Kimble, Methuen, London, 1938).

옥타곤 북스(Octagon Books): 프레더릭 J. 폴의 『수석 수로 안내인, 아메리고 베스푸치』에서 발췌(*Amerigo Vespucci, Pilot Major*, by Frederick J. Pohl, Octagon, 1966).

옥스퍼드 대학 출판부: 그윈 존스가 저술한 『고대 스칸디나비아인들의 대서양 전설』의 "그린란드의 전설"과 개빈 드 비어가 편집한 『찰스 다윈과 토머스 헨리 헉슬리의 자서전』에서 발췌(*The Norse Atlantic Saga*, quoting "The Greenlander's Saga," by Gwyn Jones, Oxford, 1964. *Autobiographies of Charles Darwin and Thomas Henry Huxley*, Gavin de Beer, ed., Oxford, 1974).

펭귄 북스(Penguin Books Ltd): R. E. 래섬이 번역한 『마르코 폴로의 여행기』에서 발췌(*Marco Polo: The Travels*, translated by R. E. Latham. Penguin Classics, 1958. Copyright © 1958 by Ronald Latham. Reprinted by permission of Penguin Books Ltd.).

파퓰러 사이언스(Popular Science): 아서 O. 러브조이가 번역한 뷔퐁의 『자연사』와 러브조이의 논문 "뷔퐁과 종의 문제"에서 발췌(Buffon, *Histoire Naturelle*, translated by Arthur O. Lovejoy, "Buffon and the Problem of Species," by Arthur

O. Lovejoy, 1911. Reprinted with permission from Popular Science, copyright 1911).

아서 프롭스타인(Arthur Probsthain): J. J. L. 뒤벤다크의 『중국의 아프리카 발견』에서 발췌(*China's Discovery of Africa*, by J. J. L. Duyvendak, Lectures at University of London. Copyright 1949 Arthur Probsthain).

랜덤하우스(Random House, Inc.): 루이스 J. 갤러거, SJ가 번역한 마테오 리치의 『16세기의 중국: 마테오 리치의 일기 1583-1610년』에서 발췌(*China in the Sixteenth Century: The Journals of Matthew Ricci: 1583-1610*, by Matthew Ricci, translated by Louis J. Gallagher, SJ. Copyright 1953 by Louis J. Gallagher, SJ. Reprinted by permission of Random House, Inc.).

찰스 스크리브너스 선스 출판사(Charles Scribner's Sons): 『과학 전기 사전』 제7권, 제9권, 제11권에서 발췌(*Dictionary of Scientific Biography*, volumes VII, IX, and XI are quoted with the permission of Charles Scribner's Sons. Copyright © 1973, 1974, 1975 American Council of Learned Societies).

캘리포니아 대학 출판부: C. D. 오맬리의 『브뤼셀의 안드레아스 베살리우스』에서 발췌(*Andreas Vesalius of Brussels*, by C. D. O'Malley. University of California Press, 1964).

미시간 대학 출판부: 제롬 J. 랭퍼드의 『갈릴레오와 과학과 교회』에서 발췌(*Galileo, Science, and the Church*, by Jerome J. Langford. Copyright © 1966,1971 The University of Michigan. Reprinted by permission of University of Michigan Press).

워커 앤드 컴퍼니(Walker & Company): J. H. 패리의 『유럽의 정찰: 선별된 문서』에서 발췌(*The European Reconnaissance: Selected Documents*, J. H. Parry, ed. Published by Walker & Co., 1968).

존 와일리 앤드 선스 출판사(John Wiley & Sons, Inc.): 토머스 프랜시스 카터의 『중국의 인쇄술 발명』에서 발췌(*The Invention of Printing in China*, Second Edition, by Thomas Francis Carter, revised by L. C. Goodrich. Ronald Press, 1955. Reprinted by permission of John Wiley & Sons, Inc.).

세계적으로 유명한 역사학자인 대니얼 J. 부어스틴은 미국 의회 도서관 명예관장이었으며 1979년부터 1987년까지 의회 도서관 운영 책임을 맡았다. 이전에는 미국 국립 역사·기술 박물관 관장과 워싱턴 스미스소니언 박물관 수석 역사 연구원을 역임했다. 그는 또한 시카고 대학에서 '프레스턴 및 스털링 모턴 석좌교수'로 25년 동안 역사학 강의를 했다.

부어스틴은 미국 조지아주의 애틀랜타에서 태어나 오클라호마주에서 자랐고, 하버드 대학에서 최우수 학생으로 졸업했으며, 예일 대학에서 박사 학위를 받았다. 그는 또한 옥스퍼드 대학 베일리얼 칼리지(Balliol College)의 로즈 장학생으로 졸업 시험에서 '두 과목 최우등생'의 명예를 얻었고, 런던의 이너 템플(Inner Temple) 변호사협회 회원 자격을 획득했으며, 미국의 매사추세츠주 변호사협회 회원이 되기도 했다. 그리고 소르본 대학 미국사 최초의 재직 교수와 케임브리지 대학 트리니티 칼리지 미국사 교수를 비롯해 로마 대학, 교토 대학, 푸에르토리코 대학, 제네바 대학의 객원 교수로 활동하는 등 미국과 세계 전역에서 널리 강의를 해 왔다. 그는 책을 저술할 때마다 편집인 역할로 늘 도움을 주는 루스 프랭클과 결혼하여 세 아들을 두었다.

부어스틴의 주요 저서로는 미국 문화의 특징을 과거의 이야기를 통해 밝혀내면서 미국 역사의 새롭고도 광범위한 관점을 담은 3부작이 대표적이다. 첫째는 밴크로프트 상(Bancroft Prize)을 받은 『미국인들: 식민지 경험The Americans: The Colonial Experience』(1958), 둘째는 프랜시스 파크먼 상(Francis Parkman Prize)을 받은 『미국인들: 국민적 경험 The Americans: The National Experience』(1965)이며, 셋째는 역사학 분야의 퓰리처상과 '이달의 북 클럽(Book-of-the-Month Club)'의 주요 저서로 뽑힌 『미국인들: 민주적 경험The Americans: The Democratic Experience』(1973)이다. 그 외에도 미국 고등학교 역사 교과서로 채택된 『미합중국의 역사A History of the United States』(1980), 『창조자들The Creators』(1993), 『탐구자들The Seekers』(1998) 등이 있으며, 그의 저서들은 모두 전 세계 20개 언어로 번역되어 널리 읽히고 있다.

발견자들 3

세계를 발견하고 인류를 발전시킨 탐구와 창조의 역사
[4편 사회]

1판 1쇄 발행 2022년 3월 20일

지은이 ┃ 대니얼 J. 부어스틴
옮긴이 ┃ 이경희

펴낸이 ┃ 김유열
콘텐츠기획센터장 류재호 ┃ 북&렉처프로젝트팀장 유규오
북팀 박혜숙, 여운성, 장효순, 최재진 ┃ 마케팅 김효정, 최은영
책임편집 ┃ 도서출판 혜화동

펴낸곳 ┃ 한국교육방송공사(EBS)
출판신고 ┃ 2001년 1월 8일 제2017-000193호
주소 ┃ 경기도 고양시 일산동구 한류월드로 281
대표전화 ┃ 1588-1580 홈페이지 ┃ www.ebs.co.kr
전자우편 ┃ ebs_books@ebs.co.kr

ISBN 978-89-547-6398-1 04300
     978-89-547-6391-2 (세트)